船舶辅助机械控制系统

主　编　马昭胜
副主编　刘启俊　李荭娜　刘世杰　李寒林
主　审　林金表

机械工业出版社

本书根据交通运输部《海船船员培训大纲（2021版）》的相关要求而编写。

全书共有十五章，主要介绍了控制系统的传递函数、反馈控制系统基础知识、船舶常用传感器及变送器、船舶计算机及船舶网络控制基础、冷却水温度自动控制系统、燃油黏度自动控制系统、分油机自动控制系统、船舶锅炉自动控制系统、船舶伙食冷库控制系统、船舶货物冷藏控制系统、船舶中央空调控制系统、船舶阀门遥控及液舱遥测系统、船舶油水分离器控制系统、船舶自清洗滤器控制系统和辅助机械的顺序控制。

本书内容丰富，取材新颖，深浅适度，侧重应用，多方面、多层次地反映了船舶辅助机械控制系统的技术。

本书可作为航海类船舶电子电气工程专业和轮机工程专业本科学生的教材，也可作为相关专业（航海技术、船舶与海洋工程）师生和船舶电气技术人员的参考书。

图书在版编目（CIP）数据

船舶辅助机械控制系统/马昭胜主编. —北京：机械工业出版社，2022.8（2024.2重印）
ISBN 978-7-111-71317-3

Ⅰ.①船… Ⅱ.①马… Ⅲ.①船舶辅机-机械系统 Ⅳ.①U664.5

中国版本图书馆CIP数据核字（2022）第140689号

机械工业出版社（北京市百万庄大街22号 邮政编码100037）
策划编辑：林春泉　　　　责任编辑：朱　林
责任校对：李　杉　张　薇　封面设计：王　旭
责任印制：郜　敏
北京富资园科技发展有限公司印刷
2024年2月第1版第2次印刷
184mm×260mm・18.25印张・443千字
标准书号：ISBN 978-7-111-71317-3
定价：79.00元

电话服务　　　　　网络服务
客服电话：010-88361066　　机　工　官　网：www.cmpbook.com
　　　　　010-88379833　　机　工　官　博：weibo.com/cmp1952
　　　　　010-68326294　　金　书　网：www.golden-book.com
封底无防伪标均为盗版　　机工教育服务网：www.cmpedu.com

前　言

船舶辅助机械控制系统是面向航海类船舶电子电气工程和轮机工程专业本科学生的一门专业课程。通过本课程的学习使学生获得船舶辅助机械控制系统技术理论和专业基础知识，为毕业后从事船舶辅助机械控制等技术工作打下坚实的理论和实践基础。

本书是作者根据多年从事船舶辅助机械控制系统的教学、科研工作和航海实践编写而成的。在本书编写过程中，本着精选教学内容、深浅适度、主次分明、详略得当的原则，同时兼顾中华人民共和国交通运输部编制的《海船船员培训大纲（2021版）》的原则，以船舶辅助机械控制系统为主题，突出实践性、实用性，力求做到文字通顺流畅、通俗易懂，以便学生在学习和实践中应用。

本书包含自动控制基础知识和船舶辅助机械控制系统两篇。自动控制基础知识篇有：控制系统的传递函数、反馈控制系统基础知识、船舶常用传感器及变送器、船舶计算机及船舶网络控制基础。船舶辅助机械控制系统篇有：冷却水温度自动控制系统、燃油黏度自动控制系统、分油机自动控制系统、船舶锅炉自动控制系统、船舶伙食冷库控制系统、船舶货物冷藏控制系统、船舶中央空调控制系统、船舶阀门遥控及液舱遥测系统、船舶油水分离器控制系统、船舶自清洗滤器控制系统和辅助机械的顺序控制。

本书主编马昭胜老师组织了本书的编写，制定了详细的编写提纲，并负责全书的统稿工作。全书共有十五章，其中第一、三、七章由马昭胜老师编写；第二章由俞万能老师编写；第四章由吴德烽老师编写；第五章由刘启俊老师编写；第六章由李寒林老师编写；第八章由李茳娜老师编写；第九章由吴泽谋老师和孙洲阳老师编写；第十章由刘光银老师编写；第十一章由林洪贵老师和朱子文老师编写；第十二章由杨荣峰老师和庄一凡老师编写；第十三章由王国玲老师和林斌老师编写；第十四章由王海燕老师和刘世杰老师编写；第十五章由钟尚坤老师和贾冰老师编写。

本书由集美大学林金表教授主审，他详细地审阅了编写大纲及全部书稿，提出了许多宝贵意见和建议。另外，大连海事大学李世臣教授/高级轮机长和牛小兵副教授以及集美大学阮忠教授和王春芳副教授也详细地审阅了编写大纲，并提出了许多宝贵意见和建议。在编写过程中，还得到上海海事大学林叶春教授、王海燕副教授，广州航海学院叶伟强教授，以及集美大学轮机工程学院船舶电气自动化教研室全体老师的帮助和支持，在这里一并向他们表示衷心的感谢！

本书的编写宗旨是作为轮机工程和船舶电子电气工程专业本科教材之用。由于受课程设置、相关教学大纲、编者水平及时间所限，全体编写人员虽倾尽全力，但不妥与错误之处在所难免，竭诚希望同行专家及广大读者批评指正。

编者

目 录

前言

自动控制基础知识篇

| 第一章 控制系统的传递函数 3 |
| 第一节 拉氏变换 3 |
| 第二节 传递函数 6 |
| 第三节 传递函数的框图 9 |
| 第二章 反馈控制系统基础知识 15 |
| 第一节 基本概念 15 |
| 第二节 调节器及其作用规律 22 |
| 第三节 执行机构 42 |
| 第三章 船舶常用传感器及变送器 47 |
| 第一节 常用传感器 47 |
| 第二节 常用变送器 60 |
| 第四章 船舶计算机及船舶网络控制基础 70 |
| 第一节 微型计算机的基本概念 70 |
| 第二节 单片微型计算机基础知识 73 |
| 第三节 可编程序控制器（PLC）的基础知识 92 |
| 第四节 船舶计算机网络基础知识 111 |

船舶辅助机械控制系统篇

- 第五章 冷却水温度自动控制系统 125
  - 第一节 直接作用式控制系统 125
  - 第二节 气动作用式控制系统 126
  - 第三节 电动作用式控制系统 128
  - 第四节 数字式中央控制系统 137
- 第六章 燃油黏度自动控制系统 147
  - 第一节 NAKAKITA 型燃油控制系统 147
  - 第二节 VISICOCHIEF 型控制系统 155
  - 第三节 燃油供油单元控制系统 169
- 第七章 分油机自动控制系统 180
  - 第一节 FOPX 型分油机控制系统 180
  - 第二节 S 型分油机控制系统 194
- 第八章 船舶锅炉自动控制系统 211
  - 第一节 辅锅炉的组成及分类 211
  - 第二节 辅锅炉水位的自动控制 217
  - 第三节 辅锅炉蒸汽压力的自动控制 220
  - 第四节 辅锅炉燃烧时序的自动控制 223
  - 第五节 辅锅炉燃烧时序的 PLC 控制 227
  - 第六节 辅锅炉的安全保护及故障诊断 234
- 第九章 船舶伙食冷库控制系统 237
  - 第一节 伙食冷库系统的基本组成及工作原理 237
  - 第二节 伙食冷库温度控制系统 238
  - 第三节 压缩机控制系统 241
- 第十章 船舶货物冷藏控制系统 247
  - 第一节 概述 247
  - 第二节 冷藏集装箱控制系统 248
  - 第三节 自动控制系统的操作、维护及故障处理 252
- 第十一章 船舶中央空调控制系统 254
  - 第一节 船舶中央空调的基本原理 254
  - 第二节 温度调节的基本方案 255
- 第十二章 船舶阀门遥控及液舱遥测系统 261
  - 第一节 阀门遥控系统的组成及基本工作原理 261
  - 第二节 液舱遥测系统 264
  - 第三节 阀门遥控和液舱遥测系统的操作与管理 267
- 第十三章 船舶油水分离器控制系统 269

第一节 油分浓度检测的工作原理……269
第二节 油水分离器自动控制系统的工作原理……271

第十四章 船舶自清洗滤器控制系统 … 274
第一节 空气反冲式系统的组成及基本工作原理……274
第二节 油反冲式系统的组成及基本工作原理……276

第十五章 辅助机械的顺序控制 ……280
第一节 泵的自动切换控制……280
第二节 泵的顺序起动控制……282

参考文献 ……283

自动控制基础知识篇

第一章

控制系统的传递函数

第一节 拉氏变换

在动力装置的运行过程中,工况总是经常处于变动之中。控制系统是在变动中发挥调节作用的,此时整个系统和各个环节、各个信号都在变化。为了更准确地分析、了解和预测调节过程中出现的各种情况,必须研究整个系统的动态特性。自动控制系统的微分方程是在时域里描述系统动态性能的数学模型。对于低阶的微分方程,可以直接求解微分方程得到系统输出和输入之间的时域表达式。但对于高阶微分方程,在实数域内直接求解过于困难,甚至无法求解。因此,控制系统的数学模型还常常采用一种称为传递函数的复域函数来描述。为了把实数模型转换为复数模型,必须借助一种数学方法,即拉氏变换。

一、拉氏变换的定义

所谓拉氏变换是把时间函数变为复变量的函数。目的是通过函数变换,把复杂的微分方程变为简单的代数方程。然后把求得的复变函数的结果通过逆变换再变为时间函数,从而对系统进行直观的分析研究。

设有一实数函数 $f(t)(t \geq 0)$,而且积分 $\int_0^{+\infty} f(t)\mathrm{e}^{-st}\mathrm{d}t$($s$ 是一个复变量)在 s 的某一域内收敛,则由此积分所确定的函数可写为

$$F(s) = \int_0^{+\infty} f(t)\mathrm{e}^{-st}\mathrm{d}t \tag{1-1}$$

$F(s)$ 称为 $f(t)$ 的拉氏变换或称为象函数,记为

$$F(s) = L[f(t)]$$

$f(t)$ 称为 $F(s)$ 的拉氏逆变换或称为原函数,记为

$$f(t) = L^{-1}[F(s)]$$

二、常用函数的拉氏变换

1. 阶跃函数的拉氏变换

阶跃函数的数学表达式为 $f(t) = \begin{cases} 0 & t < 0 \\ A & t \geq 0 \end{cases}$

把 $f(t)$ 代入式 (1-1),得

$$F(s) = \int_0^{+\infty} A \cdot \mathrm{e}^{-st} \cdot \mathrm{d}t = -\frac{A}{s} \cdot \mathrm{e}^{-st} \Big|_0^{+\infty} = \frac{A}{s}$$

对于单位阶跃函数 $1(t)$,$A = 1$,其拉氏变换函数为 $F(s) = \dfrac{1}{s}$

2. 线性函数的拉氏变换

线性函数的数学表达式为 $f(t) = \begin{cases} 0 & t < 0 \\ t & t \geq 0 \end{cases}$

把 $f(t)$ 代入式（1-1），得

$$F(s) = \int_0^{+\infty} t \cdot e^{-st} \cdot dt = -\frac{t}{s}\Big|_0^{+\infty} + \int_0^{+\infty} \frac{1}{s} \cdot e^{-st} \cdot dt = \frac{1}{s^2}$$

3. 指数函数的拉氏变换

指数函数的数学表达式为 $f(t) = \begin{cases} 0 & t < 0 \\ e^{\alpha t} & t \geq 0 \end{cases}$

代入式（1-1），得

$$F(s) = \int_0^{+\infty} e^{\alpha t} \cdot e^{-st} \cdot dt = \int_0^{+\infty} e^{-(s-\alpha)t} dt = \frac{1}{s-\alpha}$$

4. 正弦函数的拉氏变换

正弦函数的数学表达式为 $f(t) = \begin{cases} 0 & t < 0 \\ \sin\omega t & t \geq 0 \end{cases}$

代入式（1-1），得

$$F(s) = \int_0^{+\infty} \sin\omega t \cdot e^{-st} \cdot dt = \int_0^{+\infty} \frac{1}{2j}(e^{j\omega t} - e^{-j\omega t}) \cdot e^{-st} \cdot dt$$

$$= \frac{1}{2j}\left[\frac{1}{s-j\omega} - \frac{1}{s+j\omega}\right]_0^{+\infty} = \frac{\omega}{s^2+\omega^2}$$

三、拉氏变换的性质

1. 线性性质

若 $L[f_1(t)] = F_1(s)$，$L[f_2(t)] = F_2(s)$，则

$$L[a_1 f_1(t) + a_2 f_2(t)] = a_1 F_1(s) + a_2 F_2(s)$$

式中，a_1、a_2 为常数。

2. 实位移性质

若 $F(s) = L[f(t)]$，则有

$$L[f(t-T_0)] = e^{-T_0 s} F(s)$$

3. 复位移性质

若 $F(s) = L[f(t)]$，则有

$$L[f(t)e^{-\alpha t}] = F(s+\alpha)$$

4. 微分性质

若 $F(s) = L[f(t)]$，则有

$$L[f'(t)] = sF(s) - f(0)$$

$$L[f^{(n)}(t)] = s^n F(s) - \sum_{K=1}^{n} f^{(n-1)}(0)s^{n-k}$$

当 $f(t)$ 和它的各阶导数在初值 $t=0$ 时都为零，则有

$$L[f^{(n)}(t)] = s^n F(s)$$

5. 积分性质

若 $F(s) = L[f(t)]$，则有

$$L\left[\int f(t)\,\mathrm{d}t\right] = \frac{1}{s}F(s) + \frac{1}{s}\int f(t)\,\mathrm{d}t\bigg|_{t=0}$$

若 $\int f(t)\,\mathrm{d}t\big|_{t=0} = 0$，则

$$L\left[\int f(t)\,\mathrm{d}t\right] = \frac{1}{s}F(s)$$

同理可得

$$L\left[\int_0^t \mathrm{d}t \int_0^t \mathrm{d}t \cdots \int_0^t f(t)\,\mathrm{d}t\right] = \frac{1}{s^n}F(s)$$

6. 初值定理

若 $F(s) = L[f(t)]$，则有

$$\lim_{t \to 0} f(t) = \lim_{s \to \infty} SF(s)$$

7. 终值定理

若 $F(s) = L[f(t)]$，则有

$$\lim_{t \to \infty} f(t) = \lim_{s \to 0} SF(s)$$

四、拉氏反变换

若 $f(t) = L^{-1}[F(s)]$，则拉氏反变换的定义为

$$f(t) = \frac{1}{2\pi \mathrm{j}} \int_{\sigma-\mathrm{j}\infty}^{\sigma+\mathrm{j}\infty} F(s)\mathrm{e}^{st}\,\mathrm{d}s$$

这是复变函数的积分，一般很难直接计算。在工程上，常可将象函数用部分分式展开法展开成简单分式，再求出 $F(s)$ 的原函数 $f(t)$。

象函数 $F(s)$ 通常是复变量 s 的有理分式函数。即分母多项式的阶次高于分子多项式的阶次。$F(s)$ 的一般式为

$$F(s) = \frac{B(s)}{A(s)} = \frac{b_0 s^m + b_1 s^{m-1} + \cdots + b_{m-1} s + b_m}{a_0 s^n + a_1 s^{n-1} + \cdots + a_{n-1} s + a_n}$$

上式中，a_0、a_1、$a_2 \cdots a_n$ 和 b_0、b_1、$b_2 \cdots b_m$ 均为实数，m、n 均为正数，而且 $m < n$。下面分两种情况，通过两个例子介绍如何求解拉氏反变换。

1. $A(s) = 0$ 无重根

例1：求 $F(s) = \dfrac{s+2}{s^2+7s+12}$ 的拉氏反变换。

解：该函数可分解成部分分式，即

$$\frac{s+2}{s^2+7s+12} = \frac{s+2}{(s+3)(s+4)} = \frac{K_1}{(s+3)} + \frac{K_2}{(s+4)} \tag{1-2}$$

为了确定常数 K_1，式（1-2）两边同时乘以 $(s+3)$，得到

$$\frac{s+2}{s+4} = K_1 + \frac{K_2(s+3)}{s+4} \tag{1-3}$$

将 $s = -3$ 代入，消去式（1-3）右边的第二项，即可求得
$$K_1 = -1$$
同理可求得
$$K_2 = 2$$
将 K_1、K_2 的值代入式（1-3），即可求出 $F(s)$ 展开后的表达式
$$F(s) = -\frac{1}{s+3} + \frac{2}{s+4}$$
这样 $F(s)$ 的原函数为
$$f(t) = -e^{-3t} + 2e^{-4t}$$

2. $A(s) = 0$ 有重根

例2：求 $F(s) = \dfrac{2s+3}{(s+4)^2(s+5)}$ 的原函数 $f(t)$。

解：将 $F(s)$ 展成部分分式为
$$\frac{2s+3}{(s+4)^2(s+5)} = \frac{K_1}{(s+4)^2} + \frac{K_2}{(s+4)} + \frac{K_3}{(s+5)}$$

要确定 K_1，将上式两边同时乘以 $(s+4)^2$，得到
$$\frac{2s+3}{s+5} = K_1 + K_2(s+4) + K_3\frac{(s+4)^2}{(s+5)} \tag{1-4}$$

将 $s = -4$ 代入，即可求得常数 $K_1 = -5$。

为了确定常数 K_2，需将式（1-4）的两边对 s 进行微分，而且令 $s = -4$，即
$$\left[\frac{d}{ds}\frac{2s+3}{s+5}\right]_{s=-4} = K_2 + K_3\left[\frac{d}{ds}\frac{(s+4)^2}{s+5}\right]_{s=-4}$$

求得 K_2 的最终值为 $K_2 = 7$，常数 K_3 可求得为 $K_3 = -7$。

于是 $F(s)$ 展开后的表达式为
$$F(s) = -\frac{5}{(s+4)^2} + \frac{7}{(s+4)} - \frac{7}{(s+5)}$$

这样可求得
$$f(t) = -5te^{-4t} + 7e^{-4t} - 7e^{-5t}$$

第二节 传递函数

传递函数是在拉氏变换基础上引入的描述线性定常系统或线性元件的输入输出关系的一种最常见的函数。传递函数的概念只适用于线性定常系统或线性元件。传递函数全面地反映了线性定常系统或线性元件的内在固有特性。

一、传递函数的定义

传递函数，即线性定常系统在零初始条件下，输出量的拉氏变换与输入量的拉氏变换之比。

设线性定常系统的微分方程一般式为

$$a_0 \frac{d^n}{dt^n}c(t) + a_1 \frac{d^{n-1}}{dt^{n-1}}c(t) + \cdots + a_{n-1}\frac{d}{dt}c(t) + a_n c(t) =$$
$$b_0 \frac{d^m}{dt^m}\gamma(t) + b_1 \frac{d^{m-1}}{dt^{m-1}}\gamma(t) + \cdots + b_m \gamma(t) \tag{1-5}$$

式中，$c(t)$ 为系统输出量，$\gamma(t)$ 为系统输入量，a_0、a_1、$a_2\cdots a_n$ 和 b_0、b_1、$b_2\cdots b_m$ 均为由系统结构、参数决定的常数。

设初始值均为零，对式（1-5）两边进行拉氏变换，得

$$[a_0 s^n + a_1 s^{n-1} + \cdots + a_{n-1}s + a_n]c(s) = [b_0 s^m + \cdots + b_m]r(s)$$

则系统的传递函数 $G(s)$ 为

$$G(s) = \frac{c(s)}{r(s)} = \frac{b_0 s^m + b_1 s^{m-1} + \cdots + b_m}{a_0 s^n + a_1 s^{n-1} + \cdots + a_n} \tag{1-6}$$

显然，这样求得的系统传递函数和系统（或环节）的初始条件为零的微分方程是等价的。基于这个概念，可用以 s 为变量的代数方程来表示系统的动态特性。传递函数分母中 s 最高阶数为 n，则这种系统叫 n 阶系统。

有了传递函数的概念以后，可计算输出量的时间函数。首先，它把输入量的时间函数 $r(t)$ 变换成象函数 $r(s)$，然后再乘以系统或环节的传递函数 $G(s)$，便得出输出量的象函数 $c(s)$，最后再反变换，即是所求的输出量的时间函数 $c(t)$。

前面提到，传递函数是在零值起始条件下定义的。在实际工作中如果遇到起始条件不为零的系统或环节，式（1-6）仍是适用的。因为在研究一个系统或环节时，总是假定该系统原来处于稳定平衡状态，若不外加扰动，系统就不会发生任何变化。系统中各个变量都可用扰动前的稳态值作为起点即零点。

二、典型环节的传递函数

在自动控制系统中，通常把除了控制系统对象之外的其他组成部分，诸如调节单元、执行机构和测量单元等统称为控制仪表。不论控制仪表是机械式、电动式、液压式还是气动式的，它们都是由一些最基本的环节组成。有了对单个典型环节的了解，就有了对整个系统作深入了解的基础。下面介绍在控制系统中最为常见的典型环节的传递函数。

1. 比例环节

比例环节又称为放大环节。由运算放大器组成的比例放大电路如图 1-1 所示。

图中 $i(t) = \dfrac{u_i(t)}{R_1}$，$u_o(t) = -i(t)R_f$。

这样比例环节的输出量 $u_o(t)$ 与输入量 $u_i(t)$ 之间的关系为

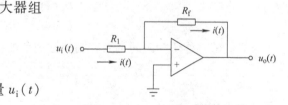

图 1-1 由运算放大器组成的比例环节

$$u_o(t) = -\frac{R_f}{R_1}u_i(t) = K \cdot u_i(t) \tag{1-7}$$

式中比例系数 $K = -\dfrac{R_f}{R_1}$。由于输出电压和输入电压的符号相反，因此称为反相放大。

对式（1-7）两边取拉氏变换，得

$$U_o(s) = K \cdot U_i(s)$$

比例环节的传递函数 $G(s)$ 为

$$G(s) = \frac{U_o(s)}{U_i(s)} = K$$

2. 积分环节

图 1-2 所示是采用运算放大器实现的积分环节。

根据运算放大器的有关性质,有

$$u_o(t) = -\frac{1}{C}\int i(t) \cdot dt = -\frac{1}{C}\int \frac{u_i(t)}{R} \cdot dt$$

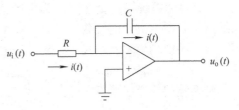

图 1-2 由运算放大器组成的积分环节

在零初始条件下,两边取拉氏变换,得

$$U_o(s) = -\frac{1}{RCs}U_i(s)$$

积分环节的传递函数 $G(s)$ 为

$$G(s) = \frac{U_o(s)}{U_i(s)} = -\frac{1}{RCs}$$

3. 惯性环节

图 1-3 所示的 $R-C$ 电路就是一个惯性环节。由图可知

$$u_o(t) = \frac{1}{C}\int i(t)dt$$

$$u_i(t) = R \cdot i(t) + \frac{1}{C}\int i(t)dt$$

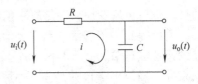

图 1-3 由 $R-C$ 电路构成的惯性环节

对上面两式分别取拉氏变换,并取零初始条件,可得

$$U_o(s) = \frac{1}{Cs}I(s)$$

$$U_i(s) = R \cdot I(s) + \frac{1}{Cs}I(s)$$

则

$$\frac{U_o(s)}{U_i(s)} = \frac{1}{RCs + 1}$$

令 $T = RC$,称 T 为时间常数。则惯性环节的传递函数 $G(s)$ 为

$$G(s) = \frac{U_o(s)}{U_i(s)} = \frac{1}{Ts + 1}$$

4. 微分环节

图 1-4 示出了用运算放大器构成的实际微分电路图。从图中可以看到:

$$u_i(t) = i(t) \cdot R_1 + \frac{1}{C}\int i(t)dt$$

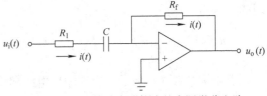

图 1-4 用运算放大器构成的实际微分电路

$$i(t) = -\frac{u_o(t)}{R_f}$$

因此

$$u_i(t) = -\left[\frac{u_o(t)}{R_f}R_1 + \frac{1}{C}\int\frac{u_o(t)}{R_f}dt\right]$$

令 $K = -\dfrac{R_f}{R_1}$，$T = R_1 C$，这样实际微分电路的传递函数 $G(s)$ 为

$$G(s) = \frac{U_o(s)}{U_i(s)} = -\frac{R_f Cs}{R_1 Cs + 1} = \frac{KTs}{Ts + 1}$$

若 $T \ll 1$，则可得理想微分环节的传递函数，即

$$G(s) = KTs$$

令 $T_d = KT$，T_d 称为微分时间，则

$$G(s) = T_d s$$

可见，实际微分环节是在理想微分环节上增加了一个惯性环节。

5. 纯延迟环节

所谓纯延迟，即输出毫不失真地重现输入的变化，但有恒定时间延迟，如图1-5所示。

因为纯延迟，输出完全复现输入量：$c(t) = \gamma(t - \tau_0)$

由实位移性质可得 $c(s) = e^{-\tau_0 s} r(s)$

故纯延迟环节的传递函数 $G(s)$ 为

$$G(s) = \frac{C(s)}{R(s)} = e^{-\tau_0 s}$$

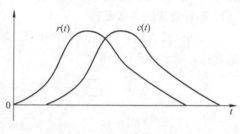

图1-5 纯延迟环节

第三节 传递函数的框图

一、框图的四要素

传递函数的框图是把元件或环节的传递函数写在相应的方框中，并用箭头把框图连接起来，表明信号的传递方向。传递函数的框图给控制系统的分析带来了极大的方便。

传递函数的框图的四要素如图1-6所示。

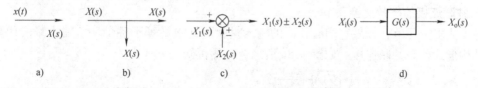

图1-6 框图的四要素

1. 信号线

信号线用箭头表示信号单向传递的方向，在线上写出信号的时间函数或它的象函数。如

图 1-6a 所示。

2. 引出点

即信号线的分叉点。如图 1-6b 所示。同一位置引出的信号在数值和性质方面完全相同。

3. 汇合点

汇合点也称比较点，用符号"⊗"表示。汇合点只有一个输出信号，但可以有两个或两个以上的输入信号，并在输入信号旁边标注"+"或者"-"号，表示信号相加或者相减。其输出信号等于各个输入信号的代数和。如图 1-6c 所示。

4. 环节

每一个方框表示一个环节或一个系统，方框内要填写环节或系统的传递函数。图 1-6d 中，$X_i(s)$ 为环节的输入信号，$X_o(s)$ 为环节的输出信号，$G(s)$ 为环节的传递函数。显然 $X_o(s) = G(s)X_i(s)$。

二、框图的等效变换法则

传递函数的框图有三种基本连接方式，即串联、并联和反馈。系统框图在进行等效变换时有以下几种变换法则。

1. 串联连接的等效变换

环节与环节首尾相连，前一个环节的输出，作为后一个环节的输入。这种结构形式称为串联连接，如图 1-7a 所示。

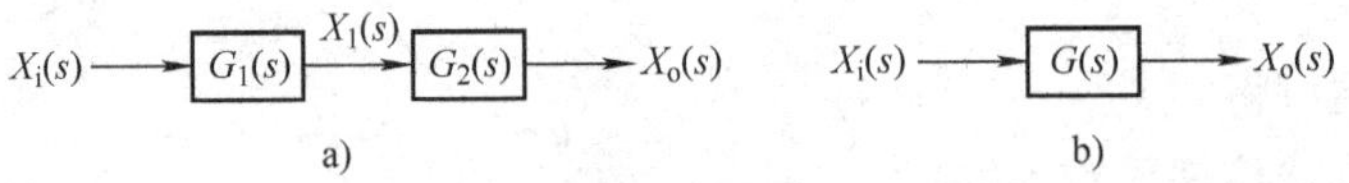

图 1-7 串联连接

从图 1-7a 可得

$$X_1(s) = G_1(s)X_i(s)$$
$$X_o(s) = G_2(s)X_1(s)$$

所以

$$X_o(s) = G_1(s)G_2(s)X_i(s) = G(s)X_i(s)$$

因而

$$G(s) = G_1(s)G_2(s)$$

可见串联连接的等效传递函数等于各传递函数的乘积。图 1-7b 是图 1-7a 的等效框图。同理，若有几个环节串联，其等效传递函数为各传递函数之积。

2. 并联连接的等效变换

两个或多个环节，如果它们有相同的输入量，而输出量等于各个环节输出量的代数和，这种结构形式称为并联连接。如图 1-8a 所示，由图可知

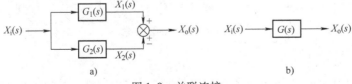

图 1-8 并联连接

$$X_1(s) = G_1(s)X_i(s)$$
$$X_2(s) = G_2(s)X_i(s)$$
$$X_o(s) = X_1(s) \pm X_2(s)$$

从而得到
$$X_o(s) = [G_1(s) \pm G_2(s)]X_i(s) = G(s)X_i(s)$$
因而
$$G(s) = G_1(s) \pm G_2(s)$$

可见并联连接的等效传递函数等于各环节传递函数的代数和。图 1-8b 是图 1-8a 的等效框图。

同理，若有几个环节相并联，其等效传递函数等于各传递函数的代数和。

3. 反馈连接的等效变换

图 1-9a 所示为具有反馈连接的框图。图中 $G_1(s)$ 为前向传递函数，$H(s)$ 为反馈传递函数。图 1-9a 中可以看到反馈连接的特点是一个环节的输出，输入到另一个环节，得到的输出再返回到前一个环节的输入端。

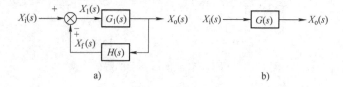

图 1-9 反馈连接的框图

从图 1-9a 中可以看到
$$X_o(s) = G_1(s)X_1(s)$$
$$X_f(s) = H(s)X_o(s)$$
$$X_1(s) = X_i(s) \pm X_f(s)$$

经整理，消去中间变量 $X_1(s)$ 和 $X_f(s)$ 可得
$$X_o(s)[1 \pm G_1(s)H(s)] = G_1(s)X_i(s)$$

于是，等效传递函数为
$$G(s) = \frac{X_o(s)}{X_i(s)} = \frac{G_1(s)}{1 \pm G_1(s)H(s)}$$

上式中，取"+"号为负反馈；取"-"号为正反馈。$G_1(s)H(s)$ 称为开环传递函数，而 $G(s)$ 称为闭环传递函数。如果 $H(s)=1$，则称为单位反馈。

反馈连接的等效框图如图 1-9b 所示。

4. 信号引出点的移动

为了对框图进行简化，有时需要对信号引出点进行前后移动。引出点的移动必须遵守移动前后引出点所引出的信号保持不变的原则。

若将引出点从某一函数方框后面移到其前面时，必须在移动的支路中串入具有相同传递函数的函数方框，如图 1-10 所示。

图 1-10 引出点前移的等效变换

若将引出点从某一函数前面移到其后面时,则必须在移动的支路中串入具有相同传递函数的倒数的函数方框,如图 1-11 所示。

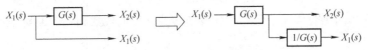

图 1-11 引出点后移的等效变换

5. 信号汇合点的移动

信号汇合点的移动要保证移动前后总的信号不变。具体如下:

相邻的两个汇合点可以任意变换位置。如图 1-12 所示,移动前后 $X_4(s)$ 保持不变。

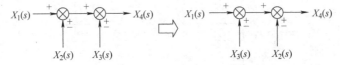

图 1-12 相邻汇合点前后移动的等效变换

从图 1-13 可以看到,汇合点从某一函数方框之前移至其后时,必须在移动的汇合支路中串入具有相同传递函数的函数方框。

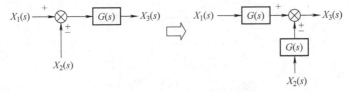

图 1-13 汇合点后移的等效变换

从图 1-14 可以看到,汇合点从某一函数方框之后移至其前时,必须在移动的汇合支路中串入具有相同传递函数的倒数的函数方框。

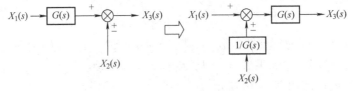

图 1-14 汇合点前移的等效变换

三、用变换法则化简框图

前面讲述了五种框图的等效变换法则。框图变换的目的是为了方便地从框图求得整个自动控制系统的传递函数。下面举例说明如何用变换法则化简框图。

图 1-15a 是一个多回路系统，为了求得系统的传递函数 $G(S)$，进行如下的变换：
1）将包含 $H_2(s)$ 的负反馈回路的加减点前移到包含正反馈回路外边，如图 1-15b 所示。
2）利用反馈规则消去包含 $H_1(s)$ 的正反馈回路，变为如图 1-15c 所示。
3）利用反馈规则消去包含 $H_2(s)/G_1(s)$ 的负反馈回路，得到如图 1-15d 所示的框图。

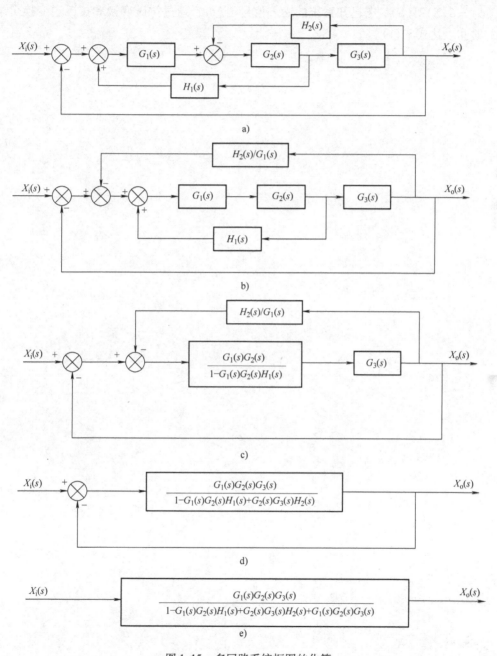

图 1-15　多回路系统框图的化简

4) 利用单位反馈规则得到该系统的等效框图 1-15e，从而求得该系统的等效传递函数为

$$G(s) = \frac{G_1(s)G_2(s)G_3(s)}{1 - G_1(s)G_2(s)H_1(s) + G_2(s)G_3(s)H_2(s) + G_1(s)G_2(s)G_3(s)}$$

这样可以看到，图 1-15a 所示的多回路系统最后可以简化成如图 1-15e 所示的系统。由于 $X_o(S) = G(S)X_i(S)$，若已知系统的输入信号 $x_i(t)$，通过拉氏变换和拉氏逆变换可求得输出的时间表达式 $x_o(t)$。

第二章 反馈控制系统基础知识

第一节 基本概念

一、自动控制系统的组成

自动控制是指在无人参与的情况下,利用控制装置使被控对象自动地按照期望的规律运行或保持状态不变,其实质是直接模拟人的手动操作,图2-1为柴油机气缸冷却水温度控制过程示意图。

柴油机在运行过程中需要保持一个最佳的冷却水温度。假如冷却水出口温度应为80℃,则在手动控制时,操作人员要用眼睛观察温度表,并把观察到的冷却水实际温度反应给大脑,大脑对这一水温进行分析(温度的实际值是否偏离了最佳值)、判断(实际水温是高于最佳值还是低于最佳值)和计算(实际水温离开最佳值的数量),然后输出一个控制指令给双手,用双手来改变三通调节阀的开度,即改变旁通水量和经冷却器冷却后的冷水流量,从而可改变对气缸冷却水的冷却强度,使冷却水的实际温度逐渐恢复到冷却水温度的最佳值。

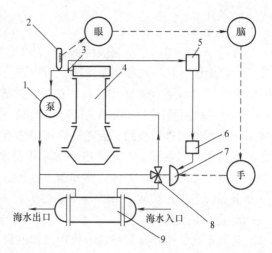

图2-1 柴油机气缸冷却水温度控制过程示意图
1—淡水泵 2—温度表 3—感温元件 4—柴油机
5—温度变送器 6—调节器 7—执行机构 8—三通电磁阀
9—淡水冷却泵

例如,当冷却水实际温度升高时,大脑通过眼睛从温度表上观察到这一信息,为了维持希望的温度值,必然指挥双手关小旁通水量。而旁通水量关小的结果势必使实际温度下降,并且在温度表上得到体现。眼睛再把这一调节结果传递给大脑,以便大脑做出下一步判断和进行下一步动作。这个过程一般都要反复进行,直至实际温度恢复到希望的温度值为止。其中,眼睛把调节结果传递给大脑的过程称为反馈。显而易见,正因为利用了反馈,控制的最终目标才能得以实现。

在自动控制过程中,由于不需要人来干预控制过程,因此必须采用相应的自动化仪表来代替人的功能器官。比如可用温度传感器和变送器来代替人的眼睛,随时测量冷却水的实际温度并把该值送给调节器。调节器代替人的大脑,并对冷却水实际温度进行分析和计算,然后输出控制信号给执行机构。执行机构代替人的双手,改变三通调节阀的开度。不论是手动控制，还是自动控制，反馈的作用都是存在的。我们把包含反馈作用的控制过程称为反馈控制过程。

其实，对任何其他运行参数进行控制也都具有类似的过程。分析上述实例不难发现，组成一个反馈控制系统，必须有四个最基本的环节，即控制对象、测量单元、调节单元和执行机构。

1. 控制对象

控制对象是指所要控制的机器、设备或装置，而所要控制的运行参数则称为被控量。例如，在柴油机气缸冷却水温度自动控制系统中，柴油机是控制对象，柴油机冷却水出口温度是被控量；在锅炉水位自动控制系统中，锅炉是控制对象，水位是被控量；在锅炉蒸汽压力控制系统中，锅炉是控制对象，蒸汽压力是被控量；在燃油黏度自动控制系统中，燃油加热器是控制对象，燃油黏度是被控量；在柴油机转速的控制系统中，柴油机是控制对象，转速是被控量等。

2. 测量单元

测量单元的作用是检测被控量的实际值，并把它转换成统一的标准信号，该信号称为被控量的测量值。在气动控制系统中，对应被控量的满量程，其统一的标准气压信号是0.02~0.1MPa；在电动控制系统中，对应被控量的满量程，其统一的标准电流信号是0~10mA或4~20mA，目前使用4~20mA居多。测量单元一般包含两部分，即传感器和变送器，传感器用于对物理量进行检测，变送器则将传感器的输出转换为调节器能够接收的信号。例如，在温度自动控制系统中，测量单元常采用温度传感器和温度变送器；在压力自动控制系统中，测量单元常采用压力传感器和压力变送器；在锅炉水位控制系统中，测量单元常采用水位发讯器（参考水位罐）和差压变送器等。

3. 调节单元

调节单元是指具有某种调节作用规律的调节器。调节器接收测量单元送来的被控量测量值，并与被控量的希望值相比较得到偏差信号，再根据偏差信号的大小和方向（正偏差还是负偏差），按照某种调节作用规律输出一个控制信号，送给执行机构，对被控量施加控制作用，直到偏差等于零或接近零为止。

在反馈控制系统中，一般把被控量的希望值称为设定值，被控量的测量值与设定值之间的差值称为偏差值。若将设定值表示为 r，被控量的测量值表示为 z，偏差表示为 e，则有

$$e = r - z$$

若 $e>0$，则说明测量值低于设定值，称为正偏差；

若 $e<0$，则说明测量值大于设定值，称为负偏差；

若 $e=0$，则说明测量值等于设定值，称为无偏差。

在实际应用中，调节器一般有位式调节器、比例调节器、比例积分调节器、比例微分调节器和比例积分微分调节器五种，根据控制对象特性的不同及对被控量控制精度的要求，控制系统可选用不同调节作用规律的调节器。

4. 执行机构

执行机构接收调节单元输出的控制信号，并将该信号转换为作用到控制对象的实际控制作用。调节单元输出的控制信号一般都要经过执行机构才能作用到控制对象上，从而改变流入控制对象的物质或能量，使之能适应控制对象的负荷变化。在气动控制系统中，执行机构

一般是气动薄膜调节阀或气动活塞式调节阀；在电动控制系统中，一般采用伺服电动机。

以上四个单元是组成反馈控制系统必不可少的基本单元。但对于一个完整的控制系统，一般都还会有若干辅助单元。例如，用来指示被控量给定值和测量值的指示单元和设定给定值的给定单元等。另外，对气动控制系统来说，还应设有气源装置；对电动控制系统还应有稳压电源等辅助装置。

二、反馈控制系统传递框图

为了方便分析反馈控制系统工作过程，可把组成反馈控制系统的四个基本单元分别用一个小方框来表示，并用带箭头的信号线来表示各单位之间的信号传递关系。这样就构成了如图2-2所示的反馈控制系统传递框图。通过传递框图，需要明确以下几个概念。

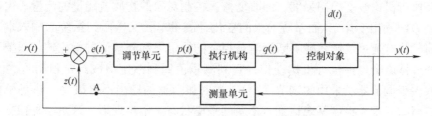

图 2-2　反馈控制系统传递框图

$r(t)$—设定值　$z(t)$—测量值　$e(t)$—偏差值　$y(t)$—被控量
$q(t)$—执行量　$p(t)$—控制量　$d(t)$—外部扰动值

1. 环节

在控制系统传递框图中，代表实际单元的每个小方框称为一个环节。每个环节都有输入量和输出量，并用带箭头的信号线来表示。其中箭头指向该环节的信号线为输入量，箭头离开该环节的信号线为输出量，在信号线上可标明输入和输出量的名称，也可以不写。任何环节输出量的变化均取决于输入量的变化以及该环节的特性，而输出量的变化不会直接影响输入量，这称为信号传递的单向性；另外，如果信号线在某处出现分支，则各个分支的信号具有等值特性。

2. 扰动

控制对象作为反馈控制系统的组成环节，其输出量是被控量，而引起被控量变化的因素统称为扰动。显然，扰动量是控制对象的输入量，具体包含两类：即基本扰动和外部扰动。

基本扰动是指来自控制系统内部控制通道（调节通道）的扰动。例如，在水位控制系统中，水调节阀开度的改变将引起水位的变化；在冷却水温度控制系统中，三通调节阀开度的改变将引起水温的变化等。这种扰动通过系统内部的调节通道，改变流入控制对象的物质或能量的流量，从而影响控制对象的输出。因此，基本扰动通过调节通道影响被控量。

外部扰动是指来自系统外部环境的扰动。例如，以锅炉为控制对象的水位控制系统，水位是被控量，锅炉负荷（外部用气量）的变化将引起水位的变化；在柴油机气缸冷却水温度控制系统中，水温是被控量，柴油机负荷的变化、海水温度的变化、淡水冷却器中水管结垢的多少等都会引起冷却水温度的变化。这种扰动是由于设备负荷或外界环境的扰动变化而导致控制对象内部的能量平衡遭到破坏而引起的。因此，外部扰动通过扰动通道影响被控量。

在图2-2中,有两个信号线的箭头指向控制对象,它们分别代表基本扰动(执行机构的输出q)和外部扰动(控制对象负荷或环境因素的变化d)。

3. 系统的输入与输出

前面提到的输入和输出的概念都是针对环节而言的,若从系统的角度来看,则可将图2-2所示的各个基本环节看作一个整体,如图中的虚框所示。不难看出,作为一个整体,系统具有两个输入,即设定值和外部扰动,以及一个输出,即被控量。

4. 反馈

在控制系统传递框图中,符号"⊗"是一个比较算子(它不是一个独立环节,而是调节器中的一个组成部分,为清楚起见,单独画出),它对被控量的给定值r(旁标"+"号)和测量值z(旁标"-"号)进行比较,得到偏差值$e=r-z$,作为调节器的输入值。调节器的输出经执行机构改变控制强度,即改变流入控制对象的物质或能量的流量,引起被控量的变化(即系统输出变化),而系统输出的变化经测量单元又送回到系统的输入端,这个过程称为反馈。只有通过反馈才能不断地对被控量的给定值和测量值进行比较,只要存在偏差的变化,调节器就会指挥执行机构动作,直到测量值回到给定值或给定值附近为止(偏差是否为零取决于调节器所采用的调节规律)。这时调节器的输出不再改变,执行机构的输出正好适应负荷的要求,控制系统达到一个新的平衡状态。不难理解,这是一种根据偏差来进行控制的控制系统。

反馈有正反馈和负反馈之分。正反馈是指加强系统输入效应的反馈,它使偏差e增大;而负反馈是指减弱系统输入效应的反馈,它使偏差e减小。显然,按偏差进行控制的系统必定是一个负反馈控制系统。但是,在自动化仪表中,特别是在调节器中,为实现某种作用规律和功能,常采用复杂的正、负反馈回路。

5. 前向通道与反馈通道

在控制系统传递框图中,从系统的输入端沿信号线方向到达系统输出端的通道称为前向通道;而相反方向的通道则称为反馈通道。

6. 闭环系统

在反馈控制系统传递框图中,前一环节的输出就是后一环节的输入,系统的输出又经反馈通道送回到系统的输入端。这样,控制系统就形成了一个封闭的控制回路,称为闭环系统,反馈控制系统必定是闭环系统。如果在闭环系统的某处把回路断开,例如在图2-2中的A点断开,那么该系统就由闭环系统变成了开环系统。开环系统不再是反馈控制系统,无法根据偏差来实现设备或生产过程的参数自动控制。

7. 反馈控制系统的工作过程

根据前面介绍的概念,反馈控制系统的工作过程可以描述如下:

设系统处在平衡状态(即系统稳定运行)时突然受到一个外部扰动,被控量将离开初始稳定值而发生变化,测量单元将把被控量的实际值送至调节器,在调节器内部,被控量的给定值与测量值进行比较,得到偏差值e,调节器依据某种调节作用规律输出一个控制信号,通过执行机构改变流入控制对象的物质或能量流量,被控量朝着偏差减少的方向变化,这一信号又通过测量单元送至调节器,重复上述过程,最终使被控量又回到给定值或给定值附近,系统达到一个新的平衡状态。

改变给定值后,系统的工作与上述过程类似。

三、自动控制系统分类

自动控制系统的分类方法很多。每一种控制系统都有它自己的特点，这些特点成为自动控制系统分类的基础，通常有以下几种分类：

1. 按被控参数的名称分类

即被控参数的名称是什么，就称为什么自动控制系统。例如：温度自动控制系统，压力自动控制系统，燃油黏度自动控制系统等。

2. 按所用能源分类

按所用能源来分，自动控制系统分为气动控制系统和电动控制系统。在气动控制系统中，用压缩空气作为能源，气源压力是0.14MPa，各种气动仪表输入和输出信号为标准的气压信号。在电动控制系统中，用电能作为能源，各种电动仪表的输入和输出信号是标准的电流信号。

3. 按给定值的变化规律分类

自动控制系统按给定值的变化规律来分，可分为定值控制系统、程序控制系统和随动控制系统。

在定值控制系统中，给定值是不变的。控制系统的作用是维持被控参数稳定在给定值上或给定值附近。因此，调节器的给定值调好后，一般不需要再改变了。机舱动力装置热工参数的控制多属于定值控制系统。

在程序控制和随动控制系统中，给定值是变化的。控制系统的作用是使被控参数始终跟踪给定值，随给定值而变化。两者的区别在于，程序控制系统给定值的变化是按人们事先安排好的规律进行变化。例如，柴油机在高负荷区加速的转速控制。随动控制系统给定值是一个任意变化的参数。例如，随动操舵系统跟踪船舶航向的变化、雷达控制系统跟踪目标的方位变化就是随机的。

4. 按信号特征分类

按照系统中信号的变化是否连续，可分为连续系统和离散系统。连续系统指的是系统各部分信号都是模拟的连续函数。过去工业中普遍采用的常规仪表PID调节器控制的系统均属于连续型系统。离散型指的是系统的某一处或几处信号以脉冲序列或数码的形式传递，系统中用脉冲开关或采样开关，将连续信号转变为离散信号。目前，采用计算机控制的系统一般都是离散型系统。

四、反馈控制系统的品质指标

被控对象期望的运行规律又称为给定信号，给定信号通常可分为三类：阶跃信号、斜坡信号和任意变化信号。其中，阶跃信号对控制系统的影响是最为不利的，因此，为了评定控制系统动态过程品质，通常给系统施加一个阶跃输入，然后研究系统的输出量（被控量）随时间的变化曲线，即系统的动态过程。根据控制系统接受的扰动途径，可以分为两种情况：一种情况是外部扰动不变，改变给定值（如随动控制）；另一种情况是给定值不变（定值控制），改变外部扰动。由于控制器的控制规律或系统参数的不同，控制系统的动态过程将表现为不同的形式。

图2-3所示为控制系统在受到外部阶跃扰动后可能出现的4种不同情况。图2-3a所示

为振幅不断增加的发散振荡过程,图2-3b为振幅相同的等幅振荡过程,显然这两种情况都是不稳定的过程,作为一个实际的控制系统,这是不可接受的。图2-3c是一个振幅不断减少的衰减振荡过程,而图2-3d则是一个波峰不断减少的非周期过程。虽然这两种情况均属于稳定的过程,但非周期过程往往会出现较大的偏差,或者整个调节过程所经历的时间过长,在实际中也是不可取的。因此,一个实际可用的控制系统,最起码的要求是其过渡过程为衰减振荡。

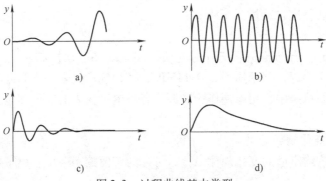

图2-3 过程曲线基本类型

但是,即便是衰减振荡过程,也存在衰减快慢的问题,并不是所有衰减振荡过程都符合要求。为了便于讨论控制系统的动态过程品质,通常采用一些定量指标加以衡量。在定值控制和随动控制两种情况下,评定动态过程品质的指标有些相同,有些不同。

图2-4和图2-5分别给出了定值控制和随动控制系统在t_0时刻给定值阶跃变化和外部扰动阶跃变化的动态过程曲线。总体来说,可以概括为三个字:快、稳、准,即快速性、稳定性和准确性。

1. 稳定性指标:衰减率φ和振荡次数N

衰减率φ是指在衰减振荡中,第一个波峰值y_1减去第二个同相波峰值y_3除以第一个波峰值y_1,即

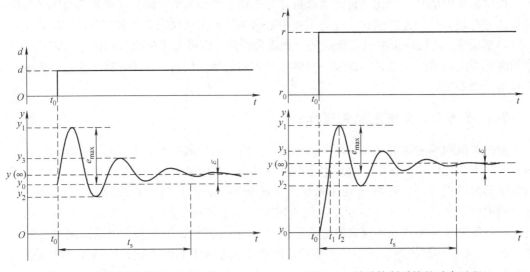

图2-4 定值控制系统的动态过程　　　　图2-5 随动控制系统的动态过程

$$\varphi = \frac{y_1 - y_3}{y_1}$$

与衰减率相对应的是另一种衡量指标是衰减比。所谓衰减比是第一个波峰值 y_1 和第二个同相波峰值 y_3 的比值，即 y_1/y_3。

衰减率 φ 是衡量系统稳定性的指标，要求 $\varphi = 0.75 \sim 0.9$。当 $\varphi = 0.75$ 时，y_1 是 y_3 的 4 倍，此时衰减比为 4∶1。φ 不能小于 0.75，否则系统动态过程的振荡倾向增加，降低了系统稳定性，过渡过程时间也因振荡不息而加长。特别是当 $\varphi = 0$ 时，其动态过程是等幅振荡，系统变成不稳定系统。

振荡次数 N 是指在衰减振荡中，被控量的振荡次数。一般要求被控量振荡 2~3 次就应该稳定下来。

2. 精确性指标：最大动态偏差 e_{max}、静态偏差 ε 和超调量 σ_p

最大动态偏差 e_{max} 是指在衰减振荡中第一个波峰的峰值，它是动态精度指标。e_{max} 大，说明动态精度低，要求 e_{max} 小些为好，但不是越小越好，因为 e_{max} 太小，有可能使动态过程的振荡加剧。

静态偏差 ε 是指动态过程结束后，被控量新稳态值与给定值之间的差值。ε 越小说明控制系统的静态精度越高。在实际控制系统中，由于使用不同作用规律的调节器，其存在静态偏差的情况也不相同。有的控制系统受到扰动后，在调节器控制作用下，被控量最终不能稳定在给定值上，只能稳定在给定值附近，存在一个数值较小的静态偏差，称为有差调节。有的控制系统受到扰动后，在调节器的控制作用下，被控量能最终稳定在给定值上，$\varepsilon = 0$，称为无差调节。

对于随动控制系统，通常采用超调量 σ_p 来衡量其动态精度。所谓超调量 σ_p 是指在衰减振荡中，第一个波峰值 y_1 减去新稳态值 $y(\infty)$ 与新稳态值 $y(\infty)$ 之比的百分数，即

$$\sigma_p = \frac{y_1 - |y(\infty)|}{|y(\infty)|} \times 100\%$$

超调量是评定控制系统动态精度的指标。超调量太大，说明被控量偏离规定的状态太远，对于一些要求比较严格的场合，都有允许的最大超调量要求。在实际系统的过渡过程中，一般要求 $\sigma_p < 30\%$。

3. 快速性指标：过渡过程时间 t_s、上升时间 t_r 和峰值时间 t_p

过渡过程时间 t_s 是指从控制系统受到扰动开始到被控量重新稳定下来所需的时间。理论上讲，这个时间是无穷大的。因此，通常这样定义过渡过程时间 t_s：当 $t \geq t_s$ 时，满足

$$\frac{|y(t) - y(\infty)|}{y(\infty)} \leq \Delta$$

式中，$y(t)$ 是系统受到扰动后，在时间为 t 时的被控量值；$y(\infty)$ 是被控量的最终稳态值；Δ 是选定的任意小的值，一般取 $\Delta = 0.02$，或 $\Delta = 0.05$。上式的物理意义是，当 $t \geq t_s$ 的所有时间内，被控量 $y(t)$ 的波动值 $|y(t) - y(\infty)|$ 均小于或等于最终稳态 $y(\infty)$ 的 2% 或 5%。

在讨论随动控制系统时，通常还用到上升时间 t_r 和峰值时间 t_p。所谓上升时间 t_r 是指在衰减振荡中，被控量从初始平衡状态第一次达到新稳态值 $y(\infty)$ 所需的时间。在图 2-5 中，$t_r = t_1 - t_0$。

所谓峰值时间 t_p 是指在衰减振荡中，被控量从初始平衡状态达到第一个波峰峰值所需要的时间。在图 2-5 中，$t_p = t_2 - t_0$。

t_r 和 t_p 都是反映动态过程进行快慢的指标。t_r、t_p 越小，说明系统惯性越小，动态过程进行得越快。

第二节 调节器及其作用规律

在反馈控制系统中，调节器是最重要的组成单元。当控制对象确定后，反映控制对象特性的各种参数也是既定的，因此调节器就对控制系统的动态过程品质起着决定性的影响。调节器的输入是被控量的偏差值 $e(t)$，调节器的输出是控制量 $p(t)$，用于改变执行机构的位置（如调节阀的开度），最终作用于控制对象。调节器的作用规律是指输出量 $p(t)$ 与输入量 $e(t)$ 之间的函数关系，即 $p(t) = f[e(t)]$，也就是说给调节器施加一个输入信号后，其输出量按何种方式进行变化。根据调节器输出的变化方向，调节器有两种类型，一是随着测量值的增加，调节器的输出也增加，称为正作用式调节器；另一种是随着测量值的增加，调节器的输出减小，称为反作用式调节器。

在船舶机舱中常用的调节器作用规律有：双位作用规律、比例（P）作用规律、比例积分（PI）作用规律、比例微分（PD）作用规律、比例积分微分（PID）作用规律等五种。这些作用规律中，除了双位作用规律之外，都还有作用强度的问题，例如比例系数的大小衡量着比例作用的强弱，积分时间的大小反映积分作用的强弱，微分时间的大小决定着微分作用的强弱。

一、位式调节器

双位作用规律的特点是，对应被控量的高限 e_{min} 和低限 e_{max}，调节器只有两个输出状态（逻辑 0 和逻辑 1），如图 2-6 所示。这种作用规律不能使被控量稳定在某个值上，而是使被控量在上限值和下限值之间上下波动。当被控量下降到下限值时，调节器的输出通过执行机构使被控量上升，到达上限值时，调节器的输出状态改变，被控量下降，如此周而复始。当被控量在上、下限之间变化时，调节器输出状态不变。

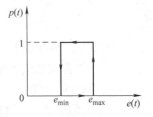

图 2-6 双位作用规律

双位控制广泛应用于允许被控量在一定范围内波动的控制系统中，例如各种液位、压力和温度等的双位控制。下面以浮子式水位双位控制系统和双位式压力调节器为例加以说明。

1. 浮子式水位双位控制系统

在机舱中，浮子式水位双位控制例子很多，如热水井的水位控制，主机日用燃油柜的水位控制以及小型辅锅炉的水位自动控制等。图 2-7 所示为采用浮子式辅锅炉水位进行双位控制的原理图。在锅炉外面的浮子室有汽管和水管分别与锅炉的汽空间和水空间相通，故浮子室内水位与锅炉水位一致。浮子与水位同步变化，浮子杆绕枢轴 4 转动，通过上、下限销钉 5 带动扇形调节板框架 3 绕枢轴 4 转动，调节板右边的永久磁铁 12 也跟着转动。当水位上升至接近上限值时，浮子杆与上面的销钉相接触，并带动扇形调节板框架 3 和同极性永久磁铁12绕枢轴4顺时针转动,当同极性永久磁铁12转至与它同极性的永久磁铁6相同高度时,由于同极性互相排斥,永久磁铁6立即被向上弹开,动触点11立即与静触点7断开,切断电机电源,给水泵停转,停止向锅炉供水。随着外界负荷不断消耗蒸汽,水位会不断降低,浮子连同浮子杆绕枢轴4逆时针转动,但调节板暂时不动。当水位下降到接近下限水位时,浮子杆与下面的销钉相碰,并带动调节板一起转动。当水位下降到下限值时,两同极性的永久磁铁12和6又正好相遇并互相排斥,动触点11立即与静触点7相接触,接通电机电源,并带动给水泵向锅炉供水。随着水位的上升,浮子连同浮子杆绕枢轴4顺时针转动,重复前面的过程。可见,只有水位处在上、下限值时,调节器的输出状态才发生改变,而水位在上、下限之间变化时,调节器的输出状态不变,例如水位从上限值下降时,电机保持断电,水位从下限值上升时,电机保持通电。

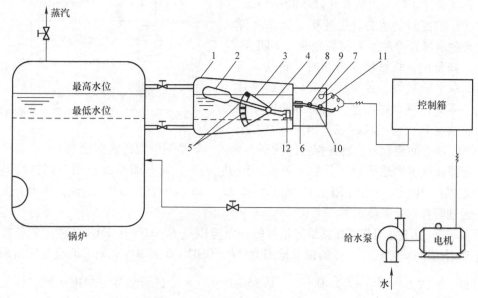

图2-7 浮子式辅锅炉水位双位调节器
1—浮子室 2—浮子 3—扇形调节板框架 4—枢轴 5—上、下限销钉
6、12—同极性永久磁铁 7—静触点 8—开关箱 9—转轴 10—转杆 11—动触点

在调节板上对应浮子杆的上、下限位置各有三个销钉孔,调整上、下限销钉5的位置,可调整水位的上、下限值,但如果把上、下限销钉之间的距离调整得太小,虽然可以减小水位的波动范围,但将导致电机起停频繁,这是不利的。

2. 双位式压力调节器

双位式压力调节器也称为压力开关。压力开关的种类较多,原理也不尽相同,但其主要的外在功能都是一样的,即根据测量压力的上限值和下限值输出不同的开关量信号,用于船舶辅锅炉的蒸汽压力和日用海、淡水压力等的双位控制。

下面以YT–1226型压力调节器为例加以说明。图2-8为YT–1226型压力调节器的结构原理图。被测量的压力信号P接至测量室,通过波纹管转换为力信号作用于比较杠杆,产生测量力矩。此外杠杆上还作用着由给定弹簧产生的给定力矩和由幅差弹簧产生的幅差力矩。

当输入信号 P 处在压力的下限值时，比较杠杆处于水平位置。这时动触点离开静触点 1，闭合于静触点 2。此时，作用螺钉与幅差弹簧盘之间存在一定的间隙，幅差弹簧对杠杆不起作用。当 P 增大时，杠杆绕支点逆时针转动，通过拨臂使舌簧的下边框左移，通过舌形片使跳簧压缩，贮存弹性能。同时，作用螺钉与幅差弹簧盘的间隙逐渐消失，当杠杆继续转动时，不仅要克服给定力矩，还要克服幅差力矩。当杠杆转过某个角度，即被测量压力 P 达到上限值时，舌簧舌片正好与舌簧簧片处在同一平面，跳簧有了释放能量的机会，迅速把舌簧簧片弹开，使动触点离开静触点 2 而与静触点 1 闭合。当压力 P 降低时，杠杆绕支点顺时针转动，当杠杆回到水平位置时，舌簧舌片又与舌簧簧片处在同一平面，跳簧再次把舌簧弹开，使动触点离开静触点 1，合到静触点 2。当压力 P 在上限值和下限值之间变化时，跳簧保持原状态不变，也就是调节器的输出状态不变。

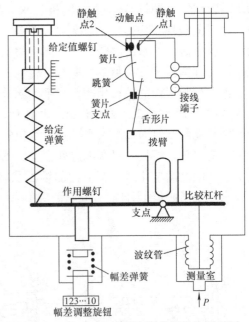

图 2-8　YT-1226 型压力调节器结构原理图

给定弹簧调整的是压力开关的下限值，用 P_L 表示，幅差调整旋钮用于调整幅差 ΔP，压力开关的上限值 P_H 等于下限值 P_L 加上幅差 ΔP，即 $P_H = P_L + \Delta P$。因此，压力开关的上限值是通过调整幅差来设定的。

YT-1226 型压力调节器开关给定指针的指示范围是 $P_L = 0 \sim 0.2 \text{MPa}$，幅差调整旋钮上标记有 10 个格的刻度档，对应的幅差范围为 $\Delta P = 0.07 \sim 0.25 \text{MPa}$。幅差调整旋钮所调的格数 X 可根据公式 $\Delta P = P_H - P_L = 0.07 + (0.25 - 0.07) \times \dfrac{X}{10}$ 进行估算。但由于刻度精度比较低，在实际使用时应该进行实验测定或现场调整。

二、比例调节器

比例作用规律（P）是指调节器的输出量 $p(t)$ 与输入量 $e(t)$ 成比例变化，即
$$p(t) = Ke(t)$$

其中，K 称为比例系数。K 越大，在输入相同的偏差 $e(t)$ 时，调节器输出量 $p(t)$ 也越大，我们就说比例作用越强。反之，K 越小，比例作用越弱。采用比例作用规律的调节器，称为比例调节器。其开环阶跃响应特性如图 2-9 所示。

1. 比例（P）作用的控制过程

图 2-10 给出了一个对单容（单容控制对象是指只有一个存储物质或者能量容积的控制对象）水柜的水位进行比例规律控制的简单例子。它虽然不能直接

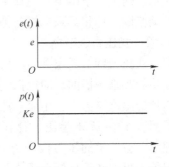

图 2-9　比例作用规律开环阶跃响应特性

用于实际的控制系统，但它所揭示的比例作用规律和特点却具有普遍意义。

图 2-10 中，水柜中的实际水位 h 是被控量，其给定值为 h_0。在初始平衡状态下，给水流量 Q_i 与出水流量 Q_o 相等，水位稳定在 h_0 上，偏差 $e(t) = 0$。此时，水柜的出水流量 Q_o 对应水柜的额定负荷，其调节阀开度 $p(t)$ 为全开的一半左右。这样，不论负荷怎样变化，调节阀开度都有变化的余地，都能对给水流量加以控制。

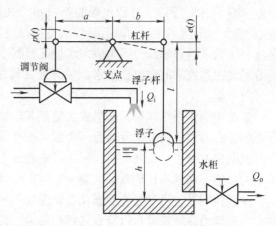

图 2-10 浮子式水位比例控制系统示意图

如果在初始平衡状态下，突然开大出水阀，出水流量阶跃增大（即增大水柜的负荷）。由于给水流量 Q_i 暂时未变，水位会连同浮子和浮子杆一起下移，带动杠杆绕支点顺时针转动，开大给水调节阀，增加对水柜的给水流量 Q_i，直到 $Q_i = Q_o$ 为止，水位才会稳定在比给定水位 h_0 略低的值上。相反，若突然关小出水阀，出水流量阶跃减少（即减少水柜的负荷），水位连同浮子和浮子杆一起上移，通过杠杆作用使调节阀关小，减少给水流量 Q_i，直到 $Q_i = Q_o$ 为止，水位又会稳定在比给定值 h_0 略高的值上。当对水柜施加扰动（出水阀开度变化）后，水位的实际值（浮子的位置）h 偏离给定水位 h_0 的数值就是偏差值 e。

对照反馈控制系统的组成，不难看出，在上述水位控制系统中，控制对象为水柜，杠杆起到调节器的作用，浮子是测量单元，而给水调节阀就是执行机构，被控量是水位高度 h，被控量的设定值实际上就是浮子杆的长度 l。

从图 2-10 可见，$p(t)$ 与 $e(t)$ 的关系为

$$p(t) = \frac{a}{b} \cdot e(t) = K \cdot e(t)$$

式中，$K = a/b$，是比例调节器放大倍数。

改变杠杆长度比 a/b，可改变 K 值。左移可调支点，a 减小，b 增大，则 K 减小。反之，则 K 增大。K 是衡量比例作用强弱的参数，K 若大，系统出现一个较小的偏差 $e(t)$，调节器（本例中是杠杆）就能使调节阀开度 $p(t)$ 有一个较大的变化，给水流量的变化量也比较大，克服扰动的能力强，其比例作用强。K 若小，被控量出现较大偏差 $e(t)$ 时，调节器指挥调节阀开度变化不大，克服扰动的能力弱，比例作用就弱。

比例作用规律的优点是，调节阀的开度能较及时地反映控制对象负荷的大小。负荷变化大，偏差 $e(t)$ 就大，调节阀开度能够及时地成比例变化，对被控量控制比较及时。正因为如此，比例调节器的应用比较广泛，它也是其他作用规律（位式作用除外）的基础。但是，比例作用规律存在的缺点也是明显的。当控制对象受到扰动后，在比例调节器的控制作用下，被控量不能完全回到给定值上，只能恢复到给定值附近。被控量的稳态值与给定值之间必定存在一个较小的静态偏差，这是比例作用存在的固有的、不可克服的缺点。

比例作用之所以存在静态偏差是由于调节器的输出与输入之间存在一一对应的硬性关系，从 $p(t)$ 与 $e(t)$ 的关系式可以清楚地看出，调节器的输出变化将依赖于偏差的存在而存

在。结合系统的工作过程，也不难理解这点。设想在初始平衡状态下突然开大出水阀时，由于 $Q_i < Q_o$，水位下降，导致出现偏差 $e(t)$，在调节器的作用下，给水阀开度增大，给水流量 Q_i 增大，限制了水位的降低并使水位逐渐向给定值靠近，直至 $Q_i = Q_o$ 为止，此时的水位必然要比原来略有降低。因为假如水位又回到了原来的设定值，那么偏差 $e(t)$ 将不再存在，调节器又回到原来的输出，给水阀的开度又将回到原来的开度，最终又将导致 $Q_i < Q_o$，系统无法平衡。

显然比例作用规律中，如果放大倍数 K 较大（比例作用越强），那么稳态时只要有一个较小的静态偏差，调节阀就会有一个较大的开度变化以适用负荷的要求。因此，K 越大，稳态时静态偏差越小，反之亦然。但不可能通过无限制地增加比例系数的方法来达到消除静态偏差的目的，而且当比例系数大到一定程度时将导致系统发生振荡。

比例控制系统虽然存在静态偏差，但这个偏差值是不大的，与自平衡对象受到扰动后，靠自平衡能力使被控量自行稳定在新稳态值上的变化量相比较要小得多，动态过程进行也要快得多。因此，比例调节器广泛应用于对被控量稳态精度要求不是很高的场合。

2. 比例带（PB）

比例系数 K 虽然可以衡量比例作用的强弱，但 K 通常是一个带量纲的量，不同控制系统之间，其比例作用的强弱不便于比较。因此，在实际控制系统中，更多地采用一个无量纲的参数来衡量比例作用的强弱，这个无量纲的参数就是比例带（PB），有时也称为比例度 δ。

比例带（PB）（或比例度 δ）是指调节器的相对输入量与相对输出量之比的百分数，即

$$\text{PB}(\delta) = \frac{e/X_{\text{imax}}}{p/X_{\text{omax}}} \times 100\% = \frac{X_{\text{omax}}}{X_{\text{imax}}} \cdot \frac{e}{p} \times 100\% = \frac{R}{K} \times 100\%$$

式中，e 是被控量的变化量（偏差值）；X_{imax} 是被控量允许变化的最大范围，称为全量程；被控量的变化量与全量程的比值 e/X_{imax} 是调节器的相对输入量；p 是调节器的输出量；X_{omax} 是输出量的最大变化范围，p/X_{omax} 是调节器的相对输出量；$R = X_{\text{omax}}/X_{\text{imax}}$ 是量程系数，在单元组合仪表（指把控制系统的各功能单元分别制成一台独立的仪表，包括测量仪表、显示仪表、调节器、执行器等，各个仪表之间用统一的标准信号联系）中，$R = 1$。这样，PB $= 1/K \times 100\%$，显然，比例带 PB 与放大倍数成反比。

比例带（PB）的物理意义可以这样理解，即假定调节器指挥执行机构变化全行程（例如调节阀从全关到全开或从全开到全关），需要被控量的变化量占其全量程的百分数就是比例带。例如 PB $= 100\%$，说明被控量变化全量程的 100%，调节器将指挥执行机构变化全行程的 100%，若 PB $= 50\%$，说明只需被控量变化全量程的一半，调节器就能使调节阀开度变化全行程。若 PB $= 200\%$，则说明被控量变化了全量程，调节阀的开度只变化了全行程的一半。可见，比例带 PB 越小，在被控量偏差占全量程百分数相同的情况下，调节器的输出变化也越大，克服扰动能力越强，比例作用也就越强；反之，比例带（PB）越大，比例作用越弱。比例带是比例作用规律极为重要的参数，当组成控制系统的控制对象确定以后，比例带（PB）的大小，对控制系统动态过程品质好坏起着决定性的影响。若（PB）选得太大，比例作用很弱，克服扰动的能力就弱；动态过程虽然很稳定，没有波动，但最大动态偏差 e_{max} 也大，过渡过程时间 t_s 或许会拖得很长，稳态时静态偏差 ε 也比较大。若 PB 选得太小，比例作用很强，稍微出现一点偏差就会使执行机构的动作大幅度变化，容易造成被控量的大起大落，系统的稳定性变差。同时，也会加长过渡过程时间 t_s。因此，对一个实际控制系统

来说，要根据控制对象的特性，调定合适的比例带（PB），以保证一个控制系统具有最佳的动态过程。在一般情况下，控制对象惯性大的控制系统，可使比例带（PB）小一点，如温度、黏度等控制系统，其控制对象惯性比较大，可选定 PB = 50% 左右。反之，对于控制对象惯性小的控制系统，比例带可适当选定大一点，如液位控制系统，其控制对象惯性都比较小，可选定 PB = 70% ~ 80%。在调节器上都设有比例带调整旋钮，用来设定比例带。比例带的可调范围，对不同类型的调节器不尽相同，一般在 5% ~ 300% 之内。

3. 气动比例调节器

图 2-11 所示为一个反作用式（指调节器的输入信号增大，而输出信号减小）气动比例调节器，即随着测量值的增加，调节器的输出不断减小。调节器由杠杆、测量波纹管、反馈波纹管、给定弹簧、喷嘴挡板机构和气动放大器组成。其中，测量波纹管的输入来自测量单元输出的标准压力信号，其压力大小反映被控量的实际值。气动放大器的输出一方面作为调节器的输出送到气动执行机构，另一方面作为反馈信号送到反馈波纹管。杠杆主要受到

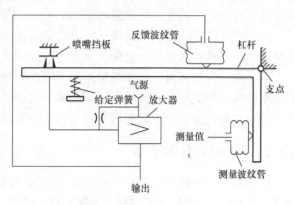

图 2-11 气动比例调节器

来自测量波纹管的测量力矩 $M_测$、来自反馈波纹管的反馈力矩 $M_反$ 和来自给定弹簧的给定力矩 $M_给$。在初始平衡态下，这三个力矩处于平衡状态，即 $M_给 = M_测 + M_反$，杠杆保持平衡，喷嘴与挡板之间的距离保持不变，调节器的输出不变。

假设测量值发生一个阶跃变化，例如阶跃地减小某个值，则由于 $M_测$ 减小，杠杆失去平衡，将顺时针转动，喷嘴靠近挡板，使得喷嘴背压增加，经过放大器放大之后，调节器的输出也增加。这个增大的输出一方面作为调节器的输出，另一方面送至反馈波纹管，使得 $M_反$ 增加，阻止挡板继续靠近喷嘴。当重新满足 $M_给 = M_测 + M_反$ 时，杠杆又恢复到新的平衡，调节器输出不再变化。

设测量值的变化为 $\Delta p_测$，调节器的输出变化为 $\Delta p_出$，由于给定值没有变化，即给定力矩的变化为零，根据杠杆的平衡原理，有

$$\Delta p_测 \cdot F_测 \cdot l_2 + \Delta p_出 \cdot F_反 \cdot l_3 = 0$$

式中，$F_测$ 和 $F_反$ 分别为测量波纹管和反馈波纹管的横截面积，l_2 和 l_3 分别为测量力臂和反馈力臂的长度。因此

$$\Delta p_出 = -\frac{\Delta p_测 \cdot F_测 \cdot l_2}{F_反 \cdot l_3} = K \cdot \Delta p_测$$

上式表明，调节器的输出变化和输入变化是成比例的，其中比例系数为

$$K = -\frac{F_测 \cdot l_2}{F_反 \cdot l_3}$$

由于测量波纹管和反馈波纹管的截面积通常是相等的，而测量力臂 l_2 是固定不变的，因此移动反馈波纹管的位置，即改变反馈力臂的长度 l_3 可以调整比例调节器的比例系数 K，或者说调整其比例带（PB）。比例系数 K 为负值，表明这是一个反作用式调节器。

在调节器的工作过程中，实际上在杠杆上还会产生一些附加力矩，例如喷嘴气流产生的反作用力矩和杠杆偏转过程中各个弹性部件产生的变形力矩等。但由于附加力矩很小，而且理论上可以证明，只要气动放大器的放大倍数足够大，这些附加力矩是可以忽略不计的，因此在上述的分析过程中对这些附加力矩未予考虑。

以上对比例调节器工作原理的分析表明，比例作用是通过将输出进行直接负反馈实现的，负反馈的强度决定着调节器的比例带。在调节器的实物上一般设有一个比例带调整旋钮，通过比例带调整旋钮可以左右移动反馈波纹管的位置，即调整反馈力臂 l_3 的长度。左移反馈波纹管，l_3 增长，负反馈增强，K 减小，PB 增大，比例作用减弱；反之亦然。

应当注意的是，当调节器接入实际的控制系统中时，测量值一般是不会阶跃变化的，而调节器的输出也将送至执行机构，作用于被控对象，形成闭环系统。此时，在调节器的控制作用下，被控量的测量值将朝着偏差减少的方向变化。但无论如何，测量值也不可能恢复到和原来相等，因为假如测量值恢复到原来的大小，则杠杆的位置、喷嘴与挡板的距离以及调节器的输出都将复原，无法适应新的工况下物质或能量的平衡。

三、比例积分调节器

比例积分作用规律是指调节器的输出量随输入量做比例积分变化。采用这种作用规律的调节器叫比例积分调节器，简称 PI 调节器。显然，在 PI 调节器中，含有积分作用。

1. 积分（I）作用规律

所谓积分作用规律是指调节器的输出与输入的积分成比例，也就是说调节器是一个积分单元，即

$$p(t) = S_0 \int e(t) \cdot dt$$

式中，S_0 是积分系数。

可以看出，积分输出取决于偏差 $e(t)$ 的大小和偏差存在时间的长短，只要存在偏差，偏差随时间的积累就不能停止，调节器输出 $p(t)$ 就会发生变化，直到偏差等于零为止，执行机构才能稳定在某一位置而不再变化。换言之，具有积分作用规律的调节器具有消除静态偏差的能力，这是积分作用规律的突出优点。但是，与比例作用规律相比较，积分作用规律对被控量的控制显得不及时。在比例作用规律中，调节器输出的变化和偏差是同步的，或者说是及时的，而在积分作用规律中，即使

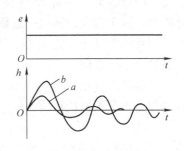

图 2-12 比例控制和积分控制的比较

偏差很大，在刚开始的时候，由于时间很短，调节器的输出也很小，只有随着偏差存在的时间不断增长，积分作用的输出才越来越大，导致调节器对被控量的控制不及时。在偏差减少时，这种控制不及时表现为不能及时减少使执行机构的动作幅度，从而导致调节过头，造成被控量的大起大落，降低了控制系统的稳定性。图 2-12 示意性地画出了控制系统在相同扰动情况下，采用比例调节器和积分调节器的控制系统动态过程曲线。图 2-12 中曲线 b 是积分控制过程，曲线 a 为比例控制过程。在出现偏差的初期，由于积分作用控制很不及时，所以最大动态偏差 e_{max} 较大。后期由于积分作用越来越强，调节过头，造成被控量振荡，系统

稳定性降低。正因为积分作用存在这些缺点，在实际控制系统中，极少采用纯积分作用的调节器，而是将积分作用与比例作用相结合，形成比例积分作用规律的调节器，即 PI 调节器。

2. 比例积分（PI）作用规律

比例积分作用是指在比例作用的基础上加入积分作用而得到的一种作用规律，即

$$p(t) = Ke(t) + S_0 \int e(t)\mathrm{d}t = K\left[e(t) + \frac{1}{T_\mathrm{i}}\int e(t)\mathrm{d}t\right]$$

式中，K 是 PI 调节器的比例系数，$T_\mathrm{i} = K/S_0$ 是积分时间。

在 PI 调节器中，比例作用能使调节器的输出及时响应偏差的变化，起着主导作用，而积分作用是辅助的，只是用它来消除静态偏差。

衡量比例积分作用强弱的参数有两个，即比例系数 K 和积分时间 T_i。其中，比例系数 K 是衡量比例作用强弱的参数，在实际控制系统中，一般不用 K 而是用比例带 PB，比例带的大小对比例作用强弱的影响及比例带的物理意义与比例作用规律相同。积分时间 T_i 是衡量积分作用强弱的参数，它具有时间的量纲（秒或分）。从比例积分作用规律表达式可以看出，若 T_i 小，则积分输出部分大，即积分作用强；反之，若 T_i 大，则积分输出部分小，积分作用弱。

假定给比例积分调节器施加一个阶跃的输入偏差信号，其阶跃量为常数 e（在实际系统中，偏差信号一般不会阶跃变化，但在开环实验中，人为地给 PI 调节器施加一个阶跃的输入信号很容易做到），则

$$p(t) = K\left(e + \frac{1}{T_\mathrm{i}}\int e\mathrm{d}t\right) = K\left(e + \frac{e}{T_\mathrm{i}}\int \mathrm{d}t\right) = K\left(e + \frac{t}{T_\mathrm{i}}e\right) = Ke\left(1 + \frac{t}{T_\mathrm{i}}\right)$$

其中，第一项为比例输出，在阶跃输入瞬间，比例作用把输入量 e 放大到 K 倍的阶跃输出 Ke。由于此时时间 $t=0$，故没有积分输出。第二项 Ket/T_i 是积分输出，它与时间 t 保持线性关系，其斜率为 Ke/T_i。据此，可画出比例积分调节器开环阶跃输出特性曲线，如图 2-13 所示。

从图 2-13 可见，在输入阶跃偏差信号的瞬间（$t=0$），先有一个阶跃的比例输出 Ke。此时不论偏差多大，其积分输出为零。以后随着时间的增长，积分呈线性关系输出。当时间进行到 $t=T_\mathrm{i}$ 时，$p(t)=2Ke$，即调节器的积分输出部分等于比例输出（$BC=AB$）。由此得到 PI 调节器中积分时间 T_i 的物理意义为积分时间 T_i 是在给 PI 调节器输入一个阶跃的偏差信号时，其积分输出达到比例输出所需的时间。在工程上，标定或测定调节器积分时间时，一般规定在比例带为 100% 的条件下进行。

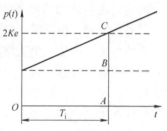

图 2-13　比例积分调节器开环阶跃输出特性

在 PI 调节器上设有两个旋钮，一个用于整定比例带（PB），另一个用于整定积分时间 T_i。T_i 的整定一定要合适，既要能保证控制系统稳定性的要求，又要能在较短的时间内使系统消除静态偏差。在整定 T_i 值时，切忌把 T_i 值整定得太小，否则由于积分作用太强，将导致系统的稳定性变差。如果 T_i 值不能进行准确地整定，那么选取 T_i 时，可以采用宁大勿小的策略。因为 T_i 值略微偏大时，尽管积分作用偏弱，但只会使消除静态偏差的时间稍长而

别无它害。积分时间 T_i 的整定范围一般在 3s 至 20min 之内。控制对象惯性大的控制系统，选取 T_i 值要大一些。控制对象惯性小的控制系统，选取 T_i 值可以小一些。

在比例积分调节器中，如果把积分时间 T_i 设定到 ∞，则相当于切除积分作用，而成为纯比例调节器。若将积分切除而成为纯比例调节器，则应将比例带（PB）整定在一个恰当值，以获得控制系统满意的动态过程。若要加入积分作用（其 T_i 不是 ∞），则此时的比例带（PB）要比纯比例作用时略大一些，以抵制由于积分作用的加入而产生的系统动态过程振荡倾向。比例积分调节器是在实际控制系统中应用最广泛的一种调节器。

3. 气动 PI 调节器

气动比例积分调节器是在气动比例调节器的基础上加上积分作用形成的，图 2-14 所示为一种典型的比例积分实现方法。它主要由测量波纹管 C、给定波纹管 G、正反馈波纹管 Z、负反馈波纹管 F、气动放大器、1:1 跟随器、比例带调节阀 R_p、积分阀 R_i、积分气容、恒气阻 R、杠杆和喷嘴挡板机构等组成。其中，4 个波纹管的截面积相同，且以杠杆支点为中心布置成左右对称，即 $l_1 = l_2$，$l_3 = l_4$。测量波纹管的输入来自测量仪表送来的被控量测量输出，给定波纹管的输入来自给定值旋钮设定的给定压力。气源分别给放大器、喷嘴挡板机构和 1:1 跟随器供气。当调节器处在平衡状态时，4 个波纹管作用到杠杆上的力矩相互平衡，杠杆静止不动，喷嘴和挡板的间距不变，调节器的输出保持不变。

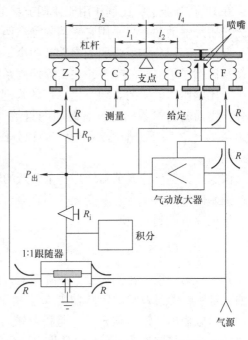

图 2-14 气动比例积分调节器原理图

现假设测量压力阶跃增加，则杠杆失去平衡，顺时针偏转，挡板靠近喷嘴，喷嘴背压升高，经放大器放大后，调节器的输出也阶跃增大。由此可见，这是一个正作用式调节器。

增大的输出分为 4 路，一路作为调节器的输出送至执行机构；第二路通过恒气阻直接送到负反馈波纹管 F；第三路经过比例带调节阀 R_p，再经恒气阻送至正反馈波纹管 Z；第四路经积分阀 R_i 向积分气容充气，再经 1:1 跟随器送至正反馈波纹管 Z，其中 1:1 跟随器的输出总是随输入的变化而变化，在气路中起到抗干扰的作用。

在调节器输出增大的初始时刻，由于积分阀和积分气容组成的惯性环节，第四路产生的正反馈暂时不起作用。此时，由于 R_p 的存在，正反馈和负反馈的强度是不一样的，只要 R_p 不是全开，那么负反馈强度总是大于正反馈强度，因此其综合效果还是负反馈。这一综合负反馈阻止了杠杆的顺时针偏转，即阻止挡板继续靠近喷嘴，调节器的输出 $P_出$ 也暂时不再增大。显然，测量值增大得越多，即偏差越大，调节器输出的增大也越多，这是一个比例输出的过程。比例带调节阀 R_p 用于调整综合负反馈的强度，即调整比例带的大小。关小 R_p（气阻增大），正反馈减弱，综合负反馈增强，比例作用减弱，比例带（PB）增大；反之，开大 R_p（气阻减小），正反馈增强，综合负反馈减弱，比例作用增强，比例带（PB）减小。

但是调节器的输出不会稳定在比例输出上，因为随着时间的增加，由 R_i 和积分气容组成的惯性环节输出将逐渐增大，通过1:1跟随器送至正反馈波纹管，使得正反馈逐渐增强，综合负反馈逐渐减弱，调节器的输出将在比例输出的基础上继续增大，这是积分输出过程。由此可见，在气路中，调节器的积分作用是通过惯性环节正反馈实现的。积分阀 R_i 用于调整积分时间，关小 R_i（气阻增大），惯性环节的惯性增大，积分时间 T_i 增大，积分作用减弱；反之，开大 R_i（气阻减小），惯性环节的惯性减小，积分时间 T_i 减小，积分作用增强。

当调节器接入闭环系统时，在调节器的控制作用下，被控量的测量值将朝着偏差减小的方向变化，即测量值会不断地靠近给定值。当系统达到平衡状态时，调节器的输出不再变化，此时杠杆处于平衡状态，即

$$p_Z F_Z l_3 + p_C F_C l_1 = p_F F_F l_4 + p_G F_G l_2$$

式中，p_Z、p_C、p_F 和 p_G 分别为正反馈波纹管、测量波纹管、负反馈波纹管和给定波纹管的压力，F_Z、F_C、F_F 和 F_G 分别为正反馈波纹管、测量波纹管、负反馈波纹管和给定波纹管的面积，l_1、l_2、l_3 和 l_4 为力臂。

根据气路的工作原理，当调节器的输出不再变化时，正、负反馈波纹管的压力将最终达到相等，即 $p_Z = p_F$。由于 $F_Z = F_C = F_F = F_G$，且 $l_1 = l_2$，$l_3 = l_4$，因此在闭环控制系统达到平衡状态时，必然有 $p_C = p_G$。换句话说，只要测量值 p_C 与给定值 p_G 之间存在偏差，调节器的控制作用就一直存在，直到 $p_C = p_G$ 为止。由此也可以说明比例积分调节器在实际中是如何消除静态偏差的。

四、比例微分调节器

尽管比例调节器的输出能够与偏差同步变化，对系统的控制比较及时，但当控制对象的惯性比较大时，扰动出现的初期，被控量不可能在短时间内出现较大的偏差。而比例控制又是根据偏差大小来改变调节器输出的。因此，在这种情况下，比例控制作用就显得不够及时了。控制对象惯性越大，这种现象越严重。为了克服这种控制不及时的现象，需要在比例调节器的基础上增加微分作用。

1. 微分（D）作用规律

所谓微分作用规律是指调节器的内部采用了一个微分环节，其输出与偏差对时间的微分 $de(t)/dt$，即偏差变化速度成比例，表达式为

$$p(t) = S_d \cdot \frac{de(t)}{dt}$$

式中，S_d 为微分系数。

显然，微分作用的输出能在偏差绝对值还很小时就根据其变化速度，提前输出一个控制量，及时抵御扰动。从这个意义上说，微分作用具有超前控制的能力，或者说微分作用有抵制偏差出现的能力。上述表达式表示的是理想的微分作用，但这种理想的微分作用在实际中是难以实现的，因此在调节器中微分作用都采用实际微分环节，其开环阶跃响应曲线如图2-15所示。

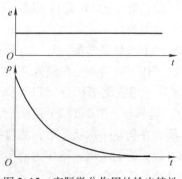

图2-15 实际微分作用的输出特性

图 2-15 表明，给实际微分环节施加一个阶跃的偏差输入信号后，它先有一个较大的阶跃输出，起到超前控制作用，尽管偏差依然存在，但微分输出随即按指数规律逐渐减少，最后消失为零。因此，微分作用不能单独应用于调节器并构成控制系统，它只能与比例（P）作用或比例积分（PI）作用结合在一起，组成比例微分（PD）调节器或比例积分微分（PID）调节器。

2. 比例微分（PD）作用规律

比例微分作用是指在比例作用的基础上加入微分作用而得到的一种作用规律，即

$$p(t) = Ke(t) + S_d \frac{de(t)}{dt} = K\left[e(t) + T_d \frac{de(t)}{dt}\right]$$

式中，K 是比例微分作用规律中的比例系数，在实际调节器中，不是用 K 而是用 PB 来表示 PD 调节器比例作用的强弱，$T_d = S_d/K$ 称为微分时间。

在比例微分作用规律中，比例作用是主要的，它决定调节器的最终输出变化量。微分作用只起超前控制的辅助作用。

上述 PD 作用规律表达式中的微分部分仍然只是理想的微分作用，在实际的 PD 调节器中采用的是实际的微分环节，PD 调节器的开环阶跃响应特性如图 2-16 所示。特性曲线表明给 PD 调节器施加一个阶跃的偏差输入信号后，它首先有一个阶跃的比例加微分的复合输出，然后微分输出逐渐消失，最后消失在比例输出上。微分时间 T_d 衡量微分大小输出消失的快慢，或微分输出保留的时间长短。若 T_d 大，说明微分作用消失得慢，则微分作用强；若 T_d 小，说明微分作用消失得快，则微分作用弱。因此，微分时间 T_d 的大小，是衡量微分作用强弱的参数。

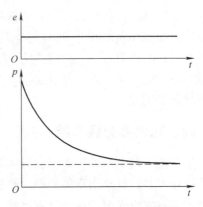

图 2-16 比例为微分调节器输出特性

在 PD 调节器上有两个旋钮，一个是比例带（PB）调整旋钮，另一个是微分时间 T_d 调整旋钮。如果把微分时间旋钮调整到 $T_d = 0$，相当于切除微分作用，这时调节器就成为纯比例调节器。一般来说，控制对象惯性很小的控制系统，其所采用的调节器可不加微分作用。而控制对象惯性大的控制系统，加入微分作用，可以有效地改善控制系统的动态过程。在 PD 调节器中，加进微分作用后，其比例带（PB）可比纯比例控制时略小些。因为微分作用能实现超前控制，具有抵制偏差出现的能力，尽管 PB 小一些，也能保证系统动态过程的稳定性，而且较小的 PB 有利于减小静态偏差。因为 PD 调节器与比例调节器一样，是不能消除静态偏差的。

3. 气动 PD 调节器

微分作用的特点是在输入变化的瞬间会有较大的输出，然后逐渐消失为零。它可以同比例（P）作用或比例积分（PI）作用结合在一起形成比例微分（PD）或者比例积分微分（PID）调节器。图 2-17 所示为气动比例微分调节器的一种实现方法。

假设在初始平衡状态下，测量值阶跃增加，则由于挡板靠近喷嘴，放大器的输出也阶跃增加。放大器的输出一路作为调节器的输出，另一路经过由微分阀 R_d 和微分气室 C_d 组成的惯性环节送到负反馈波纹管 F。由于惯性环节的滞后效应，初始时刻的负反馈强度较小，

因此在测量值增大的瞬间，调节器的输出较大。随着惯性环节的输出按指数规律逐渐增强，负反馈也逐渐增强，调节器的输出将按指数规律逐渐减弱，最终负反馈波纹管的压力将稳定在与调节器输出相等的压力上，调节器输出也不再变化。此时

$$p_F F_F l_1 + p_G F_G l_3 = p_C F_C l_2$$

式中，p_F、p_G 和 p_C 分别为负反馈波纹管、给定波纹管和测量波纹管的压力；F_F、F_G 和 F_C 分别为负反馈波纹管、给定波纹管和测量波纹管的面积；且 $F_F = F_G = F_C$；l_1、l_2 和 l_3 为力臂。

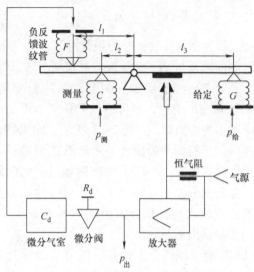

图 2-17　气动比例微分调节器原理图

若只考虑变化量，则

$$\Delta p_F F_F l_1 + \Delta p_G F_G l_3 = \Delta p_C F_C l_2$$

由于给定值没有变化，即 $\Delta p_G = 0$，因此

$$\Delta p_F = \frac{F_C l_2}{F_F l_1}\Delta p_C = \frac{l_2}{l_1}\Delta p_C$$

当给定值不变时，测量值的变化实际上就是偏差，即 $\Delta p_C = e$，而当负反馈回路的惯性过程结束时，负反馈波纹管的压力变化和调节器输出压力变化相等，即 $\Delta p_F = \Delta p_{出}$，因此

$$\Delta p_{出} = \frac{l_2}{l_1} e$$

从以上分析可以看出，当测量值阶跃增大时，调节器的输出马上有一个较大的阶跃输出，随后输出逐渐减小，最终稳定在比例输出上面。调节器实现的是一个比例微分作用规律，其初始的阶跃输出包含比例和微分两部分，输出减小的过程就是微分消失的过程。微分消失得快慢取决于反馈回路中惯性环节的惯性大小，可由微分阀 R_d 进行调整。R_d 开度越大，微分消失得越快，即微分时间 T_d 越短，微分作用越弱；反之亦然。当微分消失后，调节器的输出大小与偏差成比例，比例作用的强弱由负反馈波纹管的位置进行调整，左移负反馈波纹管，l_1 增大，负反馈增强，比例作用减弱，比例带（PB）增大；反之，PB 减小。

当调节器用于实际闭环控制系统时，外部扰动将引起测量值的变化，但一般不会是阶跃变化的。在调节器的控制作用下，被控量的测量值将朝着给定值方向变化。由于微分作用的存在，调节器具有超前控制的作用，但由于没有积分作用，比例微分调节器不能实现无差调节。因此只能适用于对静态精度要求不高的场合。

五、比例积分微分调节器

1. 比例积分微分（PID）作用规律

把比例、积分和微分作用组合在一起，则构成比例积分微分作用规律，即 PID 作用规律。在 PID 作用规律中，仍以比例作用为主，吸收积分作用能消除静态偏差以及微分作用能实现超前控制的优点，功能最为完善。基于这种作用规律的调节器称为比例积分微分（PID）调节器。PID 作用规律输出与输入之间关系为

$$P = K \cdot e(t) + S_0 \int e(t) \cdot dt + S_d \frac{de(t)}{dt} = K\left[e(t) + \frac{1}{T_i} \int e(t) dt + T_d \frac{de(t)}{dt} \right]$$

式中，K 为比例系数；T_i 为积分时间；T_d 为微分时间。K、T_i 和 T_d 的大小与相应的作用强度之间的关系与 PI 和 PD 调节器相同。

若给 PID 调节器输入一个阶跃的偏差信号，并记录其输出响应，则可得到 PID 调节器的阶跃响应输出特性曲线，如图 2-18 所示。输出特性曲线表明，当对调节器施加一个阶跃的偏差输入信号后，它首先有一个较大的比例加微分的阶跃输出，然后微分输出逐渐消失。当微分输出消失到接近比例输出时，积分输出才不断地显现出来，使调节器输出不断增加。

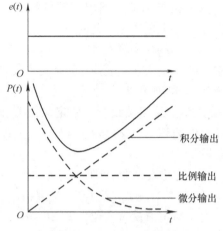

图 2-18　PID 调节器输出特性

PID 调节器综合了比例、积分和微分三种作用规律，因此兼有比例作用控制及时、积分作用消除静差和微分作用超前控制的能力。传统的 PID 调节器都有三个旋钮，分别用于整定比例带 (PB)、积分时间 T_i 和微分时间 T_d 三个参数，只要把 PB、T_i 和 T_d 三个参数整定得合适，控制系统就能获得良好的动态过程品质。

在实际使用中，可根据具体的需要将 PID 调节器用作 P、PI、PD 和 PID 调节器。例如把积分时间整定为 $T_i \to \infty$，把微分时间整定为 $T_d = 0$，则相当于切除积分和微分作用，成为纯比例作用调节器；在纯比例作用的基础上，打开积分作用，则成为 PI 调节器；在纯比例作用的基础上，打开微分作用，则成为 PD 调节器；在纯比例作用的基础上，同时打开积分和微分作用，则成为 PID 调节器。若对被控量的稳态精度要求较高，则调节器中应加入积分作用；若控制系统中控制对象惯性较大，则调节器应加入微分作用；若控制对象惯性较大且要求较高的静态指标，则应加入积分和微分作用。对于 PID 调节器，往往把积分时间 T_i 整定得比微分时间 T_d 长，它们之间的关系大致为 $T_i = 4T_d \sim 5T_d$。加进微分作用后，原来整定的比例带 PB 和积分时间 T_i 都可以减小一点，这样既能减小最大动态偏差，保证系统的稳定性，又能加快系统的反应速度，使过渡过程时间 t_s 进一步缩短。

在船舶机舱中，还应根据被控对象的特点，避免采用微分作用。如机舱中的锅炉水位等液位控制系统中，就不宜采用 PD 调节器或 PID 调节器。这是因为微分作用对干扰信号比较敏感，随船舶的摇摆，微分作用会使给水调节阀的开度忽而大开，忽而大关，造成水位的大起大落，不利于对水位的稳定控制。

2. 气动 PID 调节器

将以上介绍的比例（P）、积分（I）和微分（D）作用的实现方法在同一个调节器里进行适当组合便可以实现气动比例积分微分（PID）调节器。其组合形式主要有两类，一是将三种反馈并行地叠加在一起形成调节器内部的综合反馈，二是在 PI 调节器前串联一个微分器来实现。下面以船上比较常用的 NAKAKITA 气动 PID 调节器实例加以说明。

NAKAKITA 气动 PID 调节器在船舶机舱中常用于冷却水温度控制系统和燃油黏度控制系统，其三种作用规律通过内部综合反馈实现，其结构原理如图 2-19 所示。

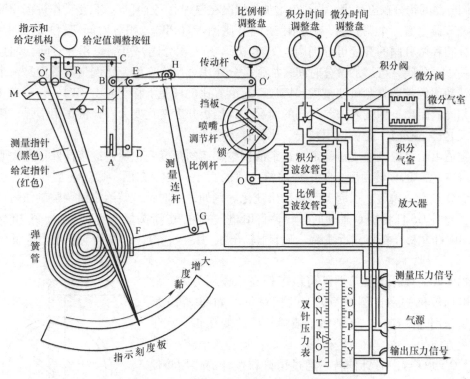

图 2-19 NAKAKITA 气动 PID 调节器结构原理

NAKAKITA 气动 PID 调节器中，比较环节是通过位移平衡原理实现的。测量值被送至弹簧管，测量压力的大小决定着弹簧管的张度大小，弹簧管张度的变化通过连接杆件一方面改变测量指针（黑色）的偏转角度，指示当前测量值的大小；另一方面推动比例杆 OO′绕 O 点左右偏转，通过销钉和拨杆改变挡板和喷嘴之间的距离，引起调节器输出变化。而调节器的输出变化将通过波纹管组合引起 OO′杆的上下浮动，影响挡板和喷嘴之间的距离，实现位移反馈。这点与前面介绍的气动调节器中基于杠杆的力矩平衡原理不同。

在初始平衡状态下，被控量测量值与给定值相等，黑色的测量指针与红色的给定指针重合。喷嘴和挡板之间的开度不变，调节器有一个稳定的输出。比例波纹管、积分波纹管、积分气室及微分气室压力都相等，并等于调节器的输出压力。

当系统受到扰动时，测量值会离开给定值，出现偏差。假设测量值降低，则弹簧管收缩，FG 杆带动 GH 下移，HENM 杆和 HED 杆将绕 E 轴顺时针转动。一方面 MN 杆左移使黑色测量指针朝测量值刻度减小的方向转动；另一方面 D 点左移使 AC 杆绕 C 点顺时针转动，传动杆 BO′左移，挡板靠近喷嘴，其背压增大，经放大器使调节器输出压力增大。可见，这是一个反作用式调节器。调节器输出压力增大的同时，将使微分气室中的弹性波纹管立即伸长，挤压微分气室使其压力略有增大。这一增大的压力分为两路，一路直接送至比例波纹管，另一路经积分阀送至积分气室和积分波纹管。比例波纹管内部压力增大而略有伸长，阻止挡板继续靠近喷嘴，但这一负反馈很弱，挡板会大大靠近喷嘴，调节器的输出会大大增加，这就是调节器的微分输出。由于增大的调节器输出经微分阀不断向微分气室充气，负反馈逐渐增强，输出将逐渐减小，最后微分输出将消失在比例输出上。随着积分气室的不断充气，积分波纹管压力不断升高。这一附加的正反馈，又将使挡板靠近喷嘴，调节器输出增大，这就是调节器的积分输出过程。测量值增加的情况在原理上完全相同,只是动作过程相反。

在调节器上有三个调整盘,分别用来调整比例带(PB)、积分时间 T_i 和微分时间 T_d,改变积分阀和微分阀的开度可分别调整 T_i 和 T_d。开大积分阀,可缩短积分时间,加强积分作用;关小微分阀,可增加微分时间,加强微分作用。反之亦然。比例带调整盘是一个偏心机构,转动比例带调整盘可使喷嘴和挡板一起沿着比例杆上下移动。上移时,传动杆 BO′ 左右移动相同的距离,即输入偏差相同的情况下,挡板开度变化要大,比例作用增强,比例带减小;反之,下移时,比例作用减弱,比例带将增大。

给定值由给定值调整旋钮确定,给定值调整旋钮的角度变化通过连接杆件一方面改变给定指针(红色)的偏转角度,指示当前给定值的大小;另一方面,通过连接杆件带动比例杆 OO′ 绕 O 点左右偏转,引起调节器输出变化。例如,顺时针旋转给定值调整旋钮将使给定值增大,此时 QS 杆将绕 Q 轴逆时针转动,RC 杆左移。由于测量值暂时未变,A 和 D 点不动,故 BO′ 杆左移,挡板靠近喷嘴,调节器输出压力增大,其工作过程与测量值降低的情况相同。

根据实际需要,该调节器还可以工作在正作用方式。此时,喷嘴挡板机构在比例杆 OO′ 上的相对位置如图 2-20 所示。同反作用方式相比,区别在于喷嘴背压的变化将与测量值的变化方向相一致,而不是相反。例如,当测量值减小时,比例杆 OO′ 绕 O 点逆时针偏转,通过销钉和拨杆的作用将使挡板和喷嘴之间的距离增大,喷嘴背压减小,调节器的输出也减小。调节器的工作方式应该根据控制任务的需要来决定,例如当应用于燃油黏度控制系统时,一般应采用反作用方式。

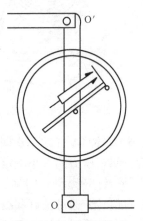

图 2-20 正作用式切换

3. 电动 PID 调节器

在船舶机舱中,有些控制系统是采用电动方式实现的。在电动控制系统中,调节器一般做成电路板的形式,其内部电路多数以运算放大器、电阻和电容等元器件组成。图 2-21 给出了采用运算放大器实现 PID 调节器作用规律的基本原理。

图 2-21 中,u_i 为调节器的输入信号,即测量值电压与设定值电压相比较获得的偏差电压。u_o 为调节器的输出电压,一般要经过进一步处理之后才能送至执行机构。运算放大器

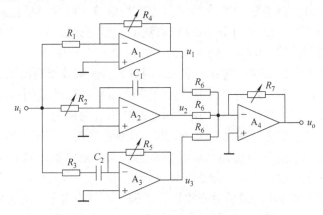

图 2-21 由运算放大器组成的 PID 调节器

A_1、A_2 和 A_3 分别实现比例、积分和微分作用，A_4 起加法器的作用，并使调节器的输出 u_o 与输入 u_i 在符号上相一致。

由于 $U_1(s) = -\dfrac{R_4}{R_1}U_i(s)$， $U_2(s) = -\dfrac{1}{R_2 C_1 s}U_i(s)$，

$$U_3(s) = -\dfrac{R_5 C_2 s}{R_3 C_2 s + 1}U_i(s),$$

因此

$$U_o(s) = \dfrac{R_7}{R_6}\left(\dfrac{R_4}{R_1} + \dfrac{1}{R_2 C_1 s} + \dfrac{R_5 C_2 s}{R_3 C_2 s + 1}\right)U_i(s)$$

上式表明，调节器的输出在整体上对输入具有比例、积分和微分的作用。调整 R_4、R_2 和 R_5 的阻值可以分别调整比例、积分和微分的作用强度。

在实际中，调节器电路往往会因具体的控制系统而异。例如，积分环节和微分环节可能分别采用比例积分和比例微分环节代替，作用规律之间也可能是串联关系。此外，从电路设计的角度，往往还会加上一些抗干扰措施。

4. 数字 PID 调节器

除了气动和常规电动控制系统之外，船舶机舱中越来越多的参数控制系统都采用微型计算机进行控制。在计算机控制系统中，调节器的作用规律是采用软件编程实现的，称为调节器作用规律的数字实现。

图 2-22 所示是一个由单片机组成的反馈控制系统结构框图，与气动或常规电动系统的最大区别是控制单元采用了单片机系统。被控对象输出的被控量由测量单元和信号处理电路转换成标准电压信号，再经过单片机系统的模/数（A/D）转换电路转换成数字量。设定值在单片机系统上通过键盘与显示装置进行数字设定。单片机将设定值与测量值比较获得偏差，调用控制算法程序计算出控制量，并由数/模（D/A）转换电路转换成模拟量输出，经放大后驱动执行机构动作，作用于被控对象，形成闭环控制。

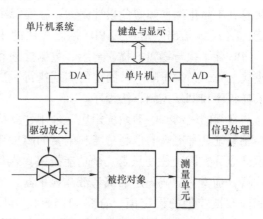

图 2-22　数字式反馈控制系统结构框图

计算机执行上述控制过程并不是像模拟仪表那样连续进行的，而是每隔一定的周期（称为采样周期，用 T 表示）进行一次测量采样和控制量输出计算，称为采样控制。由于计算机只能根据采样时刻的偏差值计算控制量，因此控制规律中的积分项和微分项不能直接地进行准确计算，只能用数值计算的方法逼近。在采样时刻 $t = kT$（T 为采样周期），调节器的 PID 控制规律可写成以下数值表示形式

$$u_k = K\left[e_k + \dfrac{T}{T_i}\sum_{j=0}^{k}e_j + \dfrac{T_d}{T}(e_k - e_{k-1})\right] + u_0$$

式中，u_k 为 k 时刻的控制量输出；e_k 为 k 时刻的偏差；T 为采样周期；K 为比例系数；T_i 为

积分时间；T_d 为微分时间；u_0 为控制器的初始输出。只要采样周期 T 选择合适，这种数值逼近所实现的控制过程与连续控制十分接近，称为"准连续控制"。

上式表示的控制量输出 u_k 实际上代表的是执行机构的位置（例如阀门的开度），所以称为位置式 PID 控制算法。

若将 $t = kT$ 时刻的位置式控制量减去 $t = (k-1)T$ 时刻的位置式控制量

$$u_{k-1} = K\left[e_{k-1} + \frac{T}{T_i}\sum_{j=0}^{k-1}e_j + \frac{T_d}{T}(e_{k-1} - e_{k-2})\right] + u_0$$

则得到增量式 PID 控制算法

$$\Delta u_k = u_k - u_{k-1} = K\left[e_k - e_{k-1} + \frac{T}{T_i}e_k + \frac{T_d}{T}(e_k - 2e_{k-1} + e_{k-2})\right]$$

上式通常写成

$$\Delta u_k = d_0 e_k + d_1 e_{k-1} + d_2 e_{k-2}$$

其中

$$d_0 = K\left(1 + \frac{T}{T_i} + \frac{T_d}{T}\right),\ d_1 = -K\left(1 + \frac{2T_d}{T}\right),\ d_2 = K\frac{T_d}{T}$$

综上所述可以看出，位置式 PID 算法需要保留当前时刻及其之前所有时刻的偏差值，而增量式 PID 算法则只需保留当前时刻及其之前两个时刻的偏差值。因此，增量式算法有利于简化编程和避免累计误差，在实际中应用更为广泛，图 2-23 给出了增量式 PID 控制算法的子程序流程图。CPU 除了执行键盘扫描、显示、数据处理和报警等程序模块之外，必须每隔一个固定的周期执行一次对测量值的采样程序和 PID 控制算法程序。

与常规的气动或电动系统相比，采用计算机控制的反馈控制系统具有更高的控制精度和丰富的附加功能，例如通过键盘（实际上往往只是几个功能按钮）操作，可以在显示器（通常为数码显示器或者液晶显示器）上方便地查看和修改被控量的设定值，查看和修改比例带、积分时间、微分时间和采样周期等调节器参数以及查看被控量的测量值。此外，通过软件编程，还易于实现调节器的参数自整定以及模糊控制和神经网络控制等智能控制算法。

有些控制对象往往会有多个被控量和多个执行机构，称为多输入多输出系统。计算机为了对各个测量值进行分别采样和对各个控制量分别输出，要在系统中设置多路开关切换电路，如图 2-24 所示。此类控制系统在控制算法上往往比较复杂，若被控量之间存在耦合现象，则还需采取解耦措施。

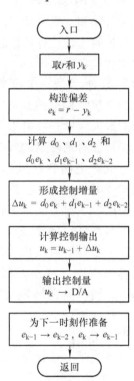

图 2-23　增量式 PID 控制算法子程序流程图

六、反馈控制系统的参数调整

在反馈控制系统中,一旦各个组成环节安装完成,并且测量单元和执行机构调试完毕,唯一可调的只有调节器参数。为了获得理想的控制效果,只能调整调节器的参数值,即调节器的比例度、积分时间和微分时间。因此,在对调节器进行更换或维修之后,或由于长期运行导致系统性能降低时,都需要对调节器的参数进行调整,确定能获得满意控制效果的调节器参数值。通常也把这种确定调节器参数值的过程称为自动控制系统的整定或调节器参数的整定。

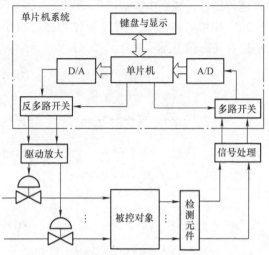

图 2-24 多输入多输出反馈控制系统结构框图

但调节器参数的整定也不是万能的,它必须以测量单元和执行机构的正常工作为前提。如果测量单元的量程不对、执行机构动作失灵或执行不到位,那么仅仅通过整定调节器的参数值也难以达到满意的效果。

调节器的参数整定方法有理论计算和工程整定两种。理论计算涉及控制系统的模型辨识问题,难度较大,不适宜在现场进行。因此,在实际中通常采用工程整定的方法。

1. 调节器参数对控制系统动态过程的影响

在反馈控制系统的控制方案已经确定,组成该控制系统的仪表已经安装并调校以后,为了能使控制系统符合动态过程品质指标的要求,唯一可改变的只有调节器整定的参数值,即调节器的比例带(PB)、积分时间 T_i 和微分时间 T_d。因此,在控制系统安装好准备投入工作的时候,或该系统已经运行了一段时间,各台仪表性能有所降低的时候,都需要对调节器参数进行整定,以便确定或恢复为获得满意的控制效果的调节器的最佳参数值。但是,调节器参数的整定只能在一定范围内起作用。如果控制方案不合理,各种仪表的选型和安装不当,单台仪表没有调校好等,单靠调整调节器的参数值是不能达到控制系统动态品质指标要求的。因此,不能片面强调调节器参数的整定。

前面曾分别讨论过调节器的比例带(PB)、积分时间 T_i 和微分时间 T_d 对控制过程的影响,但在实际使用中,往往是两个或两个以上参数的联合作用。在这种情况下,调节器参数对控制系统的动态过程影响要复杂一些。目前,PI 调节器应用比较广泛,下面着重分析 PB 和 T_i 联合运用时对控制过程的影响,并掌握参数整定的一般原则。

图 2-25 表示出在一个实际控制系统中,通过改变 PB 和 T_i 所得到的控制过程曲线图谱。图中曲线(5)表示 PB 和 T_i 已经整定合适时,其动态过程进行的情况,其他曲线表示 PB 和 T_i 这两个参数在最佳 PB_0 和 T_{i0} 附近改变之后控制过程的变化情况。图中,从右到左 PB 逐渐增大,从上到下 T_i 值逐渐增大。比较这些曲线,可得出如下结论:

1)PB 和 T_i 增大都意味着控制作用弱,控制过程更加稳定,但被控量的最大动态偏差增大。在这方面 PB 要比 T_i 的影响强烈得多,T_i 偏大,在控制作用开始阶段,积分作用几乎不起作用,只有在比例作用基本结束时,才慢慢地显出消除静态偏差的积分作用,整个动态过程拖得很长，如图中曲线（7）、（8）、（9）所示。

2）PB 和 T_i 小都意味着控制作用强。减小 PB 可显著减小最大动态偏差，而减小 T_i 对减小最大动态偏差不明显。

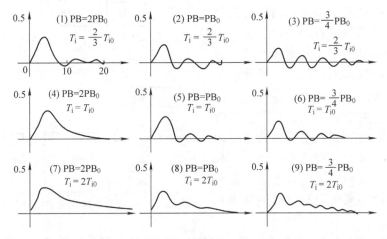

图 2-25　PB 和 T_i 改变时控制过程曲线图谱（控制对象 $T/\tau = 0.22$）

3）由于 PB 的影响比 T_i 大。因此要求对 PB 值整定得要准确一些，而 T_i 值的准确度可稍差一点。其中，T_i 值宁可偏大一点，也不允许偏小，因为 T_i 值小对减小最大动态偏差的作用不大，且动态过程的稳性会明显降低。T_i 偏大一点，可达到对动态稳定性的要求，只是消除静态偏差所花时间稍长一点。

2. PID 调节器参数的工程整定方法

所谓整定方法就是确定调节器（PB）、T_i 和 T_d 的方法。它可以通过理论计算来确定，但误差太大。目前，应用最多的还是工程整定法，如经验法、衰减曲线法、临界比例带法和反应曲线法。

（1）经验法

经验法又称为现场试凑法，即先确定一个调节器的参数值 PB 和 T_i，通过改变给定值对控制系统施加一个扰动，现场观察判断控制曲线形状。若曲线不够理想，可改变 PB 或 T_i，再画控制过程曲线，经反复试凑直到控制系统符合动态过程品质要求为止，这时的 PB 和 T_i 就是最佳值。如果调节器是 PID 三作用式的，那么要在整定好 PB 和 T_i 的基础上加进微分作用。由于微分作用有抵制偏差变化的能力，所以确定一个 T_d 值后，可把整定好的 PB 和 T_i 值减小一点再进行现场凑时，直到 PB、T_i 和 T_d 取得最佳值为止。显然用经验法整定的参数试，直到 PB、T_i 和 T_d 取得最佳值为止。显然用经验法整定的参数是准确的，但花时间较多。为缩短整定时间，应注意以下几点：

1）根据控制对象特性确定好初始的参数值 PB、T_i 和 T_d。可参照在实际运行中的同类控制系统的参数值，或参照表 2-1 所给的参数值，使确定的初始参数尽量接近整定的理想值。这样可大大减少现场试凑的次数。

2）在试凑过程中，若发现被控量变化缓慢，不能尽快达到稳定值，这是由于 PB 过大或 T_i 过长引起的，但两者是有区别的：PB 过大，曲线漂浮较大，变化不规则，T_i 过长，曲线带有振荡分量，接近给定值很缓慢。这样可根据曲线形状来改变 PB 或 T_i。

表 2-1 经验法经验参数表

被调参数	特点	PB（%）	T_i/min	T_d/min
流量	对象时间常数小，参数有波动，PB 要大；T_i 要短；不用微分	40~100	0.3~1	—
温度	对象容积迟延较大，即参数受干扰后变化迟缓，PB 应小；T_i 要长；一般需要加微分	20~60	3~10	0.5~3
压力	对象的容积迟延不算大，一般不加微分	30~70	0.4~3	—
液位	对象时间常数范围较大。要求不高时，可以只用比例，一般不用微分	20~80	—	—

3）PB 过小，T_i 过短，T_d 太长都会导致振荡衰减得慢，甚至不衰减，其区别是 PB 过小，振荡周期较短；T_i 过短，振荡周期较长；T_d 太长，振荡周期最短。

4）如果在整定过程中出现等幅振荡，并且通过改变调节器参数而不能消除这一现象时，可能是阀门定位器调校不准，调节器或变送器的放大器调校不准，调节阀传动部分有间隙（或调节阀尺寸过大）或控制对象受到等幅波动的干扰等，都会使被控量出现等幅振荡。这时就不能只注意调节器参数的整定，而是要检查与调校其他仪表和环节。

（2）衰减曲线法

衰减曲线法是以 4:1 衰减比作为整定要求的，先切除调节器的积分和微分作用，用试凑法整定纯比例控制作用的比例带（PB）（比同时试凑二个或三个参数要简单得多），使之符合 4:1 衰减比的要求，记下此时的比例带 PB_S 和振荡周期 T_S。如果加进积分和微分作用，可按表 2-2 给出的经验公式进行计算。若按这种方式整定的参数在运行过程中，其动态过程曲线还不够理想，再根据曲线形状，对整定的参数作适当的调整。对有些控制对象，控制过程进行较快，难以从记录曲线上找出衰减比。

这时，只要被控量波动两次就能达到稳定状态，可近似认为是 4:1 的衰减过程，其波动一次时间即为 T_S。

表 2-2 衰减曲线法经验公式表

调节作用	PB/%	T_i/min	T_d/min
比例	PB_S	—	—
比例 + 积分	$1.2PB_S$	$0.5T_S$	—
比例 + 积分 + 微分	$0.8PB_S$	$0.3T_S$	$0.1T_S$

（3）临界比例带法

用临界比例带法整定调节器参数时，先要切除积分和微分作用，让控制系统以较大的比例带，在纯比例控制作用下运行，然后逐渐减小 PB，每减小一次都要认真观察过程曲线，直到达到等幅振荡时，记下此时的比例带 PB_K；（称为临界比例带）和波动周期 T_K，然后按表 2-3 给出的经验公式求出调节器的参数值；按该表算出参数值后，要把比例带放在比计算值稍大一点的值上，把 T_i 和 T_d 放在计算值上，进行现场运行观察，如果比例带可以减小，再将 PB 放在计算值上。

表 2-3 临界比例带法经验公式表

调节作用	PB（%）	T_i/min	T_d/min
比例	$2PB_K$	—	—
比例+积分	$2.2PB_K$	$0.85T_K$	—
比例+微分	$1.8PB_K$	—	$0.1T_K$
比例+积分+微分	$1.7PB_K$	$0.5T_K$	$0.125T_K$

这种方法简单，应用比较广泛。但对 PB_K 很小的控制系统不适用，对被控参数不允许振荡的系统也不适用。

（4）反应曲线法

前三种整定调节器参数的方法都是在预先不知道控制对象特性的情况下进行的。如果知道控制对象的特性参数，即时间常数 T、时间迟延 τ 和放大系数 K，则可按表 2-4 给出的经验公式计算出调节器的参数。利用这种方法整定的结果可达到衰减率 $\varphi = 0.75$ 的要求。

表 2-4 反应曲线法经验公式表

调节作用	PB（%）	T_i/min	T_d/min
比例	$\dfrac{K\tau}{T} \times 100\%$	—	—
比例+积分	$1.1\dfrac{K\tau}{T} \times 100\%$	3.3τ	—
比例+积分+微分	$0.85\dfrac{K\tau}{T} \times 100\%$	2τ	0.5τ

表中公式只适用于有自平衡能力的控制对象。所谓控制对象的自平衡能力是指控制对象在受到扰动后不需要人为干预，经过足够长时间后能够自动地恢复到平衡状态的能力。

第三节 执 行 机 构

在自动控制系统中，执行机构的输入是调节器输出的控制信号，执行机构的输出直接改变流入控制对象的物质或能量的流量，用以克服扰动，消除偏差，使被控量恢复到给定值或给定值附近。执行机构按其所使用的能源形式可分为气动、电动和液压三大类。在船舶机舱中，液压执行机构主要用于变距桨的桨叶角控制和柴油机油门拉杆的位置控制等，这里只介绍比较通用的气动和电动执行机构。

一、气动执行机构

气动执行机构是将调节器输出的气动控制信号转换为机械位移。在船舶机舱中，气动执行机构主要以气动薄膜调节阀为主。

图 2-26 所示为气动薄膜调节阀的结构原理，它由气动执行部分和调节阀两部分组成。控制信号可接在膜片 3 的上部空间，这时随着输入控制信号的增大，膜片 3 向下弯，压缩弹簧 6 使推杆 5 推动阀芯一起下移，阀杆的位移与所输入控制信号的变化成比例，改变调节阀的开度。控制信号也可以接到膜片 3 的下部空间，这时随着输入控制信号的增大，膜片向上

弯，阀杆带动阀芯一起上移。气动薄膜调节阀具有结构简单、尺寸小等特点，适用场合比较广泛。但它的阀杆推力较小，在某些场合使用受到一定的限制。

为使调节阀动作及时，并能准确动作到位，通常需要加装一个阀门定位器，图2-27所示是一个带阀门定位器的气动执行机构。从控制器输出的压力信号送到定位器的输入端E，并作用在测量气室9的膜片10上。若这个信号增大，挡板11靠近喷嘴12远离喷嘴13，引起喷嘴12背压升高，喷嘴13背压降低。这两个背压信号送入比较气室16，分别作用于膜片17的上、下两面，使膜片17连同可动放气阀20一起下移，进气阀19离开固定球阀座21，使压缩空气经C室进入D室。这时因为放气阀18处于关闭状态，故D室压力升高并由输出端输出这个升高的压力信号p_B。这个信号送入调节阀的膜盒4，由膜片5推动阀杆2下移，关小给水阀，减少给水量。当调节阀杆2向下移动时，反馈弹簧23被拉长，使杠杆24绕支点F逆时针转动。通过圆球支点使挡板往回移动，并停在一个新的位置上，这时阀门定位器有一个稳定的输出。这个输出信号与给水调节阀的阀位相对应。阀门定位器的作用是消除由膜片阀内的阀杆所引起的滞后现象。这种滞后现象的产生是由于填料太紧或流动阻力太大而使其摩擦力过大所造成的。它适用于调节阀与调节器或计算器之间距离较远的场合以及波纹管容量较小的系统中。另外，通过调整比例范围旋钮25可以改变阀门定位器输入与输出信号变化关系的比值。在气源中断或控制系统失灵时，可手动操作手轮8对调节阀的开度进行手动控制。

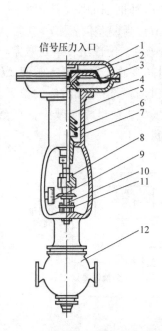

图2-26 气动薄膜调节阀结构原理图
1—上膜盖 2—硬芯 3—膜片 4—下膜盖
5—推杆 6—弹簧 7—弹簧座 8—调节螺母
9—标尺 10—阀杆 11—压板 12—调节阀

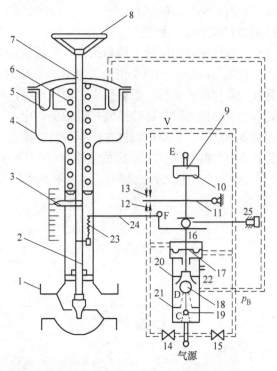

图2-27 带阀门定位器气动薄膜调节阀结构原理图
1—阀座 2、7—阀杆 3—标尺 4—膜盒 5、10、17—膜片
6—弹簧 8—手轮 9—测量气室 11—挡板 12、13—喷嘴
14、15—截止阀 16—比较气室 18、20—放气阀 19—进气阀
21—阀座 22—阀箱 23—反馈弹簧 24—杠杆 25—旋钮

对于一些需要阀杆推力较大的场合，还可以通过阀门定位器来控制一个气缸活塞，由活塞带动阀芯动作，称为活塞式气动执行机构。

阀门定位器实质上可看作是一个比例调节器，其设定值是来自调节器的阀位信号，而输出则是阀杆的实际位置。因此，通过阀门定位器总可以使阀杆控制在希望的位置，具有较高的动作精度。

调节阀具有气开式和气关式之分，如果输入的控制信号增大，调节阀开度也增大，则称为气开式调节阀。反之，若输入控制信号增大，而调节阀开度减小则称为气关式调节阀。例如，图2-27所示的调节阀就是属于气关式调节阀。控制系统采用气开式调节阀还是气关式调节阀，应根据实际需要和调节器的作用形式（正作用式还是反作用式）来决定。

二、电动执行机构

电动执行机构接收的是调节器输出的0～10mA或4～20mA直流信号，并将其转换成相应的机械位移，以实现自动调节。

电动执行机构主要分为两大类：直行程和角行程式。前者用于操纵直行程调节机构，后者用于操纵转角式调节机构，两者都是以伺服电动机为动力的位置伺服机构。角行程式执行机构又分为单转式和多转式。单转式输出的角位移一般小于360°，通常简称为角行程式执行机构；多转式输出的角位移超过360°，可达数圈，故称为多转式电动执行机构，它和闸阀等多转式调节阀配套使用。

1. 基本结构和工作原理

电动执行机构由伺服放大器和执行单元两大部分，其结构原理框图如图2-28所示。伺服放大器将输入信号I_i和反馈信号I_f相比较，得到偏差信号ΔI。当偏差信号$\Delta I>0$时，ΔI经伺服放大器功率放大后，驱动伺服电动机转动，再经机械减速后，使输出转角θ增大。输出轴转角位置经位置发送器转换成相应的反馈电流I_f，反馈到伺服放大器的输入端使ΔI减小，直至$\Delta I=0$时，伺服电动机才停止转动，输出轴就稳定在与输入信号相对应的位置上。反之，当$\Delta I<0$时，伺服电动机反方向转动，输出轴转角θ减少，I_f也相应减小，直至使$\Delta I=0$时，伺服电动机才停止转动，输出轴稳定在另一新的位置上。

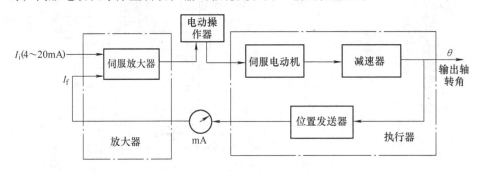

图2-28 电动执行机构的结构原理图

2. 伺服放大器

伺服放大器主要由前置磁放大器、触发器和可控硅交流开关等构成。它与电机配合工作的伺服驱动电路如图2-29所示。

前置放大器是一个增益很高的放大器,根据输入信号与反馈信号相减所得的偏差极性,在a、b两端输出不同极性的电压。当前置放大器输出电压的极性为a(+)、b(-)时,触发电路1使晶闸管SCR_1导通,电桥的c、d两端接通,220V的交流电压直接接到伺服电机的绕组Ⅰ,并经分相电容C_F加到绕组Ⅱ上。这样,绕组Ⅱ中的电流相位比绕组Ⅰ超前90°,形成旋转磁场,使电动机朝一个方向转动。若前置放大器的输出电压极性和上述相反,即a(-)、b(+)时,则触发电路2使晶闸管SCR_2导通,使另一电桥的两端e、f接通,电源电压直接加到电机绕组Ⅱ,并经分相电容C_F供电给绕组Ⅰ,电机朝相反的方向转动。由于前置放大器的增益很高,只要偏差信号大于不灵敏区,触发电路便可使晶闸管导通,电动机以全速转动,这里晶闸管起的是无触点开关的作用。当SCR_1和SCR_2都不导通时,伺服电动机停止转动。

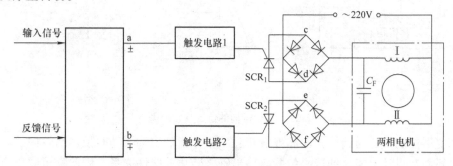

图2-29 伺服放大器组成示意图

3. 执行器

执行单元由伺服电动机、机械减速器和位置发送器三部分组成。执行单元接收伺服放大器或电动操作器的输出信号,控制伺服电动机的正、反转,经机械减速器减速后输出力矩推动调节机构动作。与此同时,位置发送器将调节机构的角位移转换成相对应的0~10mA DC信号,作为阀位指示,并反馈到前置放大器的输入端作为位置反馈信号以平衡输入信号。

(1)伺服电动机

图2-30表示的是一个两相电容异步伺服电动机的结构原理,它将伺服放大器输出的电功率转换成机械转矩,作为执行器的动力部件。

伺服电动机由一个用冲槽硅钢片叠成的定子和笼型转子组成。定子上均布着两个匝数、线径相同而相隔90°电角度的定子绕组Ⅰ和Ⅱ。由于分相电容C_F的作用,定子

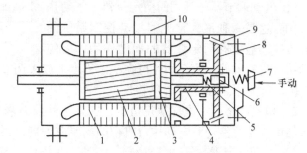

图2-30 伺服电动机的结构原理图
1—定子 2—转子 3—衔铁 4—套轴 5—压缩弹簧
6—调节螺钉 7—手动按钮 8—制动轮 9—制动盘 10—出线盒

组Ⅰ和Ⅱ的电流相位总是相差90°,其合成向量产生定子旋转磁场,定子旋转磁场又在转子内产生感应电流并构成转子磁场,两个磁场相互作用,使转子旋转。转子旋转方向取决于定子绕组Ⅰ和Ⅱ中的电流相位差,即取决于分相电容C_F串接在哪一相定子绕组中。

（2）机械减速器

由于交流伺服电动机的转速高、转矩小，必须经过减速才能获得较大的推动转矩。常用的减速器有行星齿轮和蜗轮蜗杆两种，其中行星齿轮减速器由于体积小、传动效率高、承载能力大、单级速比可达100倍以上，获得广泛的应用。

（3）位置发送器

位置发送器是将电动执行机构输出轴的位移转变为0~10mA DC反馈信号的装置。其主要部分是差动变压器，如图2-31所示。

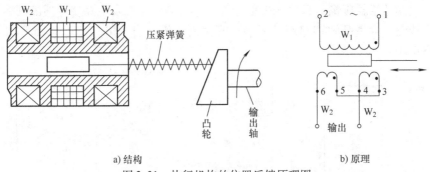

a) 结构　　　　　　　　　　b) 原理

图2-31　执行机构的位置反馈原理图

差动变压器的铁心与凸轮斜面靠弹簧相互压紧，当输出轴转动时带动凸轮使铁心左右移动，凸轮斜面在设计上能保证铁心位置与输出轴之转角成线性关系，因此变压器负边的输出电压将与输出轴的转角成线性关系。这一交流信号经进一步处理获得0~10mA的直流信号。

以上分别介绍了气动和电动执行机构的结构和工作原理。一般来说，气动和电动执行机构分别与气动和电动调节器相匹配，但控制系统的设计是非常灵活的，在船舶机舱中往往会出现电动和气动仪表相混合的形式。图2-32所示为各种可能的组合方式。

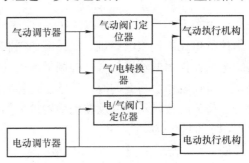

图2-32　电/气动执行机构的组合方式

1）气动调节器-气动阀门定位器-气动执行机构：这是一种最为常见的气动控制系统的组合方式。通过阀门定位器的辅助作用，可使气动执行机构准确定位，同时可在一定程度上放大调节信号的压力，增大执行机构的输出力（转矩），增强执行器的工作平稳性。

2）电动调节器-电动执行机构：这是一种最为常见的电动控制系统的组合方式。电动调节器的输出直接送到电动执行机构的伺服放大器以驱动伺服电动机动作。

3）气动调节器-气/电转换器-电动执行机构：该组合方式通过气/电转换器将气动调节器的气压信号成比例地转换成标准的电信号，从而推动电动执行机构工作，实现了气动信号的远距离传送以及与数字装置的连接。

4）电动调节器-电/气阀门定位器-气动执行机构：这是目前应用较多的一种组合方式，通过电/气阀门定位器使得传输信号为电信号，而现场操作为气动执行机构。因此，具备电动和气动执行机构的优点。电/气阀门定位器实际上是电/气转换器和气动阀门定位器的组合。

第三章

船舶常用传感器及变送器

第一节 常用传感器

测量单元是反馈控制系统的重要组成部分，它对被控量的实际值进行测量，并输出测量信号送至调节器和显示仪表。测量单元通常由各种各样的测量传感器和信号变送器组成，传感器的作用是将被测量的物理量变化转换为位移变化、压力变化或电阻、电容、电感和电压等电参数的变化，而变送器则把这些变化进一步转换为标准的气信号或者电信号。

一、传感器的分类及静态参数

传感器由敏感元件和转换元件组成。

传感器（transducer/sensor）是指能感受到的被测量并按照一定的规律转换成可用的输出信号的器件或装置，通常由敏感元件和转换元件组成。

敏感元件（sensing element）指传感器中能直接感受（或响应）被测量的部分，如应变式压力传感器的弹性膜片就是敏感元件，其作用就是将压力转换成弹性膜片的变形。

转换元件（transduction element）指传感器中能将直接感受（或响应）的被测量转换成适于传输和（或）测量的电信号部分；转换元件一般情况下不直接感受（响应）被测量（特殊情况例外）。如应变式传感器中的应变片就是转换元件，作用是将弹性膜片的变形转换成电阻值的变化。值得注意的是，并不是所有的传感器都必须含有敏感元件和转换元件。如果敏感元件直接输出的是电信号，它就是同时兼转换元件。敏感元件和转换元件合二为一的传感器很多，如压电传感器、热电偶、热敏电阻、光电器件等。

传感器在船舶上的应用十分广泛，船舶设备的正常运行、船舶航行等都离不开传感器，如机舱内各种设备运行的温度、压力、位移、流量、液位、温度等信号是通过不同的传感器获得的。

1. 传感器的分类

传感器的种类繁多，千差万别。一种传感器可用来测量多种被测量，例如热电阻传感器的电阻值随着温度变化而变化，因而可以用来测量温度；气体的压力和流速会影响到散热效果进而影响到温度，因此热电阻传感器还可用来测量气体压力、流量乃至气体含量等。一种被测量也可用多种不同的传感器来测量，例如温度可以用热电阻传感器、热电偶传感器、压力传感器等方法测量。因此对传感器的分类也有多种方法。

（1）按工作原理分类

这种分类法以传感器的工作原理作为分类依据，见表3-1。在选择传感器时比较容易判断传感器所采用的原理，这有利于传感器专业技术人员从原理和设计上做归纳性的分析研究，使得传感器的使用更具有专业性。这种分类方法也是目前绝大多数传感器技术或检测与传感器技术类书籍在介绍传感器时采用的方法。

表 3-1 按工作原理分类

序号	工作原理	序号	工作原理
1	电阻式	8	光电式（包括红外式、光纤式）
2	电感式	9	谐振式
3	电容式	10	超声式
4	阻抗式（电涡流式）	11	霍尔式（电磁式）
5	磁电式	12	同位素式
6	热电式	13	电化学式
7	压电式	14	微波式

这里只列举了几个简单的分类，例如电阻式传感器是将非电量（如力、位移、形变等）的变化转换成与之有一定关系的电阻值变化，通过对电阻值的测量达到对上述非电量的测量，如常见的有电位器式、应变式电阻传感器；电感式传感器是根据电磁感应原理将被测量（如位移、压力、振动、流量等）的变化转换成线圈自感系数 L 或互感系数 M 的变化，再经测量电路转换为相应电压或电流的变化量输出，从而实现非电量到电量的转换和测量。

（2）按能量的传递方式分类

用能量观点分类，所有的传感器均可分为两大类，即能量变换式传感器和能量控制式传感器。能量变换式传感器将非电能量转换为电能量，这类传感器通常附有力学系统，一般只能用在接触式测量中，以便于能量的传递；但也有一些能量变换式传感器并不附有力学系统，如热电偶温度传感器，它是利用两种不同金属的温差而产生电势。能量控制式传感器本身并不是一个换能器，被测非电量仅对传感器中的能量起控制或调节作用，所以它必须具有辅助能源（电源）。由于它不能进行能量转换，因此一般为不可逆，也不附有力学系统。传感器按能量传递方式分类见表 3-2。

表 3-2 按能量的传递方式分类

能量变换	能量控制
压电式、电动式、电磁式、热电偶、光电式、磁致伸缩式、电致伸缩式、静电式、电化学式	电容式、电阻式、电感式、热敏电阻式、光敏电阻式、磁敏电阻式、湿敏电阻式、放射性吸收式、光游离式

（3）按被测物理量分类

这种分类方法实际上是按传感器的用途分类，即将原理互不相同但作用相同的传感器归为一类，如测量温度的温度传感器、测量压力的压力传感器、测量液体流量的流量传感器、测量位移的位移传感器等。对于使用者及生产单位来说，这种分类方法很方便，也是常用的分类方法。

2. 传感器的静态参数

传感器主要通过其两个基本特性：静态特性和动态特性来反映被测量的变动性。静态特性一般可用数学表达式、特性曲线或表格来表示。对于动态特性，一般来说，生产厂家只给响应时间。这里主要讲传感器的静态特性,它是生产和选择传感器首要考虑的问题,在大多数情况下也是主要考虑的问题。其特性一般用下列几种性能指标来描述。

(1) 线性度

传感器的输入输出间绝对的线性关系是不存在的,大多数情况下都是非线性关系,只是局部近似线性,如图3-1所示。

线性度是用来表征传感器的输出与输入能否像理想系统那样保持比例关系(线性关系)的一种度量,即校准曲线(就是用标准件或标准仪器,在校准的仪器示值范围内,给出若干个标准量值输入到仪器,记录并得到校准量与仪器实际测量值之间的关系曲线)与规定直线的一致程度。它又称为线性误差,通常用相对误差来表示

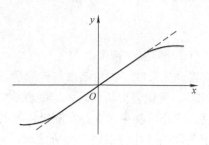

图 3-1 传感器的静态特性

$$E = \pm \frac{\Delta_{\max}}{y_{FS}}$$

式中,$\Delta_{\max}$ 表示输出信号和输入信号(被测量量)之间实际关系曲线与拟合直线之间的最大偏差量;y_{FS} 表示理论满量程输出值。

(2) 灵敏度

灵敏度是指传感器稳态下输出增量 Δy 与输入变化量 Δx 之比,常用 S_n 表示:

$$S_n = \frac{\Delta y}{\Delta x}$$

对于线性传感器,其灵敏度就是其静态特性曲线的斜率;对于非线性传感器,其灵敏度随输入量不同而变化,常用微分 dy/dx 来表示它在某工作点的灵敏度。

在实际应用中,由于无源传感器的输出量与供给传感器的电源电压有关,其灵敏度的表示还可能包含电压因素。如某位移传感器,在电压为1V时,每1mm的位移变化引起输出电压变化100mV,其灵敏度 S_n 就表示为100mV/(mm·V)。

(3) 分辨率(力)

分辨率(力)是指在规定测量范围内和规定条件下传感器所能检测输入量的最小变化值的能力。

(4) 重复性

重复性表示传感器对输入量按同一方向作全量程多次测量时,所得到特性曲线之间不一致性的程度,如图3-2所示(图中 $y_{\max}$ 为输出最大不重复误差)。

如果传感器多次按相同输入条件测试的输出特性曲线重合度越高,则其重复性越好,误差越小。

曲线不重合的原因是传感器的机械部分的磨损、间隙、振动及部件间的摩擦、积尘及辅助电路老化、漂移等。

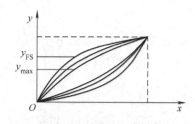

图 3-2 传感器的重复性

(5) 迟滞(回差滞环)现象

迟滞现象是反映传感器在正向(输入量增大)行程和反向(输入量减小)行程期间,

输出输入特性曲线不重合的程度。正向行程输出 y_i 与反向行程输出 y_d 之间的差值称为滞环误差，这即为迟滞现象。迟滞常用最大滞环误差 ΔH_{max}（正反行程校准曲线间最大差值）与满量程输出 y_{FS} 之百分比表示，即

$$E_{max} = \frac{\Delta H_{max}}{y_{FS}} \times 100\%$$

（6）准确度/精度

准确度反映了测量结果与被测量真实值之间的一致程度，在我国工程领域中俗称精确度（精度）。就误差分析而言，非线性误差、重复误差及迟滞误差这 3 项指标决定传感器的精确度，它是反映系统误差和随机误差的综合指标。一般来说，若已知这 3 项误差，则可以通过误差合成（均方根偏差）方法求出精确度。精确度也是正确度和精密度的综合。

（7）正确度

正确度是测量结果与真实值的偏离程度，其反映了系统误差的大小。正确度高意味着系统误差小，但正确不一定精密。

（8）精密度

精密度是指测量中所测数值重复一致的程度，它说明了在一个测量过程中，在同一条件下进行重复测量时，所得结果彼此之间符合到什么程度。精密度反映了偶然（随机）误差的大小。如图 3-3 所示，比较直观地表示了上述三个度之间的关系。

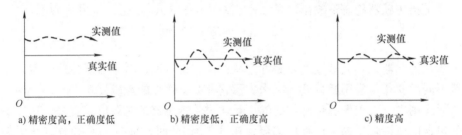

a) 精密度高，正确度低　　b) 精密度低，正确度高　　c) 精度高

图 3-3　精度、正确度、精密度示意图

3. 传感器的误差表示

传感器的误差可分为绝对误差和相对误差两种。

绝对误差是测量值（示值）x 与真实值 u 的代数差值，可用 Δx 表示，它又可简称测量误差，即

$$\Delta x = x - u$$

相对误差有 4 种表示方法：

（1）实际相对误差

$$E_{实} = \frac{\Delta x}{u} \times 100\%$$

（2）示值（标称值）相对误差

$$E_{标} = \frac{\Delta x}{x} \times 100\%$$

（3）引用相对误差

在评价传感器或仪表的准确度时，用实际误差或相对误差作为衡量标准往往也不很准

确。例如，用任一已知的测量仪表测量一个靠近测量范围下限的量，计算得到的相对误差一般比测量一个靠近上限时得到的相对误差大很多，因此引入相对误差的概念

$$E_{max} = \frac{|\Delta x|}{x_{FS}} \times 100\%$$

式中　x_{FS}——满量程。

在多量程的仪表中，每量程引用的相对误差要各自单独计算，通常引用相对误差也不一样。因此可以取最大引用误差来表示。

(4) 最大引用误差

最大引用误差 E_{max} 即在规定条件下，当测量平稳变动时，在系统全量程中所有测量值引用误差绝对值与量程之比的百分数，即

$$E_{max} = \frac{\Delta x}{x_{FS}} \times 100\%$$

最大引用误差是测量系统基本误差的主要形式，常称为测量系统的基本误差。它是测量系统的最主要质量指标，能很好地表征测量系统的准确度。

在工业中，经常用仪表的精度等级来表示仪表的准确度（精度）。精度等级是将引用误差的"±"和"%"号去掉并向上修正后得到的数字来表示的。目前，我国生产的仪表准确度等级有 0.005、0.02、0.05、0.1、0.2、0.3、0.5、1.0、1.5、2.5、4.0 等。精度等级的数字越小，仪表的精度越高。通常一般仪表上都有符号表示其精度等级。

二、变送器概念及标准信号类型

传感器输出的电信号的形式、大小是各种各样的，通常不便于显示和处理，因此广义上的传感器还包含信号调节（调理）电路，使输出为规定的标准信号，这种包含了传感器和调节电路能输出标准信号的装置称为变送器（transmitter）。按我国国家标准 GB/T 3369.1—2008《过程控制系统用模拟信号　第1部分：直流电流信号》，通常的标准电信号有直流电流信号和直流电压信号。

1) 直流电流信号。标准的直流电流信号是 4~20mA，过去曾有的直流标准信号 0~10mA 将逐渐被淘汰。当模拟信号需要传输较远的距离时，一般采用电流信号而不是电压信号，因为电流信号抗干扰能力强，信号线电阻不会导致信号损失。

2) 直流电压信号。标准的直流电压信号有 0~5V、0~10V、1~5V、-10~+10V 等。当模拟信号需要传输给多个仪器仪表或控制对象时，一般采用直流电压信号而不是直流电流信号。直流电压传导只适用于传输距离较近的场合。

对于采用 4~20mA 电流传导的系统只需采用 250Ω 电阻就可将其变化为直流电压信号。所以 1~5V 直流电压信号也是常用的模拟信号之一。1V 以下的电压值表示信号电路或供电有故障。

直流电压信号可分为单极性信号和双极性信号，如果输入信号相对于模拟地电位来讲，只偏向一侧，如输入电压为 1~10V 称为单极性信号；输入信号相对于模拟地电位来讲，可高可低，如输入电压为 -10~+10V 称为双极性信号。

随着工业控制网络和现场总线的发展，越来越多的变送器可输出数字信号，直接与通信总线相连。

三、船舶机舱常用传感器

在船舶机舱中,传感器的类型多种多样,其原理也各不相同。按照不同的分类方法,传感器的种类很多。这里仅从传感器的用途出发,介绍船舶机舱最常见的几种传感器及其信号转换电路。

1. 温度传感器

温度传感器主要用于检测机舱中的各种温度,例如各种水温、油温和排气温度等。常用的温度传感器有热电阻式、热电偶及热敏电阻式三种。

(1) 热电阻式温度传感器

热电阻式温度传感器是根据热电阻材料的电阻率随温度的升高而增加的原理工作的。热电阻由电阻体、绝缘体、保护套管和接线盒四部分组成。常用铜丝或铂丝双线并绕在绝缘骨架上,再把它插入保护套管内,装在要检测的管路或设备中。

常见的热电阻有铜热电阻和铂热电阻两种,其电阻值和测量温度一一对应,且具有较好的线性关系。例如,Pt100 是船舶机舱常用的铂热电阻,当测量温度为 0℃时,电阻值为 100Ω,而在 100℃时的电阻值为 138.51Ω。详细的对应关系可通过公式计算或查阅热电阻分度表。

热电阻式温度传感器常采用电桥电路将被测温度的变化转换成相应的电压输出。但热电阻安装在所要检测的管路或设备中,若与转换电桥之间有一定的距离,则由于连接导线的电阻值也会随环境温度的变化而变化,将引起一定的测量误差,为此,热电阻通常采用"三线制"接法来实现对环境温度变化的补偿,如图 3-4 所示。"三线制"接法,其中采用两根材料、长度和截面积相同的导线分别接在测量桥臂和调零桥臂,以保证导线的电阻值相等。当环境温度变化时,两根导线阻值的变化量相等而抵消,使电桥输出 u_{ab} 保持不变。热电阻式传感器在船上常用于测量冷却水温度和轴承温度等。

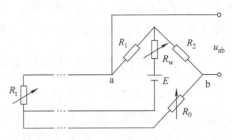

图 3-4 热电阻式温度传感器接线原理图

热电阻的使用注意事项:①自热误差的影响;②导线电阻的影响;③不同分度号及其他要求;④减少电磁干扰;⑤与被测物体充分接触;⑥注意热电阻的防护性能。

(2) 热电偶温度传感器

热电偶是由两种不同的金属导体把其端点焊接在一起,并插入护套制成的。焊接端称为热端,与导线连接端称为冷端。热端插入需要测温的测量点,冷端置于环境温度中,若热、冷两端温度不同,则在热电偶回路中产生热电势 e。当冷端温度不变时,其热电势随热端温度的升高而增大。由于冷端温度是随室温变化的,若热端测量温度不变而环境温度升高,则因热、冷端之间的温差减小使热电势 e 也减小,影响测量精度。为了消除冷端温度变化对测量精度的影响,可采用冷端温度补偿。冷端温度补偿的方法很多,图 3-5 所示为电桥补偿法。图中 R_0、R_1 和 R_2 是锰铜丝绕制的电阻,它们的电阻值基本不随温度变化。R_{cu} 是铜丝绕制的补偿电阻,其电阻值随温度升高而增大。温度补偿电桥的输出 u_{ab} 与热电偶输出电势 e 串联,只要补偿电阻和电路参数调整合适,补偿电桥的输出正好可以抵消由于冷端温度变化而引起的测量误差。

热电偶传感器适用于检测高温的场合,例如应用于主机排气温度的测量等。常用的热电偶有:铂铑10-铂热电偶,测温范围0~1600℃;铂铑30-铂铑6热电偶,测温范围0~1800℃;镍铬-镍硅热电偶,测温范围0~1300℃。

(3) 热敏电阻式温度传感器

半导体热敏电阻种类繁多,按阻值温度系数分,有正温度系数热敏电阻PTC、负温度系数热敏电阻NTC和临界温度系数热敏电阻CTR。

PTC是电阻随温度升高而增大的热敏电阻,常用作小功率加热元件,具有自动恒温、限流、只发热不发火等特殊功能,日常生活中电热毯、电蚊香加热盘就可使用PTC元件制成。而NTC是电阻随温度升高而变小的热敏电阻,CTR具有开关特性和一个温度突变点。各类热敏电阻的电阻温度特性如图3-6所示。

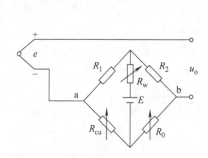

图3-5 热电偶的冷端补偿原理图

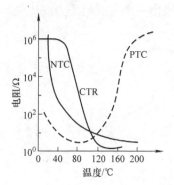

图3-6 热敏电阻的电阻温度特性

热敏电阻有很多的良好特性,如电阻温度系数大、灵活度高,因此引线电阻对它影响小,它与简单的二次仪表结合就能检测出0.01℃的温度变化,与电子仪表组成的测温计可精确地完成温度测量;热敏电阻的工作温度范围宽;结构简单、体积小,热惯性小;稳定性好,过载能力强、寿命长。但热敏电阻的线性度非常差,需进行线性化处理。

早期的热敏电阻因其特性不稳定、分散性、缺乏互换性和老化问题而使应用受到限制。近年来,随着工艺水平的提高,产品性能得到了很大改善,已有精度优于热电偶并具有互换性的热敏电阻问世,并且300℃下的老化问题可忽略。但不同厂家的产品质量差异较大,使用时仍需认真选择。热敏电阻的主要特殊参数有:标准阻值是指25℃时测的电阻值;温度系数,指20℃附近时电阻温度变化的系数,其单位为1/℃;耗散系数是指自身发热时热敏电阻温度高于环境温度1℃时所需的功率,单位为W/℃;时间常数是指温度为t_0的介质移入温度为t的介质中,温度升高$\Delta t = 0.632(t - t_0)$所需时间。

2. 压力传感器

压力传感器用于将压力信号转换为监视报警系统能够接收的电信号。船舶机舱需要检测的压力信号很多,例如控制空气压力、起动空气压力、主机各缸冷却水入口压力和主机燃油、滑油入口压力以及各种泵浦的出口压力等。

根据不同的测压原理,压力传感器的种类较多。例如,弹簧管式压力传感器、应变片式压力传感器、扩散硅压力传感器和电磁感应式压力传感器等。

(1) 滑动电阻式压力传感器

滑动电阻式压力传感器是由弹簧管、传动机构、电位器及测量电桥组成的，它的结构和工作原理如图3-7所示。滑针把电位器电阻分成两部分，一部分串联在 R_4 的桥臂上，另一部分串联在 R_3 的桥臂上。当所测量的压力变化时，通过弹簧管和位移传动机构使滑针绕轴转动，改变两个相邻桥臂的电阻值，使测量电桥输出的电压信号 u_{ab} 与输入压力变化成比例。

(2) 金属应变片式压力传感器

金属应变片是用铜镍或镍铬等金属丝绕成栅状，并用黏结剂贴在基板上，两端焊接镀银或镀锡铜线作为引出线而制成的。应变片粘贴在压力感受器的测压部分，当压力发生变化时，应变片随同感受器一起发生形变。应变片具有一定的电阻值，它作为测量电桥的一个桥臂，如图3-8所示。在测量压力为零时，调整 R_4 的电阻值使电桥处于平衡状态，输出电压为零。当测量压力增大时，应变片要弯曲变形，栅状金属丝被拉长，使其电阻值增大。电桥失去平衡并输出一个与测量压力成比例的电压信号。

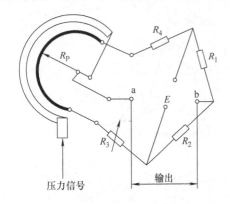

图3-7　滑动电阻式压力传感器原理图

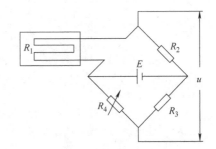

图3-8　金属应变片式压力传感器原理图

(3) 电磁感应式压力传感器

图3-9所示是电磁感应式压力传感器的原理图，它由弹性元件和差动变压器组成。常用的弹性元件有波纹管和弹簧管，其中波纹管适用于测量范围在 $0\sim0.3$ MPa，弹簧管检测压力适用在 0.6 MPa 以上的场合。

差动变压器是由一次线圈、两个线径和圈数都相等的二次线圈以及活动铁心等组成的。一次线圈加上交流电源成为一个激磁绕组。二次线圈之间采用反向连接，它们分别安排在支架的上下两侧。铁心在弹性元件控制下，在线圈骨架内产生与压力大小成正比的位移。差动变压器的一次与二次之间的互感系数将随铁心的位移变化而变化，铁心处于中间位置时，通过两个二次级线圈的磁力线是相等的，其感应电动势是等量的，由于两个二次级线圈采用反相连接，因此差动变压器的输出电动势 U_{OUT} 为零。如果铁心离开中间位置，它可以使一个二次级线圈的互感系数增大，另一个互感系数减少，致使它们的感应电动势一个加大，另一个减小。于是差动变压器输出

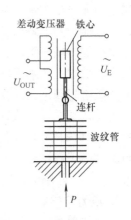

图3-9　电磁感应式压力传感器原理图

电动势 U_{OUT} 随之按比例增大。

(4) 霍尔式压力传感器

1) 霍尔效应：如图 3-10 所示，在一个半导体相对两侧通以控制电流 I，在薄片的垂直方向加以磁场 B，则在半导体的另外两侧面就会产生一个大小与控制电流 I 和磁场 B 的乘积成比例的电动势 U_H，这一现象称为霍尔效应，所产生的电动势称为霍尔电动势，所用的薄片称为霍尔元件。

霍尔电动势的输出为

$$U_H = K_H I B$$

式中，K_H 即为元件的灵敏度。霍尔电动势一般为几十到几百毫伏。如果进一步分析得出：

$$U_H = \frac{R_H I B}{d}$$

式中，R_H 称为霍尔系数，它反映了元件霍尔效应的强弱，是由元件本身的性质决定的。半导体材料锗、硅、锑化铟、砷化铟、砷化镓等都可以用来制作霍尔元件。

2) 霍尔压力传感器：如图 3-11 所示，将霍尔元件固定在弹性元件上。当弹性元件因压力产生位移时，将带动霍尔元件在均匀梯度的磁场中移动，霍尔元件的输出与位移量大小成正比，因此实现将压力转换成电量的目的。

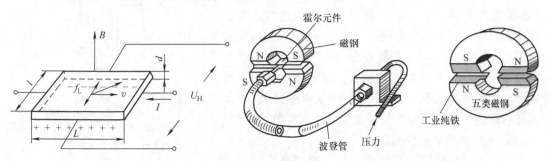

图 3-10 霍尔式传感器原理图　　图 3-11 霍尔传感器原理图

3. 液位传感器

船上有很多液位参数需要进行测量和监视，常用的液位检测方法有浮力式、静压式、电极式、电阻式、电容式及超声波式等。以下介绍变浮力式和吹气式两种液位传感器。

(1) 变浮力式液位传感器

图 3-12 给出根据变浮力作用原理完成液位检测工作的原理图，其主体由浮筒、平衡弹簧和差动变压器组成。浮筒的浮力、平衡弹簧的弹力和浮筒自身重力形成力的平衡关系，当液位发生变化时，浮力的变化必然导致浮筒位移的变化，带动差动变压器的铁心产生位移，差动变压器的输出电压 U_{OUT} 发生改变，经过整流，输出与液位变化成比例的直流信号。

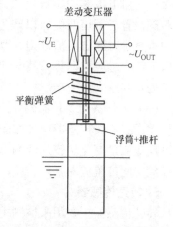

图 3-12 变浮力式液位传感器原理图

（2）吹气式液位传感器

吹气式液位传感器属于静压式液位传感器，其结构原理如图3-13所示。它是由过滤减压阀1、节流阀2、导管3、平衡气室4及差压变送器5等元件组成。调整节流阀2使液位在最高位置时，从平衡气室中有微量气泡逸出，使得导管3中压力始终与平衡气室压力相等。平衡气室的压力就是液位的静压力，即与液位高度成比例，因此，液位变化时，导管内的压力也随之变化。导管内的压力信号经变送器转换为与液位高度成比例的标准压力信号（对于气动变送器）或标准电流信号（对于电动变送器）。

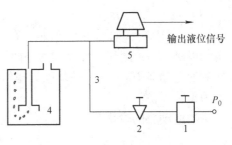

图3-13 吹气式液位传感器

4. 流量传感器

流量传感器有容积式、电磁式和差压式等几种，这里介绍容积式和电磁式。

（1）容积式流量传感器

容积式流量传感器在船上主要用来检测油流体的流量。它由检测齿轮1、转轴2、永久磁铁3和干簧继电器4组成，如图3-14所示。当流体自下向上流过时，由于有摩擦力存在，因此有压力损失，使进口流体压力P_1大于出口流体压力P_2，检测齿轮在压力差的作用下，产生作用力矩而转动，通过的流量越大，齿轮转速越快。齿轮转动经轴2上端的永久磁铁3驱动干簧继电器4，使其触点闭合或断开，从而输出反映流量大小的电脉冲信号。

（2）电磁式流量传感器

电磁式流量传感器是根据电磁感应原理来检测流量的，所以只适用于测量导电液体的流量。它主要由一对磁极、一对电极和检测放大电路组成，如图3-15所示。一对磁极置于管道两侧，以产生一磁场，导电液体在磁场中垂直于磁通方向流动时，切割磁力线，于是在两个

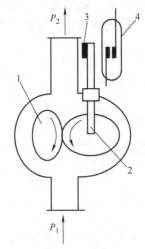

图3-14 容积式流量传感器原理图

电极上产生感应电动势，其电动势的大小与液体的体积流量成比例。感应电动势经检测放大电路处理和放大后输出。

（3）差压式流量传感器

差压式流量传感器原理如图3-16所示。它是利用流体通过孔板等节流装置时产生压力差来反应流量变化。膜片两侧承受压力差信号$\Delta p = p_1 - p_2$，通过膜片硬芯使差动变压器铁心偏离中间位置向左移动，差动变压器输出的电信号就与流量成比例。

5. 转速传感器

转速传感器主要用来检测主机的转速和转向、发电原动机转速和透平转速等。常用的转速传感器有测速发电机和磁脉冲式转速传感器。

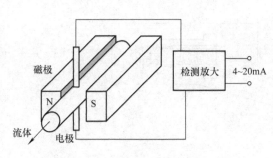 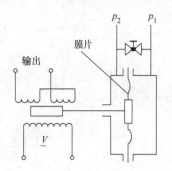

图 3-15　电磁式流量传感器原理图　　　　图 3-16　差压式流量传感器原理图

（1）测速发电机

测速发电机利用导体切割磁力线所产生的感应电动势与转速成比例的原理，把转速变换成相应的感应电动势。测速发电机有直流和交流两种形式。

直流测速发电机输出的是直流电压，其电压大小与转速成正比，即 $U = k \cdot n$，式中 k 为比例系数。U 的大小反映了主机转速的高低，U 的极性反映了主机的转向。

由于直流测速发电机存在电刷等部件易引起故障，故在新型船舶中越来越多地采用交流测速发电机。交流测速发电机输出的电压信号是交变的，需要对它进行相敏整流和滤波后变成直流电压信号。同直流测速发电机一样，该电压信号可反映主机的转速和转向。

测速发电机测得的转速信号可送至转速表来指示主机的转速和转向，但作为控制系统中的转速反馈和转速逻辑鉴别信号，因不能使用负电压的转速信号，故必须经过整流把倒车负极性电压信号转换成正极性电压信号，如图 3-17 所示。

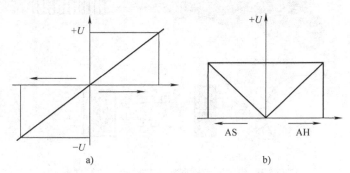

图 3-17　整流后正、倒车转速对应的电压值

（2）磁脉冲式转速传感器

磁脉冲式转速传感器属于非接触式测速装置，它没有运动部件，不会发生磨损，具有使用寿命长，检测精度高的特点。它由永久磁铁 1、软磁心 2、线圈 3 及非导磁性外壳 4 组成，如图 3-18 所示。

图 3-18 中 5 是一个安装在主机主轴上的铁磁材料齿轮（通常是盘车机齿轮），传感器靠近齿轮安装，齿顶之间保持一个较小的间隙。主机转动时，齿顶和齿谷交替经过，引起线圈内的磁通交替变化，使线圈感应出一系列脉冲信号。脉冲频率 f 取决于齿数 Z 和转速 n，即 $f = Z \cdot n/60(\mathrm{Hz})$。

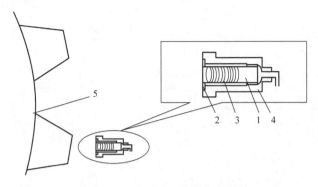

图3-18 磁脉冲传感器结构原理图
1—永久磁铁 2—软磁心 3—线圈 4—外壳 5—齿轮

传感器输出的感应电动势脉冲信号较弱，其波形也不理想，所以要把脉冲信号送入整形放大电路，使其转换成同频率的有较大幅值的矩形波。然后，矩形波再经频率/电压转换电路变换成电压信号，也就是把转速按比例转换成相应的电压信号，该电压信号的大小反映了转速的高低。

为了检测主机的转向，需安装两个磁头，且它们之间错位1/4齿距，使两个磁头所产生的脉冲信号在相位上相差1/4周期。这两个磁头输出的脉冲信号经整形放大后分别送至D触发器的D端和CP端，由其输出端Q是1或0来判别主机是正转或反转，其原理如图3-19所示。

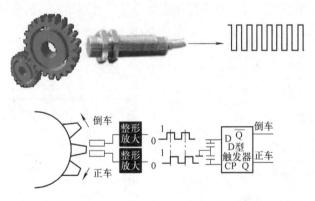

图3-19 磁脉冲传感器检测主机转向的原理图

当齿轮沿正车方向转动时，D触发器D端的正脉冲总比CP端超前1/4周期，即CP端在脉冲上升沿时，D端总是1信号，所以输出端Q保持1信号，表示主机在正车方向运转。当齿轮倒车方向转动时，D型触发器CP端的正脉冲总比D端超前1/4周期，即CP端在脉冲上升沿时，D端总是0信号，所以输出端Q保持0信号，表示主机在倒车运转。

6. 氧含量传感器

氧含量传感器用于检测油轮封舱惰性气体的氧含量，防止油轮发生爆炸。在船上检测氧含量多用热磁式传感器，它是利用氧的顺磁性原理制成的。

所谓氧的顺磁性就是氧气不同于其他气体，在遇到磁场作用时要向磁场里面运动，而且氧分子的磁极方向顺着磁场方向有序排列。如图3-20所示是热磁式含氧量传感器原理图。

它是由检测通道、磁极、电桥及放大电路等组成的。检测通道由环形管和水平管组成,水平管上绕有两组铂丝测量电阻 R_1 和 R_2,它们与锰铜丝绕制的电阻 R_3 和 R_4 构成一个电桥。R_0 是调零电位器。在水平管的左端放有一对永久磁铁,形成一个不均匀磁场。电阻 R_1 和 R_2 由电源加热,使水平管内的温度高于两侧环形管内的温度。当含有氧气的检测气体从下端口进入环形通道后,被不均匀磁场吸入水平管内,并被加热使温度升高。随着温度的升高,其顺磁性降低,所受吸引力随之减小,所以冷的氧气受磁场

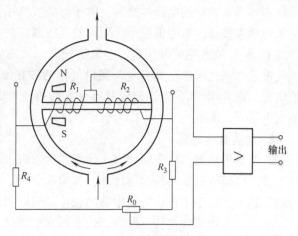

图 3-20 热磁式氧含量传感器原理图

的吸引力比热的氧气要大得多。这样,冷的检测气体就会向水平管中的热气体施加一个排斥力,将被测气体推向水平管右侧,经环形管右侧排出。这一过程不断进行,从而在水平管内形成一个自左向右的气流,通常称之为"磁风",磁风的大小与检测气体中的氧含量成正比。磁风会从电阻 R_1 和 R_2 带走热量。由于冷的检测气体先经过 R_1,故从 R_1 上带走的热量较多,使 R_1 的温度低于 R_2 的温度,导致 R_1 的阻值小于 R_2 的阻值,电桥失去平衡,输出电压变大。显然,气体中的氧含量越高,磁风越大,电桥输出的电压越大。

7. 二氧化碳含量传感器

二氧化碳含量传感器主要用来检测锅炉烟气中二氧化碳含量,以监视锅炉的燃烧情况。也可用于检测冷藏舱中二氧化碳含量,以防止蔬菜或水果腐烂。船用二氧化碳含量传感器多采用热导式,如图 3-21 所示。它主要由采样陶瓷过滤器 1、冷凝器 2、凝水器 3、过滤器 4、测量气室 5、标准气室 6、抽气泵 7 和测量电桥所组成的。测量气室中放置了两个铂丝电阻 R_1 和 R_3,室内有被测气体通过,标准气室内放置了两个铂丝电阻 R_2 和 R_4,室内为空气。四个铂丝电阻构成了一个直流电桥。在常温条件下,纯空气的导热率大于含有二氧化碳气体的

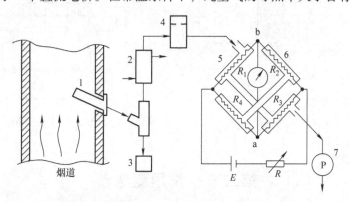

图 3-21 热导式二氧化碳含量传感器原理图

1—陶瓷过滤器 2—冷凝器 3—凝水器 4—过滤器 5—测量气室 6—标准气室 7—抽气泵

导热率。当电阻丝被电源加热后，由于标准气体中是纯空气，其导热率较大，因此 R_2 和 R_4 的散热效果较好，电阻值较小，而测量气室通过的是含有二氧化碳的烟气，其导热率较小，因此 R_1 和 R_3 的散热效果较差，电阻值较大，致使电桥平衡破坏，输出相应的电压 U_{ab}。当烟气中的二氧化碳含量升高时，测量气室的导热率将减小，R_1 和 R_3 的温度将升高，其电阻值增大，而 R_2 和 R_4 的电阻值保持不变，使得电桥 a 点电位升高，b 点电位降低，电桥电路输出电压 U_{ab} 增大。

8. 含盐量传感器

含盐量传感器多用于锅炉水、冷凝器水、海水泵的淡水含盐量的监测。它是利用盐浓度与溶液的电阻成反比的特性设计的，其原理如图 3-22 所示。当溶液浓度越大时，电桥输出的电压越大。由于电极在溶液中腐蚀较重，所以测量电桥多用交流电桥。

除以上各物质含量传感器外，还有污水中含油量检测，油雾浓度检测等。

9. 扭矩传感器

扭矩传感器可用来测量主机的轴功率，其工作原理是轴的扭矩与轴的扭转角成比例。扭矩传感器的种类有相位差式、光电式、应力式等。

相位差式扭矩传感器主要由装在推力轴上的两个用铁磁材料做成的齿轮盘、两个磁脉冲探头和测量电路等组成，如图 3-23 所示。相位差式扭矩检测根据电磁感应原理工作，由两个磁脉冲探头产生的脉冲信号之间的相位差来反映扭矩大小。当主机转动时，若推力轴扭矩为零，由于两个齿轮与探头的安装位置一致，故两个磁探头产生的矩形脉冲信号之间的相位差为零。若推力轴扭矩增大时，两个齿轮的齿顶在轴线方向的位置错开，在两个脉冲信号之间形成相位差。扭矩越大，相位差越大。

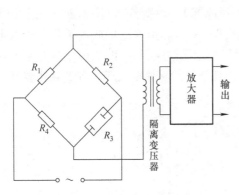

图 3-22 含盐量传感器原理图

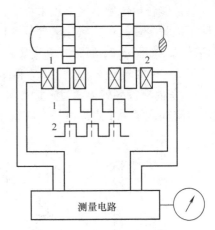

图 3-23 相位差式扭矩传感器原理

第二节　常用变送器

一、变送器

变送器属于测量仪表，在自动控制系统中用以测量各种运行参数（如温度、压力、流量、液位、黏度等），并把这些参数的变化成比例地转换成统一的信号输出，这个输出信号送至调节器和显示仪表。根据运行参数的性质不同，变送器又有温度变送器、压力变送器及差压变送器等。变送器的种类和结构型式很多，本节主要介绍最具有典型性的差压变送器。了解差压变送器的结构、工作特性及管理要点，掌握了该差压变送器，其他类型的变送器也就容易理解了。

1. 气动差压变送器

（1）变送器的构成

1) 喷嘴挡板机构

喷嘴挡板机构是气动仪表最基本，也是最精密的元件，它的作用是把挡板微小的位移转换成相应的气压信号。喷嘴挡板机构的结构如图3-24所示。它由恒节流孔1、喷嘴3、挡板4及背压室2（恒节流孔与喷嘴之间的气室）所组成。

与恒节流孔相比较，喷嘴的孔径 D 要大得多，保证挡板全开（远离喷嘴）时，背压室的压力能降低到接近大气压力。同时，喷嘴的轴心线必须与挡板垂直，保证挡板全关（靠上喷嘴）时，具有良好的密封性，这时背压室的压力接近气源压力为 0.14MPa。显然，挡板开度 h 越小（挡板离喷嘴越近），气体从喷嘴流出的气阻越大，背压室中的压力越高。若挡板开度 h 增大（挡板离喷嘴远），气阻越小，背压室中的压力越低。实际上，喷嘴挡板是起到变气阻的作用。不同的挡板开度就对应一个不同的背压室的压力，在稳定工况下（恒节流孔与喷嘴流量相等），背压室中压力不变，即背压室压力 P（输出量）与挡板开度 h（输入量）之间的一一对应关系称为喷嘴挡板机构的静特性。其实验曲线如图3-25所示。

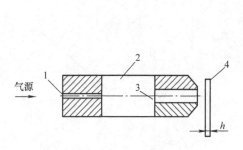

图3-24 喷嘴挡板机构示意图
1—恒节流孔 2—背压室 3—喷嘴 4—挡板

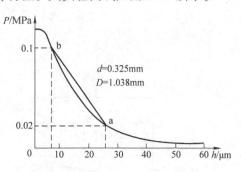

图3-25 喷嘴挡板机构的静特性

当挡板处于全关（$h=0$）状态时，由于喷嘴挡板的加工和装配精度所限，难免有一点漏气，这样背压室的压力接近于气源压力 0.14MPa。在挡板全开时，由于喷嘴孔径远大于恒节流孔的孔径，使背压室压力接近大气压力。挡板从全关逐渐移到全开时，背压室中的压力 P 将从接近气源压力逐渐降低到接近大气压力。从静特性曲线图上还可看到，各点的斜率是不相同的。换言之，背压室的压力与挡板开度之间不是严格的线性关系，特别是静特性曲线上、下两头，是明显的非线性关系。但是，在 a、b 两点之间，随挡板开度 h 的变化，背压室压力变化很快，静特性曲线很陡。这时用 a、b 两点间的直线来代替 a、b 两点间的曲线，其误差是不大的。这样，在喷嘴挡板机构的工作范围（背压室压力为 0.02~0.1MPa）内，可把它看成是线性元件。这样，喷嘴挡板机构背压室中压力的变化量 ΔP 与挡板开度之间的

变化量可表示为

$$\Delta P = K_1 \cdot \Delta h$$

式中，$K_1 = \mathrm{tg}\varphi$，是比例系数，实际上它是 a、b 两点间的平均斜率。喷嘴挡板机构通常是工作在 a、b 段上，称之为工作段，由于工作段线性度好，能保证仪表的精度和灵敏度。

2）气动功率放大器：喷嘴挡板机构中的恒节流孔的流通面积很小，工作时输出的空气量很少，很难直接动作执行机构。甚至传送距离远一点，其压力信号也会有较大的衰减。为此，几乎所有的气动仪表，都在喷嘴挡板机构的输出端串联一个气动功率放大器，对喷嘴挡板机构输出的压力信号进行流量放大，或流量、压力放大，即功率放大。

气动功率放大器结构形式很多，但基本上有两种，一是对喷嘴挡板机构输出的气压信号不放大压力，只放大流量；二是流量压力都放大。图 3-26 给出了耗气型气动功率放大器结构原理图，它是属于后一种类型放大器。

两个变节流阀构成了放大气路。一个是球阀 4，另一个是锥阀 1，它们起着不同的作用，球阀 4 控制来自 0.14MPa 气源的进气量，只要球阀有一微小的位移，就能引起进气量的很大变化，从而满足流量放大的作用。锥阀 1 控制排气量。当输入压力信号增大时，克服金属膜片 2 和弹簧片 3 的张力使阀杆下移，开大球阀关小锥阀，这样由 A 室进入 B 室的空气量增加，而由 B 室经锥阀排入大气量减少。B 室的压力即放大器输出压力增大，且输出的空气流量大大增加。反之，输入压力下降时，阀杆上移经球阀由 A 室进入 B 室的空气流量减少，而 B 室经锥阀排大气量增大，则放大器输出压力会降低。因此，阀杆的位移 S 就决定了放大器输出压力的大小。设输入压力为 P_d，金属膜片 2 的有效面积为 F，金属膜片 2 承受的轴向推力为 $P_\mathrm{d}F$ 与金属膜片位移之间的关系如图 3-27 所示。

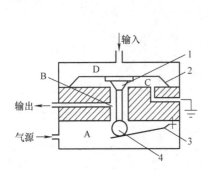

图 3-26 耗气型气动功率放大器结构原理图
1—锥阀 2—金属膜片 3—弹簧片 4—球阀

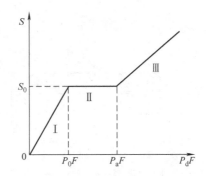

图 3-27 推力与膜片位移的关系

当输入信号 P_d 等于大气压力时，金属膜片与阀杆之间存在一个间隙 S_0。输入信号开始增大时，金属膜片的位移使 S 逐渐减小。当 P_d 增加到 P_0 时 $S_0 = 0$，这是图中斜线 Ⅰ 的情况。当 P_d 由 P_0 继续增大时。由于金属膜片承受的轴向推力 $P_\mathrm{d}F$ 不足以克服弹簧片 3 的预紧力及气源对球阀的作用力，金属膜片 2 与阀杆均无位移，这是水平线 Ⅱ 的情况。只有 P_d 增加到 P_a 后，阀杆开始有位移，放大器开始有输出，我们把此时的 P_a 称为放大器的起步压力。当输入压力 P_d 由 P_a 继续上升时，放大器工作在斜线 Ⅲ（放大器的工作段）上。

在放大器的工作段上，阀杆位移量 ΔS 与输入压力的变化量 ΔP_d 成比例，放大器输出压

力的变化量 $\Delta P_{出}$ 与阀杆位移的变化量 ΔS 成比例。因此可得到

$$\Delta P_{出} = K_2 \cdot \Delta P_d$$

式中，K_2 称为气动功率放大器的放大倍数。

它与金属膜片的有效面积、弹性组件的刚度及放大器的结构因素有关，当金属膜片及弹簧片选定后，可以近似把 K_2 看作是常数，所以气动功率放大器是一个放大倍数为 K_2 的比例环节。

（2）气动差压变送器的工作原理

气动差压变送器将被测量的物理量转化为 19.8~98.1kPa 的标准气压输出信号。

气动差压变送器的结构形式有多种，图 3-28 所示为采用力矩平衡原理的杠杆式差压变送器。由于只采用了一根杠杆，所以称为单杠杆差压变送器，它包含测量和气动转换两个部分。

测量部分由杠杆 9、密封簧片 13、测量膜盒 16 和基体等组成。其中，测量膜盒 16 把测量室分成正压室 15 和负压室 17，并分别承受 $P(+)$ 和 $P(-)$ 压力信号；密封簧片 13 一方面对测量室的工作介质起到密封作用，另一方面也兼作杠杆的支点，使得杠杆能绕之转动，称为弹性支点；杠杆下端与测量膜盒通过弹性连接件连接。

压差 $\Delta P = P(+) - P(-)$ 作用于测量膜盒产生的轴向测量推力通过连接件作用到杠杆下端，形成测量力矩，带动杠杆以密封簧片为弹性支点产生偏转，使其上端出现一个微小的位移。因此，测量部分的作用是把压差信号转换为位移信号。假定测量膜盒中金属膜片的有效面积为 $F_{膜}$，则轴向推力 $q_{测}$ 为 $q_{测} = \Delta P \cdot F_{膜}$。若膜盒的有效面积 $F_{膜}$ 不变，那么轴向推力 $q_{测}$ 就与压差信号 ΔP 成正比例，测量力矩也与 ΔP 成正比例。

气动转换部分主要由喷嘴挡板机构、气动放大器、反馈波纹管和调零弹簧等组成，其功能是把测量部分产生的位移信号转换为标准的气压信号作为差压变送器的输出。例如，当作用在测量膜盒上的压差信号 ΔP 增大时，测量膜盒连同主杠杆的下端一起左移，主杠杆绕弹性支点 13 顺时针转动，顶针架 5 和顶针 4 右移，挡板 7 靠本身弹性靠近喷嘴 6，喷嘴背压升高，经气动功率放大器 1 放大，差压变送器的输出压力信号 $P_{出}$ 增大。这个输出信号，一方面代表被控量的测量值送至显示仪表和调节器，另一方面直接送入反馈波纹管 10，$P_{出}$ 与反馈波纹管 10 的有效面积相乘就等于波纹管对主杠杆产生的推力。当这个推力对弹性支点 13 产生的反馈力矩与测量膜盒对弹性支点产生的测量力矩相等时，主杠杆不再移动，喷嘴与挡板之间的开度不变，差压变送器输出信号 $P_{出}$ 稳定不变。若测量信号 ΔP 减小，主杠杆 9 将绕弹性支点 13 逆时针转动，顶针架 5 和顶针 4 左移，使挡板 7 离开喷嘴 6，喷嘴背压下降，差压变送器输出 $P_{出}$ 减小，反馈波纹管 10 对主杠杆产生的反馈力矩将使主杠杆顺时针转动。当测量力矩与反馈力矩相等时，差压变送器的输出将稳定在比原来低的值上。

为便于定量描述差压变送器输出 $P_{出}$ 与输入 ΔP 之间的关系，可将图 3-28 所示的结构图简化成工作原理示意图，如图 3-29 所示。图中，L_1、L_2 和 L_3 分别代表杠杆下端、反馈波纹管及喷嘴中心线与杠杆弹性支点的距离。不难看出，作用在杠杆上的力矩主要有两个，即由测量膜盒轴向推力产生的测量力矩 $M_{测} = \Delta P \cdot F_{膜} \cdot L_1$ 和由反馈波纹管的反馈力产生的反馈力矩 $M_{反} = P_{出} \cdot F_{反} \cdot L_2$（$F_{反}$ 是波纹管的有效面积）。当杠杆平衡时，等式 $M_{测} = M_{反}$ 成立，由此可求得差压变送器的输出压力为

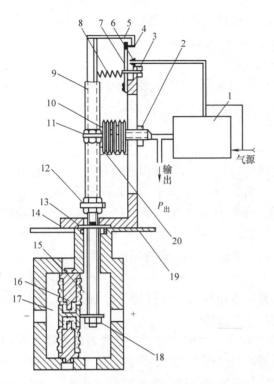
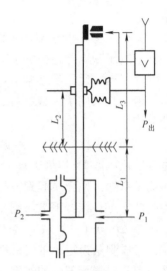

图 3-28 QBC 型单杠杆气动差压变送器结构图

1—气动功率放大器 2、11—锁紧螺母 3—调零螺钉 4—顶针 5—顶针架 6—喷嘴 7—挡板 8—调零、迁移弹簧 9—杠杆 10—反馈波纹管 12—静压误差调整螺母 13—弹性支点 14—支架 15—正压室 16—测量膜盒 17—负压室 18—锁紧螺母 19—底板 20—反馈波纹管

图 3-29 单杠杆差压变送器原理示意图

$$P_{出} = \frac{F_{膜} \cdot L_1}{F_{反} \cdot L_2} \Delta P = K \cdot \Delta P$$

式中，$K = \frac{F_{膜} \cdot L_1}{F_{反} \cdot L_2}$ 是差压变送器的放大系数。需要指出的是，杠杆实际上还受到诸如弹性支点、调零弹簧和喷嘴气流等产生的附加力矩的作用。理论上可以证明，只要气动放大器的放大倍数足够大，这些附加力矩可以忽略不计。

在上述 K 的表达式中，$F_{膜}$、$F_{反}$ 和 L_1 都是固定不变的，而 L_2 则可通过改变反馈波纹管位置进行调整。向上移动反馈波纹管将使 L_2 增大，K 减小，这就需要有较大的 ΔP（即被测量的压差信号要变化较大的范围）才能使 $P_{出} = 0.1 \text{MPa}$，亦即增大了变送器的量程；反之，向下移动反馈波纹管将使 L_2 减小，K 增大，变送器的量程减小。要得到较大的量程，必须把主杠杆做得很长，这不仅影响变送器的精度，而且变送器的结构也很庞大，所以单杠杆差压变送器的量程不可能太大。在需要大量程的场合，可以采用双杠杆差压变送器。

（3）零点、量程的定义及其调整

差压变送器在正常工作时，应该确保测量信号 ΔP 在最大变化范围内变化时，其输出能在标准信号范围，即 $0.02 \sim 0.1 \text{MPa}$ 内变化。因此，在投入工作以前，要根据测量信号 ΔP

的最大变化范围调整好零点和量程。下面说明 QBC 型气动差压变送器的零点和量程的调整方法。

所谓调零点，就是当测量信号 $\Delta P=0$ 时，确保差压变送器的输出 $P_{出}=0.02\text{MPa}$。若当 $\Delta P=0$ 时，$P_{出} \neq 0.02\text{MPa}$，则应该进行调整。调整方法是通过调整调零弹簧的预紧力，强制改变挡板与喷嘴之间的初始开度，使得 $\Delta P=0$ 时，$P_{出}=0.02\text{MPa}$。所谓调量程，是指当测量信号 ΔP 达到最大值时，调整量程支点的位置，使得 $P_{出}=0.1\text{MPa}$。

假定测量信号 ΔP 的最大变化范围是 $0 \sim 1000\text{mmH}_2\text{O}$，调零和调量程的具体步骤为首先使 $\Delta P=0$，例如让正、负压室均通大气，观察变送器输出压力是否指示为 0.02MPa，若不是，则可拧动调整螺钉改变弹簧预紧力，强制改变挡板与喷嘴之间的初始开度，直到 $P_{出}=0.02\text{MPa}$ 为止。然后，逐渐增大压差，直到 $\Delta P=1000\text{mmH}_2\text{O}$ 为止，观察变送器输出是否为 $P_{出}=0.1\text{MPa}$，若不是，比如 $P_{出}=0.08\text{MPa}$，说明量程大了，则可拧动量程支点螺帽，使之沿着杠杆上的螺纹下移，反之亦然。由于量程的调整会影响零点，因此量程调整后，需重新调零，然后再看量程是否合适，重复上述操作，直到零点与量程准确为止。有经验者经 2~3 次调整，即可把零点和量程调准。变送器的支架上贴有量程刻度表，刻度表上的量程值可以作为量程的粗调依据。

(4) 迁移量的调整

所谓迁移也称零点迁移，是根据实际需要将变送器量程范围的起始点由零迁移到某一数值。若该数值为正，称正迁移；若该数值为负，称负迁移。迁移之后，量程范围的起始点和终点都改变了，但量程不变。现以测量锅炉水位为例说明变送器的迁移原理。

图 3-30 为目前普遍采用的用参考水位罐检测锅炉水位装置。参考水位罐上端与锅炉的蒸汽空间相通，下端有测量水位管 3 和参考水位管 4 分别接在差压变送器的正、负压室。其中测量水位管还与锅炉的水空间相通，其管伸进参考水位罐里面，管口的位置调整到与锅炉的最高水位一致。由于蒸汽的不断凝结，参考水位罐中水位不断升高。当水位升至测量管的管口位置时，蒸汽再冷凝的水会经测量管口流回锅炉的水空间。于是，参考水位罐将保持一个与锅炉最高水位一致，且固定不变的水位，称为参考水位。而测量管中的液面与锅炉的实际水位一致，称为测量水位。参考水位管 4 接到差压变送器的压力是蒸汽压力加上参考水位的水柱高度，测量水位管 3 接到差压变送器的压力是蒸汽压力加上测量水位的水柱高度。因此，差压变送器正、负压室所承受的压差信号 ΔP 将是参考水位与测量水位之间的水柱高度。

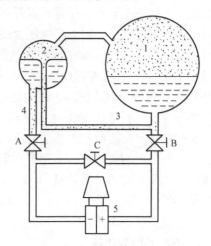

图 3-30 用参考水位罐检测锅炉水位装置
1—锅 2—参考水位罐 3—测量水位管
4—参考水位管 5—差压变速器
A、B—导压阀 C—平衡阀

现在来分析参考水位管 4 和测量水位管 3，哪个接正压室、哪个接负压室更合适。如果把参考水位管 4 接正压室，测量管 3 接负压室，这时差压变送器输入的压差信号 ΔP 为正值，差压变送器是能正常工作的。但是，随着测量水位的上升，ΔP 减小，变送器输出信号也随之减小。这样，变送器的输出与测量水位的变化方向正好相反，显示仪表指示锅炉的水位方向必然相反。这不符合人们的习惯，容易造成错觉。为了解决这个问题，可把参考水位管接到差压变送器的负压室，把测量水位管接到正压室。现在变送器的输出与测量水位的变化方向一致了，即随着测量水位的升高，变送器正压室的压力不断增加。但是，由于 ΔP 是负值，挡板远离喷嘴，这对一般的差压变送器是不会有输出的。比如锅炉水位最大变化范围是 600mm 水柱，当锅炉水位处于最低水位时，$\Delta P = -600$mm 水柱。本来当 $\Delta P = 0$ 时，差压变送器的输出 $P_出 = 0.02$MPa，现在当 $\Delta P = -600$mm 水柱时，通过调零迁移弹簧（图3-28中的标号8）把挡板拉向喷嘴，直到 $P_出 = 0.02$MPa 为止。这就保证了锅炉水位处于最低水位时，差压变送器的输出 $P_出 = 0.02$MPa。以后，随着测量水位的升高，ΔP 负值的减小（相当正压室压力的增加）靠迁移弹簧的张力使挡板不断靠近喷嘴，变送器的输出 $P_出$ 也会不断地增大。当测量水位上升到最高水位（与参考水位一致）时，$\Delta P = 0$，变送器的输出 $P_出 = 0.1$MPa，这就是迁移原理。在上述的例子中，把变送器的零点从 $\Delta P = 0$ 迁移到 $\Delta P = -600$mm 水柱，这是负迁移，迁移量是 -600 水柱。迁移特性如图3-31曲线②所示，曲线①为差压变送器无迁移时的特性，从图中可见，变送器迁移后，量程的起点和终点均改变，但量程没有变，仍为 600mm 水柱。

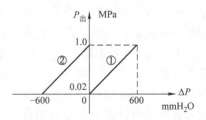

图3-31 差压变送器的迁移特性

（5）迁移量的优点

实际上，不仅差压变送器可以迁移，压力、温度变送器也可以迁移，不仅可以负迁移，还可以进行正迁移。如锅炉蒸汽压力最大变化范围为 0.6~1.0MPa，若不使用迁移，必须选用量程范围为 0~1.0MPa 的压力变送器。若采用正迁移，可把变送器测量范围的起始点由零迁移至 0.6MPa，并可选用量程为 0.4MPa 的压力变送器。这时，变送器输入压力为 0.6~1.0MPa，变送器所对应的输出压力信号 $P_出$ 为 0.02~0.1MPa。可见迁移后，量程的起点和终点都改变了，但是 0.4MPa 的量程不变。

通过迁移不仅能使变送器适应不同测量范围的要求，还能提高仪表的精度和灵敏度。例如选用1级精度的变送器，不用迁移其仪表的绝对误差是 $(1.0-0) \times 1\% = 0.01$MPa，采用迁移后，其仪表的绝对误差是 $(1.0-0.6) \times 1\% = 0.04$MPa，可见，仪表的测量精度提高了 2.5 倍。因为灵敏度 $S = \Delta y / \Delta x$，现在 Δy 不变，而 Δx 由 1.0MPa 变为 0.4MPa，所以仪表的灵敏度也提高了 2.5 倍。

2. 电动差压变送器

电动差压变送器是将被测量的物理量转化为 4~20mA 的标准电流或标准电压输出信号，以下就船舶机舱中常见的电容式电动差压变送器为例说明其工作原理。

电容式差压变送器的基本组成可用方框图3-32表示，它分成测量部件和转换放大电路两部分。输入差压 ΔP 作用于测量部件的感压膜片，使其产生位移，从而使感压膜片（即可动电极）与两固定电极所组成的差动电容器之电容量发生变化。此电容变化量由电容-电流转换电路转换成直流电流信号，电流信号与调零信号的代数和同反馈信号进行比较，其差值送入放大电路，经放大得到变送器的输出电流 I_o。

电容式差压变送器的整个结构无机械传动与调整装置。它采用差动电容作为检测元件，

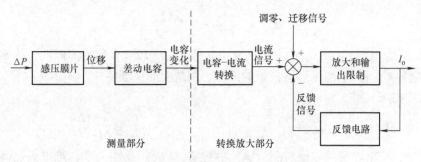

图 3-32　电容式差压变送器组成方框图

并用全封闭焊接的方式将测量部分进行固体化。因此，仪表结构简单，整机性能稳定、可靠，且具有较高的精度。

（1）测量部件

测量部件的作用是把被测差压 ΔP 转换成电容量的变化，其核心是差动电容敏感元件。差动电容敏感元件包括中心感压膜片（可动电极），正、负压侧弧形电极（固定电极），电极引线，正压侧、负压侧隔离膜片和基体等，如图 3-33 所示。在差动电容敏感元件的空腔内充有硅油，用以传递压力。中心感压膜片和其两边的正、负压侧弧形电极形成电容 C_H 和 C_L，当作用在正、负压侧隔离膜片上的压力相等时，$C_H = C_L$。

差动电容敏感元件将测量室分割成正、负压室，当正、负压室引入的被侧压力 $P(+)$ 和 $P(-)$ 作用于正、负压侧隔离膜片上时，$P(+)$ 和 $P(-)$ 通过硅油的传递，分别引入到中心感压膜片的两侧。$P(+)$ 和 $P(-)$ 之差即 ΔP 使中心感压膜片产生位移，从而使中心感压膜片与其两边弧形电极的间距不相等，结果使一个电容（C_H）的容量减小，另一个电容（C_L）的容量增加。

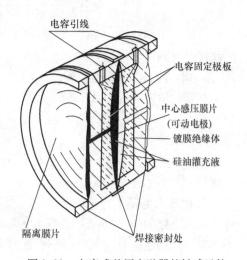

图 3-33　电容式差压变送器的敏感元件

由于膜片的位移很小（小于 0.1mm），因此膜片在差压 ΔP 作用下的位移量 Δl 与差压 ΔP 之间近似为线性关系，即可写为

$$\Delta l = K_1 \cdot \Delta P$$

式中，K_1 为比例系数。

当 $\Delta P = 0$ 时，测量膜片与两弧形电极间的距离相等，设其间距为 l_0，而当 $\Delta P \neq 0$ 时，设测量膜片与两弧形电极间的距离分别为 l_1 和 l_2，则有 $l_1 = l_0 + \Delta l$，$l_2 = l_0 - \Delta l$。若不考虑边缘电场影响，测量膜片与两边弧形电极构成的电容 C_H 和 C_L，可近似地看作平行板电容器，其电容量可分别表示为

$$C_H = \frac{\varepsilon_1 A_1}{l_1} = \frac{\varepsilon A}{l_0 + \Delta l}$$

$$C_L = \frac{\varepsilon_2 A_2}{l_2} = \frac{\varepsilon A}{l_0 - \Delta l}$$

式中，ε_1 和 ε_2 为电容 C_H 和 C_L 内介质的介电常数，由于填充介质均为硅油，故 $\varepsilon_1 = \varepsilon_2 = \varepsilon$；$A_1$ 和 A_2 为电容 C_H 和 C_L 的弧形电极板的面积，制造上能保证使 $A_1 = A_2 = A$。

以上两式相减，得

$$\Delta C = C_H - C_L = \varepsilon A \left(\frac{1}{l_0 - \Delta l} - \frac{1}{l_0 + \Delta l} \right) = \frac{2\varepsilon A \Delta l}{(l_0 - \Delta l)(l_0 + \Delta l)}$$

由此可知，两电容量的差值与测量膜片的位移 Δl 成非线性关系，难以满足高精度的测量要求。若取两电容量之差与两电容量和的比值，则有

$$\frac{C_H - C_L}{C_H + C_L} = \frac{\varepsilon A \left(\frac{1}{l_0 - \Delta l} - \frac{1}{l_0 + \Delta l} \right)}{\varepsilon A \left(\frac{1}{l_0 - \Delta l} + \frac{1}{l_0 + \Delta l} \right)} = \frac{\Delta l}{l_0} = K_2 \Delta l = K_1 K_2 \Delta P$$

式中，K_1、K_2 为比例系数。

由此可以得到以下结论：

1) 差动电容的相对变化值 $(C_H - C_L)/(C_H + C_L)$ 与 ΔP 成线性关系，可以通过转换电路将这一相对变化值转换为与 ΔP 成线性关系的标准电流信号。

2) $(C_H - C_L)/(C_H + C_L)$ 与介电常数 ε 无关，从原理上消除了填充介质介电常数的变化引起的测量误差。

3) $(C_H - C_L)/(C_H + C_L)$ 的大小与 l_0 有关，l_0 减小，差动电容的相对变化量越大，即灵敏度越高。

（2）转换放大电路

转换放大电路的作用是将上述差动电容的相对变化值，转换成标准的电流输出信号。此外，还具有零点调整、量程调整、正负迁移和阻尼调整等功能，其原理框图如图 3-34 所示。

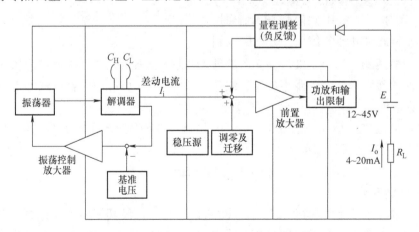

图 3-34　电容式差压变送器转换放大电路原理框图

该电路包括电容-电流转换电路及放大电路两部分。电容-电流转换部分主要有振荡器、解调器、振荡控制放大器，它的作用是将差动电容的相对变化值 $(C_H - C_L)/(C_H + C_L)$ 成比例地转换成差动电流信号 I_i，并实现非线性补偿功能。放大电路部分主要有前置放大

器、调零与零点迁移电路、量程调整电路、功放与输出限制电路等组成,该部分电路的作用是将差动电流 I_i 进行放大,并输出 4~20mA 的直流电流。具体的电路原理比较复杂,在这里不进行详细分析。

(3) 电容式差压变送器零点和量程的调整

典型的电容式差压变送器是 1151 系列变送器,下面将以此为例说明电容式差压变送器零点和量程的调整方法。

在变送器的转换电路中设有两个电位器分别用于调整零点和量程,它们位于电气壳体的铭牌后面,移开铭牌即可调整。调零电位器旁标有"Z";量程电位器旁标有"R"(见图3-35)。当输入信号不变时,顺时针转动两个电位器,均使变送器的输出电流增大,逆时针转动则使输出减少。

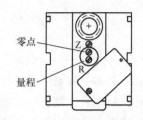

图 3-35 零点和量程调整螺钉

设量程范围为 $\Delta P_{min} \sim \Delta P_{max}$,则零点和量程的调整方法的步骤如下:

1) 使 $\Delta P = \Delta P_{min}$(下限值),调整调零电位器,直到变送器输出为 4mA。
2) 使 $\Delta P = \Delta P_{max}$,调整量程电位器,直到变送器输出为 20mA。
3) 重复步骤 1) 和 2),直到 $\Delta P_{min} \sim \Delta P_{max}$ 测量范围与 4~20mA 标准输出相对应。

(4) 线性、阻尼调整

除零点和量程调整外,放大器板的焊接面还有一个线性调整电位器和阻尼调整电位器。线性调整电位器已在出厂调到了最佳状态,一般不在现场调整。阻尼调整电位器用来抑制由被测压力的高频变化而引起的输出快速波动。其时间常数在 0.2s(正常值)和 1.67s 之间,出厂时,阻尼器调整到逆时针极限的位置上,时间常数为 0.2s。最好选择最短的时间常数,时间常数调节不影响变送器的零点和量程,可在现场进行阻尼调整。

第四章

船舶计算机及船舶网络控制基础

第一节 微型计算机的基本概念

世界上第一台数字电子计算机于1946年在美国宾夕法尼亚大学诞生,在经历了电子管计算机、晶体管计算机、集成电路计算机和大规模/超大规模集成电路计算机的历程之后,计算机的性能价格比和性能体积比已经比第一代电子管计算机的高出了成百上千倍,乃至成千上万倍。

微型计算机(Microcomputer)产生于20世纪70年代初期,它与大、中、小型计算机的主要区别在于其中央处理器(CPU,Central Processing Unit)采用了大规模或超大规模集成电路技术,其他类型计算机的CPU则是由相当多的分离元件电路或集成电路所组成。为了区分这两种CPU,通常把微型计算机的CPU芯片称为微处理器。

20世纪70年代中期,微型计算机开始应用于船舶机舱的集中监测系统。如今,微机技术已经渗透到船舶自动化领域的方方面面,从单台设备的自动控制,到机舱设备的分布式监控,再到全船的网络化管理,都已经离不开微型计算机。

一、微型计算机的硬件结构

微型计算机的典型硬件结构如图4-1所示,它由运算器、控制器、存储器、输入设备和输出设备五部分组成。其中,微处理器包含运算器和控制器,它通过地址总线(AB)、数据总线(DB)和控制总线(CB)与存储器和输入/输出(I/O)接口相连;存储器包括RAM和ROM,分别用于存储数据和程序;输入、输出设备通过I/O接口进行数据的输入与输出。

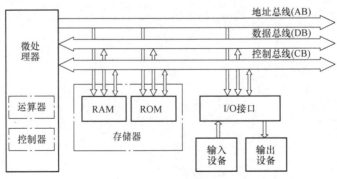

图4-1 微型计算机结构框图

1. 微处理器

微处理器是微型计算机的运算和控制中心。不同型号的微型计算机,其性能的差别主要体现在其微处理器性能的不同。而微处理器性能又与它的内部结构、硬件配置有关。每种微处理器都有其特有的指令系统。但无论哪种微处理器,其内部基本结构都是相似的。概括起来说,它们都有以下基本结构。

(1) 运算器

运算器在控制器控制下,对二进制数进行算术和逻辑运算。运算器通常由算术逻辑单元(Arithmetic Logic Unit,ALU)、累加器(Accumulator,A)、通用寄存器和标志寄存器等部件组成。其中,ALU 是运算器的核心,在控制信号的作用下可完成加、减、乘、除四则运算和各种逻辑运算;累加器配合 ALU 工作,它寄存参与运算的一个操作数,送给 ALU 进行运算,并 ALU 的中间结果;通用寄存器可寄存参与运算的一个操作数,或寄存 ALU 运算的中间结果,或寄存参与运算的一个操作数所在存贮单元的地址;标志寄存器用于记录运算结果的状态特征。

(2) 控制器

控制器协调整个微型计算机的有序工作,是整个微处理器的指挥控制中心。主要包括指令寄存器(Instruction Register,IR)、指令译码器(Instruction Decoder,ID)和操作控制器(Operation Controller,OC),它根据用户预先编好的程序,依次从存储器中取出各条指令,放在指令寄存器 IR 中,通过指令译码(分析)确定应该进行什么操作,然后通过操作控制器 OC,按确定的时序,向相应的部件发出控制信号。

(3) 寄存器阵列

寄存器阵列实际上是微处理器内部的一组 RAM 单元,可以单个使用也可以成对使用(即寄存器组),并可定义为各种特定的名称。寄存器或寄存器组用于存储控制器或运算器所需的各类信息,如操作数、地址和中间结果等。由于受芯片面积的影响,其数量不可能太多,是微处理器的重要资源。

(4) 内部总线

内部总线是连接微处理器内部各个功能部件之间的一组公共信号线,可以传输数据、地址或控制信息。但在同一时刻,总线上流动何种信息,则由指令决定。

2. 存储器

存储器又称为内存或主存,是微型计算机的存储和记忆部件,用以存放数据和程序。微型机的内存都是半导体存储器。

(1) 内存单元的地址和内容

内存中存放的数据和程序从形式上看都是二进制数。内存是由一个个内存单元组成的,每一个内存单元中一般存放一个若干位的二进制信息。

在计算机中,8 位二进制数称为一个字节(Byte,B);两个字节,即 16 位二进制数称为字(Word,W);两个字,即 32 位二进制数称为双字(Double Word,DW)。

内存单元的总个数称为内存的容量。2^{10}(即 1024)个字节称为 1 千字节,记作 1KB;2^{10} KB 称为 1 兆字节,记作 1MB;2^{10} MB 称为 1GB;2^{10} GB 称为 1TB。

微型机通过给各个内存单元规定不同地址来管理内存。这样,CPU 便能识别不同的内存单元,正确地对它们进行操作;注意,内存单元的地址和内存单元的内容是两个完全不同的概念。

(2) 内存操作

CPU 对内存的操作有读、写两种。读操作是 CPU 将内存单元的内容取入 CPU 内部，而写操作是 CPU 将其内部信息传送到内存单元保存起来。显然，写操作的结果改变了被写单元的内容，而读操作则不改变被读单元中原有内容。

(3) 内存分类

按工作方式的不同，内存可分为两大类，即随机存取存储器（Random Access Memory，RAM）和只读存储器（Read – Only Memory，ROM）。

RAM 可以被 CPU 随机地读和写，所以又称为读写存储器，这种存储器用于存放用户装入的程序、数据及部分系统信息，当机器断电后，所存信息消失。

ROM 中的信息只能被 CPU 随机读取，而不能由 CPU 任意写入，机器断电，信息并不丢失。所以，这种存储器主要用来存放那些固定不变、不需修改的程序和数据。ROM 中的内容是由生产厂家或用户使用专用设备写入固化的。

3. I/O 接口

I/O 接口是微型计算机系统与外部设备之间的桥梁，外部输入设备和输出设备要通过 I/O 接口才能与计算机进行信息交换，完成实际工作任务。常用输入设备有键盘、鼠标器、扫描仪等；常用输出设备有显示器、打印机、绘图仪等。磁盘和光驱是输入设备又是输出设备。

4. 三总线结构

所谓三总线，指的是微型计算机系统中连接微处理器与存储器和 I/O 接口的三组总线，即数据总线（Data Bus，DB）、地址总线（Address Bus，AB）和控制总线（Control Bus，CB）。在图 4-1 中，三总线都画成宽线，表示不止 1 根线，至少包含 2 根以上。其中，数据总线宽度取决于 CPU 的数据宽度，一般为 8 的倍数，如 8 位、16 位和 32 位等；地址总线宽度取决于 CPU 的寻址能力，对于 8 位机而言，地址线宽度一般为 16 位；控制总线实际上都是单根信号线，数量取决于不同的 CPU 类型。

(1) 数据总线（DB）

数据总线用来传输数据信息，是双向总线，CPU 既可通过 DB 从内存或输入设备读入数据，又可通过 DB 将内部数据送至内存或输出设备。

(2) 地址总线（AB）

地址总线用于传送 CPU 发出的地址信息，是单向总线。目的是指明与 CPU 交换信息的内存单元或 I/O 设备。

(3) 控制总线（CB）

控制总线用来传送控制信号、时序信号和状态信息等。其中有些是 CPU 向内存和外设发出的信息，有些则是内存或外设向 CPU 发出的信息。因此，CB 中每一根控制线的方向是一定的、单向的。在图 4-1 中将控制总线画成双向，是因为将之视为一个整体。

二、微型计算机系统

微型计算机系统是以微型计算机为核心，再配以相应的外围设备、电源、辅助电路和控制微型计算机工作的软件而构成的、完整的计算机系统。

在计算机中，数据和程序均以二进制代码的形式不加区别地存放在存储器中，存放位置由地址指定,地址码本身也为二进制。控制器是根据存放在存储器中的指令序列即程序来工作的,并由一个程序计数器(即指令地址计数器)控制指令的执行。控制器具有判断能力,能以计算结果为基础,选择不同的动作流程。

计算机软件分为系统软件和应用软件两大类。系统软件是用来支持应用软件的开发与运行的,它包括操作系统、标准实用程序和各种语言处理程序等。应用软件是用来为用户解决具体应用问题的程序及有关的文档和资料。

第二节 单片微型计算机基础知识

单片机是最简单的微型计算机机,它在一块芯片上集成了中央处理器(CPU)、存储器(RAM、ROM)、定时器/计数器和各种输入/输出(I/O)接口(如并行 I/O 口、串行 I/O 口和 A/D 转换器)等,单片机也因此得名。由于单片机通常是为实时控制应用而设计制造的,因此又称为微控制器(MCU)。

单片机在智能化仪器仪表、家用电器和其他各种嵌入式系统中获得了广泛的应用。船舶机舱的很多控制和检测仪表都采用了单片机技术。由于单片机的类型很多,但其工作原理大致相同,这里以 Intel 公司的 MCS – 51 系列单片机为例简要阐述单片机的相关基础知识。

一、单片机系统

(一)MCS – 51 单片机及其外部引脚

MCS – 51 系列单片机内部集成了 CPU、存储器、I/O 端口、定时器/计数器和中断系统等功能部件,其基本型号为 8031、8051 和 8751。它们在内部结构及应用特性方面存在一些差异,如 8051 和 8751 包含内部程序存储器,对于小型应用系统,无需外挂程序存储器。但它们的引脚与指令系统完全兼容,图 4-2 给出了其双列直插式封装的引脚名称及分配情况。下面以 8031 为例,介绍其主要引脚的功能。

1. 电源及时钟引脚

8031 的工作电源是 DC5V。V_{CC}(40 脚)和 V_{SS}(20 脚)为电源引脚,用于接入工作电源,其中 V_{CC} 接电源 DC +5V,V_{SS} 接地。

计算机的工作是在时钟脉冲控制下有序进行的。XTAL1 和 XTAL2 为时钟引脚,它们外接振荡晶体与片内的电路构成振荡器,为单片机提供时钟控制信号。

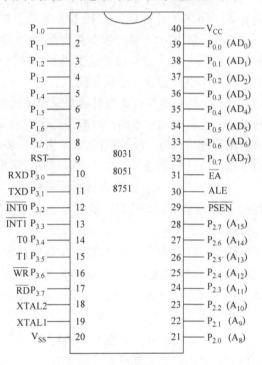

图 4-2 MCS – 51 双列直插式封装的引脚分配

2. 控制引脚

此类引脚提供控制信号,有的还具有复用功能,即在不同情况下具有不同的功能。

1)RST(9 脚):复位信号引脚。当振荡器运行时,在此引脚上加上一定时长的高电平将使单片机复位（RESET），即恢复到出厂时的默认状态。

2）ALE（30脚）：地址锁存允许。当访问单片机外部存储器时，ALE输出脉冲的下跳沿用于地址锁存控制。

3）$\overline{PSEN}$（29脚）：外部程序存储器的读选通信号。当CPU从外部程序存储器取指令或数据时，$\overline{PSEN}$有效（低电平），以实现对外部程序的读操作。

4）$\overline{EA}$（31脚）：当$\overline{EA}$保持低电平时，CPU只访问外部程序存储器。对于8031来说，因其无内部程序存储器，所以该脚必须接地。

3. I/O口引脚

MCS-51单片机共有4个8位的I/O口，分别为P_0、P_1、P_2和P_3。从图4-2中可以看出，每个I/O口都占用了8根引脚。每根引脚上出现的电平可以是高电平（代表二进制数"1"），也可以出现低电平（代表二进制数"0"），因此每个I/O口各引脚状态组合在一起就表示一个8位的二进制数。$P_{X.7}$（X=0~3）代表8位二进制数的最高位，$P_{X.0}$（X=0~3）代表最低位。

（1）P_0口（$P_{0.7}$~$P_{0.0}$）

MCS-51单片机具有16位外部地址的寻址能力，即可以同时输出16位二进制数作为地址信息，用于确定某个具体地址。每个不同的16位二进制数都对应一个唯一的地址，因此共有2^{16}（64K）个地址。这16位地址信息中的低8位由P_0口输出。

另外，MCS-51单片机如果要和片外的存储器或设备进行并行数据传输，那么数据只能从P_0口进行输入或输出。这里提到的并行传输是指同时进行多位二进制数（如8位）传输，区别于串行传输（逐位传输）。

可见，P_0口既要传送地址信息又要传送数据信息。为避免信息冲突，只能采用分时传送的办法，也就是说在不同的时刻传送不同的信息类型（地址或数据），称为分时复用。当P_0口输出地址信息时，单片机的ALE引脚会输出一个正脉冲信号，利用这个脉冲信号的下跳沿可以将地址信息通过锁存器锁存起来，实现地址和数据的分离。

在8031中，由于没有内部程序存储器，程序代码必须存储在外部存储器中，CPU必然要通过P_0口输出地址信息，找到相应的地址单元，并将其中的程序代码（二进制数）通过P_0口输入。

因此，在8031中，P_0口被用作地址总线（低8位）及数据总线的分时复用口，在访问（读或写，即输入或输出）外部存储器或外部设备时，分时地切换为地址总线低8位和数据总线。正因为这个缘故，$P_{0.7}$~$P_{0.0}$通常记作AD_0~AD_7（地址数据）。

（2）P_1口（$P_{1.0}$~$P_{1.7}$）

P_1口为通用I/O口。在8031中，P_1口是4个I/O口中唯一一个可以直接使用的输入/输出口。它的每根引脚都可直接接入反映外部状态的0~5V电平信号，如开关状态等；也可以用作输出直接驱动小功率负载，如发光二极管等。若要驱动大功率负载，则需要通过驱动放大电路连接。

（3）P_2口（$P_{2.0}$~$P_{2.7}$）

P_2口被用作高8位地址口。它输出高8位地址A_8~A_{15}，A_8~A_{15}与P_0口输出的经锁存分离的低8位地址A_0~A_7一起形成16位地址信息A_0~A_{15}。

(4) P_3 口（$P_{3.0} \sim P_{3.7}$）

P_3 口被用作多用途端口，其每一位的功能都不相同，引脚的具体功能见表4-1。

表 4-1　8031 单片机 P_3 口引脚功能表

引　　脚	功　　能
$P_{3.0}$	RXD——串行输入（数据接收）口
$P_{3.1}$	TXD——串行输出（数据发送）口
$P_{3.2}$	$\overline{INT0}$——外部中断 0 输入线
$P_{3.3}$	$\overline{INT1}$——外部中断 1 输入线
$P_{3.4}$	T0——定时器 0 外部输入
$P_{3.5}$	T1——定时器 1 外部输入
$P_{3.6}$	$\overline{WR}$——外部数据存储器写选通信号输出
$P_{3.7}$	$\overline{RD}$——外部数据存储器读选通信号输入

（二）地址锁存与地址译码

1. 地址锁存

上面提到 8031 单片机 P_0 口是一个地址和数据的分时复用口，地址锁存的目的是把其中的地址信息分离出来。常用的地址锁存器是 74LS373 芯片，其外部引脚如图 4-3 所示。图中，引脚 $D_7 \sim D_0$ 为 8 个输入端，引脚 $Q_7 \sim Q_0$ 为对应的 8 个输出端，引脚 C 为锁存端，引脚 $\overline{OC}$ 为输出允许端。

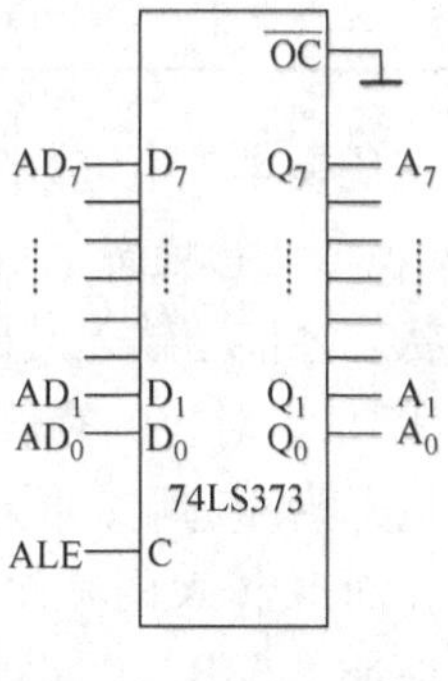

单片机 P_0 口的地址和数据信息 $AD_7 \sim AD_0$ 送至锁存器的输入端，ALE 信号接到锁存端 C。当 P_0 口输出的是地址信息时，单片机会同时在 ALE 引脚上输出一个正脉冲作用到 C 端，并在脉冲的上升沿将输入端的地址信息送入锁存器内部。输出允许端 $\overline{OC}$ 的作用是控制锁存器内部信息的输出，当它为低电平时，允许输出。在图 4-3 中，$\overline{OC}$ 直接接地，一直处于低电平状态，因此进入锁存器的地址信息将直接送至输出端 $Q_7 \sim Q_0$。

图 4-3　74LS373 锁存器

当脉冲信号消失，在 C 端出现低电平时，锁存器的内部状态不再随输入的变化而变化，其输出也不再变化。随后，P_0 口上出现的是数据信息，但由于 ALE 的下降沿已过，数据信息不会影响锁存器的输出状态。

由此可见，地址锁存器在 ALE 信号的时序配合下，能够把来自单片机 P_0 口分时复用总线的地址和数据信息进行分离。应特别注意，锁存器输入端的信号是 $AD_7 \sim AD_0$，而输出端则是 $A_7 \sim A_0$，是纯粹的地址信息。这个地址信息可以和来自单片机 P_2 口的高 8 位地址一起形成 16 位地址。

2. 地址译码

计算机送出的地址信息实际上是一个二进制编码，例如某个 8 位地址为 10001101B（以 B 结尾表示这个数是一个二进制数），它表示的地址号为 141，这个地址号要么对应存储器的某个存储单元，要么对应一个外部器件。但如何才能找到这个存储单元或外部器件呢？其方法是对这个地址编码进行翻译，翻译成相应的逻辑操作。这个过程称为地址译码。

对于存储器，存储器内部都有自身的译码电路，只要把来自计算机的地址线和存储器的地址线按位连接即可。对于外部器件，则通常采用译码器进行译码，由译码器的输出线找到相应器件。

图4-4是一个最简单的译码器，它有2个输入，4个输出，所以称为二—四译码器。芯片139是一种专门的集成芯片，它包含2个二—四译码器，图中只画出其中一个。

图中，$\overline{G}$是139译码器的使能端，低电平有效，即只有在$\overline{G}$端接入低电平时，译码器才能工作。B和A是地址信息的输入引脚，$\overline{y_3}$~$\overline{y_0}$是译码输出，低电平有效。表4-2给出了输入与输出之间的关系，数字逻辑电路的这种输入输出关系表习惯上被称为真值表。

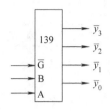

图4-4　二—四译码器

表4-2　二—四译码器真值表

输入			输出			
使能 $\overline{G}$	选择		$\overline{y_3}$	$\overline{y_2}$	$\overline{y_1}$	$\overline{y_0}$
	B	A				
1	X	X	1	1	1	1
0	0	0	1	1	1	0
0	0	1	1	1	0	1
0	1	0	1	0	1	1
0	1	1	0	1	1	1

从表4-2中可以看出，如果$\overline{G}$端为高电平（逻辑1），那么不论B和A的状态是什么（X表示任意状态），译码器的输出都全部为1，只有当$\overline{G}$端为低电平（逻辑0）时，输出端的状态才能随输入端的变化而变化。B和A两位地址信息的变化组合共有4个，即00、01、10和11，对应的有效输出分别为$\overline{y_0}$、$\overline{y_1}$、$\overline{y_2}$和$\overline{y_3}$。若将输出$\overline{y_0}$接到某个芯片的使能端（通常也称为片选端，低电平有效），则只要B和A的状态为00，就能使该芯片进入可工作状态，而B和A的其他任何状态都不可能。假设CPU只有两根地址线，那么就可以说该芯片的地址是00B。以此类推，与$\overline{y_1}$、$\overline{y_2}$和$\overline{y_3}$连接的器件地址分别为01B、10B和11B。

（三）单片机系统

虽然单片机是一个高度集成的芯片，它集成了微型计算机的主要组成部分，但要组成一个实际的单片微机系统，还需要一些外部电路的支持。特别是8031单片机，由于没有片内程序存储器，至少需要有一定数量的外部程序存储器，用以存储工作程序。另外，片内RAM的数量也有限，一般还需要有外部数据存储器。图4-5给出了一个简单的8031单片机系统，其中，373为地址锁存器，在8031单片机的ALE信号配合下，对在P_0口上出现的地址信息进行锁存；2764是一个容量为8KB的EPROM程序存储器；6264是一个容量为8KB的RAM数据存储器；139为地址译码器。单片机可以通过P_1口和外界联络。

存储器和8031单片机的连接信号包括地址总线、数据总线和控制线。地址总线上的信息经过存储器内部地址译码可以找到与地址内容相对应的存储单元（每个单元存储8位二进制数，即1个字节），这个过程称为寻址。数据总线用于将被寻址存储单元的存储内容送入单片机（读数据）或从单片机送入被寻址单元（写数据）。

2764的控制线包括片选信号$\overline{CE}$（Chip Enable）和输出允许信号$\overline{OE}$（Output Enable），

$\overline{CE}$连接139译码器的$\overline{y_0}$，只有$\overline{y_0}$有效时，2764才工作；$\overline{OE}$连接单片机的$\overline{PSEN}$，当CPU从2764读取指令时，单片机从$\overline{PSEN}$发出低电平信号，使$\overline{OE}$为低电平，允许存储器内容输出，并通过数据总线进入CPU。

6264比2764多一个写允许控制信号$\overline{WE}$（Write Enable），与单片机的写控制引脚$\overline{WR}$连接，当单片机要往6264写数据时，$\overline{WR}$输出低电平，使得CPU从数据总线输出的数据能够进入6264中被寻址的存储单元。6264的$\overline{OE}$与单片机的读控制引脚$\overline{RD}$连接，当CPU从存储器读数据时，$\overline{RD}$输出低电平，使被寻址单元的数据内容经数据总线进入CPU。片选信号$\overline{CE}$和2764一样，也是连接139译码器的$\overline{y_0}$，它们不会因此同时工作而导致数据混乱，因为单片机访问程序存储器时，$\overline{RD}$和$\overline{WR}$无效，而在访问数据存储器时，$\overline{PSEN}$无效。这是由所执行的指令性质所决定的。

2764和6264的存储容量均为8KB，因此它们都有13根地址线（$2^{13}=2^3\times2^{10}=8K$），在图中标为$A_0\sim A_{12}$。其中，低8位（$A_0\sim A_7$）来自地址锁存器373，高5位（$A_8\sim A_{12}$）来自8031的$P_2$口（$P_{2.0}\sim P_{2.4}$）。8031单片机的地址线$A_{13}\sim A_{14}$（$P_{2.5}\sim P_{2.6}$）接139二—四译码器，参加译码。译码器的$\overline{y_0}$输出用作存储器的片选信号。地址线$A_{15}$（$P_{2.7}$）控制译码器的使能端$\overline{G}$，由于$\overline{G}$是低电平有效，因此译码器工作的前提是最高位地址为"0"。而2764和6264工作的前提是$P_{2.6}P_{2.5}=00$。有兴趣的读者可以自行分析一下2764和6264的地址范围。

图4-5所示的单片机系统只是一个简单示例，唯一一个能与外界进行信息输入和输出的通道是单片机的P_1口。根据实际需要，单片机可以通过P_1口输入外界信息，或者对外输出信息。若P_1口不够用，则还需进行I/O口扩展，这个内容不予展开。

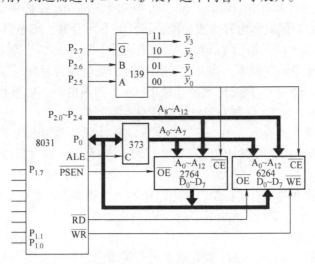

图4-5 8031单片机系统

作为一个单片机系统，硬件只是其中的一个组成部分，除此之外，还需要有软件（程序）的支撑。软件编程可在PC（机）上通过专门软件进行，调试好的程序通过专门的设备写入到程序存储器中，再把程序存储器插到单片机系统的电路板上。

在上述系统中，程序存储器是2764，因此程序软件是以二进制的形式存储在2764中的。单片机上电时，CPU会自动地从2764存储器中第一个存储单元（单元地址为0000H）

开始读取并执行程序指令。

二、开关量输入/输出接口

在计算机系统中，通常用开关量来表示一些非此即彼的状态信号，如开关的闭合和断开、电动机的起动和停止、阀门的打开和关闭等，它只有两种状态。在计算机内部，这两种状态分别用二进制数的"0"和"1"表示。

1. 开关量输入

单片机应用于工业现场的检测与控制时，总会涉及对现场设备状态的检测或接收来自外部的逻辑命令信号。不论是设备的状态信号还是逻辑命令信号，它们都属于开关量信号。为使单片机能够识别这些信号，一种方法是将这些开关量信号通过电平转换后送至单片机的某个字节位中，通过判断该字节位是"0"或是"1"来识别其状态。若是"0"，则表明与该位二进制数对应的输入电平为低电平，反之则为高电平。这就是开关量输入的基本原理。

（1）开关量转换电路

在船舶机舱中，开关量往往来自操作台或控制箱的按钮、转换开关、继电器或现场的行程开关等的触点，而且伴有不同的电平输出和干扰噪声，因此首先必须经过电平转换电路将触点的通断转换成计算机电路能够接收的逻辑电平，同时还应考虑滤波、去抖动以及信号隔离等措施，然后再有单片机进行输入。对于 MCS–51 单片机，其工作电平是 TTL（Transistor–Transistor Logic）电平，$\geq 2.4V$ 为高电平，表示逻辑 1，$\leq 0.4V$ 为低电平，表示逻辑 0。

图 4-6 画出了几种微机系统中常用的开关量转换电路。图中，虚框表示内部电路，图 4-6a 和图 4-6b 采用外部供电，而图 4-6c、图 4-6d 和图 4-6e 则采用内部供电。

图 4-6a 具有继电器隔离和电容滤波功能，当开关 S 闭合时，继电器 K 得电，其常开触头闭合，A 点电位为 0，经反相后 V_0 输出为 1；若开关 S 断开，则 V_0 输出为 0。

图 4-6b 采用了光电隔离技术，当开关 S 闭合时，光电耦合管导通，A 点接地，经反相 V_0 输出为 1；若开关 S 断开，则光电耦合管截止，A 点为高电平，V_0 输出为 0。

图 4-6c 与图 4-6a 类似，区别在于没有采用继电器隔离。

图 4-6d 中，开关 S 具有上、中、下三个位置，并具有自动回中的功能。当 S 打到上方时，RS 触发器的 S 端为 0，V_0 输出为 1；当 S 打到下方时，RS 触发器的 R 端为 0，V_0 输出为 0。

图 4-6e 中，外部开关 S 直接控制内部电路中的光电隔离管，当 S 闭合时，光电管截止，V_0 输出为 1；当开关 S 断开时，光电管导通，V_0 输出为 0。

（2）开关量输入接口

图 4-7 所示电路是一个采用 373 锁存器进行开关量输入的典型接口电路。图中，$S_7 \sim S_0$ 代表 8 个外部设备的开关状态，经光电隔离转换电路后送至锁存器的输入端。锁存器输入端的状态反映了开关的状态，如当 S_7 接通时，光电隔离器输出"0"（低电平），经反相后为"1"（高电平）。由于计算机的数据宽度一般都是 8 的整数倍，例如 MCS–51 单片机为 8 位，因此一般把需要输入的开关量按每 8 个为一组进行组合。这样一来，计算机每次输入的实际上是 8 个开关量。从图中可以看出，373 锁存器的 G 端已接 +5V 高电平，8 个输入端的信息可以直接进入到锁存器内部，但什么时候可以送至输出端，则由 CPU 根据程序指令来

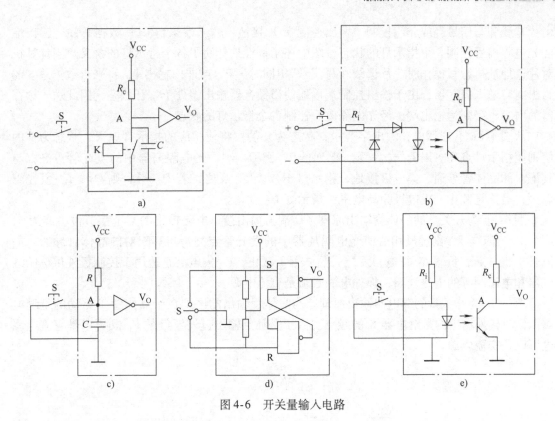

图 4-6 开关量输入电路

控制。

当 CPU 执行某条指令，需要对这组开关量进行输入时，通过地址译码会使图中的片选线为低电平（逻辑"0"），由于 CPU 执行的是输入指令（即读操作），$\overline{RD}$ 也为低电平（逻辑"0"），或门输出逻辑"0"，锁存器的输出允许端 $\overline{OE}$ 有效，反映锁存器输入端状态的内部信息送至输出端，再经由 CPU 的数据总线送入 CPU。

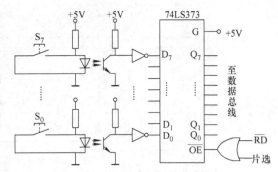

图 4-7 开关量输入接口电路

开关量输入的结果是以字节的形式出现的，字节中每一位的状态（即是 0 还是 1）反映了开关的状态（即是断开还是闭合）。例如，若某次输入的结果 11H（00010001B），则说明 S_0 和 S_4 是闭合的，其余开关都是断开的。

2. 开关量输出

开关量输出是指计算机向外界输出一个"0"或"1"信号，用于控制外部设备的起停或进行状态指示等。通常有 TTL 电平输出、电子无触点开关输出和继电器输出等几种形式。为保证计算机安全、可靠的工作，输出部分要加光电隔离电路，同时为了驱动继电器或其他执行部件，输出通道一般都要设置功率放大电路。

图 4-8 所示为几种典型的开关量输出电路。其中，图 4-8a 为采用 373 锁存器作为输出接口的 TTL 电平输出电路，输出可以直接驱动发光二极管等低功率负载。锁存器的时钟端 C

由片选线和写信号经或非门控制，输出控制端$\overline{OC}$接地，输入端来自 CPU 数据总线，输出端经光电隔离后控制 8 个指示灯的状态，图中还示例性地标明了各个指示灯的含义。当计算机对片选地址执行写操作时，片选线和写信号$\overline{WR}$同时为 0，或非门输出 1，将来自数据总线的写出内容送入锁存器，由于输出控制端接地使得锁存器输出端处于常开状态，因此送入锁存器的内容直接到达输出端，经光电隔离后控制各个指示灯的状态。

从图 4-8a 不难看出，输出字节中，状态为 0 的位将使相应的指示灯熄灭，状态为 1 的位则使指示灯点亮。以 D_7 位为例，若 $D_7=0$，则 $Q_7=0$，光电隔离器中的发光管点亮，与其配对的晶体管导通，集电极接地，指示灯 H_7 熄灭；反之，若 $D_7=1$，则 $Q_7=1$，发光管熄灭，晶体管截止，集电极为高电平，指示灯 H_7 点亮。

图 4-8b 为开关量的晶体管输出原理，D 端为输出接口电路输出的某个字节位，或为 0，或为 1。若 $D=1$，则经反相后使光电隔离器中的发光管点亮，与其配对的晶体管导通，晶体管 T 也导通，负载 R_L 得电；反之，晶体管 T 截止，R_L 失电。它适用于控制板外供电的继电器和电磁阀等的电磁线圈，板外电源必须是直流电源。

图 4-8c 为开关量的继电器输出原理。与晶体管输出的区别在于晶体管 T 驱动的是继电器 K，对板外输出的是继电器 K 的触点。由于是触点输出，外界负载 R_L 既可以是直流电源也可以是交流电源。

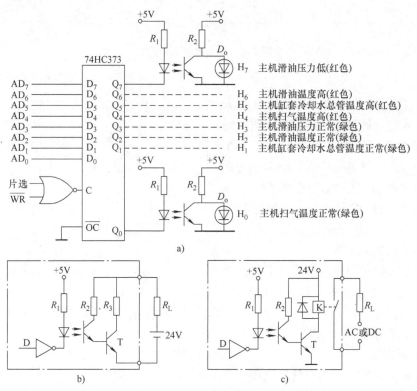

图 4-8 开关量输出电路

三、数/模（D/A）转换和模/数（A/D）转换及模拟量输入/输出接口

在微型计算机的实际应用中，除了开关量的输入和输出外，还会涉及很多连续变化的物

理量，如温度、压力、水位、速度、电流和电压等。这些连续变化的物理量称为模拟量。当计算机要输入和处理这些模拟量时，就必须先把它们转变成计算机所能识别的二进制形式的数字量，然后再输入到计算机；而当计算机要向外部设备输出一个模拟量时，由于计算机处理的结果是数字量，数字量是不能直接用于驱动外部设备的，因此必须把计算机输出的数字量转换成模拟量。

为了实现把模拟量转换成数字量，需要采用一种模/数（A/D，Analog/Digital）转换器的器件；而把数字量转换成模拟量，则需要采用数/模（D/A，Digital/Analog）转换器。图4-9所示为一个包含模拟量输入和输出的单片机应用系统框图。

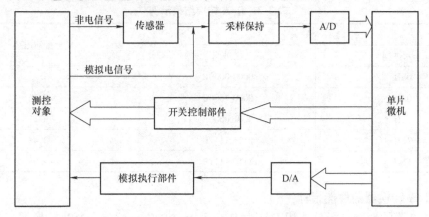

图4-9　具有模拟量输入和输出的单片机应用系统

1. 数/模（D/A）转换

（1）D/A转换原理

实现 D/A 转换的方法有多种，这里采用"权电阻解码网络"方法阐述 D/A 转换的基本原理，图 4-10 所示为这种 D/A 转换器的原理图。其基本原理是利用权电阻网络，将输入的二进制数按照其每位的权数（前一位是后一位的 2 倍），将数字量转变为与之相对应的模拟量（例如变为相应的电流大小），然后对每一位所转变成的模拟量求和，这一总的模拟量（电流）就与输入的数字量成正比。

转换器有 8 个权电阻，即 $1R$、$2R$、$4R$、$8R$、$16R$、$32R$、$64R$、$128R$。待转换的 8 位二进制数控制 8 个电子开关 $K_7 \sim K_0$，这 8 个开关接到同一个标准的电源电压 V_R（称为参考电压）。解码网络输出端（也是公共端）接到运算放大器 A 的反相端，经比例运算后得到模拟量输出 V_{OUT}。运算放大器 A 的反馈电阻 $R_f = R/2$，由于运放器的反相输出特性，A 的输出是一个负电压，其电压值的大小与待转换的数字量成比例。若想要得到正极

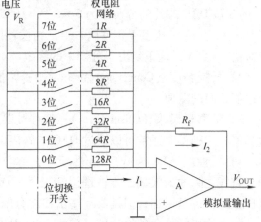

图4-10　8 位 D/A 转换器原理图

性电压，则可再加一级反相。

D/A 转换器的模拟量输出 V_{OUT} 与输入数字量 B 的绝对值大小关系可用以下公式计算：

$$V_{OUT} = \frac{B}{2^n} \times V_R$$

式中，V_R 为参考电压，也是 D/A 转换器的量程；B 为数字量，是一个二进制数，通常为 8 位、12 位和 16 位等，D/A 转换器的芯片型号决定；n 为 D/A 转换器的位数。

假设，参考电压为 +5V，则当输入不同的二进制数时，D/A 转换器的输出将是一个从 -5V~0V 的电压输出，表 4-3 给出了一些转换结果示例。

表 4-3　D/A 转换结果示例

数字量输入		模拟量输出/V
十六进制	二进制	
00H	0000 0000B	0
08H	0000 1000B	-0.16
10H	0001 0000B	-0.31
7FH	0111 1111B	-2.48
FFH	1111 1111B	-4.98

（2）D/A 转换器的性能指标

D/A 转换器的性能指标是选用 DAC（Digital Analog Converter，D/A 转换器）芯片型号的依据，也是衡量芯片质量的重要参数，主要指标有以下 4 个：

1）分辨率（Resolution）：分辨率是指 DAC 输入数字量的最低有效位（Least Significant Bit，LSB）发生变化时，所对应的输出模拟量的变化量。

分辨率反映了 DAC 输出模拟量的最小变化值，它和输入数字量的二进制位数有确定关系。一个 n 位的 DAC 所能分辨的最小电压增量为参考电压值的 2^{-n} 倍。例如：参考电压为 5V 的 8 位 DAC 芯片的分辨率为 $5 \times 2^{-8} = 19.5mV$；若采用 16 位 DAC，则其分辨率高达 $5 \times 2^{-16} = 76.29\mu V$。从表 4-3 可用看出，当被转换的数字量达到最大值 FFH 时，模拟量输出的绝对值不到 5V，这正是由于分辨率的缘故。

2）转换精度（Conversion Accuracy）：转换精度是指满量程时 DAC 的实际模拟输出值和理论值之间的差值。

3）偏移量误差（Offset Error）：偏移量误差是指输入数字量为零时，输出模拟量对零的偏移值。这种误差通常可以通过 DAC 的外接 V_R 和电位计加以调整。

4）线性度（Linearity）：线性度（也称非线性误差）是指 DAC 的实际转换特性曲线和理想直线之间的最大偏差。在理想情况下，DAC 的数字输入量作等量增加时，其模拟输出电压也应作等量增加，但是实际输出往往有偏离。

除上述指标外，转换速度（Conversion Rate）和温度灵敏度（Temperature Sensitivity）也是 DAC 的重要技术参数。

2. 计算机的模拟量输出

计算机的模拟量输出是依靠 D/A 转换器来实现的。作为计算机来说，不论是单片机还是其他微型计算机，只要以适当的方式把数字量送入 D/A 转换器即可，D/A 转换器会自动地把送来的数字量转换为相应的模拟量输出。

DAC0832 是一种常用的模拟量输出芯片,它是一个 8 位的 DAC 芯片,有多种工作方式。图 4-11 所示是 DAC0832 的一种用法,在这种连接方式下,只要将数字量送至其输入引脚($DI_7 \sim DI_0$),与之相连的运放器 A 就会输出与该数字量相对应的模拟电压输出。

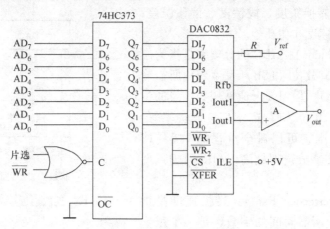

图 4-11 模拟量输出原理

图 4-11 中,锁存端 C 由译码电路产生的片选地址信号和计算机的读控制信号 $\overline{WR}$ 联合控制。只要计算机对片选地址进行一次写操作,就能把要输出的数字量存入锁存器中。由于锁存器的输出控制端 $\overline{OC}$ 已接地,因此存入的内容将直接送至 DAC0832 进行 D/A 转换。

3. 模/数（A/D）转换

（1）A/D 转换原理

A/D 转换的功能与 D/A 转换相反,它是将连续变化的模拟量信号转换为二进制的数字量信号,便于计算机进行处理。

A/D 转换的实现方法很多,常用的一种方法是称为逐次逼近法,图 4-12 给出了逐次逼近法的基本原理。其转换的基本思路是,将要转换的模拟电压信号 V_X 送至比较器 A,与 DAC 输出的模拟电压 V_C 进行比较,而 DAC 的输入来自控制逻辑电路的输出。控制逻辑电路先将 10 位二进制数（$D_9 \sim D_0$）的最高位 D_9 假设为 "1",其余各位假设为 "0",经 D/A 转换后与 V_X 比较,若 $V_X > V_C$,则说明 D_9 位假设正确,保留为 "1";若 $V_X < V_C$,则说明假设错误,将 D_9 位置 "0"。并以同样的方法对 $D_8 \sim D_0$ 进行逐位假设和判断,直到最低位为止。最终得到的二进制数即为与 V_X 对应的数字量转换结果。

在逐次比较过程中,每次都要用到 DAC 进行 D/A 转换,DAC 需要一个参考电压。显然,被转换的模拟电压 V_X 不能超过 DAC 的参考电压,因此这一内部 DAC 的参考电也称作 ADC（Analog Digital Converter,A/D 转换器）的参考电压。假设参考电压为 +5V,V_X = 3.75V,则经逐次比较的结果所转换成的 10 位数字量应为 1100000000（768）。当 10 位均比较完毕时,控制逻辑停止 A/D 转换,这时 10 位二进制数正好与输入的模拟量电压信号 V_X 相对应。

图 4-12 中,CK 为时钟信号,ADC 的每次比较都在时钟控制下进行的,CK 端来一个脉冲,控制逻辑电路就进行一次比较;START 为起动信号,用于触发控制逻辑电路开始转换

过程；DONE 为转换结束状态信号，用于表示转换结束。

（2）A/D 转换器的性能指标

ADC 的性能指标是正确选用 ADC 芯片的基本依据，也是衡量 ADC 质量的关键问题。ADC 性能指标包括分辨率、转换精度、线性度、偏移误差、温度灵敏度、转换速度和功耗等。

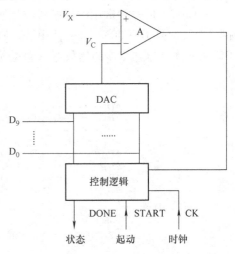

图 4-12　逐次逼近法 A/D 转换法框图

分辨率（Resolution）：ADC 的分辨率是指为使输出数字量的最低有效位（LSB）发生变化所需输入模拟电压的变化量。但习惯上通常用数字量的位数表示，如 8 位、10 位、12 位、16 位分辨率等。若分辨率为 8 位，则它可以对全量程的 2^{-8}（1/256）增量做出反应。分辨率越高，ADC 对输入量变化的反应越灵敏。

转换速度（Conversion Rate）：转换速度是指完成一次 A/D 转换所需时间的倒数，是一个很重要的指标。ADC 型号不同，转换速度差别很大。通常，8 位逐次比较式 ADC 的转换时间为 100μs 左右。

转换精度（Conversion Accuracy）：ADC 的转换精度有模拟误差和数字误差组成。模拟误差是比较器、解码网络中电阻值以及基准电压波动等引起的误差。数字误差主要包括丢失码误差和量化误差，前者属于非固定误差，由器件质量决定，后者和 ADC 输出数字量位数有关，位数越多，误差越小。

ADC 的其他性能指标与 DAC 类似，这里不予重复。

4. 计算机的模拟量输入

计算机对开关量的输入相对简单，只要对开关量接口芯片（例如图 4-7 所示的锁存器芯片）进行读操作即可，但对模拟量的输入则要复杂些。

在实际应用中，为了节约硬件成本，往往多个模拟量共用一个 A/D 转换器。但在同一时刻，A/D 转换器只能对一个模拟量进行 A/D 转换。其解决办法通常是采用一个多路转换开关对多路模拟量信号进行分时切换。多路转换开关的结构框图如图 4-13 所示，图中 $IN_0 \sim IN_7$ 是 8 个模拟量输入通道；EN 是多路转换开关的片选端，高电平有效；$A_2 \sim A_0$ 是 CPU 发出的通道选择信号，经译码器可译出 8 种状态；out 是转换开关的输出端，接至 A/D 转换器的输入端。若 $A_2 A_1 A_0 = 000$，则经译码后将使电子开关 K_0 闭合，0 号通道 IN_0 的模拟量信号与 out 端接通，送至 A/D 转换器进行 A/D 转换；若 $A_2 A_1 A_0 = 101$，经译码器使电子开关 K_5 闭合，则选通 5 号通道 IN_5，依此类推。经过多路开关选通的信号往往还要进行放大处理，使之达到与 A/D 转换器工作相适应的电压级别。

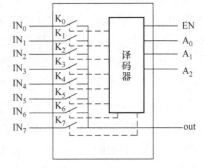

图 4-13　多路转换开关结构框图

图 4-14 所示的模拟量输入通道原理框图是经常采用的方案。各个组成部分的功能如下：

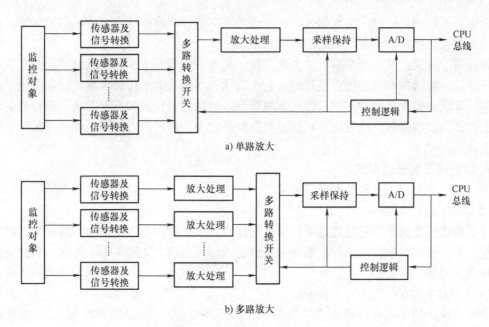

图 4-14 模拟量输入通道原理框图

1）传感器及信号转换：将来自监控对象的物理量转换为电信号，必要时还必须包含滤波电路和线性补偿电路。

2）放大电路：对微弱的电信号进行放大，为后端数据采集提供标准范围。如果各个通道的信号性质相同，例如都是来自 Pt100 传感器的缸套冷却水温度信号，则可采用单路公共放大，如图 4-14a 所示；如果各个输入通道的信号性质各异，则一般采用多路放大，如图 4-14b 所示。

3）多路转换开关：多路切换开关也称为多路转换器或采样单元，它的作用是在控制逻辑的协调下把多个输入信号接到放大器或采样保持器，达到 CPU 对各路模拟量进行分时采样的目的。

4）采样保持器：可以形象地理解为对模拟信号的暂时存储，以保证在 A/D 转换期间保持采样信号不变，减少采样误差。有些 A/D 转换器自带采样保持功能，此时采样保持器可以省略。

5）A/D 转换器：即模/数转换，将模拟信号转换为计算机可以识别的二进制数字量。

6）接口电路：提供模拟输入通道与计算机之间的控制信号和数据传输通路。

四、计算机串行通信的基本概念

计算机通信是指计算机与外界的信息传输，既包括计算机与计算机之间的信息传输，也包括计算机与外部设备，如显示器、磁盘和打印机之间的信息传输。信息的实体是数据，因此信息传输最终的表现形式是数据通信。

1. 并行通信与串行通信

计算机的数据通信有两种方式，一是并行通信，另一种是串行通信。所谓并行通信，是指采用并行的多根数据线同时传输多位二进制数，一般都以字节（即 8 位二进制数）为单位。而串行通信则是使用一根数据线,在发送端将字节拆开后按顺序一位一位地传输,接收端逐位接收,接收完后再对字节进行组装复原。

并行通信的优点是控制简单、传递速度快;缺点是数据有多少位,就至少需要多少根数据传送线。串行通信的突出优点是只需一对传送线,大大降低了传送成本,特别适用于远距离通信;其缺点是控制较为复杂,传送速率较低。但是随着技术的不断发展,串行通信的速度不断提高,被越来越广泛地应用到远距离数据通信中,是目前通信网络中主要采用的数据传输模式。

2. 串行通信的通道形式

串行通信共有以下几种数据通道形式。

(1) 单工通信(Simplex)。

单工形式的数据或信号传送是单向的。通信双方中一方固定为发送端,另一方则固定为接收端。单工形式的串行通信,只需要一条数据或信号通道,如图 4-15a 所示。例如寻呼台到寻呼机的通信。

(2) 半双工通信(Half – Duplex)。

半双工形式的数据或信号传送是双向的,但任何时刻只能由其中的一方发送数据或信号,另一方接收数据或信号。因此半双工形式既可以使用一条数据通道,也可以使用两条数据通道,如图 4-15b 所示是采用一条数据通道,两个开关同时向上时,A 发 B 收;两个开关同时向下时,B 发 A 收。

(3) 全双工通信(Full – Duplex)。

全双工形式的数据或信号传送也是双向的,且可以同时发送和接收数据或信号。因此,全双工形式的串行通信至少需要两条数据或信号通道,如图 4-15c 所示。例如打电话的双方通信。

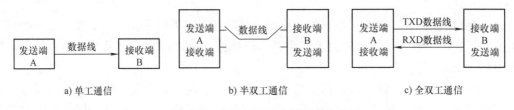

图 4-15 串行数据通信的通道形式

3. 串行通信的分类

根据串行数据的传送方式,串行通信可以分为异步通信和同步通信两类。

(1) 异步通信(Asynchronous Communication)

在异步通信中,数据通常是以字符(或字节)为单位组成字符帧传送的。字符帧由发送端一帧一帧地发送,通过传输线为接收设备一帧一帧地接收。发送端和接收端可以有各自的时钟来控制数据的发送和接收,这两个时钟源彼此独立,互不同步。

那么,究竟发送端和接收端依靠什么来协调数据的发送和接收呢?也就是说接收端怎么会知道发送端何时开始发送和何时结束发送呢?原来这是由字符帧格式规定的。平时发送线为高电平(逻辑"1"),每当接收端检测到传输线上发送过来的低电平逻辑"0"(字符帧中起始位)时就知道发送端已开始发送,每当接收端接收到字符帧中停止位时就知道一帧字符信息已发送完毕。

在异步通信中,字符帧格式和波特率是两个重要指标,由用户根据实际情况选定。

1)字符帧(Character Frame):字符帧也称为数据帧,由起始位、数据位、奇偶校验位和停止位 4 部分组成,如图 4-16 所示。

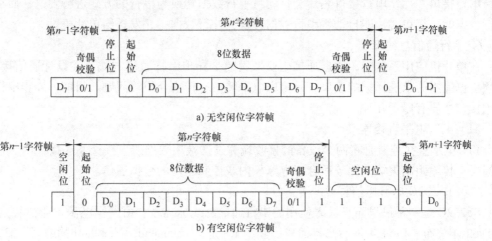

图 4-16 异步通信的字符帧格式

2)波特率(Baud rate):波特率的定义为每秒钟传送二进制数码的位数(亦称比特数),单位是 bit/s(bit per second),即位/秒。波特率是串行通信的重要指标,用于表征数据传送的速度。波特率越高,数据传输速度越快。通常,异步通信的波特率在 50～9600bit/s 之间。

异步通信的优点是不需要传送同步脉冲,字符帧长度也不受限制,故所需设备简单;缺点是字符帧中因包含有起始位和停止位而降低了有效数据的传输速率。

(2)同步通信(Synchronous Communication)

同步通信是一种连续串行传送数据的通信方式,一次通信只传送一帧信息。这里的信息帧和异步通信中的字符帧不同,通常含有若干个数据字符。

同步通信的数据传输速率较高,通常可达 56000bit/s 或更高。同步通信的缺点是要求发送时钟和接收时钟保持严格同步,故发送时钟除应和发送波特率保持一致外,还要求把它同时传送到接收端去。

4. 错误校验

数据在长距离传送过程中必然会发生各种错误,奇偶校验是一种最常用的校验数据传送错误的方法。奇偶校验分为奇校验和偶校验两种。

若采用偶校验,则发送端电路会自动检测发送字符位中"1"的个数,并在奇偶校验位上添加"1"或"0",使得"1"的总和(包括奇偶校验位)为偶数。接收端电路会对字符位和奇偶校验位中"1"的个数加以检测,若"1"的个数为偶数,则表明数据传输正确;若"1"的个数变为奇数,则表明数据在传送过程中出现了错误。

若采用奇校验,则相反。

5. MCS-51 单片机的串行通信

MCS-51 单片机内部集成了一个可编程的全双工串行通信接口,具有异步接收/发送的全部功能。该串行口由单片机内部的串行口控制寄存器 SCON 及发送和接收电路组成，其串行接收和发送引脚分别为 P3.0（RXD）和 P3.1（TXD）。

采用内部串行口进行串行通信存在占用单片机资源的缺点，所以也经常采用专门的串行接口芯片（如 8155）进行串行通信。此时，单片机只要将需要发送的数据以并行的方式发送给串行接口芯片，串行接口芯片会自动将平行数据转换为串行的方式进行发送；而在接收串行数据时，接口芯片能自动将串行数据转换为并行数据，并发送给单片机。

6. 串行通信总线标准

在单片机应用系统中，数据通信主要采用的是异步串行通信方式。在设计通信接口时，必须根据应用需求选择标准接口，并考虑电平转换、传输介质等问题。目前，异步串行通信常用接口主要有以下几种。

（1）TTL 电平直接连接

TTL 电平直接连接是将两个设备的接收端和发送端用数据线直接交叉连接。由于存在线路损失，传输距离很短，比较适合于电路板内或控制箱内的数据通信。

（2）RS232C 串行通信总线

RS232C 是一种最早而且最多使用的串行通信总线标准，它由美国电子工业协会（EIA）于 1962 年公布，1969 年最后修订而成。其中 RS 是 Recommended Standard 的缩写，232 是该标准的标号，C 表示最后一次修订版本。RS232C 也简称为 RS232，最初是作为远程通信中连接数据终端设备 DTE（Data Terminal Equipment）和数据通信设备 DCE（Data Communication Equipment）之间的接口标准而制定的，但后来广泛地用于计算机与终端或外设之间的连接标准。由于很多生产厂商都生产与 RS232 标准相兼容的设备，只要它们都具有 RS232C 标准接口，则不需要任何附加转换电路就可以进行互相插接。因此，RS232 已作为一种串行通信标准在微机通信接口中广泛采用。例如，目前 PC 提供的 COM1 和 COM2 串行接口就是 RS232 接口。

RS232 标准仅保证硬件兼容而没有软件兼容，也就是说标准中只包含机械指标和电气指标，没有定义具体的通信协议。机械指标规定了 RS232 接口通向外部的连接器（插针和插座）的标准；电器规范则定义了信号形式等内容。

1）RS232 的信号线与物理连接：一个完整的 RS232 接口有 22 根线，采用一种 25 针的标准 "D" 型插头 DB-25。但通常采用的是 9 针 "D" 型插头 DB-9，其信号线的名称、功能和引脚排列见表 4-4。其中，数据信号线用于数据的串行发送和接收，而联络信号线是为了正确无误地传输数据而设计的联络信号。根据不同的应用场合，不是所有的信号线都要采用，尤其是在近距离传输时，只需 "发送数据 TxD" "接收数据 RxD" 和 "信号地 GND" 三根线，称为三线制连接。最常采用传输电缆屏蔽双绞线，并把屏蔽层用作信号地线。这也是工业控制中广泛采用的方法，其连接方式如图 4-17 所示。

2）RS232 的电气特性：RS232 是以电压的正、负来表示逻辑状态的。对于数据信号，规定 -15~-3V 表示逻辑 1，+3~+15V 表示逻辑 0，这是一种负逻辑；对于控制信号，规定 +3~+15V 表示有效，-15~-3V 表示无效，采用的是正逻辑；介于 -3~+3V 之间的电压以及低于 -15V 或高于 +15V 的电压被认为无意义。在实际中，RS232 的信号电压一般在 -12~+12V 之间。

第四章 船舶计算机及船舶网络控制基础

表 4-4 RS232 的信号线及其功能

信号类型	信号名称	信号功能	DB-9 引脚（针）排列
数据信号	TxD	Transmitting Data，发送数据（输出）	
	RxD	Receiving Data，接收数据（输入）	
联络信号	RTS	Request To Send，请求发送数据（输出）	
	CTS	Clear To Send，允许发送数据（输入）	
	DSR	Data Set Ready，对方准备好（输入）	
	DTR	Data Terminal Ready，本地准备好（输出）	
	DCD	Data Carrier Detect，数据载波监测信号（输入）	
	RI	Ring Indication，振铃呼叫信号（输入）	
地信号	SGND	Signal Ground，信号地（无方向）	

然而，微型计算机中的信号电平通常是 0～5V 的 TTL 电平，即 ≥2.4V 表示逻辑 1，≤0.4V 表示逻辑 0。显然，这与 RS232 采用正、负电压来表示逻辑状态是不同的。因此，为了能够同计算机接口或终端的 TTL 器件连接，必须在 RS232 与 TTL 电路之间进行电平和逻辑关系的变换。实现这种变换的方法可用分立元件，也可用集成电路芯片。图 4-17 所示为采用一对集成芯片 MC1488 和 MC1489 实现电平转换的电路。

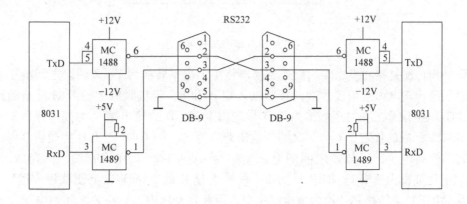

图 4-17 RS232 与 TTL 电路之间的电平和逻辑转换原理

采用 MC1488 和 MC1489 集成芯片进行电平和逻辑转换的主要缺点是需要为 MC1488 提供正、负电源，为设计带来不便。因此，当前流行的方法是采用单电源转换芯片，例如 MAXIM 公司生产的 MAX232 等。这类芯片内部设有电压倍增电路和转换电路，只需提供 5V 电源即可完成 RS232 电平和 TTL 电平之间的双向转换，应用起来非常方便。

由于 RS232 接口标准出现较早，难免有不足之处，主要有以下几个方面：

① 接口的信号电平值较高，易损坏接口电路的芯片，又因为与 TTL 电平不兼容，需使用电平转换电路方能与 TTL 电路连接。

② 接口使用一根信号线和一根信号返回线而构成共地的传输形式，由于不同电源地之间存在电平差异，这种共地传输容易产生共模干扰。

③ 当信号穿过电磁干扰环境时,可能会因附加的干扰信号电平使发送的逻辑 0 变为逻辑 1,或由逻辑 1 变为逻辑 0,因此传输速率较低。

④ 传输距离有限。在通信速率低于 20kb/s 时,RS232 所能直接连接的最大传输距离约为 15m。虽然这只是一种保守距离,在实际中可以适当延长,但最长物理距离也只能在 50m 左右。

⑤ RS232 只能实现两台设备之间的点对点传输。

(3) RS422 和 RS485 串行通信总线

针对 RS232 的不足,EIA 陆续发布了其他一些串行接口标准,如 RS422 和 RS485 串行通信总线。与 RS232 不同,RS422 和 RS485 的数据信号采用差动传输方式,也称作平衡传输,如图 4-18 所示。图中,D 为发送驱动器(Driver),R 为差动放大接收器(Receiver),Y、Z 为驱动器的两线输出,A、B 为接收器的差分输入,TxD 和 RxD 分别为 TTL 电平的串行发送和接收信号,虚框表示集成芯片。

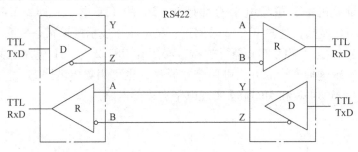

图 4-18 RS422 总线传输原理

所谓平衡传输是指在发送端由发送驱动器将 TTL 电平转换为 Y、Z 两线之间电压差,这一差值电压经传输电缆送至接收端的接收输入端 A 和 B,经接收放大器 R 进行差动放大后还原成 TTL 电平信号。在发送端,当 TxD 为逻辑 1 时,D 的输出端 Y 为高电平,Z 为低电平,按 RS422 标准的规定,Y 与 Z 之间的电压差应为 +2 ~ +6V;当 TxD 为逻辑 0 时,Y 为低电平,Z 为高电平,Y 与 Z 之间的电压差应为 −6 ~ −2V。在接收端,只要 A 比 B 高 200mV 以上便被视为逻辑 1,即 RxD 为 1;只要 A 比 B 低 200mV 以上便被视为逻辑 0,即 RxD 为 0。由于集成转换芯片均为单电源供电,因此在实际中,Y 与 Z 之间的电压差绝对值能否达到 6V 还取决于芯片的电源电压。

从图 4-18 可以看出,当采用 RS422 总线实现计算机之间的数据双向传输时,至少需要 4 根信号线,一般采用 2 对双绞线。但出于抗干扰的考虑,还应加上 1 根信号地线。电缆连接器多采用 9 针"D"型插头,连接器的引脚定义如图 4-19 所示,其中信号地线 SGND 可以是额外的一条线,也可以是屏蔽双绞线的屏蔽层。

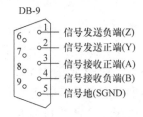

图 4-19 RS422 的 DB-9 引脚定义

由于 RS422 采用平衡驱动和双端输入的差动放大,一方面使得传输距离比 RS232 要大大增加,另一方面差动输入能对共模干扰起到很好的吸收作用,使得数据的传输更加可靠,传输速率大大增加。在电缆长度小于 120m 时,RS422 的最大传输速率为 10Mb/s;如采用较低的传输速率，如 9600b/s，则传输距离可达 1200m。

RS422 允许在总线上挂接 1 个发送器和多个接收器（多至 10 个），从而实现单机发送、多机接收的数据传输，但 RS422 并不能构成真正意义上的多点总线。多点总线应该由连接至单总线的多个驱动器和接收器构成，且其中任何一个均可发送或接收数据。另外，采用 RS422 进行双向数据传输时至少需要 4 根连接线，导致布线成本增加。为此，EIA 在 RS422 的基础上又提出了 RS485 标准。

RS485 是在 RS422 的基础上改进的，保留了 RS422 的所有电气特性，同样具有良好的抗干扰性能和长距离传输能力，且允许在两条连接线上实现数据的双向传输，图 4-20 所示为单片机采用 MAX485 芯片构成的 RS485 半双工点对点通信电路。数据的发送和接收方式与 RS422 相同，但由于要在同一总线上实现数据的双向传输，因此增加了驱动使能 DE（Driver Enable）和接收使能 $\overline{\text{RE}}$（Receiver Enable）两个控制信号，分别为高电平和低电平有效，在图中采用单片机的 P1.0 引脚进行控制。电路采用主（Master）从（Slave）通信方式，即从机不主动发送信息，其 P1.0 为 0，被动地等待接收主机发送的指令。主机发送信息的同时使其 P1.0 为 1，从 TxD 端发出的数据信息经驱动器转换为 A、B 两根线的电压差，送至从机的接收端，由于从机的 P1.0 为 0，接收器工作，将电压差信号转换为 TTL 电平信号由从机的 RxD 引脚接收。从机根据事先规定的通信协议判断收到的信息是数据还是指令，决定是继续接收数据还是转换为发送状态进行数据发送。如果从机发送数据，那么主机相应地转换为接收状态。

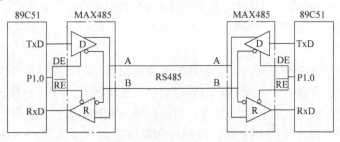

图 4-20　RS485 总线传输原理

以上数据传输过程表明，不论是主机还是从机，在某一时段内，要么是发送数据，要么是接收数据，无法在同一时间内既进行发送又进行接收，因此是一个半双工过程。

RS485 还具有多站功能，允许至少多达 32 个设备并接在总线上，而且每个设备均可进行数据的发送和接收，因而可以实现真正的多点总线结构。总线上允许挂接的最大节点数取决于驱动芯片，最多可达 128 个甚至更多。因此在工业上常采用 RS485 来组建半双工网络，如图 4-21 所示。网络只能以单主多从的方式进行通信，即网络中只允许存在一个主机（通常是一台 PC），其余全部都是从机，从机之间的互通信息必须通过主机中转才能实现。

理论上，RS485 总线只需要两根连接线，但在实际连接中，为了抑制共模干扰，往往还要将各个设备的信号地连接起来。因此，RS485 的连接电缆一般由 3 根线组成，最常采用的还是屏蔽双绞线，并把屏蔽层用作数字地线。电缆连接器一般采用 9 针"D"型插头，其引脚定义如图 4-22 所示。

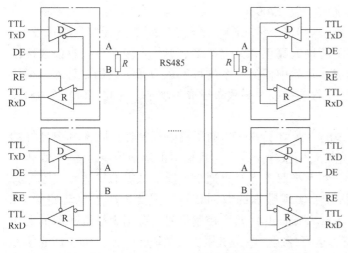
图 4-21 RS485 总线的网络连接

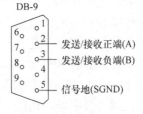
图 4-22 RS485 的 DB-9 引脚定义

第三节 可编程序控制器（PLC）的基础知识

世界上第一台可编程序控制器（Programmable Logic Controller，PLC）是由美国数字设备公司于 1969 年研制成功的。当时的研制目的是取代通用汽车公司生产线上的继电器控制系统。短短的几年时间，可编程序控制器就渗透到各个工业领域之中，被誉为 20 世纪 70 年代的一场工业革命。

可编程序控制器是一种专门为在工业环境下应用而设计的数字运算操作的电子装置。它采用可以编制程序的存储器，用来在其内部存储执行逻辑运算、顺序运算、计时、计数和算术运算等操作的指令，并能进行数字量或模拟量的输入和输出，控制各种类型的机械或生产过程。计算机厂家在设计生产 PLC 时，在硬件和软件方面做了大量的共性工作，这样用户在使用 PLC 组成某一控制系统时，只需针对具体控制任务做少量的专门工作，从而大大简化了控制系统的设计和生产。PLC 除了具有工业控制微机的优点外，还具有自身的一些特点。在硬件方面，PLC 采用模块化结构，而且能方便地增加或更换模块，使 PLC 的功能扩展和维修变得十分简单。在软件方面，由于可采用通俗易懂的符号语言，用户可方便灵活地编制和修改控制程序。正是由于这种软、硬件上的高度灵活性，使 PLC 能适应各种控制对象，得到了越来越广泛的应用。

一、概述

1. 可编程序控制器定义

1980 年美国电气制造商协会（National Electric Manufacturer Association，NEMA）对 PLC 的定义如下：

PLC 是一种数字式的电子装置。它使用可编程序的存储器来存储指令，实现逻辑运算、计数、计时和算术运算等功能，用于对各种机械或生产过程进行控制。

1982 年，国际电工委员会（International Electrical Committee，IEC）颁布了 PLC 标准草

案，1985年提交了第二版，1987年的第三版对PLC作了如下定义：PLC是一种专门为在工业环境下应用而设计的数字运算操作的电子装置。它采用可以编制程序的存储器，用来在其内部存储执行逻辑运算、顺序运算、计时、计数和算术运算等操作的指令，并能通过数字式或模拟式的输入和输出，控制各种类型的机械或生产过程。PLC及其有关的外围设备都应按照易于与工业控制系统形成一个整体、易于扩展其功能的原则而设计。

上述的定义表明：PLC是一种能直接应用于工业环境的数字电子装置，它有与其他顺序控制装置不同的特点。

2. 可编程序控制器特点

（1）软硬件功能强

PLC的功能非常强大，其内部具备很多功能，如时序、计算器、主控继电器、移位寄存器及中间寄存器等，能够方便地实现延时、锁存、比较、跳转和强制I/O等功能。PLC不仅可进行逻辑运算、算术运算、数据转换以及顺序控制，还可以实现模拟运算、显示、监控、打印及报表生成等功能，并具有完善的输入输出系统。PLC能够适应各种形式的开关量和模拟量的输入、输出控制，还可以和其他计算机系统、控制设备共同组成分布式控制系统，实现成组数据传送、矩阵运算、闭环控制、排序与查表、函数运算及快速中断等功能。PLC的编程语言丰富，可分为梯形图语言、语句表以及控制系统流程图等多种。特别是梯形图，直观方便，类似于继电接触器电路图，很适合电气工程技术人员使用。

（2）使用维护方便

PLC不需要像计算机控制系统那样在输入输出接口上做大量的工作。PLC输入输出接口是已经按不同需求做好的，可直接与控制现场的设备相连接的接口。如输入接口可以与各种开关、传感器连接；输出接口具有较强的驱动能力，可以直接与继电器、接触器、电磁阀等连接。不论是输入接口或输出接口，使用都很简单。PLC具有很强的监控功能，利用编程器、监视器或触摸屏等人机界面可对PLC的运行状态、内部数据进行监视或修改，从而增加了调试工作的透明度。PLC控制系统的维护也非常简单，只要利用其自诊断功能和监控功能，就可以迅速查找到故障并及时给予排除。

PLC的接线十分简单，只需将输入设备（按钮、开关等）与PLC输入端子连接；接收输出信号执行控制功能的执行元件（接触器、电磁阀等）与PLC输出端子连接即可，工作量相对要少得多。

（3）运行稳定可靠

由于PLC采用了微电子技术，大量的开关动作由无触点的半导体电路来完成，同时还采用了屏蔽、滤波、隔离等抗干扰措施，所以其平均无故障时间在2万小时以上。特别是在制造工艺上加强了抗干扰措施，例如输入输出都采用光电隔离，能够有效地隔离PLC内部电路与输入输出电路之间的联系，从而避免了由输入输出通道串入的干扰信号引起的误动作。PLC还采取了屏蔽、输入延时滤波等软、硬件措施，有效地防止了空间电磁干扰，特别对高频传导干扰信号具有良好的抑制作用。所有这一切措施，都有效地保证了PLC在恶劣环境下能正常、稳定的运行。

3. 可编程序控制器的功能

（1）开关量的开环控制

开关量的开环控制是PLC最基本的控制功能，包括时序、组合、延时、计数、计时等。

PLC控制的输入输出点数可以不受限制，少则十点或几十点，多则成千上万点，并可通过联网来实现控制。

（2）模拟量的闭环控制

对于模拟量的闭环控制系统，除了要有开关量的输入输出点以实现某种顺序或逻辑控制外，还要有模拟量的输入输出点，以便采样输入和调节输出，实现过程控制中的PID调节或模糊控制调节，形成闭环系统。这类PLC系统能实现对温度、流量、压力、位移、速度等参量的连续调节与控制。目前，除了大型、中型PLC具有此功能外，一些公司的小型机也具有这种功能，如OMRON公司的CQM1机和松下电工的FP1机都具有这样的功能。

（3）数字量的智能控制

利用PLC能实现接收和输出高速脉冲的功能，而这个功能在实际中用途很多。在配备相应的传感器（如旋转编码器）或脉冲伺服装置（如环形分配器、功放、步进电机）后，PLC控制系统就能实现数字量的智能控制。较高级的PLC还专门开发了数字控制模块、运动单元模块等，可实现曲线插补功能。最近新出现的运动控制单元，还提供了数字控制技术的编程语言，为PLC进行数字量控制提供了更多方便。

（4）数字采集与监控

由于PLC在控制现场实现控制，所以把控制现场的数据采集下来，做进一步分析研究是很重要的。对于这种应用，目前较普遍采用的方法是PLC加上触摸屏，这样既可随时观察采集下来的数据又能及时地进行统计分析。有的PLC本身就具有数据记录单元，如OMRON公司的C200Hα。此时可利用一般的便携计算机的存储卡插入到该单元中保存采集到的数据。

PLC的另一个特点是自检信号多，利用这个特点，PLC控制系统可实现自诊断式的监控，以减少系统的故障，提高平均累计无故障运行时间，同时还可减少故障修复时间，提高系统的可靠性。

（5）联网、通信及集散控制

PLC的联网、通信能力很强，可实现PLC与PLC、PLC与上位计算机之间的联网和通信，由上位计算机实现对PLC的管理和编程。PLC也能与智能仪表、智能执行装置（如变频器等）进行联网和通信，互相交换数据并实施PLC对其的控制。

利用PLC的强大联网通信功能，把PLC分布到控制现场，实现各PLC控制站间的通信以及上、下层间的通信，从而实现分散控制集中管理的目的。

4. 可编程序控制器的分类

PLC的种类很多，其实现的功能、内存容量、控制规模、外形等方面均存在较大差异。因此，PLC的分类没有严格的统一标准，可以按照结构、控制规模、实现的功能等进行大致的分类。

（1）按结构分类

PLC按照其硬件的结构形式可以分为整体式和组合式，整体式PLC外观上是一个箱体，又称箱体式PLC。组合式PLC在硬件构成上具有较高灵活性，由各种模块组成，可进行组合以构成不同控制规模和功能的PLC，也称模块式PLC。

1）整体式PLC：整体式PLC的CPU、存储器、输入输出都安装在同一机体内，如西门子（SIEMENS）公司S5-90U、S7-200等，欧姆龙（OMRON）公司的C20P、C40P，松下电工的 FP0、FP1 等产品。这种结构的特点是结构简单，体积小，价格低，输入输出点数固定，实现的功能和控制规模固定，但灵活性较低。

2）组合式 PLC：组合式（模块式）PLC 采用总线结构，即在一块总线底板上有若干个总线槽（或采用总线连接器），每个总线槽上安装一个或数个模块，不同模块实现不同功能。PLC 的 CPU 和存储器设计在一个模块上，有时电源也放在这个模块上，该模块一般被称为 CPU 模块，在总线上的位置是固定的。其他还有输入输出、智能、通讯等模块，根据控制规模、实现的功能不同进行选择，并安排在总线槽中。组合式 PLC 的特点是系统构成的灵活性较高，可构成不同控制规模和功能的 PLC，维护维修方便，但价格相对较高。

（2）按控制规模分类

PLC 的控制规模主要是指开关量的输入输出点数及模拟量的输入输出路数，但主要以开关量的点数计数。模拟量的路数可折算成开关量的点数，一般一路模拟量相当于 8～16 点开关量。根据 I/O 控制点数的不同，PLC 大致可分为超小型、小型、中型、大型及超大型。具体划分见表 4-5。

表 4-5　PLC 按规模分类表

类型	I/O 点数	存储器容量（KB）	机型
超小型	64 以下	1～2	西门子 S7-200、S5-90U，三菱 F10 等
小型	64～128	2～4	西门子 S5-100U，三菱 F-40、F-60 等
中型	128～512	4～16	西门子 S7-300、S5-115U，三菱 K 系列等
大型	512～8192	16～64	西门子 S5-135U、S7-400，三菱 A 系列等
超大型	大于 8192	64～128	西门子 S5-155U，A-B 公司 PLC-3 等

目前，世界上生产 PLC 的厂家较多，较有影响的公司有德国西门子（SIEMENS）公司、美国罗克韦尔（ROCKWELL）公司、日本欧姆龙（OMRON）公司、三菱公司、松下电工等数十家公司。

二、PLC 系统的基本结构和船用 PLC 的常见类型

1. PLC 的基本结构

可编程序控制器实质上是一种专用的计算机控制系统，它具有比一般计算机更强的与工业过程相连的接口，具有更适用于控制要求的编程语言。所以，可编程序控制器与一般的计算机控制系统一样，也具有中央处理单元（CPU）、存储器、输入/输出（I/O）模块、通信接口和电源等部分。其结构框图如图 4-23 所示。

1）中央处理单元（CPU）：可编程序控制器中常用的 CPU 主要采用通用微处理器、单片机和双极型微处理器。通用微处理器如 INTEL 公司的 8080、8086、80286、80386 等，单片机如 8031、8096 等，位片式微处理器如 AM2900、AM2901、AM2903 等。可编程序控制器的档次越高，CPU 的位数越多，运算速度越快，功能指令也越强。

PLC 的硬件是一种模块式的结构，它的核心部件是中央处理模块。整个可编程序控制器的工作过程都是在 CPU 的统一指挥和协调下进行的。它的主要任务是按一定的规律或要求读入被控对象的各种工作状态，然后根据用户所编制的应用程序的要求去处理有关数据，最后再向被控对象送出相应的控制信号。它与被控对象之间的联系是通过各种 I/O 接口实

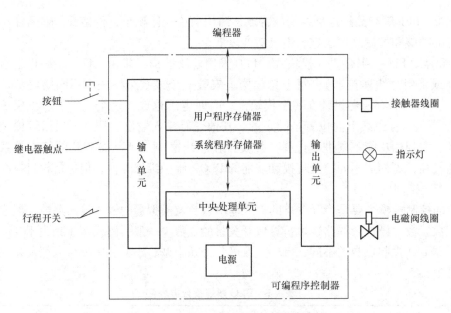

图 4-23 可编程序控制器基本结构框图

现的。

可编程序控制器中的中央处理模块与一般计算机系统中的 CPU 的概念不同,后者常用 CPU 表示一个中央处理器,即它是一块集成芯片。而在一个中型或大型可编程序控制器的中央处理模块里,不仅有 CPU 集成芯片(可能不止一片),且还有一定数量的 EPROM(存储系统的操作系统)和 RAM(存储少量的数据或用户程序)。

可编程序控制器的 CPU 模块完成下述各项工作:

① 接收用户从编程器输入的用户程序,并将它们存入用户存储区。

② 用扫描方式接收源自被控对象的状态信号,并存入相应的数据区。

③ 用户程序的语法错误检查,并给出错误信息。

④ 系统状态及电源系统的监测。

⑤ 执行用户程序,完成各种数据的处理、传输和存储等功能。

⑥ 根据数据处理的结果,刷新输出状态表,以实现对各种外部设备的实时控制和其他辅助工作(如显示和打印等)。

2)存储器:可编程序控制器的存储器分为两种:系统存储器和用户存储器。系统存储器存放系统管理程序,用户存储器存储用户程序。

常用的存储器有 RAM 和 EPROM、EEPROM。RAM 是一种可进行读写操作的随机存储器,存放用户程序,生成用户数据区,存放在 RAM 中的用户程序可以方便地修改,为防止 RAM 中存放的程序和数据在掉电时丢失,可用锂电池作后备电源。EPROM 和 EEPROM 都是只读存储器,往往用这些类型存储器固化系统管理程序和用户程序。

3)输入/输出(I/O)模块:实际生产过程中的信号电平多种多样,外部执行机构所需的电平也千差万别,而可编程序控制器的 CPU 所处理的信号电平只能是标准电平,因此需要通过输入输出单元实现这些电平的转换。I/O 模块实际上是 PLC 与被控对象间传递输入输出信号的接口部件。I/O 模块有良好的光电隔离和滤波作用。接到 PLC 输入接口的输入器件是各种开关、按钮、传感器等。PLC 的各种输出控制器件往往是电磁阀、接触器、继电器，而继电器有交流型和直流型、高压型和低压型、电压型和电流型之分。

4）电源：可编程序控制器的电源有的选用市电，也有很大一部分用直流 24V 供电。PLC 内有一个稳压电源用于对 PLC 的 CPU 单元和 I/O 模块供电，而小型的 PLC 电源往往和 CPU 合为一体，中大型 PLC 都有专门的电源模块。此外，根据可编程序控制器的规模及所允许扩展接口板数，各种可编程序控制器的电源种类和容量往往是不同的，用户使用和维修时应该注意这一点。

5）外围设备：PLC 的外围设备主要有编程器、文本显示器、操作面板、人机见面和打印机等。

编程器是一种手持设备，也是 PLC 的最重要的外围设备。分为简易型和智能型。小型 PLC 常使用简易型编程器，大中型 PLC 多用智能型。

对 PLC 的编程有两种方法，一是采用上述的编程器进行编程，但由于编程器体积小，所能显示的信息有限，适用于编程人员或管理人员在生产现场对 PLC 进行管理维护；另一种方法是采用 PC 编程界面，在个人计算机上接入适当硬件，安装软件包，并通过编程电缆与 PLC 的通信接口相连，即可在 PC 上对 PLC 编程。

编程器或编程界面有两种工作方式，即编程工作方式和监控工作方式。编程工作方式的主要功能是输入新的控制程序，或者对已有的程序进行编辑。监控工作方式是对运行中的可编程序控制器的工作状态进行监视和跟踪。

以上是 PLC 的重要组成部分，除此之外，PLC 往往还包括以下部分，在需要时选用。

1）通信接口：实现"人—机—过程"或"机—机"之间的对话，通过通信接口可以与监视器、打印机、其他可编程序控制器和计算机等相连。

当与打印机相连时，可将过程信息、系统参数等输出打印；当与监视器相连时，可将过程图像显示出来，它既可以显示静态图像，也可以显示动态图像，它与其他可编程序控制器相连时，可组成多级控制系统，实现过程控制、数据采集等功能。

使用通信接口，使可编程序控制器与外围设备的连接能力进一步加强，从而也丰富了可编程序控制器的各种功能。

2）智能 I/O：为满足更加复杂控制功能的需要，可编程序控制器配有许多智能 I/O 接口。为满足模拟量闭环控制的需要，配有闭环控制模板。为了对频率超过 100Hz 的脉冲进行计数和处理，配有高速计数模板，还有其他一些智能模板，所有这些智能模板都带有其自己的处理器系统。

使用智能 I/O 接口，可编程序控制器不仅可用于顺序控制，还可用于闭环控制等一些复杂的控制场合。

可编程序控制器的总线多为基板形式。无论电源模板、CPU 模板、各种输入输出模板都可插入这个基板上的相应位置，基板上各相应位置之间通过印制电路板实现电气连接。

2. 可编程序控制器的工作原理

PLC 程序运行的基本方式是采用扫描原理，把用户程序从第一条语句到最末一条语句逐次扫描处理，直到程序结束之处，然后再返回到第一条语句开始新的一轮扫描处理。PLC 就是这样周而复始地重复上述的扫描循环。除了执行用户程序之外，在每次扫描过程中还要完成自诊断、与外设通信、读入现场信号、执行用户程序和输出结果等。扫描一次所需要的时间称为扫描周期，扫描周期与用户程序的长短和扫描速度有关，扫描周期范围一般为 1～100ms。

图 4-24 的 PLC 扫描过程示意图。在系统软件的管理下，PLC 按图中所画的扫描顺序工作。合上电源后，它首先进行自诊断，包括检查 PLC 硬件本身是否正常，将监控定时器复位等。在与外设通信阶段，CPU 与其他带微处理器的智能装置通信，响应编程器键入的命令，更新编程器的显示内容。在读入现场信号阶段，CPU 对全部的输入通道信号进行采样，并将采样结果储存在内存的输入信息状态区。在执行用户程序阶段，CPU 逐条解释和处理用户程序，需要使用输入通道信息时，则从内存的输入信息状态区读入。程序执行以后得出的运算结果，立即送至内存中输出信号状态缓冲区。当全部程序执行完毕，CPU 才做向外输出结果的工作，即把输出信号状态缓冲区的内容送至输出通道的对应端口上，经输出模块隔离和功率放大后驱动外部负载。

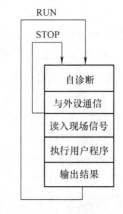

图 4-24　PLC 扫描过程示意图

以上是 PLC 处于运行（RUN）状态时，CPU 的扫描过程。若 PLC 处于停止运行（STOP）状态，CPU 就只执行自诊断及与外设通信两部分程序，并不断地进行循环扫描过程。

如果整个程序扫描一次所需要的时间超过监控定时器的设定值，则定时器动作，发出 CPU 故障信号，并对系统采取应有的保护措施。

3. 船用 PLC 的常见类型

在船上常见到的 PLC 有：

日本欧姆龙（OMRON）公司生产的 CMP2A 型、CQM1 型系列产品等。

德国西门子（SIEMENS）公司生产的 S5-95U、S5-100U、S5-115U、S7-200、S7-300 型系列产品等。

美国罗克韦尔（ROCKWELL）公司生产的 PLC-5 型系列产品等。

日本三菱公司生产的 F40、F60、FX2H 型系列产品等。

日本松下电工公司生产的 FP1、FP2、FP3 型系列产品等。

三、PLC 的输入/输出接口电路

1. 输入接口电路

各种 PLC 的输入电路大多都相同，主要有两种类型：一种是直流（12～24V）输入，另一种是交流［(100～120V)、(200～240V)］输入。

图 4-25 所示为直流输入接口电路，PLC 输入电路有光电耦合器隔离，并设有 RC 滤波器，可以消除输入触点的抖动和外部噪声干扰。当输入开关闭合时，一次电路中有电流流过，输入指示 LED 灯亮，光电耦合器被激励，三极管从截止状态变为饱和导通状态，这一状态经滤波电路和输入选择器由 I/O 总线进行输入。

由于采用的是双向光耦，因此外部接线没有极性要求，即公共端子 COM（SIEMENS PLC 的公共端标记为 M）既可以接在电源的正极，也可以接在负极（如图中虚线电源所示）。

第四章 船舶计算机及船舶网络控制基础

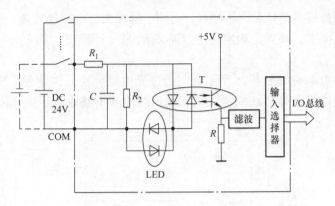

图 4-25　直流输入接口电路

图 4-26 所示为交流输入接口电路，输入原理与直流输入相似。图中，电容 C 起高通滤波的作用。

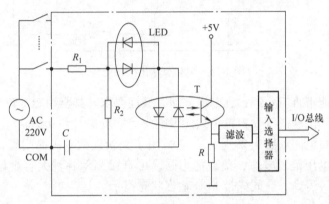

图 4-26　交流输入接口电路

2. 输出接口电路

PLC 的输出接口有三种形式，即继电器输出、晶体管输出和晶闸管输出。

继电器输出接口电路是最常用的输出类型，如图 4-27 所示。当 CPU 有输出时，接通或断开输出电路中继电器的线圈，继电器的接点闭合或断开，通过该接点控制外部负载电路的通断，并通过 LED 对输出点的状态进行指示。继电器输出方式利用继电器的触点和线圈将 PLC 的内部电路与外部负载进行了电气隔离。

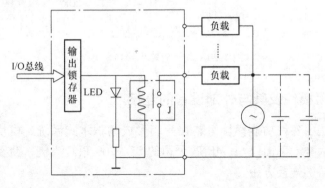

图 4-27　继电器输出接口电路

继电器输出对外提供的是无源干触点，适用于驱动大、小容量的交、直流负载，对直流负载的接线无极性要求。缺点是响应速度（即通断速度）较慢（约10ms），且触点寿命有限制。

晶体管输出接口电路如图4-28所示，它通过光电耦合使晶体管截止或饱和导通以控制外部负载电路，光电耦合对PLC内部电路和输出晶体管电路进行了电气隔离。LED对输出点的状态进行指示。

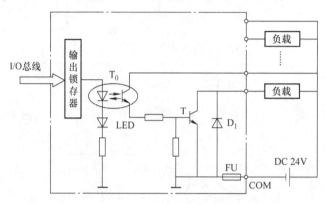

图4-28　晶体管输出接口电路

晶体管输出只能带直流负载，且电源方向有极性要求。其驱动能力较弱，不适用于直接带继电器、接触器和电磁阀等大容量负载。但响应速度较快（约0.2ms），无触点，寿命长。

晶闸管输出接口电路如图4-29所示。它采用了光触发型双向晶闸管，适用于驱动交流负载。适用的交流电压范围较宽，负载能力强，可直接驱动各种大容量设备，响应时间短（约1ms），无触点，寿命长。同样带LED输出状态指示。

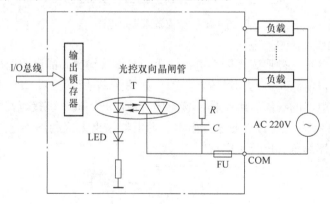

图4-29　晶闸管输出接口电路

四、PLC常用模块及其与外部设备的连接

PLC控制系统是由各种功能模块组装在一起形成的积木式系统，模块的种类分为CPU模块和扩展模块两大类。下面以SIEMENS公司的S7-200 PLC为例，简要介绍PLC的常用模块及其与外部设备的连接方法。

1. CPU 模块

（1）CPU 模块的类型和功能

CPU 模块将一个微处理器、一个集成电源和数量不等（取决于不同的型号）的输入/输出通道集成在一个紧凑的封装中，独自形成一个小型的 PLC 系统。

S7-200 PLC 有 21X 和 22X 两代产品，21X 已很少使用，而 22X 型 PLC 有 CPU 221、CPU 222、CPU 224 和 CPU 226 四种基本型号，不同型号的区别主要在于输入输出点数和扩展能力的不同，分别适用于不同复杂程度的控制任务。图 4-30 示出了 S7-200 CPU 模块的外观结构。

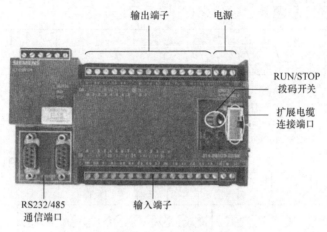

图 4-30 S7-200 CPU 模块

图 4-30 中，RS232/485 通信端口用于连接编程设备或用于网络连接。当 CPU 模块通过编程电缆与编程设备连接后，可编辑或载入用户程序，内置的操作系统可对用户程序进行编译和运行。

顶部接线端子为输出接线端子和电源接线端子，输出端子的运行状态在端子下方的一排指示灯显示；底部端子为输入端子和传感器电源端子，输入端子的运行状态可以由底部端子上方的一排指示灯显示。CPU 模块本身所带的输入/输出通道以开关量为主，只有少数几个型号带有模拟量输入/输出。

"RUN/STOP" 开关用于控制 PLC 的运行模式，开关打在 "RUN" 位置时，程序运行，"RUN" 指示灯亮，此时可通过编程设备对程序的运行状态进行监视；开关打在 "STOP" 位置时，程序停止运行，"STOP" 指示灯亮，此时可通过编程设备对 PLC 进行编程操作。

扩展电缆连接端口用于连接扩展模块，实现 I/O 扩展。

（2）CPU 模块的外部接线

CPU 模块的外部接线主要包括电源接线、输入接线和输出接线。图 4-31 和图 4-32 给出了 CPU 226 的外部接线原理图，它们分别对应 CPU 266 的两个不同型号。图 4-31 所示的型号采用交流供电、直流输入和继电器输出，而图 4-32 所示的型号采用直流供电、直流输入和直流输出。两者的共同点是都有 24 个开关量输入和 16 个开关量输出，底部为输入端子排，顶部为输出端子排。

在图 4-31 中，24 个开关量输入分为两组，第一组由输入端子 I0.0~I0.7、I1.0~I1.4

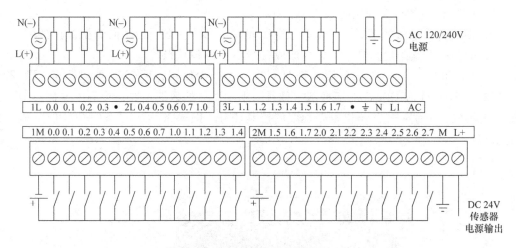

图 4-31 CPU 266 的外部接线（一）

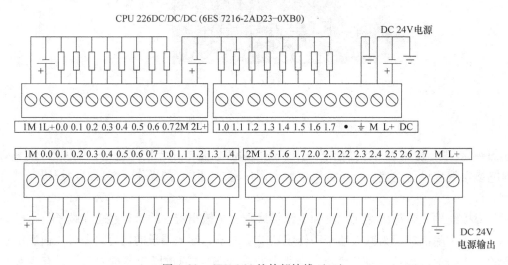

图 4-32 CPU 266 的外部接线（二）

共 13 个输入点组成，外部电源的负极接第一组的公共端 1M，正极通过外部开关接至各个输入端；第二组由输入端子 I1.5～I1.7、I2.0～I2.7 共 11 个输入点组成，外部电源的负极接第二组的公共端 2M，正极通过外部开关接至各个输入端。底部右侧的 L+ 和 M 是一组 DC24V/400mA 的直流电源输出，可为外部传感器提供电源，也可作为输入端的外部电源使用。16 个开关量输出均为继电器输出，分为 3 组，第一组由输出端子 Q0.0～Q0.3 共 4 个输出点和公共端 1L 组成，每个负载的一端与输出点相连，另一端经负载电源与公共端相连，负载电源可以是交流也可以是直流，由负载性质确定；第二组由输出端子 Q0.4～Q0.7、Q1.0 共 5 个输出点和公共端 2L 组成；第三组由输出端子 Q1.1～Q1.7 共 7 个输出点和公共端 3L 组成。输出端子排的右端 N、L1 端子是 PLC 的供电电源，供电电源为 AC120/240V。关于以上接线原理，可参见图 4-25、图 4-27 和图 4-28。

在图 4-32 中，输入接法与图 4-31 完全相同，不同的是输出分为两组，即端子 Q0.0～

Q0.7 为一组，端子 Q1.0 ~ Q1.7 为一组。另外，由于是直流输出，负载电源必须是直流电源。SIEMENS PLC 的直流输出接口电路原理如图 4-33 所示，它与图 4-28 有所不同。

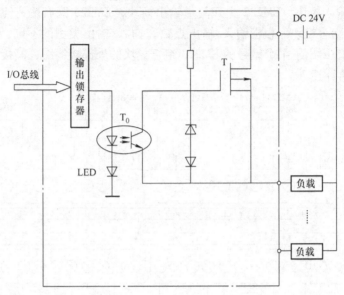

图 4-33　SIEMENS PLC 的直流输出接口电路原理图

必须了解的是，PLC 和单片微机等其他计算机一样，其输入和输出也需要端口地址。在 CPU 模块的上述接线中，端子名称实际上就是端子的地址名称，并且与 PLC 用户程序中的地址名称是一致的。在 S7 - 200 PLC 中，开关量输入端口的地址以字母 I 开头，开关量输出的端口地址以字母 Q 开头。例如：I0.0 ~ I0.7 表示开关量输入字节的 8 位，其中的某一位，如 I0.0 表示该字节的第 0 位；Q0.0 ~ Q0.7 表示开关量输出字节的 8 位，其中的某一位，如 Q0.7 表示该字节的第 7 位。

2. 扩展模块

CPU 模块有时也称作本机或主机，当本机的输入/输出点不够用或有某些特殊的功能要求时，还必须用到扩展模块。扩展模块和 CPU 模块之间通过扩展电缆连接，如图 4-34 所示。若要扩展多个模块，则采用扩展电缆将两个模块连接起来即可。

S7 - 200 PLC 的扩展模块包括 I/O 模块、通信模块和其他具有某种专门用途的功能模块，而 I/O 模块又包括开关量 I/O 模块、模拟量 I/O 模块。模块的具体名称采用 EM（Expansion Module）外加数字的形式表示，如 EM221、EM231 等。

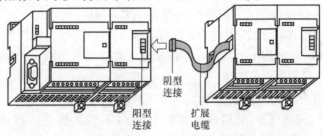

图 4-34　S7 - 200 PLC CPU 模块与扩展模块的连接

(1) 开关量 I/O 模块

S7-200 的开关量 I/O 模块共有 3 个类型,分别为 EM221、EM222 和 EM223。其中,EM221 为开关量输入模块,EM222 为开关量输出模块,EM223 既有输入点又有输出点,为开关量输入/输出组合模块。根据输入/输出点数和输入/输出类型的不同,每种模块又有不同的型号。图 4-35 给出了某个型号的 EM223 组合模块的外部接线图,其接线原理与 CPU 模块类似,在此不再详述。

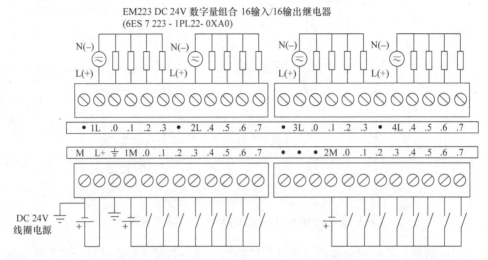

图 4-35 EM223 组合模块的开关量 I/O 外部接线

(2) 模拟量 I/O 模块

S7-200 PLC 的本机一般不带模拟量输入/输出点,因此在涉及模拟量输入/输出的应用场合,都需要用到模拟量 I/O 扩展模块。S7-200 PLC 的模拟量扩展模块包括 EM231、EM232 和 EM235 三种,其中 EM231 为模拟量输入模块,EM232 为模拟量输出模块,EM235 既有模拟量输入,又有模拟量输出,为输入/输出组合模块。根据输入/输出通道数和输入/输出类型的不同,各种模拟量 I/O 模块也有不同的型号。模拟量 I/O 模块具有较大的适应性,可以直接与传感器相连,使用灵活方便。

1) EM231 模拟量输入模块:图 4-36 给出了两种型号的 EM231 模拟量输入模块的输入通道排列及其外部接线图,图 4-36a 所示的型号具有 4 路模拟量输入,输入信号可以是电压也可以是电流,其输入与内部电路电气隔离。输入信号的类型和范围可以由配置开关设定。M 为 DC 24V 电源负极端,L+ 为电源正极端;RA、A+、A-,RB、B+、B-,RD、C+、C-,RC、D+、D-分别为第 1~4 路模拟量输入端。电压输入时,"+"为电压正端,"-"为电压负端。电流输入时,需将"R"与"+"短接后作为电流的进入端,"-"为电流流出端。图 4-36b 所示的型号具有 6 路电压输入和 2 路电流输入,接线方法已在图中标明,不再详述。

在实际工程应用中,大量的模拟量输入都来自热电偶和热电阻,因此西门子公司在 EM231 的基础上专门开发了热电偶输入模块和热电阻输入模块,其输入原理与常规的 EM231 完全相同,只是在模块内部集成了相应的补偿电路。

2) EM232 模拟量输出模块:EM232 模拟量输出模块的输出通道排列及其接线方法如

图4-37所示,两种型号分别具有2路和4路模拟量输出,输出与内部电路进行了电气隔离。输出类型可以是±10V的电压信号,也可以是0~20mA的电流信号。图4-37a中,M为DC 24V电源负极端,L+为电源正极端。M、V、I为模拟量输出端,电压输出时,"V"为电压正端,"M"为电压负端。电流输出时,"I"为电流的进入端,"M"为电流流出端。

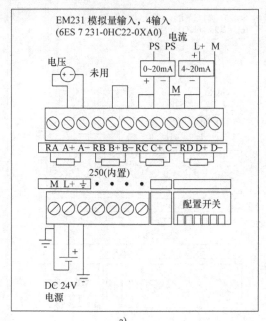
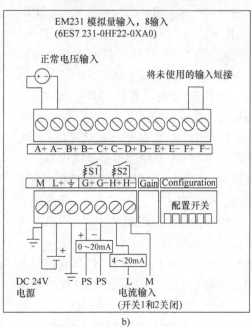

a) b)

图4-36 EM231模拟量输入模块的外部接线

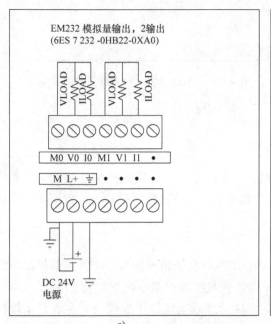
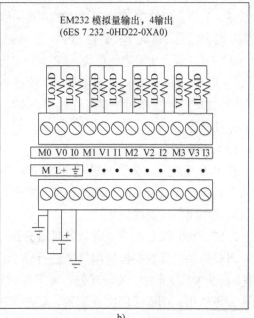

a) b)

图4-37 EM232模拟量输出模块的接线

3) EM235 输入/输出组合模块：EM235 具有 4 路模拟量输入和 1 路模拟量输出。它的输入信号可以是不同量程的电压或电流。其电压、电流的量程是由配置开关设定。另外，EM235 还有 1 路模拟量输出，其输出可以是电压也可以是电流。其通道排列及其接线方法如图 4-38 所示。

图 4-38 中，RA、A+、A-、RB、B+、B-、RC、C+、C-、RD、D+、D- 分别为第 1~4 路模拟量输入端。电压输入时，"+"为电压正端，"-"为电压负端。电流输入时，需将"R"与"+"短接后作为电流的进入端，"-"为电流流出端。M 为 DC 24V 电源负极端，L+ 为电源正极端 M0、V0、I0 为模拟量输出端。电压输出时，"V0"为电压正端，"M0"为电压负端。电流输出时，"I0"为电流的进入端，"M0"为电流流出端。

(3) 通信模块

S7-200 系列 PLC 除了 CPU226 本机集成了 2 个通信口以外，其他均在其内部集成了 1 个通信口，通信口采用 RS-485 总线。除此以外各 PLC 还可以接入通信模块，以扩大其接口的数量和联网能力。S7-200 系列 PLC 的通信模块有 EM277、CP 243-1、CP 243-2 等。EM277 模块是 PROFIBUS-DP 从站模块，同时也支持 MPI 从站；CP 243-1 是工业以太网通信模块；CP 243-2 是 AS-I（Actuator Sensor Interface，传感器/执行器接口）主站模块，可连接最多 62 个 AS-I 从站。

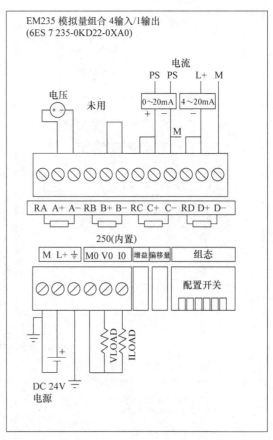

图 4-38 EM235 输入/输出组合模块的接线

(4) 功能模块

在 PLC 系统中，为了减轻 CPU 模块的负担，生产厂家经常提供一些特殊功能的功能模块来完成高速或需要实时处理的任务。常见的功能模块有：位置控制模块、称重模块、高速计数模块和闭环控制模块等。

3. S7-200 PLC 的系统配置及地址分配

PLC 的系统配置根据应用任务进行确定。S7-200 PLC 主机可构成一个独立的控制系统（基本配置），因此对于简单任务，可采用只有 CPU 模块组成的基本配置；若 CPU 模块本身的资源不够用，则需采用扩展配置，即在 CPU 模块的基础上增加扩展模块。在进行系统配置时，要对各模块的输入和输出点进行编址，主机提供的 I/O 具有固定的 I/O 地址。下面以 CPU226 为例说明其基本配置和扩展配置。

(1) 由 CPU226 组成的基本配置

由 CPU226 本机组成的基本配置可以组成 1 个 24 点开关量输入和 16 点开关量输出的小型系统，地址分配如下：

输入点地址为　I0.0、I0.1、…、I0.7
　　　　　　　I1.0、I1.1、…、I1.7
　　　　　　　I2.0、I2.1、…、I2.7

输出点地址为　Q0.0、Q0.1、…、Q0.7
　　　　　　　Q1.0、Q1.1、…、Q1.7

(2) 由 CPU226 组成的扩展配置

CPU 模块的型号不同，其扩展能力也不同，即所能连接的扩展模块个数不同。如 CPU221 不能扩展，CPU222 最多可扩展 2 个模块，CPU224 和 CPU226 最多可扩展 7 个模块。

S7-200 PLC 扩展模块的地址是由 I/O 模块类型及模块所在的位置决定，即按同类型的模块对各输入/输出点进行顺序编址。其地址分配原则有两点：

一是开关量扩展模块和模拟量模块分别编址，开关量输入模块的地址冠以字母"I"，开关量输出模块的地址冠以字母"Q"，模拟量输入模块的地址冠以字母"AI"，模拟量输出模块的地址冠以字母"AQ"。

二是开关量模块的编址以字节为单位，而模拟量模块的编址是以字为单位（即以双字节为单位）。开关量模块的地址分配从最靠近 CPU 模块的开关量模块开始从左到右按字节连续递增，输入字节和输出字节可以重号。模拟量模块的地址从最靠近 CPU 模块的模拟量模块开始从左到右地址按字递增，模拟量输入和模拟量输出字可以重号。

设某 PLC 控制系统总共需要 41 个开关量输入点，27 个开关量输出点，5 个模拟量输入通道，3 个模拟量输出通道，CPU 模块采用 CPU226。表 4-6 给出了一个能满足上述要求的配置方案及各模块的地址分配情况。

表 4-6　S7-200 PLC 扩展配置地址分配示例

主机	模块 0	模块 1	模块 2	模块 3	模块 4
CPU226	EM223 (16DI/16DO)	EM221 (8DI)	EM235 (4AI/1AQ)	EM235 (4AI/1AQ)	EM232 (2AQ)
I0.0-I0.7	I3.0-I3.7	I5.0	AIW0	AIW8	AQW8
I1.0-I1.7	I4.0-I4.7	—	AIW2	AQW4	—
I2.0-I2.7	Q2.0-Q2.7		AIW4	—	
Q0.0-Q0.7	Q3.0-Q3.2		AIW6		
Q1.0-Q1.7	—		AQW0		

注：模拟量输出扩展模块以 2 个通道（4 个字节）递增的方式分配地址。

五、梯形图基础知识

PLC 是一种工业控制计算机，不仅有硬件，软件也必不可少。目前，PLC 常用的编程语言有四种，梯形图编程语言、指令语句表编程语言、控制系统流程图编程语言以及高级语言。但具体到细节，不同厂家，甚至相同厂家的不同型号的 PLC 的编程软件都有所不同。

梯形图编程语言简称梯形图，它类似电气控制系统中继电器控制电路图，逻辑关系明显；指令语句表编程语言键入方便；控制系统流程图同样是一种图形式语言，类似于逻辑功能图；而高级语言一般适用于较为复杂的控制系统。由于梯形图形象直观，用户很容易接受和上手，因此梯形图是目前用得最多的 PLC 编程语言之一。

作为轮机管理人员，很少需要对 PLC 进行编程，因此这里只简单介绍一下梯形图程序的基本概念，目的在于帮助轮机管理人员理解 PLC 的工作原理。

1. 梯形图的表达形式

SIEMENS S7 系列 PLC 的一个简单的梯形图如图 4-39 所示，它由线圈、触点和功能块等基本要素组成。最左边的竖线称为起始母线或左母线，简称母线（某些 PLC 的梯形图还在最右边加上一条竖线，称为右母线）。触点、线圈及功能块按照控制要求和一个完整电路的形式连接起来形成一个个程序段，称为梯级或网络，例如图中包含了网络 1 和网络 2 两个网络（注意，这里提到的网络和计算机网络没什么关系）。母线可以被理解为能量线，或理解为

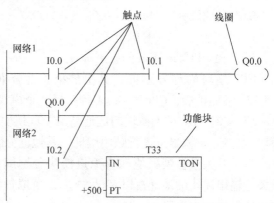

图 4-39 梯形图基本要素

继电器电路中的电源线。每个程序段从左母线开始，从左到右依次连接各个触点，最后以线圈或功能块结束（对于有右母线的梯形图，则以右母线结束），形成一个逻辑行或一个梯级，使得整个程序呈阶梯形。梯形图因此得名。

在梯形图中，所谓线圈和触点（有常开、常闭两种）不是物理器件，而是计算机存储单元中某个字节的某一位。相应位为"1"状态，表示继电器线圈通电、常开触点闭合或常闭触点断开；相应位为"0"状态，表示继电器线圈断电、常开触点断开或常闭触点闭合。而功能块是 PLC 的某个功能程序，如计时器和 PID 控制功能块等，图 4-39 中的 T33 是一个计时器功能块。

触点可以是来自外部输入的物理开关触点，也可以是线圈或功能块所带的触点。如图 4-39 中的触点 I0.0、I0.1 和 I0.2 均是来自外部输入的物理触点，而 Q0.0 则是线圈 Q0.0 所带的触点。

线圈有两种，一种是具有实际输出的，它通过开关量输出点对外部设备起控制作用；另一种是出于程序设计的需要而采用的内部线圈，类似于继电器电路中的中间继电器，它们没有实际输出，但在梯形图内部起逻辑控制作用。

梯形图中的每个触点和线圈均有相应的标号，该标号实际上是地址号。对于与外部输入和输出有对应关系的触点和线圈，其地址要与 PLC 输入输出的端子地址一致。

图 4-40 所示是一个采用 PLC 取代继电器电路对电机进行起动控制的例子。图 4-40a 为电机起动的继电器控制电路，图 4-40b 是其对应的 PLC 梯形图，图 4-40c 是 PLC 的外部接线图，比继电器电路多了一个运行指示灯 L。

在继电器电路中用到了 START 和 STOP 两个开关，按下 START 后，接触器 KM 得电，主触点 KM 闭合，电机通电起动，同时 KM 的辅触点闭合自锁。在 PLC 电路中，START 和

STOP 开关信号分别通过 PLC 的 I1.0 和 I0.0 输入点进行输入，输出点 Q0.0 控制接触器 KM，输出点 Q0.1 控制运行指示灯。

当 PLC 运行图 4-40b 所示的梯形图时，由于 STOP 常闭开关是合上的，因此 I0.0 触点接通，若合上 START 开关，则 I0.1 也闭合，此时线圈 Q0.0 之前（左边）的所有触点都闭合，能量流到达线圈，线圈被激活，经输出端子 Q0.0 使 KM 得电，起动电机。同时，梯形图中的线圈触点 Q0.0 闭合，一方面对线圈进行自锁，另一方面使 Q0.1 得电，经输出端子 Q0.1 使指示灯 L 亮。当按下 STOP 开关时，开关断开，梯形图中的 I0.0 断开，线圈失电 Q0.0，输出点 Q0.0 没有输出，KM 失电，电机停止。与此同时，Q0.0 对应触点断开，一方面解除自锁，另一方面使输出点 Q0.1 的输出消失，指示灯熄灭。

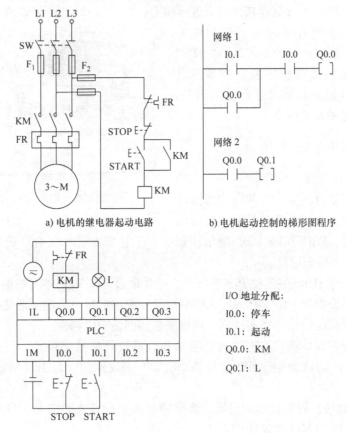

图 4-40 继电器电路与 PLC 梯形图

2. 梯形图语言的编程规则

1) 在梯形图的每个梯级（网络）中，能量流总是以母线为起点，以线圈或功能块为终点。PLC 执行程序时，总是按照从左到右，从上到下的顺序执行，因此能量流只能是单向流动，即从左到右，梯级的改变也只能从上到下。

2) 线圈及功能块必须位于一行的最右端，在它们的右边不允许再在任何触点存在。但不允许直接与左边的母线相连，必须通过触点才能连接到能量线。

3) 梯形图中的线圈及其相应触点均使用同一地址，触点的数量不受限制。

4）同一个触点的使用次数不受限制，而同一线圈则不能重复使用。

5）触点可以任意串联或并联，但线圈只能并联而不能串联。

6）梯形图中，每行串联的触点数目和沿垂直方向的并联触点数目，虽然理论上没有限制，但它们受所用编程器显示屏幕大小的限制，不同的编程器对此有不同的限定。

7）当有几个串联支路相并联时，宜将触点最多的支路设计在最上面；当有几个并联支路相串联时，宜将含有支路最多的并联支路放在梯形图的最左面。

8）程序结束时要有结束标志 END。

3. PLC 的编程

PLC 的编程有两种方法：一是通过编程器编程；二是将 PLC 通过通信口和连接电缆与 PC 连接，在 PC 上运行通过编程软件窗口进行编程，PLC 与 PC 的连接如图 4-41 所示。

在 Windows 系列操作系统中，S7 PLC 的编程软件是 STEP 7 – Micro/WIN 32。在 STEP 7 的编程窗口中可以很方便地进行梯形图设计，调试好后下载到 PLC 即可运行。采用 PC 编程比编程器编程要方便得多。

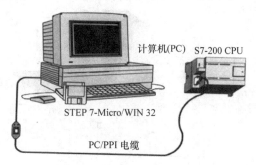

图 4-41　PLC 与 PC 的连接

六、PLC 网络基础知识

通过串行通信连接，SIEMENS S7 – 200 PLC 有很强的组网能力，支持多种形式的协议通信，其支持的通信协议主要包括 PPI 通信协议、MPI 通信协议、PROFIBUS – DP 通信协议、USS 通信协议、自由口通信协议、Modbus 通信协议和 Ethernet 通信协议。

S7 – 200 PLC 网络的硬件连接方式有两种，一是通过 CPU 模块本身的通信接口；二是通过扩展通信模块（EM227、CP 243 – 1、CP 243 – 2）的通信接口。除了通信接口之外，构成通信网络的部件通常还包括网络连接器、网络电缆和网络中继器等。

CPU 模块本身的通信接口一方面可以与编程设备进行信息交换外，另一方面还支持与其他设备之间的 PPI 协议通信、MPI 协议通信、USS 协议通信、自由口协议通信和 Modbus 协议通信。

通过 EM227 通信扩展模块的通信接口能支持与其他设备之间的 PROFIBUS – DP 协议通信，同时也支持 PPI 和 MPI 协议通信。

通过 CP 243 – 1 通信扩展模块的通信接口可使 PLC 与其他设备之间进行工业以太网连接，实现协议 Ethernet 通信。

通过 CP 243 – 2 通信扩展模块的通信接口可构成 AS – I 主站，最多可连接 62 个 AS – I 从站，进一步扩大 I/O 点数。

图 4-41 所示实际上就是一个最简单的 PPI 网络的例子，是一台上位 PC 和一台 PLC 之间的通讯。上位 PC 有两个作用，编程时起编程器作用，运行时又可以监控程序的运行，起监视器作用。

图 4-42 所示是一个由多个 S7 – 200 系列 PLC 和上位 PC 组成的 PPI 网络。在这个网络中，上位机和各个 PLC 各自都有自己的站地址，PC 可以和各个 PLC 进行通信。这个网络

中，个人计算机是主站，所有的可编程序控制器可以是从站也可以是主站。

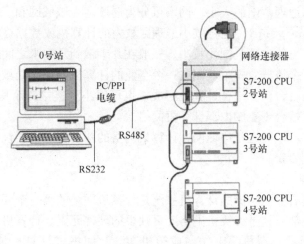

图 4-42　PLC 与 PC 的连接

其他形式的网络连接及各种协议通信的具体内容涉及比较专业的网络知识，在此不进行展开。但作为轮机管理人员，对 PLC 网络有一个认识性的了解是必要的。

第四节　船舶计算机网络基础知识

目前，计算机在船上已经得到广泛应用。从单台设备的控制到集中监视与报警系统都离不开计算机。为了避免由于计算机故障而导致整个系统瘫痪，提高系统的可靠性，同时也为了增加系统配置的灵活性，船舶机舱的监视报警系统往往由多台计算机组成。在早期产品中，一般采用一台或多台计算机作为下位机（子机）负责现场数据的采集，另一台计算机作为上位机（主机），负责对下位机采集的数据进行处理、显示、打印和报警输出等管理任务，而上位机与下位机以及外围设备之间采用串行通信的方式进行信息传递。例如，西门子公司生产的 SIMOS－31S 监视报警系统就采用了这种系统结构。

随着单片机和网络技术的发展，采用分布式结构的网络型监视报警系统已经成为发展的主流。这类系统中，对每个重要设备或区域，分别采用单独的计算机（如单片机）进行监视和控制，并用数据传输总线将各个计算机连接形成现场总线网络。现场总线网络再与由计算机组成的以太网互联，并由以太网执行上层管理功能。因此，在现代船舶机舱监视报警系统中，计算机数据通信扮演着非常重要的角色。

计算机之间的数据通信是通过通信总线进行的，在船舶机舱中采用最多的是串行通信总线。为了便于不同的计算机系统能够相互连接，国际上制定了一系列串行通信的总线标准。以下介绍计算机网络通信的基础知识和监视报警系统中常用的数据通信总线。

一、计算机网络的基本概念

1. 计算机网络的基本组成

计算机网络包括硬件和软件两大部分。网络硬件提供的是数据处理、数据传输和建立通信通道的物质基础，而网络软件是真正控制数据通信的。软件的各种网络功能需依赖于硬件去完成，二者缺一不可。

按照网络覆盖的地理范围的大小，网络可分为局域网、城域网和广域网三种类型。局域网（Local Area Network，LAN）是将较小地理区域内的计算机或数据终端设备连接在一起的通信网络。局域网覆盖的地理范围比较小，一般在几十米到几千米之间。它常用于组建一个办公室、一栋楼、一个楼群、一个校园或一个企业的计算机网络。局域网可以由一个建筑物内或相邻建筑物的几百台至上千台计算机组成，也可以小到连接一个房间内的几台计算机、打印机和其他设备，适合于船舶内部计算机网络。

不论是局域网、城域网还是广域网，计算机网络的基本组成主要包括如下四部分，常称为计算机网络的四大要素。

（1）计算机系统

建立两台以上具有独立功能的计算机系统是计算机网络的第一个要素，计算机系统是计算机网络的重要组成部分，是计算机网络不可缺少的硬件元素。计算机网络连接的计算机可以是巨型机、大型机、小型机、工作站或微机，以及便携式计算机或其他数据终端设备（如终端服务器）。

计算机系统是网络的基本模块，是被连接的对象。它的主要作用是负责数据信息的收集、处理、存储、传播和提供共享资源。在网络上可共享的资源包括硬件资源（如巨型计算机、高性能外围设备、大容量磁盘等）、软件资源（如各种软件系统、应用程序、数据库系统等）和信息资源。

（2）通信线路和通信设备

计算机网络的硬件部分除了计算机本身以外，还要有用于连接这些计算机的通信线路和通信设备，即数据通信系统。通信线路分有线通信线路和无线通信线路。有线通信线路指的是传输介质及其介质连接部件，包括光纤、同轴电缆、双绞线等；无线通信线路是指以无线电、微波、红外线和激光等作为通信线路。通信设备指网络连接设备、网络互联设备，包括网卡、集线器（Hub）、中继器（Repeater）、交换机（Switch）、网桥（Bridge）和路由器（Router）以及调制解调器（Modem）等其他的通信设备。使用通信线路和通信设备将计算机互联起来，在计算机之间建立一条物理通道，以传输数据。通信线路和通信设备负责控制数据的发出、传送、接收或转发，包括信号转换、路径选择、编码与解码、差错校验、通信控制管理等，以完成信息交换。通信线路和通信设备是连接计算机系统的桥梁，是数据传输的通道。

（3）网络协议

协议是指通信双方必须共同遵守的约定和通信规则，如 TCP/IP、NetBEUI 协议、IPX/SPX 协议。它是通信双方关于通信如何进行所达成的协议。比如，用什么样的格式表达、组织和传输数据，如何校验和纠正信息传输中的错误，以及传输信息的时序组织与控制机制等。现代网络都是层次结构，协议规定了分层原则、层次间的关系、执行信息传递过程的方向、分解与重组等约定。在网络上通信的双方必须遵守相同的协议，才能正确地交流信息，就像人们谈话要用同一种语言一样，如果谈话时使用不同的语言，就会造成相互间谁都听不懂谁在说什么的问题，那么将无法进行交流。因此，协议在计算机网络中是至关重要的。

一般说来，协议的实现是由软件和硬件分别或配合完成的，有的部分由联网设备来承担。

(4) 网络软件

网络软件是一种在网络环境下使用和运行或者控制和管理网络工作的计算机软件。根据软件的功能，计算机网络软件可分为网络系统软件和网络应用软件两大类型。

1) 网络系统软件：网络系统软件是控制和管理网络运行，提供网络通信、分配和管理共享资源的网络软件，它包括网络操作系统、网络协议软件、通信控制软件和管理软件等。

网络操作系统（Network Operating System，NOS）是指能够对局域网范围内的资源进行统一调度和管理的程序。它是计算机网络软件的核心程序，是网络软件系统的基础。

网络协议软件（如 TCP/IP 软件）是实现各种网络协议的软件。它是网络软件中最重要的核心部分，任何网络软件都要通过协议软件才能发生作用。

2) 网络应用软件：网络应用软件是指为某一个应用目的而开发的网络软件（如远程教学软件、电子图书馆软件、Internet 信息服务软件等）。网络应用软件为用户提供访问网络的手段、网络服务、资源共享和信息的传输。

2. 网络拓扑结构

网络拓扑结构是计算机网络结点和通信链路所组成的几何形状。计算机网络有很多种拓扑结构，最常用的网络拓扑结构有：总线型结构、环形结构、星形结构、树形结构、网状结构和混合型结构。

(1) 总线型结构

总线型结构采用一条单根的通信线路（总线）作为公共的传输通道，所有的结点都通过相应的接口直接连接到总线上，并通过总线进行数据传输。例如，在一根电缆上连接了组成网络的计算机或其他共享设备（如打印机等），如图 4-43 所示。由于单根电缆仅支持一种信道，因此连接在电缆上的计算机和其他共享设备共享电缆的所有容量。连接在总线上的设备越多，网络发送和接收数据就越慢。

总线型网络使用广播式传输技术，总线上的所有结点都可以发送数据到总线上，数据沿总线传播。但是，由

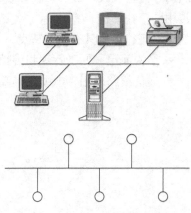

图 4-43　网络的总线型拓扑结构

于所有结点共享同一条公共通道，所以在任何时候只允许一个站点发送数据。当一个结点发送数据，并在总线上传播时，数据可以被总线上的其他所有结点接收。各站点在接收数据后，分析目的物理地址再决定是否接收该数据。粗、细同轴电缆以太网就是这种结构的典型代表。

总线型拓扑结构具有如下特点：

● 结构简单、灵活，易于扩展；共享能力强，便于广播式传输。

● 网络响应速度快，但负荷重时性能迅速下降；局部站点故障不影响整体，可靠性较高。但是，总线出现故障，则将影响整个网络。

● 易于安装，费用低。

(2) 环形结构

环形结构是各个网络结点通过环接口连在一条首尾相接的闭合环型通信线路中，如图 4-44 所示。每个结点设备只能与它相邻的一个或两个结点设备直接通信。如果要与网络中的其他结点通信，数据需要依次经过两个通信结点之间的每个设备。环形网络既可以是单

向也可以是双向的。单向环形网络的数据绕着环向一个方向发送，数据所到达环中的每个设备都将数据接收经再生放大后将其转发出去，直到数据到达目标结点为止。双向环形网络中的数据能在两个方向上进行传输，因此设备可以和两个邻近结点直接通信。如果一个方向的环中断了，数据还可以在相反的方向在环中传输，最后到达其目标结点。

环形结构有两种类型，即单环结构和双环结构。令牌环（Token Ring）是单环结构的典型代表，光纤分布式数据接口（FDDI）是双环结构的典型代表。

环形拓扑结构具有如下特点：
- 在环形网络中，各工作站间无主从关系，结构简单；信息流在网络中沿环单向传递，延迟固定，实时性较好。
- 两个结点之间仅有唯一的路径，简化了路径选择，但可扩充性差。
- 可靠性差，任何线路或结点的故障，都有可能引起全网故障，且故障检测困难。

（3）星形结构

星形结构的每个结点都由一条点对点链路与中心结点（公用中心交换设备，如交换机、集线器等）相连，如图4-45所示。星形网络中的一个结点如果向另一个结点发送数据，首先将数据发送到中央设备，然后由中央设备将数据转发到目标结点。信息的传输是通过中心结点的存储转发技术实现的，并且只能通过中心结点与其他结点通信。星形网络是局域网中最常用的拓扑结构。

星形拓扑结构具有如下特点：
- 结构简单，便于管理和维护；易实现结构化布线；结构易扩充，易升级。
- 通信线路专用，电缆成本高。

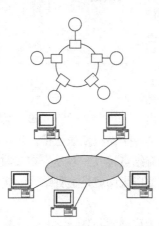

图4-44　网络的环形拓扑结构

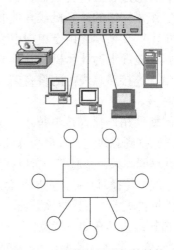

图4-45　网络的星形拓扑结构

- 星形结构的网络由中心结点控制与管理，中心结点的可靠性基本上决定了整个网络的可靠性。
- 中心结点负担重，易成为信息传输的瓶颈，且中心结点一旦出现故障，会导致全网瘫痪。

（4）树形结构

树形结构（也称星形总线拓扑结构）是从总线型和星形结构演变来的。网络中的结点设备都连接到一个中央设备（如集线器）上，但并不是所有的结点都直接连接到中央设备，大多数的结点首先连接到一个次级设备，次级设备再与中央设备连接。图4-46所示的是一个星形总线网络。

树形拓扑结构的主要特点如下：

- 易于扩展，故障易隔离，可靠性高；电缆成本高。
- 对根结点的依赖性大，一旦根结点出现故障，将导致全网不能工作。

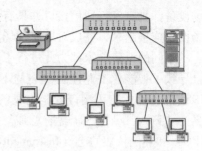

图4-46 网络的树形拓扑结构

3. 网络传输介质

传输介质指在通信系统中接收方与发送方之间的物理信道。传输介质可以分为两大类：有线介质和无线介质，有线介质包括双绞线、同轴电缆、光纤等；无线介质包括卫星通信、红外通信、微波通信等的载体。在船舶机舱中，目前主要采用有线介质。

（1）双绞线

双绞线是最常见的有线传输介质，它由一对相互绝缘的金属导线按一定的密度螺旋状地扭绞而成，成对扭绞可以有效地减少相互间的电磁干扰。同一根电缆可包含一对或多对双绞线，并按其是否外加屏蔽丝网分为屏蔽双绞线（STP，Shielded Twisted Pair）和非屏蔽双绞线（UTP，Unshielded Twisted Pair）。美国电子工业协会（EIA）为双绞线定义了1到5类不同的质量等级，其中3类线和5类线为计算机网络所常采用，分别适用于10Mbit/s和100Mbit/s的计算机网络。

（2）同轴电缆

由内外两个导体组成，内导体是一根芯线，外导体是以内导体为轴的金属丝圆柱编织面，成为外屏蔽导体，内外导体间用绝缘介质隔离。同轴电缆可分为基带同轴电缆和宽带同轴电缆。

（3）光纤

光纤一般是由纤芯、包层和涂敷层等多层介质构成的对称圆柱体。纤芯由透明材料制成，包层采用比纤芯的折射率稍低的材料制成。数据信息转换为射入纤芯的光信号，经包层界面反射，使光信号在纤芯中传播前进，在接收端再将光信号还原为数据。一根或多根光纤组合在一起则形成光缆。采用光纤作为传输介质，具有传输速率高、通信容量大、传输距离远和抗干扰性强的优点。

二、船用现场总线的种类及其特点

在第二节中介绍了RS232、RS422和RS485等串行通信接口的原理，但它们只对接口的电气特性作了规定，只能代表数据通信的物理介质层。如果要实现数据的双向访问，还必须制定相应的通信协议和编写通信程序，但这种程序一般都只适用于特定的设备，不具有通用性。

从20世纪80年代开始，随着微电子技术的发展，在很多现场仪表或设备中都置入了微处理器而成为所谓的智能化仪表或智能化设备，例如智能传感器、智能变送器和智能控制器等。这些智能化设备可以直接在现场完成许多数据采集、数据处理甚至控制的功能。因此，众多现场设备与上层自动化设备之间的信息传输问题变得越来越突出。如果全部或大部分现场设备都具有串行通信接口并具有统一的通信协议,那么只需一根通信电缆就可将分散的现场设备连接起来,完成对所有现场设备的监控,这就是现场总线技术的初始想法。

不同的设备厂家都为此进行了大量的工作,但它们各自采用的手段和信号标准不同,结果导致了智能化工业控制仪表的不兼容。鉴于这种情况,国际电工技术委员会(IEC)从1985年即开始着手制订智能化现场设备和控制室自动化设备之间的国际性通信标准,并命名为"Field bus",即现场总线。按国际电工委员会(International Electrical Commission,IEC)和美国仪表协会(Instrument Society of America,ISA)的定义,现场总线是连接智能现场设备和自动化系统的数字式、双向传输、多分支结构的通信网络。由于各种原因,目前为止并没有真正形成国际范围内的统一标准,因此现场总线的种类很多,比较流行的有CAN网络,Lon Works网络,PROFIBUS总线,Hart总线,以及Device Net和Control Net等。不同的现场总线产品各具特色,适用于不同的应用场合。

现场总线不仅规定了硬件接口标准,而且还规定了通信协议标准,具有完整的软件支持系统。其关键性标志是能支持双向多节点、总线式的全数字通信,具有可靠性高、稳定性好、抗干扰能力强、通信速率快、系统安全、造价低廉、维护成本低等特点。可以认为,现场总线是通信总线在现场设备中的延伸,它允许将各种现场设备,如变送器、调节阀、基地式控制器、记录仪、显示器、PLC以及手持终端等与控制系统之间通过同一总线进行双向多变量数字通信。总线上允许多主存在,无主从设备之分,且遵守相同通信协议的不同产品可以互换,设备之间具有互操作性,对于低功耗的现场设备还可以直接从通信线上获取电能,无需单独供电。这一特点使得现场总线在船舶机舱自动化系统中得以广泛应用。目前,在船舶机舱应用较多的主要有CAN和PROFIBUS。

1. CAN总线

CAN总线是控制器局域网(Controller Area Network)总线的简称,最早由德国BOSCH公司推出,用于汽车内部测量与执行部件之间的数据通信。其总线规范已被ISO国际标准组织制订为国际标准,得到了Motorola、Intel、Philips、SIEMENS、NEC等公司的支持,已广泛应用在分散控制领域。与其他总线相比,CAN总线的数据通信具有突出的可靠性、实时性和灵活性,现已成为国内外最为普及的现场总线之一。

(1) CAN总线的特征

1) CAN以多主机方式工作,网络上任一节点均可在任意时刻主动地向网络上其他节点发送信息,而不分主从,通信方式灵活,且无需站地址等节点信息。可以采用点对点、点对多点及全局广播方式传输数据。

2) CAN网络上的节点信息分成不同的优先级,可满足不同的实时要求,高优先级的数据最快可在$134\mu s$内得到传输。

3) 数据信号采用差分电压传输,两条信号线分别为CAN_H和CAN_L。当CAN_H和CAN_L电平相等(2.5V)时称为静态,静态表示逻辑1,也称作"隐性";当CAN_H比CAN_L高(一般为CAN_H=3.5V,CAN_L=1.5V)时表示逻辑0,也称为"显性"。

4) CAN总线传输介质可用双绞线、同轴电线或光纤,具有较强的抗干扰能力。直接通信距离最大可达10km(速率小于5kbit/s),最高通信速率可达1Mbit/s(此时距离最长为40m),节点个数最多可达110个。

5) CAN总线采用非破坏性总线仲裁技术。当两个节点同时向网络上发送数据时,优先级低的节点主动停止数据发送,而优先级高的节点可不受影响地继续传输数据,大大地节省了总线仲裁冲突时间,在网络负载很重的情况下也不会出现网络瘫痪。

6) CAN 总线采用短帧结构,每一帧为 8Byte,数据出错率极低,被公认为最有发展前途的现场总线之一。

7) CAN 通信协议中数据链路层具有严格的错误检测功能,CAN 节点有能力识别永久性故障和暂时性扰动,对错误作出判断,当故障计数大于 255 时节点被"脱离总线",且不会对整个网络产生任何影响。

8) CAN 总线采用公开的国际标准,有很好的开放性和良好的数据兼容性。在 CAN 系统中,一个 CAN 节点不使用有关系统结构的任何信息,节点可在不要求其他节点及其应用层改变任何软件或硬件的情况下接入 CAN 网络。

(2) CAN 总线接口的结构

一个 CAN 总线接口有 3 个部分组成,如图 4-47 所示,它们分别对应于 CAN 总线的物理层、数据链路层和应用层。

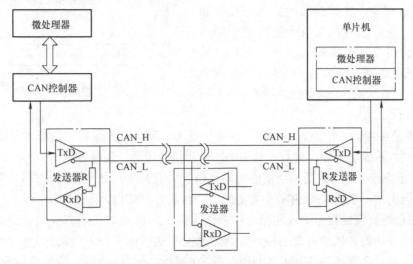

图 4-47 CAN 总线接口及网络连接

最上层为微控制器,主要负责上层应用以及系统控制,包括 CAN 协议的应用层协议的实现,协调各系统设备的工作。

中间层为 CAN 控制器,CAN 控制器负责处理数据帧,完成数据的打包、解包、错误界定,并提供报文缓冲和传输滤波。

最底层为 CAN 收发器,主要是接口电平的转换,接口电气特性的处理。CAN 总线收发器采用一对漏极开路器件来生成 CAN_H 对 CAN_L 的差分信号。当受到驱动时,发送器产生显性信号,表示逻辑 0;发送器没被驱动时,产生隐性信号,表示逻辑 1。

2. PROFIBUS 总线

PROFIBUS(Process Field Bus)是另一种国际上通用的现场总线标准之一,以其独特的技术特点、严格的认证规范、开放的标准、众多厂商的支持和不断发展的应用行规,已成为最重要和应用最广泛的现场总线标准。根据应用特点,PROFIBUS 可分为 PROFIBUS – FMS(Field Bus Message Specification)、PROFIBUS – PA(Process Automation)和 PROFIBUS – DP

(Decentralized Periphery)三个兼容版本。其中,DP 网络的规模较小,实现成本较低且传输速度快。其传输速率为 9.6Kbit/s~12Mbit/s,最大传输距离在 9.6Kbit/s 下为 1200m,在 12Mbit/s 小为 200m,可采用中继器延长至 10km,传输介质为双绞线或者光缆。目前为止,DP 的应用范围最广,占整个 PROFIBUS 应用的 80% 以上,代表了 PROFIBUS 技术的精华和特点,一般意义上的 PROFIBUS 也是特指 PROFIBUS-DP。在船舶机舱自动化系统中,PROFIBUS-DP 主要应用于由可编程序控制器(PLC)组成的控制系统。

(1) PROFIBUS-DP 总线的系统结构

PROFIBUS-DP 总线上的站点包括主站和从站两类,其中主站又有 1 类(Class1)主站和 2 类(Class2)主站。DP 总线的拓扑结构可以是总线型、星形和树形,支持单主站的主-从系统、多主站的主-主站系统和多主多从混合系统等传输方式。图 4-48 所示为一种典型的总线型系统结构。

在 DP 网络中,1 类主站是中央控制器,它在预定的信息周期内与分散的站(如 DP 从站)之间进行信息交换,并对总线通信进行控制和管理。此外,还可以将控制命令发送给个别从站或从站组,以实现数据输入输出的同步。具有 DP 接口模块的 PLC 或插有 PROFIBUS 适配卡的 PC 都可以用作 1 类主站。在图 4-48 中,1 类主站为一台 PLC。

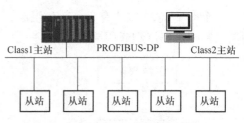

图 4-48 PROFIBUS-DP 总线型系统结构

2 类主站是编程器、组态设备或操作面板,是 DP 网络中的编程、诊断和管理设备。它除了具有 1 类主站的功能外,在与 1 类主站进行通信的同时,还可以进行 DP 从站地址分配,读取 DP 从站的输入/输出数据和当前的组态数据。插有 PROFIBUS 适配卡的 PC 和触摸屏等都可用作 2 类主站。在图 4-48 中,2 类主站为一台插有 PROFIBUS 适配卡的 PC。

DP 从站是进行现场数据输入和输出的外围设备,可由主站在线完成系统配置、参数修改和数据交换等功能,从站负责上传采集到的数据并执行由主站下达的命令。DP 从站可以是 PLC、分散式 I/O 和各种具有 PROFIBUS 接口的驱动器、传感器、执行机构等。一条 DP 总线最多可以连接 124 个从站设备。

主站与从站的通信方式为主从方式,即通信始终由主站发起,从站被动响应。主站按照事先规定好的次序周期性地依次访问其所属的各个从站,其数据传输是轮回分时进行的,称为轮询传输。对于多主站网络,那么主站与主站之间通过传递一种特殊的数据帧(形象地称为令牌)来确定哪个主站拥有总线控制权,得到令牌的主站可在一个事先规定的时间内拥有总线控制权,并可以按照轮询表确定的顺序对所属从站发起通信,直至持有令牌的时间达到上限或者轮询表中的任务全部处理完毕,则交出令牌传递给下一个主站。

在实际应用中,有些时候可以不单独设立 2 类主站,也就是说 2 类主站往往是可选的。但调试阶段需要配置一台编程设备。如果需要监控站,则可以采用串行接口将 1 类主站连接到一台监控 PC,但 PC 不能直接读取从站数据,只能通过串口从 1 类主站读取。

(2) PROFIBUS-DP 总线的传输介质

为满足不同场合的应用要求,PROFIBUS 总共提供了 3 种传输介质,即 RS485、MBP(曼彻斯特)和光纤。DP 总线一般采用 RS485 方式,其连接器主要采用 9 针 "D" 型插头,插座总是在站点一侧，而插头则在电缆一侧，图4-49所示为DP总线的电缆插头。DP总线对9针"D"型插头的引脚使用有自己的定义，见表4-7。

数据传输使用连接在引脚3、8的一对双绞线。在一个典型的PROFIBUS的"D"型插头内部都有1个备用终端电阻和2个偏置电阻，由"D"型插头外部的一个微型拨码开关来控制其是否接入，当接头位于总线的

图4-49　DP总线RS485连接器

两个终端时，应使开关闭合，即接入终端电阻。因此，站点一侧（即母头）必须使插孔5、6连接分别DGND和+5V，以给接头盒内设的终端电阻供电。

表4-7　DP总线RS485连接器的信号线及其功能

引脚编号	引脚名称	功能
1	Shield	外层保护地（屏蔽层）
2	M24	24V 输出电压（-）
3	RxD/TxD-P	数据接收/发送（+）
4	CNTR-P	中继器控制（+）
5	DGND	数字地
6	VP	5V 电压（给终端电阻供电）
7	P24	24V 电压（+）
8	RxD/TxD-N	数据接收/发送线（-）
9	CNTR-N	中继器控制（-）

另外，当外接站点需要经由总线电缆供电时，可通过2、7引脚提供不小于100mA/24V的电流。当总线上的设备较多（超过32个）时，容易产生信号失真和衰减，需将总线分为若干段，段与段之间采用中继器对信号进行放大和整形。此时可利用电缆中的4、9号线为中继器的控制线。电缆的外层屏蔽保护地应连接到每个站点的保护地上，以防止电磁干扰形成环路。

三、船舶以太网的结构及网络设置

局域网（Local Area Network）是在一个局部的地理范围（如船舶机舱、学校、工厂或机关）内，将各种台式计算机相互连接起来组成的计算机通信网，简称LAN，目前已得到广泛的应用。局域网的拓扑结构有总线型、星形、环形和树形结构等。而以太网（Ethernet）是采用无源电缆作为传输介质的总线型基带传输（直接传输未经调制的数字信号）的一种局域网，最初的研制者以曾经在历史上表示电磁波传播的以太（Ether）来命名。目前，船舶局域网主要采用以太网，主要应用于监视与报警系统的上层网络。例如，将与现场网络连接的集控室计算机通过局域网连接到驾驶台和轮机员舱室等，实现全船数据共享。

1. 以太网的物理结构

从技术的角度看，LAN是通过特定类型的传输媒体（如电缆、光缆和无线媒体）和网络适配器（亦称为网卡）互连在一起的计算机，并受网络操作系统监控的网络系统。

以太网的连接模式有多种，但最流行的模式是采用网络接口板、集线器和双绞线连接，图4-50画出了由单台集线器和多台集线器连成的以太网结构。

网络接口板插在主机箱内的一块插板,又称网络适配器(Adapter)或网络接口卡 NIC (Network Interface Card),俗称网卡。网卡的作用是在驱动软件的控制下整理从计算机发往网络的数据,并将数据分解为适当大小的数据包再发送到传输介质上,同时也从网络接收数据。每个网卡都有一个唯一的网络节点地址,也称作 MAC 地址(物理地址),是由生产厂家在生产时烧入 ROM(只读存储芯片)中的,MAC 地址具有唯一性。

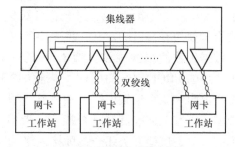

a) 单个集线器连成的以太网

集线器(Hub)是双绞线以太网不可缺少的设备,4-50a 画出了集线器是如何通过双绞线将各个计算机的网卡连接在一起的,由于计算机数量或物理距离的原因使得一个集线器不够时,可以采用多个集线器级联的方案,如图 4-50b 所示。从表面上看,采用集线器连接而成的局域网在物理上是一个星形网络,但由于集线器内部是使用电子器件来模拟实际电缆的工作,因此整个网络在逻辑上仍然像一个传

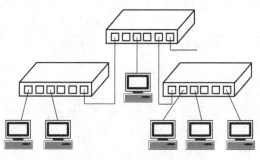

b) 多个集线器连成的星形网

图 4-50 集线器及由集线器连成的以太网

统的以太网那样运行,整个网络的物理连接线路在逻辑上仍然是一条共享总线。

网卡与 Hub 之间的连接线俗称网线,由一定长度的双绞线和 RJ45 插头组成。其中,双绞线由 8 根不同颜色的导线分成 4 对绞合而成,每对传输一路差分信号。两端的 RJ45 插头分别与网卡和 Hub 的插孔相连。按电气特性的不同,在 EIA/TIA – 568 标准中将双绞线分为 1 ~ 5 类等级,目前最多采用的是 8 芯 5 类非屏蔽双绞线。相应地,RJ45 插头/座也有采用相同的等级。

RJ45 是一个国际上通用的注册插孔(Registered Jack),其插头部分由铜片和透明塑料外壳制成,俗称水晶头,如图 4-51 所示。双绞线的色标及其在水晶头上的排列方法有国际统一的严格规定,EIA/TIA 规定了 568A 和 568B 两种布线标准见表 4-8。显然,如果网线的两端采用同一标准,那么两端是直通的,称为直通线。在同一个局域网内,直通线的标准要求统一,一般采用 568B 标准。反之,若两端分别采用的标准不同,则网线的两端存在交叉,称为交叉线。

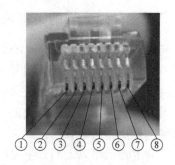

图 4-51 RJ45 插头

表 4-8 EIA/TIA 568A 和 568B 标准

线序		①	②	③	④	⑤	⑥	⑦	⑧
色标	568A	绿白	绿	橙白	蓝	蓝白	橙	棕白	棕
	568B	橙白	橙	绿白	蓝	蓝白	绿	棕白	棕

针对不同对象之间的连接，应视情况采用直通线或交叉线。以太网卡和 Hub 的普通口（一般标识为 MDI－X）之间必须采用直通线。Hub 与 Hub 之间的连接有两种情况，一是通过 Hub 的级联口（一般标识为 MDI 或 Uplink）与上一级 Hub 的普通口连接，此时应采用直通线；另一种情况是在 Hub 的级联口故障或者 Hub 未提供级联口时，也可通过普通口与上一级 Hub 的普通口连接，此时应采用交叉线。当两台计算机通过以太网卡对接时，其网卡之间也必须采用交叉线（智能网卡例外）。

网线的最大传输距离为 100m。如果要加大传输距离，在两段双绞线之间可安装中继器，中继器最多可安装 4 个。如安装 4 个中继器连接 5 个网段，则最大传输距离可达 500m。

以上介绍的只是以太网的最基本概念和网络物理结构，要实现以太网中计算机之间的数据通信还必须有网络操作系统的支持。目前，Windows 系列的操作系统均支持以 TCP/IP 的方式操作局域网，计算机之间可以通过 IP 地址进行相互访问，使得通信非常方便。应当指出的是，以太网的应用目前已从原来的台式机算机逐渐扩展到工业控制的现场层网络，许多设备的监视或控制模块都支持 TCP/IP 通信协议，可以方便地组成基于 TCP/IP 的工业以太网监控系统。

2. 网络设置

以太网采用 TCP/IP 通信协议，该协议在安装网卡驱动程序时自动安装并同网卡绑定。但要使计算机能够连接到网络上，还必须对其进行设置。

设置方法是首先在连接属性中找到"Internet 协议（TCP/IP）"项目，双击打开"Internet 协议（TCP/IP）属性"窗口，如图 4-52 所示。在"Internet 协议（TCP/IP）属性"窗口中，如果网络支持自动分配 IP 地址，则选中"自动获得 IP 地址"选项，确定即可；如果网络不支持此项功能，则需选中"使用下面的 IP 地址"选项，并手动填入各项内容。

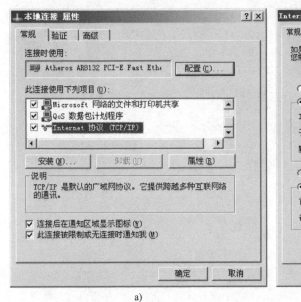
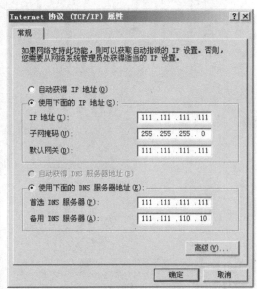

a)　　　　　　　　　　　　　　　　　b)

图 4-52　TCP/IP 属性设置

船舶辅助机械控制系统篇

第五章
冷却水温度自动控制系统

在柴油机运行时,气缸套和缸盖必须用淡水来冷却,把冷却水的温度控制在所要求的范围内,这对柴油机安全、可靠和经济运行是十分重要的。如果冷却水出口温度过高,则缸套内温度就高,润滑油膜容易蒸发,从而加剧缸套的磨损,使缸套和缸体所形成的冷却水腔接合处的橡胶密封圈损坏,还会使燃烧时的过量空气系数减少,降低指示功率和效率。如果冷却水出口温度过低,又会使散热损失增加,特别是缸套内外温差太大时将导致热应力增大,时间一长容易出现裂纹。因此,柴油机冷却水温度控制系统是常见的参数控制系统。

第一节 直接作用式控制系统

所谓直接作用式冷却水温度控制系统就是不需要外加能源,利用感温元件内充注的低沸点工作介质压力随温度成比例变化的原理,直接驱动三通调节阀,改变冷却器旁通水的流量,以控制冷却水温度。直接作用式温度控制系统的类型较多,这里介绍一种用比较普遍的直接作用式温度控制器,称为WALTON恒温阀,其结构原理如图5-1所示。

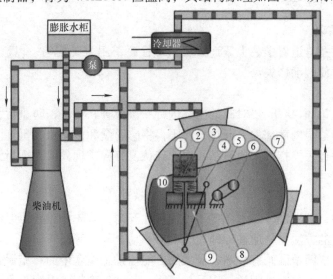

图5-1 WALTON恒温阀结构原理图

1—感温盒 2—活塞及活塞杆 3—弹簧 4—转轴 5—滑板 6—滑体 7—轴 8—杠杆 9—托板 10—杠杆支点

一、WALTON恒温阀结构和工作原理

WALTON恒温阀又称石蜡式调节阀。它由阀体、传动机构、滑板和感温盒组成。感温盒内充有石蜡混合液作为感温介质。其动作原理是利用石蜡混合液的体积随温度变化的性

质，用体积膨胀产生的作用力来推动执行机构，改变滑板的位置来控制冷却水的温度。

若冷却水温度升高，石蜡混合液体积增大，感温盒1内的活塞及活塞杆2下移，经活塞杆、托板9及连杆与滑板5上的转轴4，使滑板5杠杆8逆时针旋转一个角度，使旁通水量减少，而流经冷却器的水量增加，从而使冷却水温度下降，逐渐向给定值恢复。随着感温盒活塞的下移，弹簧3被压缩，当感温盒内石蜡混合液因体积膨胀产生的力与弹簧3的张力相平衡时，滑板5不再转动，旁通管口和流向冷却器的管口开度不再改变，冷却水温度稳定在给定值附近。当冷却水温度降低时，石蜡混合液体积收缩，在弹簧3张力的作用下，活塞及活塞杆2上移，滑板5绕杠杆8顺时针转动一个角度，开大旁通管口，关小流向冷却器的管口，使冷却水温度升高，并逐渐靠近给定值。当弹簧3的张力再次平衡石蜡混合液的膨胀力时，滑板停止转动，系统又达到一个新的平衡状态。

给定值的调整是通过改变滑板的初始位置来实现的。在实物结构中，感温盒1、托板9和杠杆8紧固在一起，滑体6伸出前端盖并装一个指针，该指针指示冷却水温度的给定值，转动这个指针可改变滑板5的初始位置，即可改变给定值。对恒温阀进行手动控制时，也是通过转动这个指针，改变滑板5的位置来实现的。

直接作用式控制系统是把测量单元、调节器和执行机构都组装在一起，成为不可分割的整体，具有结构简单的优点。但从工作过程不难看出，这是一个比例调节系统，因此存在静差。同时，它的控制精度也较低。在船上，其普遍用于发电柴油机的缸套冷却水温度和滑油温度的自动控制。

二、管理和维护要点

1. 安装注意事项

安装时，要注意管道对中，上紧连接法兰螺栓时，用力要均匀，以避免阀体产生变形。造成滑板5卡阻，使阀动作失灵。

2. 运行管理

在运行期间，每隔3000h要对阀的内部进行一次检查和清洗，防止污物卡住滑板。拆装时，要将前端盖和整个内部部件一起拉出，不得将感温盒和传动机构拆开。装复时，上紧前端盖螺栓后，要通过手操指针来回转动几次。确认没有异常现象，再把指针转至正常运行的位置上。

3. 故障处理

在运行过程中，若发现冷却水温度不可控制地升高，首先要检查恒温阀，查看是否因其出故障所致。检查的方法是将通往冷却器的管口手动全开，旁通管口全关。过数分钟后，如果冷水温度下降，说明恒温阀有故障，较大的可能性是感温盒中的石蜡混合液泄漏。若温度仍不下降，说明不是恒温阀的问题，应另找原因。若发现冷却水温度不可控制地降低，则故障最有可能是因为弹簧3发生断裂或滑板5卡死在旁通阀过小的位置。

第二节 气动作用式控制系统

气动控制系统是以压缩空气作为能源，气源压力为0.14MPa。图5-2给出了一种气动温度自动控制系统组成的原理图，即TQWQ型气动温度三通调节阀。

用 TQWQ 型气动温度三通调节阀组成的冷却水温度自动控制系统，采用了按力矩平衡原理工作的比例调节器。测量单元、调节器和显示仪表都装在一个壳体内，是属于基地式仪表。

1. 控制系统的组成及工作原理

测量单元是温包 1，它是由不锈钢材料制成的，里面充注膨胀系数较大、沸点较低的易挥发性的液体。利用温包内介质压力随温度而变化的性质来反映冷却水温度的实际值。温包内压力的变化经软管接入测量波纹管 3。

比例调节器是由主杠杆 4 和作用于主杠杆 4 上的测量波纹管 3、反馈波纹管 5、定值弹簧 6、喷嘴 8、挡板 9 及气动功率放大器 7 等部分组成。由气缸 10、活塞 11、三通阀 14 组成执行机构。

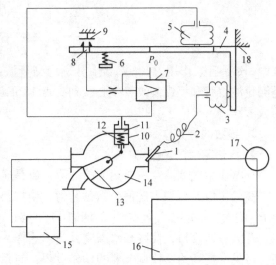

图 5-2 TQWQ 型气动冷却水温度控制系统
1—温包 2—毛软细管 3—测量波纹管 4—主杠杆
5—反馈波纹管 6—定值弹簧 7—气动功率放大器
8—喷嘴 9—挡板 10—气缸 11—活塞 12—弹簧
13—转阀 14—三通阀 15—冷却器
16—主机 17—泵 18—支点

当系统处于平衡状态时，作用于主杠杆 4 上的测量力（温包输出的压力信号与测量波纹管有效面积的乘积）对支点 18 产生的测量力矩，与作用主杠杆 4 上反馈波纹管 5 的反馈力对支点 18 产生的反馈力矩及定值弹簧 6 的张力对支点 18 所产生的力矩相平衡，主杠杆 4 稳定不动，挡板与喷嘴之间的开度不变，气动功率放大器 7 输出一个不变的稳定气压信号，三通调节阀中的转阀 13 的位置固定不变。这样通冷却器管口和旁通管口的开度不变，冷却水温度稳定在给定值上。

当系统受到扰动（如柴油机负载突然增大），冷却水出口管路的水温会升高（温包是插在冷却水出口管路中），温包 1 内的介质汽化加强，通过毛细软管 2 使测量波纹管 3 内的压力升高，主杠杆 4 将绕支点 18 逆时针方向转动。固定在杠杆左端的喷嘴 8 将离开挡板 9，其背压降低，于是气动功率放大器输出压力信号减小（测量信号增大，输出信号减小的调节器称为反作用式调节器）。气缸 10 中的活塞 11 在弹簧作用下向上移动，拉动转阀 13 逆时针方向转动，开大通冷却器的管口，关小旁通管口，即经冷却器的冷却水流量增大，旁通水量减少，使冷却水温度降低，并逐渐向给定值方向恢复。

与此同时，调节器的输出直接送入反馈波纹管 5，使其压力降低，波纹管收缩，将使主杠杆 4 绕支点 18 顺时针方向转动，这就限制了挡板离开喷嘴，这一动作与测量信号的动作方向相反，故称为负反馈。当放大器输出压力减小到使反馈力矩与测量力矩相等（由于挡板开度变化量极小，故定值弹簧的弹性力矩可忽略不计）时，整个系统就会处于一个新的平衡状态。在定值控制系统，给定值是不变的，且把给定值定为坐标的 0 点，则 $P_入=0$ 就是给定值，因此 $P_入$ 就可看做偏离给定值的温度值。在稳态时，调节器的测量力矩等于反馈力矩，则有

$$q_测 g l_1 = q_反 g l_2$$

$$P_{入}gF_{测}gl_1 = P_{出}gF_{反}gl_2$$

$$P_{出} = \frac{F_{测}gl_1}{F_{反}gl_2}P_{入} = KgP_{入}$$

式中，g 是有效作用力。$F_{测}$、$F_{反}$ 分别为测量波纹管和反馈波纹管的有效面积。l_1 和 l_2 分别是测量波纹管和反馈波纹管中心线到支点 18 的距离。可见，这是一台比例调节器，其放大倍数 $K = F_{测} \cdot l_1 / F_{反} \cdot l_2$。

2. 参数的调整

（1）给定值的调整

TQWQ 型气动温度三通调节阀的给定值是通过调整定值弹簧 6 的预紧力来实现的。例如要提高给定值，可增大定值弹簧预紧力，使挡板能靠近一点喷嘴，背压升高，经放大器 7 输出 $P_{出}$ 增大，推动小气缸 10 中的活塞 11 下移，使转阀顺时针转一个角度，关小通冷却器管口，开大旁通管口，使冷却水温度升高。这样，当系统达到稳态时，冷却水温度要比原来的高。可见，提高给定值调节器的动作过程，与系统受到扰动，使冷却水温度降低的动作过程是一样的。反之，要降低给定值，可扭松定值弹簧预紧力。它与系统受到扰动，使冷却水温度升高的动作过程是一样的。系统达到稳态时，冷却水的温度要比原来的温度值低。

（2）比例带的调整

调整 TQWQ 型气动温度三通调节阀比例作用强弱是通过左右移动反馈波纹管改变负反馈强度来实现的。松开反馈波纹管的锁紧螺母，沿主杠杆 4 左移反馈波纹管 5，l_2 增大，负反馈作用强，从 K 的表达式可知，放大倍数 K 减小，比例作用弱，即比例带 PB 大。反之，右移反馈波纹管 5，l_2 减小，K 增大，比例作用强，比例带（PB）小。在操作过程中应注意每左右移动一次反馈波纹管时，都要把它的锁紧螺母锁紧，然后再让系统投入工作。

第三节 电动作用式控制系统

电动式冷却水温度控制系统的类型很多，本节介绍的是采用基地式仪表构成的 MR–Ⅱ 型电动调节控制系统。

1. 冷却水温度控制系统的组成及工作原理

图 5-3 为基地式仪表 MR–Ⅱ 型电动调节仪组成的柴油机气缸冷却水温度控制系统原理图。图中 MR–Ⅱ 型电动调节仪将测量、显示、调节各部分以及相应的开关元件都组装在一个控制箱内，并安装在机舱的集中控制室内。该系统的测量元件是 T_{802} 型热敏电阻，将其插在柴油机气缸冷却水出口管路中。T_{802} 型热敏电阻与温度变化在一定范围内呈线性关系，经分压器分压把气缸冷却水进口的实际温度成比例地转换为电压信号。这个测量信号与电位器调定的代表冷却水温度给定值的电压信号相比较，得到偏差值 e。这个偏差值经比例微分作用输出一个连续变化的控制信号送到脉冲宽度调制器，脉冲宽度调制器把比例微分输出的、连续变化的控制信号调制成脉冲信号。

若测量温度高于给定值，该脉冲信号使"中间继电器 K_{e1}"（见图 5-4b 中 MRK 板）断续通电，其常开触点 S_{r1} 断续闭合，"减少输出接触器 SW_1" 断续通电，它所控制的触点 SW_1 断续闭合，伺服电动机 M 正向断续转动。在伺服电动机 M 的同轴上经减速装置带动两个互成 90°的平板阀，一个控制旁通水量，另一个控制经冷却器的淡水流量。当伺服电动机

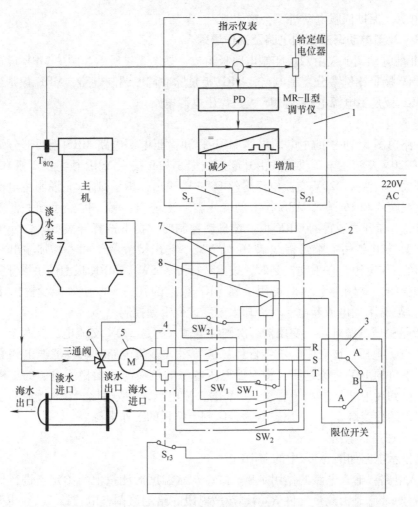

图 5-3　MR-Ⅱ型电动调节仪组成的柴油机气缸冷却水温度控制系统图
1—MR-Ⅱ型电动调节仪　2—开关组　3—限位开关　4—过载保护继电器　5—三相交流伺服电动机
6—三通阀　7—减少输出接触器 SW_1　8—增加输出接触器 SW_2

正向转动时，关小旁通阀，开大经冷却器的淡水阀，从而使冷却水温度降低下来。当冷却水温度低于给定值时，脉冲宽度调制器输出的脉冲信号使"中间继电器 K_{e2}"断续通电，常开触点 S_{r2} 断续闭合，"增加输出接触器 SW_2"断续通电，其触点 SW_2 断续闭合。于是伺服电动机 M 反向断续转动，使冷却水温度回升。当冷却水温度测量值等于或接近给定值时，调节器无输出，"减少"和"增加"输出接触器均断电。SW_1 和 SW_2 组合开关均断开，伺服电动机 M 停转。三通调节阀的开度不变。

在"减少输出接触器 SW_1"和"增加输出接触器 SW_2"的通电电路中分别串联了"中间继电器" K_{e2} 和 K_{e1} 的常闭触点 SW_{21} 和 SW_{11}，其作用是互相联锁，防止两个接触器 SW_1 和 SW_2 同时通电。限位开关的作用是当伺服电动机 M 转至接近极限位置时限位开关自动断开，切断伺服电动机 M 的电源使伺服电动机停转，以免调节阀卡牢在极限位置，造成伺服电动机回行时起动电流过大。过载保护继电器的作用是，当某种故障使伺服电动机 M 工作电流过大时，过载保护继电器动作使开关 S_{r3} 断开。这时接触器 SW_1 和 SW_2 均断电，切断伺服电动机 M 的电源，保护伺服电动机不会被烧毁。

2. MR-Ⅱ型电动调节仪的电路及工作原理

MR-Ⅱ型电动调节仪由六块印制电路板组成，如图 5-4 所示。图中 MRB 板是输入和指示电路，MRV 板是比例微分控制电路，MRD 板是脉冲宽度调制电路，MRK 板是继电器和开关电路，MRP 板是主电源电路，MRS 板是稳压电源电路。

（1）电源电路

电源电路由图 5-4b 中的主电源电路 MRP 板和稳压电源电路 MRS 板两部分组成。主电源电路是由 220V 交流主电源供给并由外部接线端 8 和 9 接入 MRP 板上的 1 端和 17 端。合上电源主开关 SW_1 后，220V 交流电经熔丝 F_1 和 F_2 送出，指示灯 H_2 亮说明主电源正常。其中一路经接线端 4 和 16 送入 MRS 板上的变压器一次绕组；另一路经手动—自动选择开关 SW_2 送至继电器和开关装置的 MRK 板。在自动控制时，按下选择开关 SW_2，使电源一端经接线端 8 和 15 与电源另一端经接线端 16 对"减少输出接触器"和"增加输出接触器"构成 220V 交流工作电源；在手动控制时，拔出选择开关 SW_2，MRK 板上的手操开关 SW_1 经接线端 11 与电源的一端相连。这时可用手操 MRK 板上的开关 SW_1 使"减少输出接触器"或"增加输出接触器"通电或断电，对冷却水温度进行手动控制。

MRS 板是稳压电源电路。变压器一次侧绕组输入的是 220V 交流电压，两个二次侧绕组均输出 21V 交流电压。该交流电压各自经二极管桥式整流电路、阻容滤波电路和稳压器得到两个上正下负的 16V 直流电压，将上面稳压电源的负极与下面稳压电源的正极短接并接地，这样就得到对地的 +16V、0V 及 -16V 的直流电源，并分别经 MRS 板上的接线端送至各印制电路板的接线端 2、6 和 18，作为各印制电路板的工作电源。

（2）输入和指示电路

输入和指示电路如图 5-4a 中的 MRB 板。

1）输入电路：输入电路的作用是将气缸冷却水温度的测量值与给定值进行比较，输出一个偏差信号 e。它是由测量元件 R_{T802} 型热敏电阻、给定值调整电位器 R_{W1}、电阻 R_3、R_7、R_6 和 R_8 及运算放大器 TU_1 等元件组成。R_{T802} 型热敏电阻的两端经外部接线端 2 和 3 接在 MRB 板上的 12 和 6 端。假定 $R_3 \gg R_1$、R_2、R_{T802}，则 A 点的电位 U_A 为

$$U_A = \frac{R_2 // R_{T802}}{R_1 + (R_2 // R_{T802})} \times 16V = \frac{R_2}{\frac{R_1 \cdot R_2}{R_{T802}} + (R_1 + R_2)} \times 16V$$

R_{T802} 型热敏电阻具有负的温度系数，即温度升高电阻值减小。显然当冷却水温度升高时，由于 R_{T802} 减小使 U_A 降低。当冷却水温度从 0℃ 变化到 100℃ 时，对应的 U_A 从 3.5V 变化到 1.48V，U_A 经电阻 R_3 到运算放大器 TU_1 的反相端。B 点电位 U_B 相当于冷却水温度处在给定值时所对应的电压信号。它是经 R_4、R_5 和电位器 R_{W1} 分压得到的，并经 R_6 和 R_8 分压加到 TU_1 的同相端。调整电位器 R_{W1} 可调整 U_B 的大小，即调整冷却水温度的给定值。C_1 和 C_2 是滤波电容，滤掉两个输入端的交流干扰信号。TU_1 是一个差动输入运算放大器。

如果选取 $R_7/R_3 = R_8/R_6$，其输出信号 U_{15} 为

$$U_{15} = \frac{R_7}{R_3}(U_B - U_A)$$

这个关系式表明该电路输出电压信号 U_{15} 就是冷却水温度偏差电压信号的 R_7/R_3 倍。如

果冷却水温度正好等于给定值，$U_B = U_A$，则 $U_{15} = 0$；而当冷却水温度高于给定值时，U_A 减小，$U_B > U_A$，则 U_{15} 为正值；若冷却水温度低于给定值，U_A 增大，$U_B < U_A$，则 U_{15} 为负值。可见，TU_1 的输出 U_{15} 表示了冷却水温度偏差值的大小和方向。在 TU_1 的反馈回路中，并联了一个电容 C_6，它相当于在 TU_1 的比例运算环节中串联了一个惯性环节，其作用是防止电路振荡，提高电路的稳定性。

图 5-4a 中 SW_1 是内给定与外给定切换开关，外给定电压信号可以从端子 10 引进，内给定电压信号由电阻 R_4、R_5 和电位器 R_{W1} 分压电路给出。

2）指示电路：指示电路的作用是显示冷却水温度的测量值和给定值。指示电路由运算放大器 TU_2、晶体管 VT_1、反馈电阻和电位器 R_{W2}、R_{W3}、电流表（温度表）G 等元件组成。电流表 G 的满量程是 0～1mA，对应于冷却水温度（测量值或给定值）0～100℃，表头 G 用温度刻度。

反映冷却水温度测量值的 A 点电位 U_A 经转换开关 SW_2 送至运算放大器 TU_2 的同相输入端，反相输入端是晶体管 VT_1 的发射极的电位。当冷却水温度升高时，U_A 降低，TU_2 的输出降低，晶体管 VT_1 的基极电位 U_6 降低时，它的集电极电流增大，使电流表的指针朝增大读数的方向转动。随着 VT_1 集电极电流的增大，VT_1 发射极的电位，即反馈到 TU_2 的反相输入端的电位降低，由于负反馈减弱使 TU_2 输出 U_6 有所增加。这就限制了集电极电流的增大。当

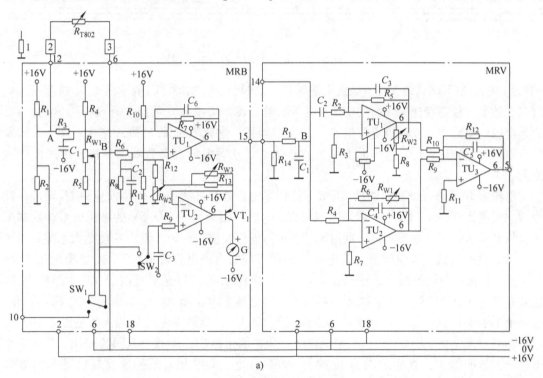

图 5-4　MR-Ⅱ型电动调节仪的电路图

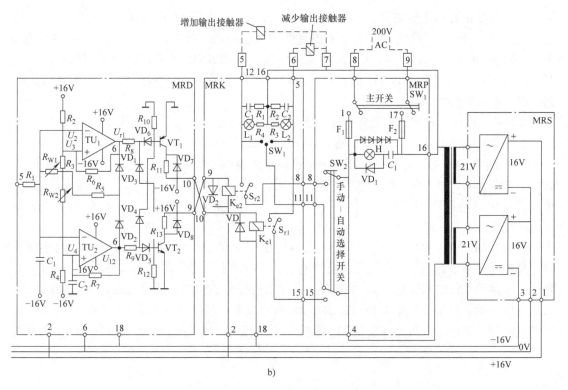

图 5-4 MR-Ⅱ型电动调节仪的电路图（续）

VT_1 发射极电位下降到使 VT_1 集电极电流不再增加时为止。这时 TU_2 的输出 U_6 不再改变，电流表读数也就稳定在比原来高的值上。相反，当冷却水温度降低时，U_A 升高，U_6 升高，VT_1 的集电极电流减小，发射极电位升高，负反馈增强，这就限制 U_6 的继续增大。当 VT_1 的发射极电位升高到使 VT_1 集电极电流不再减小为止，这时电流表读数就稳定在比原来低的数值上。

电流表 G 需进行调零和调量程。R_{W2} 是调零电位器。在表头 G 调零前应将 U_A 调准，即冷却水温度为 0℃ 时，$U_A = 3.5V$。这时可在 TU_2 的同相端加一个 3.5V 的电压信号，观察温度表指针是否指零，如果不是，通过电位器 R_{W2} 进行调整。例如，表头 G 读数大于零，说明 U_6 太低，这时应减小电位器 R_{W2} 的电阻值，使 VT_1 发射极电位降低，TU_2 的输出电压 U_6 增大，使 VT_1 集电极电流减小，直到表头 G 的读数回零。即调零是通过改变 VT_1 发射极电位，也就是 TU_2 的负反馈强度来实现的。调量程是通过调整电位器 R_{W3} 来实现的。在 TU_2 同相端加一个 1.48V 电压信号（相当于冷却水温度为 100℃），观察温度表 G 的读数是否是 100℃。如果不是，而是低于 100℃，这时要调整 R_{W3} 使电阻值减小，即减小其限流作用，使 VT_1 集电极电流有所增大，直到表头 G 读数为 100℃ 为止。调零和调量程要反复进行几次方能调准。

图 5-4a 中 SW_2 是选择切换开关。SW_2 合于下面，仪表指示冷却水温度的测量值；SW_2 合于上面，指示冷却水温度的给定值。

（3）比例微分控制电路

比例微分控制电路如图 5-4a 中的 MRV 板。它主要由微分运算放大器 TU_1、比例运算放

大器 TU_2 和反相加法运算放大器 TU_3 组成。由输入电路送来的 U_{15} 经阻容滤波之后得到 B 点电压 U_B，U_B 等于 $K_1 \cdot U_{15}$，K_1 为比例系数。图中 U_B 分别送到 TU_1 和 TU_2 的反相输入端。

1）微分控制电路：微分控制电路由运算放大器 TU_1、输入电容 C_2 和电阻 R_2 及反馈回路等组成。在电路中如果没有反馈电容 C_3，它是一个实际的微分环节。反馈回路电压是 TU_1 的输出经 R_{W2} 和 R_8 分压得到的，即为 $\frac{R_8}{R_8+R_{W2}}U'_6$，于是

$$\frac{U_B(s)}{R_2+\frac{1}{SC_2}} = -\frac{\frac{R_8}{R_8+R_{W2}}U'_6(s)}{R_5}$$

则

$$U'_6(s) = -\left(1+\frac{R_{W2}}{R_8}\right)\frac{SC_2 R_5}{SC_2 R_2+1}U_B(s)$$

在反馈回路增加电容 C_3 相当于在实际微分环节中串联一个惯性环节，它能增强抗干扰能力，提高电路的稳定性。

2）比例控制电路：比例控制电路是由运算放大器 TU_2、输入电阻 R_4 及反馈回路等组成的，如果电路中没有电容 C_4，则 TU_2 的输出电压 U''_6 为

$$U''_6(s) = -\frac{R_6+W_1}{R_4}U_B(s)$$

在电路中增加电容 C_4，同样是增强抗干扰能力，提高电路的稳定性。

3）比例和微分控制电路的综合输出：微分控制电路和比例控制电路的输出分别经电阻 R_{10} 和 R_9 加到反相加法运算放大器 TU_3。若取 $R_9=R_{10}=R_{12}$，而且不考虑电容 C_5 的作用（作用同电容 C_3 和 C_4），则 TU_3 输入与输出的关系为

$$\frac{U'_6(s)+U''_6(s)}{R_9} = -\frac{U_5(s)}{R_{12}}$$

或

$$U_5(s) = -[U'_6(s)+U''_6(s)]$$

$$U_5(s) = \left[\left(1+\frac{W_2}{R_8}\right)\frac{SC_2 R_5}{SC_2 R_2+1}U_B(s)+\frac{R_6+W_1}{R_4}U_B(s)\right]$$

$$= \frac{R_6+W_1}{R_4}\left[\frac{R_8+W_2}{R_8}\cdot\frac{R_4}{R_6+W_1}\cdot\frac{SC_2 R_5}{SC_2 R_2+1}+1\right]U_B(s)$$

令 $K_P = \frac{R_6+W_1}{R_4}$，称比例系数；$T_d = \frac{R_8+W_2}{R_8}\cdot\frac{R_4 R_5}{R_6+W_1}C_2$，称微分时间。

若取 $R_2 \ll R_5$，则可得

$$U_5(s) = K_P(1+T_d S)U_B(s)$$

这是理想比例微分调节规律。调整 R_{W1} 可改变比例系数 K_P，即整定比例微分调节器的比例带 PB，调整 R_{W2} 可整定微分时间 T_d。

可见，比例微分控制电路的输出 U_5 与 U_B 是同极性的，与 U_{15} 也是同极性的。

(4) 脉冲宽度调制电路

脉冲宽度调制电路如图 5-4b 中的 MRD 板。脉冲宽度调制电路的作用是把比例微分控制电路送来的连续变化的信号调制成脉冲信号，使"减少输出接触器"或"增加输出接触器"

断续通电，控制伺服电动机 M 断续正反转，改变旁通阀的开度，从而达到控制冷却水温度的目的。

脉冲宽度调制电路是由运算放大器 TU_1 和 TU_2、二极管 $VD_1 \sim VD_8$、晶体管 VT_1 和 VT_2、控制充放电的电容 C_1、电阻 R_1 和 R_5、电位器 R_{W1} 及其他元件组成。TU_1 和 TU_2 的同相端分别接由 +16V 和 -16V 电源经电阻 R_2、R_3、R_4 及电位器 R_{W2} 分压得到的电压，通过调整电位器 R_{W2}，使 TU_1 同相端输入一个较小的正电压，TU_2 的同相端输入一个较小的负电压，而且这两个电压的绝对值相等。TU_1 和 TU_2 是带回差的电压比较器，当同相输入端电压大于反相端时，比较器输出正饱和；当反相输入端的电压大于同相端时，比较器输出负饱和；当同相端与反相端电压相等时，比较器输出为零。在电路中，TU_1 和 TU_2 通过 R_6 和 R_7 接成正反馈，用于提高 TU_1 和 TU_2 输出的反翻速度及输出的稳定性。

1）当冷却水测量温度等于给定值时，比例微分控制电路的输出 $U_5 = 0$。这时，TU_1 和 TU_2 的反相输入端电压均等于零。因为 TU_1 的同相输入端是一个较小的正电压，所以 TU_1 输出为正饱和电压值 U_{F1}，二极管 VD_6 和晶体管 VT_1 均截止，中间继电器 K_{e1} 的 -16V 电源不可能对地构成通路。因而继电器 K_{e1} 断电，它的常开触点 S_{r1} 断开，"减少输出接触器"断电。由于 TU_2 同相输入端是一个绝对值较小的负电压，TU_2 输出为负饱和电压值 U_{F2}，二极管 VD_5 和晶体管 VT_2 均截止，+16V 电源不能对地构成通路，中间继电器 K_{e2} 断电，"增加输出接触器"断电。所以图 3-4b 中的开关 SW_1 和 SW_2 均断开，伺服电动机 M 停转。当冷却水温度在给定值附近出现较小变化，即偏差值很小时，U_5 也很小。若 U_5 的绝对值不超过 TU_1 和 TU_2 同相输入端电压的绝对值，则 TU_1 和 TU_2 仍保持原来的输出状态，伺服电动机 M 仍然停转。可见 TU_1 同相端和 TU_2 同相端之间的电压是冷却水温度控制的不灵敏区。调整 R_{W2} 可以调整不灵敏区的大小。不灵敏区不能调整得太小，否则伺服电动机 M 动作频繁；不灵敏区也不能调整得太大，否则，冷却水温度需要偏离给定值较大时，伺服电动机 M 才会开始转动，使控制系统静态精度降低。

2）当冷却水测量温度高于给定值，而且超过不灵敏区时，U_5 为正极性。此时，U_5 通过 R_1 向电容 C_1 充电，电容 C_1 两端电压按指数规律不断增加，其极性为上正下负。这时 TU_2 输出电位 U_{F2} 仍为负饱和，"增加输出接触器"仍然断电。而 TU_1 反相输入端的正极性电压不断增加，当该电压值高于同相端时，TU_1 的输出就由正饱和翻转为负饱和，二极管 VD_6 和晶体管 VT_1 均导通。中间继电器 K_{e1} 通电动作，它的常开触点 S_{r1} 闭合，"减少输出接触器"通电，伺服电动机 M 正转，关小旁通阀，开大经冷却器的淡水阀，使冷却水温度降低。当 TU_1 输出为负饱和时，二极管 VD_1 导通，极性为上正下负的电容 C_1 要经电位器 R_{W1}、电阻 R_5、二极管 VD_1 到 TU_1 的输出端进行放电，由于电容 C_1 放电，使得加在 TU_1 反相端的电压不断降低，当其电压值低到小于同相端电压时，TU_1 的输出由负饱和翻转成正饱和，VD_6 和 VT_1 截止，"减少输出接触器"断电，伺服电动机 M 停转。这时，由于 VD_1 截止，切断电容 C_1 放电通路，使 U_5 又经 R_1 向 C_1 充电。当 TU_1 反相输入端电压高于同相端时，TU_1 输出又为负饱和。于是，由于电容 C_1 的充放电，TU_1 输出为正、负饱和交替进行，"减少输出接触器"断续通电，伺服电动机 M 断续朝逆时针方向转动。随着调节过程的进行，冷却水温度逐渐下降，U_5 的电位值也越来越低，充电时间也越来越长，$T_{off1} < T_{off2} < T_{off3}$，执行伺服电动机 M 停转时间越来越长。随着 U_5 的减小，放电时间 $T_{on1} > T_{on2} > T_{on3}$，即执行伺服电动机 M 转动时间越来越短，比例微分调节作用越来越弱，这样可以有效地抑制超调量。直到冷却水温度回到给定值或给定值附近，使 U_5 等于零或接近零，TU_1 输出为稳定的正饱和，伺服电动机 M 才停止转动。TU_1 反相输入端电位 U_2、同相输入端 U_3 和输出端电位 U_{F1} 的变化曲线及伺服电动机 M 动作时序图如图 5-5 所示。

在伺服电动机 M 断续转动过程中，转动时间与放电时间常数 $T = (R_{W1} + R_5)C_1$ 和比例微分环节送来的信号 U_5 幅值大小和变化速度有关，而停转时间只与比例微分环节送来的信号 U_5 幅值大小和变化速度有关。若 U_5 不变，电容 C_1 放电越慢，TU_1 输出电位 U_{F1} 负饱和的时间越长，即伺服电动机 M 转动时间越长，停转时间短一些；反之，电容 C_1 放电越快，TU_1 输出电位 U_{F1} 负饱和的时间越短，伺服电动机 M 转动时间短，停转时间长一些。电容的放电回路是由电阻电容组成的惯性环节实现的。调整 R_{W1} 可改变惯性环节的时间常数，即调整脉冲宽度调制电路的脉冲宽度。调大 R_{W1} 电阻值，时间常数 T 大，电容充放电慢，脉冲宽度宽，电机转动的时间长；

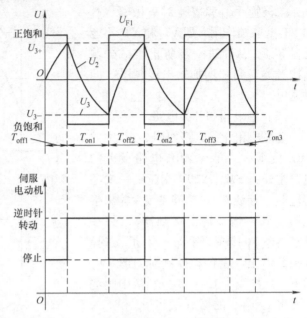

图 5-5 TU_1 输入端电位 U_2、U_3 和输出端电位 U_{F1} 的变化曲线及伺服电动机动作时序图

反之，调小 R_{W1} 电阻值，脉冲宽度变窄，伺服电动机 M 转动的时间短。当 R_{W1} 调定后，若冷却水温度的偏差值较大，尤其是偏差的变化速度较快时，U_5 就会反映这个偏差变化速度，其变化速度也会较快，且较短时间内幅值也会有较大的增加，这时对电容 C_1 来说，在 TU_1 输出电位 U_{F1} 负饱和状态下，U_5 对电容 C_1 的充电速度可能会大于电容 C_1 对 TU_1 输出端的放电速度，则伺服电动机 M 将会保持连续的转动。直到由于 U_5 的减小，使其放电速度大于充电速度时，伺服电动机 M 才恢复断续转动的状态。随着冷却水温度的偏差不断减小，U_5 越来越小，伺服电动机 M 停转时间越来越长，转动时间越来越短。MR-Ⅱ型电动调节仪的控制作用越来越弱，这样可以有效地防止调节过头。当 U_5 小于不灵敏区时，伺服电动机 M 停止转动。

3）当冷却水测量温度低于给定值，而且超过不灵敏区时，U_5 为负极性。TU_1 输出为正饱和，"减少输出接触器"断电。当 TU_2 反相输入端电压低于同相端时，TU_2 输出为正饱和，VD_5 和 VT_2 导通，中间继电器 K_{e2} 通电动作，其常开触点 S_{r2} 闭合，"增加输出接触器"通电，图 5-5 中的开关 SW_2 闭合，伺服电动机 M 反转，开大旁通阀，关小经冷却器的淡水阀使冷却水温度回升。当 TU_2 输出为正饱和时，VD_2 导通并经 R_5、R_{W1} 向电容 C_1 充电。当 TU_2 反相输入端电压绝对值小于同相端时，TU_2 立即输出负饱和，VD_5 和 VT_2 截止，"增加输出接触器"断电，伺服电动机 M 停转。同时，VD_2 截止切断了向电容充电的回路，在负极性 U_5 的作用下，使电容 C_1 负电压值不断增加。当该值超过 TU_2 的同相端的负电压值时，TU_2 的输出又立即翻转为正饱和，伺服电动机 M 再次反转。可见，当冷却水温度低于给定值时，伺服电动机 M 是断续反转，直到冷却水温度回到给定值或给定值附近为止。

TU_2 输入反相端电位 U_2、同相端 U_3 和输出端电位 U_{F2} 的变化曲线及伺服电动机 M 动作时序图如图 5-6 所示。

二极管 VD_3 和 VD_4 对三极管 VT_1 和 VT_2 起联锁作用，即 VT_1 和 VT_2 不能同时导通，从而进一步防止"减少输出接触器"和"增加输出接触器"同时通电。

（5）继电器和开关电路

继电器和开关电路如图 5-4b 中的 MRK 板所示。合上 MRP 电路板上的电源主开关 SW_1，220V 交流电一端经熔丝 F_2、接线端 16 送至"减少输出接触器"和"增加输出接触器"，另一端经熔丝 F_1 接在"手动—自动"选择开关 SW_2 上。在自动控制时，把 SW_2 按下，经接线端 15 和 8 分别接中间继电器 K_{e1} 和 K_{e2} 的常开触点 S_{r1} 和 S_{r2}，并控制"减少输出接触器"和"增加输出接触器"的通断电。指示灯 L_1 和 L_2 指示伺服电动机 M 的转动方向，其

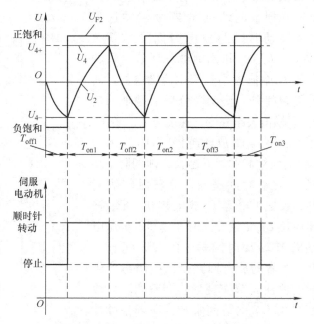

图 5-6 TU_2 输入端电位 U_2、U_3 和输出端电位 U_{F2} 的变化曲线及伺服电动机动作时序图

中阻容电路的作用是伺服电动机在同一方向断续转动时，L_1 或 L_2 保持常亮，不会因脉冲宽度调制电路输出的脉冲信号而闪亮。

当自动控制系统出现故障时，可改为手动操作。这时，要把 MRP 板上的"手动—自动"选择开关 SW_2 拉出，使接线端 15 和 8 与电源断开。接线端 11 与电源接通。这时，中间继电器 K_{e1} 和 K_{e2} 不起作用，可手操 MRK 板上开关 SW_1，通过闭合右面或左面的触点，控制"减少输出接触器"或"增加输出接触器"的通断电，从而控制伺服电动机 M 正反转。

（6）控制系统管理要点及常见故障分析

1）MR-Ⅱ型电动调节仪操作面板：MR-Ⅱ型电动调节仪操作面板如图 5-7 所示，它由一个温度表 A 和五块插板组成。

温度表 A 是 MRB 板上的电流表 G（见图 5-4a），它把电流 0～1mA 的变化范围按比例地改为 0～100℃ 的刻度，以指示冷却水温度的实际值和给定值。

插板 B 是 MRB 板。旋钮 1 是 MRB 板上的电位器 R_{W1}，用来整定冷却水温度的给定值。按钮 2 是 MRB 板上的转换开关 SW_2，拔出按钮，温度表 A 指示冷却水温度的实际值，按下按钮，温度表 A 指示冷却水温度的给定值。

插板 C 是 MRV 板。上面的两个旋钮 3 和 4 是 MRV 板上的电位器 R_{W2} 和 R_{W3}，旋钮 3 用来整定微分时间，旋钮 4 用来调整

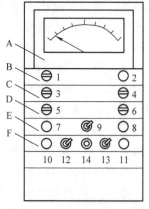

图 5-7 MR-Ⅱ型电动调节仪操作面板

比例带。

插板 D 是 MRD 板。旋钮 5 是 MRD 板上的电位器 R_{W2}，用来调整 TU_1 和 TU_2 的不灵敏区。旋钮 6 是 MRD 板上的电位器 R_{W1}，用来调整脉冲宽度。

插板 E 是 MRK 板。7 和 8 是 MRK 板上的指示灯 L_1 和 L_2，用来指示伺服电动机 M 的运转方向。开关 9 是 MRK 板上的手操开关 SW_1，当自动控制系统发生故障时，可用手扳动开关 9 对冷却水温度进行手动控制。

插板 F 是 MRP 板。10～14 都在 MRP 板上。其中 10 和 11 是熔丝 F_1 和 F_2；14 是发光二极管 VD_2，指示电源是否正常。如果电源正常，合上电源主开关，VD_2 是亮的。开关 12 是"手动—自动"转换开关 SW_2，扳到右边是"自动"位置，扳到左边是"手动"位置。开关 13 是电源主开关 SW_1，扳到右面 SW_1 合上，扳到左面 SW_1 断开。

2）控制系统投入工作：首先将开关 12 扳到左面的手动位置，开关 9 保持中间位置，然后把开关 13 扳到右边位置，接通主电源，电源指示灯 14 亮。若不亮，可检查熔丝 10 和 11 是否烧坏。电源正常后，按下按钮 2，转动旋钮 1，让温度表指示冷却水温度的给定值，再把按钮 2 拔出，让温度表指示冷却水温度的测量值。接着手操开关 9，将冷却水温度调节到给定值附近后，把开关 9 回复到中间位置，然后把开关 12 扳到右面的自动位置，从而可实现无扰动切换，自动控制系统便可投入工作。

3）参数调整：控制系统安装以后，MR-Ⅱ型电动调节仪的比例带、微分时间、不灵敏区和脉冲宽度等调整旋钮不要轻易转动。确实发现控制系统过渡过程不理想需要调整时，每次调整量要小，每调一次都要仔细观察温度表指针的变化情况，直到调好为止。

4）常见故障分析：在自动控制系统工作过程中，如果发现温度表指示的测量值与给定值之间有较大的偏差值，而指示灯 7 和 8 都不亮，说明伺服电动机 M 没有转动。这时必须立即将开关 12 扳到左面的"手动"位置，然后手操开关 9。如果此时伺服电动机 M 可以正转和反转，说明控制电路出现故障，可分别抽出 MRB 板、MRV 板和 MRD 板，人为地输入一个信号，观察其输出 U_{15}、U_5、U_{10} 和 U_9 是否变化。哪块板输出不变化，故障就出在哪块板上，换一块备件插板，控制系统就能恢复正常工作。若在手操开关 9 时，伺服电动机 M 仍然不转，说明自动控制系统没有故障，故障出现在执行机构中，例如伺服电动机 M 烧毁或轴卡死、过载保护继电器动作、伺服电动机 M 的电源切断等。如果手操开关 9，伺服电动机 M 能在一个方向上转动而在另一个方向上不能转动，可能是"减少输出接触器"或"增加输出接触器"的线圈烧断，或者它们的触点因磨损、烧蚀而不能闭合，应及时检查修复。

第四节 数字式中央控制系统

一、数字式中央冷却水温度控制系统概述

传统的大型船舶冷却系统用淡水强制冷却受热部件，然后用海水强制冷却淡水和其他载热工质（如增压空气、滑油、制冷剂等）。在系统布置上淡水冷却属闭式循环，海水冷却属开式循环，两者组成的冷却系统称为闭式冷却系统。该系统管路复杂，热交换器众多，机舱布置困难，检修不方便，在大型船舶上已呈越来越少被采用的趋势。自 20 世纪 70 年代开始出现了一种新型的冷却系统，即中央冷却系统。这种冷却系统的基本特点是由高温淡水、低

温淡水、海水三个分系统组成：闭式的高温淡水（约 80~85℃）用于冷却主柴油机、气缸盖、废气涡轮增压器；低温淡水（约 30~45℃）用于冷却高温淡水、发电柴油机气缸套、增压空气、活塞冷却油、柴油机系统滑油、空气压缩机、船舶空调冷凝器、船舶伙食装置冷凝器、蒸汽冷凝器；受热后的低温淡水在一个中央冷却器中由开式的海水系统进行冷却。

中央冷却系统较传统的闭式冷却系统有以下明显优点：1）海水管系及热交换器少，减少海水腐蚀、机舱舱底水量和维修工作量；2）高温、低温两路淡水分别冷却不同受热部件，便于控制温度，便于保持柴油机气缸冷却水温度稳定，使柴油机保持最佳冷却状态运转；3）淡水系统管路清洁，腐蚀小，维修工作量小和工作可靠。

中央冷却系统也存在以下缺点：1）附加管路阻力损失增加泵耗功，泵功率要求大；2）仍存在海水管系和大功率主海水泵，初投资大，海水管路仍存在腐蚀，维修工作量较大，工作可靠性受到影响。

近年，在建造的现代化大型船舶中，大多采用中央冷却系统，但在中、小型船舶中仍然有相当一部分采用传统的闭式冷却系统。船舶冷却水温度的控制手段目前还是以旁通控制法为主，即把被冷却的高温水分成两路，一路经过冷却器，另一路经过旁通管路，由三通调节阀对冷水和热水进行混合，得到不同的调节阀出口温度。温度控制器根据设定温度和测量点温度偏差值按一定的调节规律输出控制信号至执行机构，改变调节阀的旁通口开度，从而实现测量点温度的自动控制。

本节仅介绍单片机式中央冷却水温度自动控制系统的组成、工作原理、参数调整方法及管理要点。

二、冷却水温度控制系统的参数设置及调整

1. ENGARD 中央冷却水温度控制系统概述

ENGARD 中央冷却水温度控制系统是 Alfa–Laval 的产品，它采用 8032 单片机取代了常规的变送器和调节器，是新一代船舶中央冷却水自动控制系统。ENGARD 控制系统如图 5-8 所示。它包括海水（SW）回路和低温（LT）淡水回路两大部分，由 ENGARD 控制单元 1、两个 PT100 回路温度传感器 2 和 4，低温淡水回路调节阀 3、3 台海水泵 5 和 2 台低温淡水泵 6 组成。如果调节阀是气动作用式，需要配置电/气（E/P）转换器。操作人员可在控制单元 1 的操作面板上设定参数，控制系统通过海水流量的有级调节和调节阀 3 来控制低温淡水回路的温度。

ENGARD 控制系统具有如下特点：

1）使用有级调速电机后，水泵电机运行温度明显下降，同时减少了机械磨损和维修工作量。

2）保护功能可靠，大大减少了因过载或单相运行而烧坏电机的现象。

3）通过优化进入中央冷却器的海水流量，节能效果明显。

4）ENGARD 控制系统采用了 8032 单片机，具有完善的自检、控制、显示、多种故障报警等功能，提高了系统的可靠性。海水泵电机与低温淡水温度调节阀通过控制系统可按设定的不同参数进行控制，具有很强的适应性和灵活性。该系统可通过 RS232 与上位机进行通信，便于全船动力装置的集中控制与监视。

第五章 冷却水温度自动控制系统

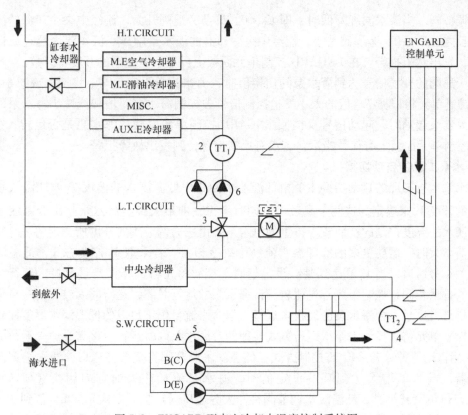

图 5-8　ENGARD 型中央冷却水温度控制系统图

1—ENGARD 控制单元　2—LT 回路温度传感器（TT_1）　3—LT 回路调节阀（V_1）
4—SW 回路温度传感器（TT_2）　5—冷却海水泵　6—低温淡水泵　M—执行机构伺服电动机

2. ENGARD 控制单元

ENGARD 控制单元是一种具有比例积分控制作用的全自动温度控制系统。它由印制电路板、固态继电器、电源滤波器、变压器和接线端子排等组成，微处理器 8 位，有 PROM、E^2PROM、RAM 存储器。对冷却水温度进行 PI 定值控制过程可以自动控制，必要时也可以手动控制。海水泵手动操作时，调节阀仍可工作在自动状态，反之亦然。其控制面板上有操作按钮、模式开关、数码显示和电机工况以及系统报警 LED，当系统出现故障或调节失灵时，可以通过机舱的警报系统发出声光报警。

三、工作原理

海水泵的控制不仅取决于中央冷却器热负荷，而且还受淡水泵流量、海水泵流量、海水温度及中央冷却器的脏污程度有关。淡水温度在一定的范围内变化时，低温淡水调节阀控制流经中央冷却器的淡水量。当某一工况下海水流量已经达到预先设定值，且淡水温度无法回到设定值时，控制单元将产生一控制信号，切换海水泵工况，改变海水通过冷却器的流量，从而达到控制低温淡水回路中低温淡水温度的目的。

1. 低温淡水回路温度的自动控制

在低温淡水回路淡水泵之后检测低温淡水温度为 T_1，T_1 与低温淡水的设定值 T_L 相比较得偏差值 $E_L = T_1 - T_L$，偏差信号经微处理器按 PI 控制规律处理后输出控制信号到低温淡水回路的调节阀。当淡水温度降低时，即 $E_L<0$，调节旁通阀开大，流经中央冷却器的淡水量减小；反之，$E_L>0$，旁通阀关小，流经中央冷却器的淡水量增多。淡水温度超过或低于限制值时，发出越限报警。在 ENGARD 控制单元面板上可显示旁通阀的开度百分数。

当旁通阀的开度信号达到海水泵的切换值时，海水流量设定值 T_{SW} 将增大或减小，ENGARD 控制单元将根据 T_{SW} 值的大小发送控制信号去控制海水泵，增加或减小海水泵的运行台数。海水泵起动时，起动信号反馈回 ENGARD 控制单元以确认海水泵是否运转，在 ENGARD 控制单元面板上有信号指示。若没有反馈信号，则发出故障报警。

2. 水泵工况的自动切换

海水泵运行工况的自动切换主要由低温淡水回路中低温淡水的温度 T_1 或低温淡水三通调节阀的开度 V_1 来决定，这两个参数可以同时考虑，即最大排量海水泵是由低温淡水回路中低温淡水的温度控制的；而较小排量的海水泵是由三通调节阀的开度所觉定的。冷却系统的热负荷增大时，需要更多的冷却淡水流经中央冷却器。若采取 V_1 控制方式，低温淡水调节阀将关小旁通口，当 V_1 值达到某一设定值时，控制单元将选择大排量泵投入运行，如果两台泵的排量相同，控制单元首先比较两台海水泵的运行时间，运行时间较短的一台优先起动，如果最大排量一台海水泵已经投入运行，但海水流量仍不足以使低温淡水温度回到正常值，则控制单元将选择海水泵组运行方式，即两台海水泵同时运行。接着，原先运行的海水泵在 5s 后自动停掉；若采取 T_1 控制方式，低温淡水调节阀将全关旁通口，淡水全部流经中央冷却器，当 T_1 值增大达到某一设定值时，海水泵流量往大的方向切换（CHANGE - OVER）。热负荷减小时，低温淡水调节阀将开大旁通口（V_1 控制方式），当 V_1 值到达某一设定值时，控制单元选择一台较小排量的海水泵运行或选择较小排量海水泵组运行方式，原先运行的海水泵在 5s 后自动停掉；若采取 T_1 控制方式，低温淡水调节阀的旁通口全开，当 T_1 值降低达到某一设定值时，海水泵流量向小的方向切换（CHANGE - DOWN）。

ENGARD 控制单元自动调节 T_1、V_1 与冷却海水流量之间的参数匹配，避免海水泵的频繁起停和淡水温度的大幅度振荡。如果低温淡水调节阀控制旁通口开度 V_1 的变化范围在 0% ~ 5% 之内，并且淡水温度偏离设定值不超过 0.5℃，则不需要对海水泵的流量进行调节。海水管路在流量较小时，可以以每隔 2min 的间隔起动一次非正在运转的水泵，目的是增加海水流量以实现对管路内的沉积物进行冲洗。在冲洗期间，低温淡水阀位的百分数和淡水温度与"FLU"将在操作面板的显示窗口中交替出现。冲洗的间隔时间可通过参数 P_{12}（参见表 5-2）在数值 0 ~ 999 之间进行设置，$P_{12}=0$，取消该功能。

3. 报警与显示

如果故障多于一个，先显示第一个未确认的报警，该报警确认后，再显示下一个报警。如果在 5s 之内未复位过程报警，则触发机舱中央报警单元。发生功能报警时，低温淡水调节阀开度保持原位不变。各种报警信号汇总见表 5-1。

表 5-1 ENGARD 报警信号汇总表

报警符号	报警原因		报警符号	报警原因	
ⓉⓉ₁	淡水高温或低温	P	⌂2-	控制模块错误	F

(续)

报警符号	报警原因		报警符号	报警原因	
海水泵反馈信号故障		P	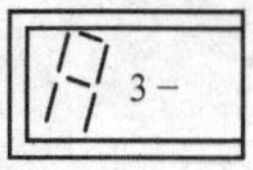 3-	"Program mode" 时间太长	F
扩展报警，I/P 转换器气源中断。中央冷却器后的海水温度偏高		P	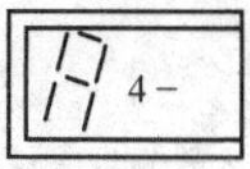 4-	电源故障	P
备用泵运行		P	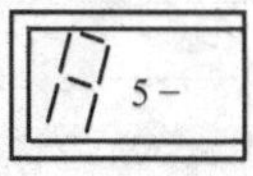 5-	外部传感器接线故障	F
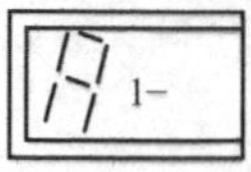 1-	通信错误	P	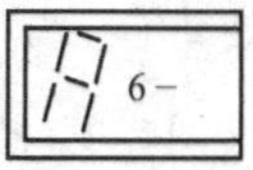 6-	传感器读数异常	F

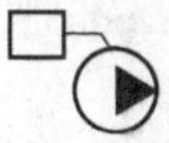

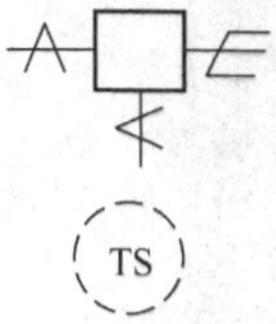

注：P—过程报警，F—功能报警。

ENGARD 报警分过程报警和功能报警，前者是关于淡水温度越限或海水泵本身等故障，后者是关于 ENGARD 内部及输入输出故障。报警性质通过控制面板液晶窗口显示或发光 LED 显示。

四、操作步骤

1. 控制面板

ENGARD 中央冷却水温度控制系统的操作面板如图 5-9 所示。

2. 系统初次投入运行

首先开启系统的主进出海水阀，起动低温淡水泵正常运行。正确开启海水泵的吸入阀和排出阀，排除海水泵内的空气。再在海水泵控制屏上将转换开关"MAN/AUT"置到"MAN"的位置，合上主电源开关。手动起动大排量的海水泵，用"STBY"开关选择备用泵。正确开启中央冷却器的海水进出口阀，系统开始工作。然后合上 ENGARD 控制单元的"ON/OFF"电源开关（该开关在控制箱内部），同时复位主保险丝（按下红色按钮），这时操作面板（图 5-9）的显示窗口 11 出现"d-PCU"，10s 后，LT 回路调节阀的开度将出现在 11 的左边（两位数字%），低温淡水温度出现在 11 的右边（三位数字℃）。为确保系统在手动操作方式下工作，可在操作面板上按下"Manual mode"按钮 8。彻底检查系统的工作参数，确保它们与系统的设定值相符（参数设定值列表在控制箱门的里面）。最后，按下"Alarm reset/Lamp test"按钮 15，至少保持 3s 以上（若显示窗口跳出 F 参数，则 5min 后或者多按几次按钮 15 后将恢复正常），检查操作面板上的指示灯是否有异常。

系统初次转换到自动控制状态时，首先设置海水泵的安装参数 P25-P30 为"ON=1"，双速泵的 P 参数必须为"ON=1"。然后按操作面板上的按钮 8，LED7（Automatic operation

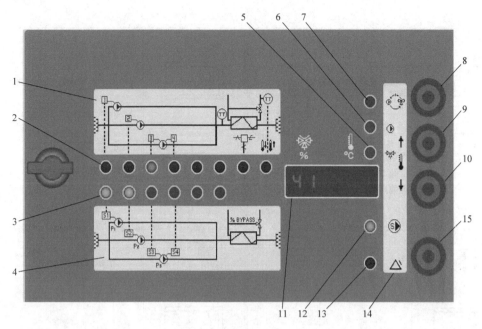

图 5-9　控制系统操作面板

1—报警输入信号图表　2—报警输入信号 LED（Red）　3—控制系统输出信号 LED（Green）　4—控制系统输出信号图表
5—调节阀手动模式 LED（Orange）　6—海水泵手动模式 LED（Orange）　7—自动控制模式 LED（Green）
8—手动模式按钮　9—增加温度按钮（手动模式）　10—降低温度按钮（手动模式）　11—液晶显示器
12—备用泵工作 LED（Orange）　13—主报警 LED（Red）　14—功能符号　15—报警复位/试灯按钮

mode）亮（绿色）。最后在海水泵控制屏上将转换开关"MAN/AUT"置到"AUT"位置，此时，ENGARD 控制系统工作在自动状态。

此时 ENGARDT 控制单元将海水泵控制在最优化状态，对低温淡水温度进行自动地调节和监视。

3. 手动/自动模式切换

手动操作分为海水泵和调节阀两种手动操作模式，都是通过操作面板上按钮 8 来选择的。系统工作在自动方式时，操作面板 LED7 亮（绿色），此时按一下按钮 8，LED6 亮（橙色），LED7 灭，表明选择了海水泵手动工作方式；再按一下（第二次）按钮 8，LED5 亮（橙色），LED6 灭，表明选择了调节阀手动工作方式；第三次再按按钮 8，LED7 亮，LED5 灭，则又回到了自动工作状态。可以通过操作面板上的 4 可看到哪台海水泵在运行。

选择海水泵手动操作模式，按下按钮 8，LED6 亮，LED7 灭。将海水泵控制屏上的转换开关"MAN/AUT"置到"MAN"位置，根据低温淡水的温度手动起动/停止所需的海水泵。在运行海水泵的容量下，调节阀自动连续地调节低温淡水的温度，操作人员也可根据显示器上显示的低温淡水温度适当的用泵来调节海水流量。此时要回到自动工作模式，首先将开关"MAN/AUT"置到"AUT"位置，按两次按钮 8，LED7 亮，LED6 灭。

选择调节阀手动操作模式，按两次按钮 8，LED5 闪亮，LED7 灭。通过按钮 9（+）和 10（-）控制低温淡水温度的增加或减小。调节阀从全关到全开，对应显示值为 2% ~ 98%。根据调节阀开度或低温淡水的温度，海水泵自动地进行流量调节。此时要回到自动工作模式，只需按一次按钮 8 即可，LED7 亮，LED5 灭。

4. 系统工作状况检查

系统在自动方式下正常工作，操作面板上液晶窗口 11 显示调节阀开度值和低温淡水温度值。按下按钮 15 "Alarm reset/Lamp test"，将显示 F 参数的读数（注意此时无报警信号），液晶窗口 11 左边出现"FO"，则右边数值为海水温度（℃）；若窗口 11 左边出现"F_1 - F_6"中某一个，则右边数值为对应海水泵的累计工作时间（该数值乘以 1000 等于小时数）。按钮 15 被按后过了 5 min，系统将恢复到正常指示状态。

5. 报警功能

出现报警时，操作面板上的 LED_2、LED_{13} 闪亮（红色），或在窗口 11 显示报警代码 A_1 - A_6 闪亮（参见表5-1）。按"Alarm reset"按钮 15 对报警进行确认。所有报警被确认，LED_2、LED_{13}，常亮。最后再按按钮 15 进行复位，LED_{13} 熄灭。如果有多个警报被确认，只有第一个被确认的警报对应的 LED_2 或在窗口 11 显示报警代码闪亮，而其余显示警报的 LED_2 变为平光。只有故障排除后对应的报警 LED_2 才熄灭。

表 5-2 ENGARD 控制单元过程参数

代码	参数	单位	显示	厂家设定	说　明
P1	低温淡水温度设定值	℃	xx. x	36.0	温度设定值按照系统设计和柴油机厂家推荐值整定
P2	低温淡水温度上限报警值	℃	xx. x	40.0	
P3	低温淡水温度下限报警值	℃	xx. x	25.0	
P4	比例（P）常数	%℃	0x. x	1.0	比例积分作用需要重新整定
P5	积分（I）常数	1/s	xx. x	8.0	
P6	海水流量Ⅵ→更大流量	%℃	- xx xx. x	-40	海水流量按调节阀开度（-xx）/淡水温度（xx.x）调解。P8、P9 只按阀位调节 (1) 按阀位调节　(2) 按温度调节 $P7 \leq P6 - 5$ units　$P7 \geq P6 + 2℃$ $P8 \leq P7 - 5$ units　$P8 \geq P7 + 2℃$ $P9 \leq P5 + 30$ units　$P8 \leq P2 - 2℃$ $P9 > P8$　$P9 < P8$ $P10 \leq P7 + 30$ units　$P10 < P7$ $P10 > P7$　$P10 < P9$ $P11 \leq P6 + 30$ units　$P11 < P6$ $P10 > P6$　$P11 < P10$ $P11 \geq P1 + 0.5℃$
P7	海水流量Ⅲ→更大流量	%℃	- xx xx. x	-30	
P8	海水流量Ⅱ→流量Ⅰ	%℃	- xx xx. x	-20	
P9	海水流量Ⅰ→流量Ⅱ	%℃	- xx xx. x	-50	
P10	海水流量流量Ⅲ	%℃	- xx xx. x	-60	
P11	海水流量流量Ⅵ	%℃	- xx xx. x	-70	
P12	海水系统的冲洗时间间隔，0 =不冲洗	h	- xx xxx	-100	

6. 停止系统工作

要对某台海水泵停车检修，必须设置与其对应的"P25 - P30"中的某一参数为"OFF = 0"，使该泵退出控制系统，切断该泵电源，关闭其进出口阀，但必须选择一台备用泵替代它工作。

要停止控制系统的工作，首先在操作面板上选择手动操作模式，海水泵控制屏上转换开关"MAN/AUT"置到"MAN"位置。然后手动起动大排量海水泵工作,正确关闭系统相关的海水阀。最后打开控制器箱门,关掉里面的电源。

五、维修保养及参数设置

ALFA – LAVAL 公司提供了详细的过程参数表、安装参数表、参数整定、备件列表及接线图,这些都在 ENGARD 控制单元操作面板门的后侧,查阅方便。主要参数见表 5-2 和表 5-3。

表 5-3 ENGARD 控制单元安装参数

代码	参数	单位	显示	厂家设定	说明
P20	调节阀占空比(工作系数)	%	0xx	99	伺服电动机驱动的调节阀,调节快结束时断续动作所占的时间比
P21	调节阀动作全行程时间(开度%)	s	0xx	60	调节阀旁通阀口全开→全关或全关→全开所占的时间
P22	调节阀反应的最小时间(最小脉冲)	s	0xx	0.06	反映调节阀的灵敏度
P23	起动延时	s	0xx	25	可以确定水泵的起动顺序
P24	冲洗顺序延时	s	xxx	0	海水反向流动冲洗系统里的污垢
P25 – P30	海水泵起动器 1 – 6	Off = 0 /On = 1	00x	1	只有海水泵退出系统时,设置 Off =0;起动器接线与代码、参数一致
P31	水泵切换延时时间	min	0xx	15	最短设定时间为 5min
P32 – P37	海水泵起动反馈信号报警延时	s	0xx	10	水泵起动后,控制器没有收到反馈信号,则延时 10s 报警
P38	电动/气动调节阀	Electrical = 0 Pneum. = 1 Pneum. = 2	00x	0	按照调节阀类型设置参数,"0"电动;"1"气动(无反馈);"2"气动(有反馈信号)
P39	旁通阀 2% 开度	Calibr. = 1	00x	0	调节阀开度与反馈信号校准。参数为 1 时,开度为 2% 或 98%
P40	旁通阀 98% 开度	Calibr. = 1	00x	0	
P41	通信方式(电流环或 RS232)	CL – =0 RS232 = 1	00x	1	CL =0 为电流环通信方式 RS232 =1 为 RS232 通信方式
P42	报警延时(海水泵反馈信号除外)	s	0xx	15	
P43 – P48	海水泵运行时间计数器 1 – 6	Reset = 1	00x	0	每台海水泵的运行速度以"m/hour"检测,累计工作时间。要复位时间计数器,Reset =1,并进行下一个参数设置,当开始下一个参数时,上一个参数设置回到 0
P49	海水回路是否安装	1 = 安装	00x	1	

1. 淡水回路调节阀整定

首先打开 ENGARD 控制箱门,模式选择开关置到"P"(program)位置。根据调节阀设定参数 P38。然后按操作面板上的按钮 8 "Manual mode"（见图 5-9）两次，LED5 闪亮橙色），通过按钮 9（升温）、10（降温）手动改变调节阀旁通口的开度应正常自如。

按下按钮 10，手动操作调节阀旁通关小，关到 2% 开度时，设置参数 P39 = 1。按下按钮 9，使调节阀旁通开大，开到 98% 开度时，设置参数 P40 = 1。调节阀动作到极限位置时，留有 2% 的余量，防止阀卡死，动作不灵敏。通过按钮 9/10 操作调节阀旁通全关→全开/全开→全关，测量调节阀动作全行程所需时间，把该时间值输入参数 P21。

2. 检查温度读数

从温度传感器的防护壳体内拆除淡水和海水温度传感器，利用校验用数字温度计读出 LT 淡水温度值和海水温度值，然后将温度传感器装复，再从 ENGARD 控制单元显示器 11 上读出 LT 淡水温度值，为了读出海水温度 F 值，按下按钮 15 "Alarm reset/Lamp test"，将显示 F 参数的读数（注意此时无报警信号），液晶窗口 11 左边出现 "FO"，则右边数值为海水温度（℃）；如果偏差超过 ±1℃，则需换新温度传感器或控制单元。

3. 参数设置

首先将 ENGARD 控制箱内的模式选择开关置到 "P" 位置，操作面板上显示 "$C_1 1$" 和间歇显示 "Pro"。按操作面板如图 5-9 所示，下面两个按钮 10 和 15 可调整 $C_1 - 12$ 参数值，按下按钮 8 可选择下一个被设置的参数，按上面两个按钮 8 和 9 进入参数内容，没有参数就显示 " – – "。新设置的参数在选择下一个参数时被存储，如果同时按 10 和 15 按钮，则将存储修改以前的参数值。操作面板上显示 "$C_2 2$"，表明过程参数设置完毕，开始设置安装参数 $C_2 - 12$，方法与前面相同，当出现 "End" 时，安装参数设置完成。

结束参数整定，必须把控制箱内的模式选择开关置到 "L"，或 "R" 位置，否则 10min 后将发出参数整定操作过程间隔时间（Program mode）太长报警（代码 A_3）。

4. 检查海水泵切换功能

在前面两项整定好的基础上，按下按钮 8 选择调节阀手动模式，LED5 闪亮（橙色）。通过按钮 10 手动关小调节阀的旁通阀，操作面板上 11 的左边显示 2% 时，观察切换到大流量海水泵的时间应不超过 5s。由按钮 9 开大调节阀的旁通阀，11 的左边显示 98% 时，观察切换到小流量海水泵的时间在 15min 之内。最后，将系统转换到自动模式。

5. ENGARD 维修保养

为了预防故障的发生，每周进行试灯和报警功能实验，每月进行淡水温度越限报警、水泵切换和故障报警试验，每六个月校验一次温度传感器，如果偏差超过 ±1℃，需要换新温度传感器或控制单元。

六、冷却水温度控制系统的故障诊断

当系统出现故障时，将在控制面板（见图 5-9）上的 "Alarm input diagram" 1、"Alarm input LED" 2 报警指示，在 "Display" 11 中显示故障代码，故障性质所示。常见主要类型如下：

1. 淡水温度异常

可能有手动操作不当，参数设置错误，流量或压力异常等原因造成。

若水温过高，可能是海水流量或压力不足、海水温度偏高、中冷器阻塞、温度传感器故障或调节阀卡死在 95% ~98% 的开度上。

若水温过低，可能是海水流量太大、海水温度偏低、温度传感器故障或调节阀卡死在 2%~5% 的开度上。

对上述现象何原因可通过参照说明书正确调整参数 P1~P2，改变操作模式，认真检查海水、淡水泵的流量和压力，仔细检查 PT100 温度传感器是否有断线、接地故障，检查调节阀是否卡死等处理方式解决。

2. 海水泵反馈信号错误

可能是参数设置错误或海水泵故障，检查参数"P25~P30"，如果采用的是双速电机还应检查参数"P32~P37"，海水泵退出系统工作时，其应为"Off=0"。

3. 备用泵起动

可能是所有海水泵没有反馈信号或备用泵控制电路故障。按照图样检查电源和接线是否有误。

4. 气源中断报警

只有使用气动调节阀的情况才出现，检查气源减压阀和 I/P 转换器。

5. 中冷器后的海水温度偏高

可能是海水流量不足、手动操作海水泵不当、柴油机负荷高等原因造成的。

6. 通信故障

报警代码为 A_1。A_1-1：通信错误，检查接线是否正确。A_1-2：RS232 设置错误。

7. 控制单元故障

报警代码为 A_2。A_2-1：单片机 8032 内的 RAM 故障；A_2-2：外部 RAM 故障；A_2-3：外部 RAM 求和校验故障；A_2-4：PROM 错误；A_2-1 到 A_2-4 类故障，通常接通/断开控制单元的电源几次可以消除，否则只能更换芯片。A_2-5：模式开关错误；A_2-6、A_2-7：模拟量处理故障；A_2-8：模拟量电路板电源或频率故障，检查电路板熔丝，检查电源电压和频率范围（42~69Hz）。

8. 参数整定操作过程间隔时间太长（超过 10min）

报警代码为 A_3。将模式选择开关（在控制箱内部）置"L"（Local），可消除该报警。要继续整定参数，再转换到"P"位。

9. 电源故障

报警代码为 A_4。

10. 外部传感器线路故障

报警代码为 A_5。A_5-10：淡水温度传感器断路；A_5-11：调节阀反馈信号断路；A_5-12：海水温度传感器断路。

11. 传感器读数异常

报警代码为 A_6。A_6-1：低温淡水温度小于 0℃，检查淡水回路传感器的线路是否短路；A_6-2：低温淡水温度大于 100℃，淡水回路传感器 PT100 换新。A_6-3：调节阀反馈信号小于 2%，检查反馈电位计是否短路，重新校准信号范围的起点；A_6-4：调节阀反馈信号大于 98%，重新校准信号范围的量程。A_6-5：海水温度小于 -5℃，检查海水回路传感器的线路是否短路；A_6-6：海水温度大于 100℃，海水回路传感器 PT100 换新。A_6-7：调节阀反馈信号与其阀位开度校准错误，重新校准零点和量程。

第六章

燃油黏度自动控制系统

第一节 NAKAKITA型燃油控制系统

一、控制系统概述

NAKAKITA型燃油黏度控制系统包括"轻油—重油"自动转换和温度程序控制两套装置。

控制系统的组成如图6-1所示。其中黏度发讯器24、差压变送器19、黏度调节器9和蒸气调节阀6等组成燃油黏度的定值控制系统；温度变送器23、温度程序调节器8和蒸气调节阀6等组成温度程序控制系统。可见，NAKAKITA型燃油黏度控制系统是采用温度程序控制和黏度定值控制的综合控制方案。"温度—黏度"控制选择阀7分别输入温度调节器和黏度调节器的输出信号，其输出是选择其中较大的输入信号。

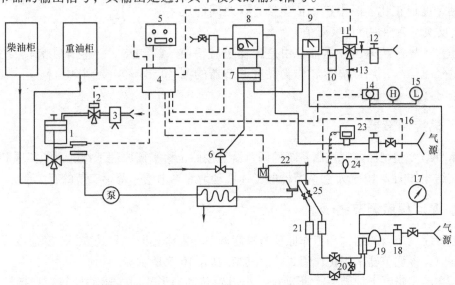

图6-1 NAKAKITA型燃油黏度控制系统原理图
1—三通活塞阀 2—三通电磁阀 3—空气过滤器 4—继电器箱 5—选择阀 6—蒸气调节阀 7—控制选择阀
8—温度程序调节器 9—黏度调节器 10—气容 11—三通活塞阀 12—过滤减压阀 13—针阀 14—黏度记录仪
15—压力开关 16—调节板 17—黏度指示仪 18—过滤减压阀 19—差压变送器 20—平衡阀 21—油分离器
22—黏度发讯器 23—温度变送器 24—阻尼元件 25—截止阀

当燃油温度在下限（如20℃）和上限（如135℃）值之间变化时，黏度调节器不工作，由温度程序调节器输出控制信号来改变蒸气调节阀的开度，使燃油温度按照预先设定的速度变化。当燃油温度达到上限值时，黏度控制系统投入工作。黏度调节器9输出的信号控制蒸气调节阀 6 的开度，使之保持燃油黏度稳定在给定值上。"柴油—重油"转换也是以温度为条件的。在燃油系统投入工作前，由于油温较低且处于下限值，这时若把"柴油—重油"转换开关转至"重油"位置，当系统投入运行时，仍然使用柴油工作，并在温度程序调节器的控制下油温逐渐升高。当柴油温度达到中间温度值（如 70℃）时，三通电磁阀 2 动作并推动三通活塞阀 1，自动进行柴油到重油的转换，系统开始用重油工作，在温度调节器的控制下，对重油进行程序加温，并一直加温到温度的上限值。

在 NAKAKITA 型控制系统中，增加了温度程序控制，这就避免了在油温较低的情况下，采用黏度控制会使油温升高过快的现象，从而改善喷油设备的工作条件。"柴油—重油"自动转换可使在油温较低的情况下，燃油系统使用柴油工作，这既能保证良好的雾化质量，又能用柴油冲洗使用过重油的管路，保证控制系统和喷油设备的可靠性。

二、测黏计

测黏计的结构原理如图 6-2 所示，其主要部件是恒定排量的齿轮泵 1 和毛细管 2。齿轮泵装在燃油加热器出口的燃油管路中。齿轮泵由电机经减速装置驱动，它的转速恒定，因此燃油经齿轮泵和毛细管后排出的燃油流量是恒定的。如果齿轮泵排量很小，毛细管内径足够细，通过毛细管的燃油流量恒定，并且流动在层流状态，那么毛细管两端的压差就与燃油黏度成正比。图中正、负连接管 3 之间的压差 ΔP 就反映了燃油黏度的实际值。

该压差信号送至差压变送器，由差压变送器转换为标准的气压信号，用以显示和作为黏度调节器的测量输入信号。

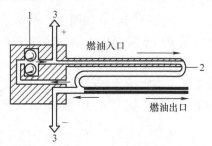

图 6-2　测黏计的结构原理图
1—齿轮泵　2—毛细管　3—正、负连接管

三、黏度调节器

NAKAKITA 型燃油黏度控制系统的调节器是按照位移平衡原理工作的，能实现 PID 控制作用，其结构如图 2-19 所示。调节器的工作原理请看本书第一章第二节的有关部分。

四、温度程序调节器

温度程序调节器的结构和工作原理与黏度调节器完全相同，只是多了一套温度程序设定装置。同时，该调节器采用正作用式的。其结构如图 6-3 所示。

它是在给定指针上加装一个驱动杆，小齿轮转动扇形轮时，驱动杆与给定指针一起转动，驱动杆上装有上、下限温度开关，两个开关状态由开关杆控制。当驱动杆转动时，开关杆沿着控制板转动。驱动杆装有中间温度限位开关，它的开关状态由可调凸轮控制。当中间温度确定（如 70℃可调）后，可调凸轮位置确定，不随驱动杆转动。驱动杆和给定指针由小齿轮带动。按下给定值旋钮，可手动设定温度给定值；拔出给定值旋钮，离合器合上，同步电机 SM_1 和 SM_2 的转动通过差动减速齿轮和小齿轮，从而带动驱动杆和给定指针的转动。

在控制系统投入工作之前，燃油温度处于下限值，开关杆与下限温度设定器相碰，温度下限开关 LLS 和上限开关 ULS 均合于左边（见图 6-3 所示），中间温度限位开关触头未被凸轮压下。系统投入工作时，先把"柴油—重油"转换开关转至"重油"位置，合上电源开关，同步电机 SM_1 和 SM_2 开始转动，并经差动减速齿轮和小齿轮，带动驱动杆和给定指针向温度上升的方向转动。经 PID 的控制作用，燃油温度的测量值将以相同的速度跟随给定值上升。温度给定值的上升速度是靠温度"上升—下降"设定开关来实现的。它共有 5 挡，即 0、1、2、3、5 挡，分别控制同步电机 SM_1 和同步电机 SM_2 的转动方向。两个电机都经差动减速装置带动小齿轮转动，但是它们的减速比同步电机 SM_1 大于同步电机 SM_2。这样两个电机的转动方向不同，温度给定值的变化速度也不同。以增大温度给定值为例，温度"上升—下降"设定开关在不同挡位时，同步电机 SM_1 和 SM_2 的转动方向及相应温度给定值的上升速度（℃/min）见表 6-1。

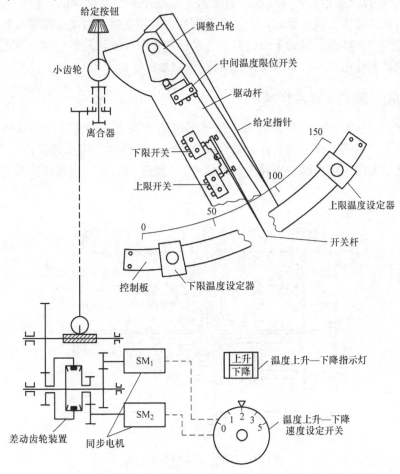

图 6-3 温度程序设定装置工作原理图

表 6-1 温度给定值的上升速度（℃/min）

挡位	同步 SM_1 转动方向	同步 SM_2 转动方向	温度给定值上升速度℃/min
0	停	停	温度定值控制
1	反转	正转	1
2	正转	停	1.5
3	停	正转	2.5
5	正转	正转	4

例如，把温度"上升—下降"设定开关设在1挡，控制系统投入工作后，在温度程序调节器的控制下，柴油温度以每分钟上升1℃的速度增加，此时系统用柴油工作。当温度上升到中间温度时，可调凸轮把中间温度限位开关压下，其触头MLS合于右边，使三通电磁阀和三通活塞阀动作，自动切断柴油通路，让重油进入燃油系统。以后对重油以相同的温度加温。当温度达到上限值时，开关杆与上限温度设定器相碰，其上、下限温度开关均合于右面。这时，同步电机SM_1和SM_2均停转，温度给定值不再上升，即由油温的程序控制转换为对温度上限值的定值控制。延时一段时间后，转为黏度的定值控制。

如果要停止系统的工作，先要把"柴油—重油"转换开关转至"柴油"位置，同步电机SM_1和SM_2就以原来相反方向转动，温度给定值按原来的速度降低，控制系统由黏度定值控制自动转换为温度的程序控制。当油温下降到中间温度时，自动切断重油通路，燃油系统使用柴油工作。当油温下降到下限值时，开关杆与下限温度设定器相碰，其上、下限温度开关状态改变。同步电机SM_1和SM_2均停转，控制系统停止工作。

五、温度—黏度控制选择阀

温度程序调节器和黏度调节器的输出信号都送到"温度—黏度"控制选择阀，选择阀的输出信号送入蒸气调节阀控制其开度。当温度低于上限值时，选择阀输出温度程序信号；当温度达到上限值时，选择阀输出黏度控制信号。"温度—黏度"控制选择阀的结构原理如图6-4所示。

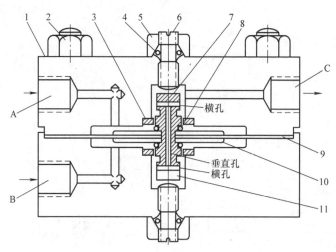

图6-4 温度—黏度控制选择阀
1—阀体 2、5—螺母 3—阀座 4、8—密封环 6—限位螺钉 7、11—滑阀
9—膜片 10—硬芯 A—温度调节器的输出 B—黏度调节器的输出

选择阀由膜片9、滑阀7和11、密封环8以及限位螺钉6等组成。A端接温度程序调节器的输出，B端接黏度调节器的输出，C端是选择阀的输出接到蒸气调节阀的控制管路。当油温低于上限值时，黏度调节器因未接通气源而没有输出，此时A端压力大于B端压力，膜片9向下弯，上面密封环8离开阀座，A端气压信号经滑阀7和上阀座之间的间隙由C端输出，对燃油进行温度程序控制。当油温达到上限值时，黏度调节器因接通气源而有输出，

此时 A 端压力小于 B 端压力，膜片 9 向上弯，下面密封环离开阀座，B 端气压信号经滑阀 11 横孔、垂直孔和滑阀 7 的横孔由 C 端输出，对燃油进行黏度定值控制。

六、三通电磁阀和三通活塞阀

三通电磁阀和三通活塞阀是用于"柴油—重油"自动转换的。其结构原理如图 6-5 所示。其中，图 6-5a 是三通电磁阀的逻辑符号；图 6-5b 是三通活塞阀的结构原理图。B 和 C 分别接重油管路和柴油管路，A 是三通活塞阀的输出管。

当系统投入工作且油温低于中间温度时，中间温度开关触头没有被可调凸轮压下，电磁阀 SV_1 和 SV_2 均断电，三通电磁阀保持原状态，阀的下位通，气源被截止。其输出端也就是控制活塞 3 上部空间通大气，在弹簧 8 的作用下，活塞连同活塞杆和控制阀 6 一起上移，直到控制阀 6 落到上阀座 5 上为止。这时切断重油管 B 与输出管 A 的通路，而柴油管 C 通输出管 A，柴油进入燃油系统。当油温达到并高于中间温度时，中间温度限位开关触头被可控凸轮压下，此时三通电磁阀的 SV_1 断电、SV_2 通电，三通电磁阀上位通，控制活塞杆 3 上部空间通气源，克服弹簧 8 的作用力，活塞杆和控制阀 6 一起压下。从而切断 C 与输出管 A 的通路，并接通管 B 到输出管 A，重油进入燃油系统。三通电磁阀的逻辑功能是 SV_1 和 SV_2 不能同时通电，它们中一个通电，另一个必定断电。SV_2 通电，其上位通；SV_1 通电，其下位通。如果 SV_1 和 SV_2 都断电，则保持原来状态。图中标号 9 是限位开关杆，用于检测"柴油—重油"转换是否完成。转动手轮 1 可手动进行"柴油—重油"的转换，在自动控制时，应该把手轮旋至最上端。

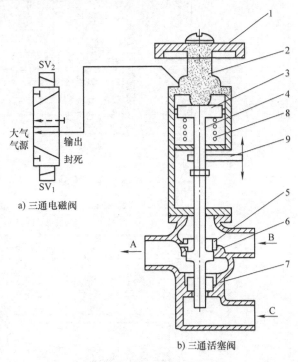

图 6-5 三通电磁阀和三通活塞阀结构示意图
1—手轮 2—限位螺钉 3—控制活塞 4—活塞杆 5—上阀座
6—控制阀 7—下阀座 8—弹簧 9—限位开关杆
A—燃油输出 B—重油输入 C—柴油输入

七、控制电路

系统控制电路如图 6-6 所示。它能实现"柴油—重油"的自动转换及燃油温度程序控制与黏度定值控制的自动转换。图中，虚线框Ⅰ是温度程序设定装置。电机 SM_1 和 SM_2 的转动由温度上升继电器 RH 和下降继电器 RL 控制。

温度"上升—下降"设定开关转到不同的挡位（0、1、2、3、5）时，可设定温度给定值的不同变换速度。虚线框Ⅱ是"柴油—重油"转换开关，在系统停止工作时，开关转到

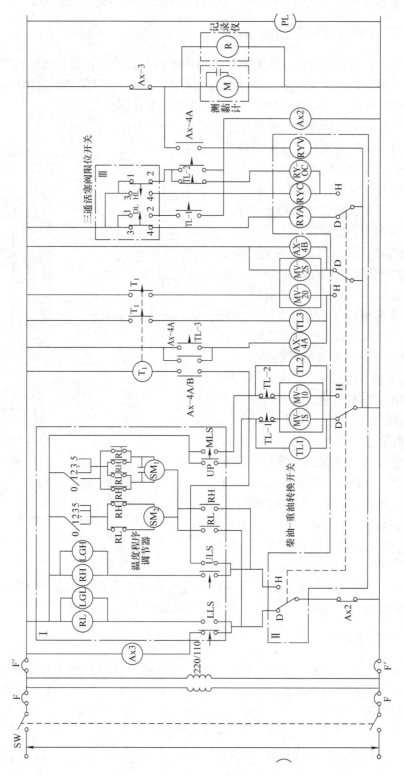

图 6-6 NAKAKITA 型燃油黏度控制系统电路图（此图为实际电路图，其中旧图形符号保留）

"柴油"位，即 D 位，在温度程序调节器的控制下，油温被控制在下限值。这时，温度下限开关 LLS、上限开关 ULS 和中间温度限位开关均合于左边。虚线框Ⅲ是三通活塞阀位置检测开关。系统在用柴油工作时，三通活塞阀处于上位，其检测开关 HL 的触头从左边的 3、4 断开合于右边 1、2，而 DL 触头从右边的 1、2 断开合于左边的 3、4。

虚线框 4 和 5 是三通电磁阀的继电器装置，系统投入工作时，合上电源主开关 SW，电源指示灯 PL 亮；再把温度"上升—下降"设定开关转到所要设定的挡位上，如转到 1 挡。然后把"柴油—重油"转换开关转至"重油"位，即开关由 D 断开合于 H。这时继电器 RY-OC 通电，表示系统已经投入运行工作，并工作在柴油状态。因三通活塞阀处于上位，中间温度开关 MLS 合于左边，使得 TL-2 断电，其常开触头断开，继电器 AX-2 断电，其常闭触头闭合。于是温度上升继电器 RH 通电，而下降继电器 RL 保持断电。这样，继电器 RH 所有触头均闭合，继电器 RL 所有触头均断开，温度上升指示灯 LGH 亮，电机 SM_2 因右边的触头 RH 闭合而正转，电机 SM_1 因左边的触头 RH 闭合而反转。于是柴油温度会以 1℃/min 的速度上升。同时，继电器 AX-3 断电，其常闭触头闭合，启动测黏计电动机 M，使测黏计和差压变送器投入工作，黏度指示表和记录仪表 R 将显示燃油的黏度值。但黏度调节器因为没有接通气源而无输出。

接着，柴油温度将以 1℃/min 的速度从下限值开始上升。温度程序调节器的驱动杆和给定指针逐渐向温度增高的方向转动。当达到中间温度时，可调凸轮把中间温度限位开关压下，其触头 MLS 合于右面，继电器 MV-10 通电（MV-1S 保持断电），相当于三通电磁阀 SV_2 通电、SV_1 断电。三通电磁阀上位通，三通活塞阀的活塞上部空间通气源，把活塞压到下位，这时燃油系统自动从柴油转换到重油。如果在 10~20s 内完成柴油到重油的转换，三通活塞阀处于下位，其检测开关 DL 会从左面的 3、4 断开合于右面的 1、2，而 HL 会从右面的 1、2 断开合于左面的 3、4，继电器 RYC 有电，相应的指示灯亮，表明开始用重油。继电器 RY-OC 断电，相应的指示灯灭，表明柴油到重油的转换已经完成。

时间继电器 TL-2 延时时间是 10~20s，继电器通电 10~20s 后，其常闭触点断开，继电器 MV-10 和 MV-1S 均断电，相当于三通电磁阀 SV_1、SV_2 均断电，三通电磁阀保持上位通，燃油系统继续用重油；如果在继电器 TL-2 延时时间之内没有完成三通活塞阀从上位到下位的转换（如活塞或活塞杆卡在上位），检测开关 HL 仍合于右面的 1、2，因 TL-2 常开触点已延时闭合，使继电器 AX-2 通电其常闭触点断开，继电器 RH 断电，它的所有触点均断开，电机 SM_1 和 SM_2 均停转，柴油温度给定值不再上升，对柴油进行中间温度的定值控制，控制系统发出声光报警；如果在继电器 TL-2 延时时间之内完成三通活塞阀从上位到下位的转换，因检测开关 HL 从右面的 1、2 断开，继电器 AX-2 不会通电，则重油温度仍以 1℃/min 的速度从中间值继续上升。

当重油温度达到上限值时，开关杆与温度上限设定器相碰，温度的下限开关 LLS、上限开关 ULS 和中间温度限位开关均合于右边。这时，继电器 RH、RL 均断电，电机 SM_1 和 SM_2 均停转，重油温度不再升高，即由油温的程序控制转换为对重油上限温度的定值控制。由于 ULS 触点合于右边，使定时器 T_1 通电。它的定时时间可在 0~60min 内可调。当 T_1 延时时间到，其常开触点 T_1 闭合，继电器 MV-20 通电（MV-2S 保持断电），相当于图 6-1 中的三通活塞阀 11 上位通，黏度调节器接通气源而投入工作。把差压变送器送来的与燃油黏度成比例的测量信号，与给定值相比较得到偏差信号，经黏度调节器的 PID 作用输出一个控制信号，送至"温度—黏度"控制选择阀，由于黏度调节器输出的信号大于温度调节器的信号，故选择输出黏度调节器送来的信号至蒸气调节阀，对重油黏度进行定值控制，即完成了对重油温度的定值控制到对重油黏度定值控制的转换。定时器 T_1 常开触点闭合，使 TL-3 时间继电器通电，其常开触点延时 2~3s 后闭合：这一方面使 AX-4A 通电并自保；另一方面 RY-V 通电，相应的指示灯亮，表示系统正在对重油进行黏度定值控制。继电器 AX-4A 通电后，其常闭触点 AX-4A/B 断开，定时器 T_1 断电回零，常开触点 T_1 断开。继电器 MV-20 和 MV-2S 断电，黏度调节器保持接通气源的状态不变。TL-3 时间继电器断电，但因 AX-4A 通电并自保，故 T_1 不会重新通电计时。

若需系统停止工作，只要把"柴油—重油"转换开关转至"柴油"位置，开关由 H 断开合于 D。这时 AX-4A 断电，但因 AX-4B 通电，仍使常闭触点 AX-4A/B 断开，T_1 不会重新通电计时。常开触点 AX-4A 断开，继电器 RY-V 失电，表明已停止对燃油黏度的定值控制。此时，温度下限开关 LLS、上限开关 ULS 和中间温度限位开关均合于右边。故温度下降继电器 RL 通电，它的所有常开触点均闭合，电机 SM_1 和 SM_2 以与原来相反的方向转动，温度程序调节器的给定值以原设定的速度降低。温度下降指示灯 LGL 亮，当"柴油—重油"转换开关合于 D 时，继电器 MV-2S 通电、MV-20 断电，切除气源使黏度调节器没有输出，"温度—黏度"控制选择阀又选择温度程序调节器的输出，控制蒸气调节阀的开度。当达到中间温度时，中间温度限位开关 MLS 合于左面，继电器 MV-1S 通电（MV-10 保持断电），三通电磁阀下位通，三通活塞阀下位转换到上位，这时燃油系统自动从重油转换到柴油。如果在 10~20s 内完成柴油到重油的转换，三通活塞阀处于上位，其检测开关 HL 会从左面的 3、4 断开合于右面的 1、2；而 DL 会从右面的 1、2 断开合于左面的 3、4，继电器 RYC 有电，相应的指示灯亮，表明开始用重油。继电器 RYA 通电，相应的指示灯亮，表明要停止系统的工作。

TL-1 时间继电器通电，常闭触点延时断开，继电器 MV-1S、MV-10 均延时断电，三通活塞阀保持在上位的状态不变。常开触点 TL-1 延时 10~20s 闭合，如果在继电器 TL-1 延时时间之内三通活塞阀因卡住没有完成从下位到上位的转换，检测开关 DL 仍合于右面的 1、2，因继电器 AX-2 通电其常闭触点断开，继电器 RH 断电，它的所有触点均断开，电机 SM_1 和 SM_2 均停转，油温不再下降，控制系统发出故障声光报警。

当燃油温度下降到下限值时，开关杆与温度下限设定器相碰，温度下限开关 LLS、上限开关 ULS 和中间温度限位开关均合于左边。这时，继电器 RH、RL 均断电，电机 SM_1 和 SM_2 均停转，继电器 AX-3 通电，常闭触点断开，停止测黏计和黏度显示仪表的工作。此时，控制系统又恢复到投入工作前的状态。拉下电源开关 SW，则切除控制系统的工作。

八、管理要点

本系统的黏度和温度调节器都是气动仪表，有关气动仪表的日常管理见其他章节叙述。在此，要特别指出的是系统在运行过程中，每隔一段时间要按一下装在恒节流孔上的通针，对恒节流孔进行冲洗，以免被污物堵塞。如果没有通针，应把它拆下并用溶剂清洗。在装配前，用压缩空气吹干。

测黏计电机滚珠轴承每年清洁一次，并重新灌注润滑脂。齿轮箱每年应检查和清洗一次，清洗后用压缩空气吹干，添加新齿轮油至正常油位。

另外，本系统在运行过程中最常见的故障：当系统用一段时间再启用时，执行机构的调节阀刚开始时不动作，势必导致被控参数暂时失控。在这种情况下，最简单的方法是通过大幅度地改变给定值，使调节器的输出增大，一旦调节阀动作后，立即将给定值调回到正常值即可。

第二节 VISICOCHIEF 型控制系统

目前，船舶主副机的燃油供给多采用燃油供油单元来完成。这些单元的一大特点是采用了结构紧凑、可靠和便于用户操作的模块化设计。这种设计方案除了具有最优化的尺度、低重量、运行可靠、容易安装和操作优点外，同时还通过控制自清滤器和燃油黏度等先进实用的控制方案优化了性能，进而有利于提高柴油机的热效率和能够延长柴油机的寿命。由于其坚固可靠的结构、黏度控制和增压单元特别适合在恶劣的远洋条件下连续运行。常用的主机燃油供油单元及其控制系统组成原理如图6-7所示。本节在介绍燃油供油单元自动控制系统主要结构和功能的基础上，将重点讲解燃油黏度自动控制系统。

通常在主机舱集控室一层分别设有主机燃料油日用柜和轻柴油日用柜，燃料油或轻柴油进入供油单元经加压、过滤、加热和黏度控制等处理后，沿供油管路供给主机。主机的回油经压力控制阀调压后沿回油管路返回，并由三通阀2控制返回混油桶或日用柜，若选择日用柜，还应提前通过三通阀FSV14控制返回燃料油或轻柴油日用柜。

一、主机燃油供油单元组成原理

供油单元主要部件的功能如下：

1) 三通阀—换油操作。三通阀1安装在供油单元燃油进口，此阀有自动阀和手动阀两种，可选装其中一种，转换其阀芯的位置即可改变燃油的种类。

2) 燃油供给泵—从日用柜经粗滤器吸入燃油并加压后供到混油桶。燃油供给泵通常采用两台三螺杆泵，互为备用。其排出压力由泵回流管路上的调压阀控制为 $0.40 \sim 0.45 \mathrm{MPa}$。

3) 燃油自清滤器—过滤燃油，保证清洁的燃油供入柴油机。自清滤器的过滤精度为 $34 \mu \mathrm{m}$，确保燃油喷射系统各部件不受到过度磨损。它采用由控制空气瓶供给的压缩空气为动力，可采用压差和定时两种模式进行反冲洗。被反冲洗出的油渣排至燃油泄放舱。自清滤器设有过滤精度同为 $34~\mu \mathrm{m}$ 的旁通滤器，在维护自清滤器期间转换为旁通滤器工作。自清滤器的后部管路上设有流量计，计量燃油消耗量。

4) 混油桶—缓冲容器并进行充气。在换油期间，混油桶能使主机的回油和供油泵送来的油混合，避免燃油黏度、温度突变。筒内上部应充有一定量的压缩空气，目的是利用气垫来起缓冲作用，确保燃油压力平稳和连续地供应给柴油机。另外，混油桶里的油中由于混有高温回油并且来自日用柜的燃油也已被加热到了一定的温度，这样混合油就会在混油桶内分解出气泡并不断上升到上部，随着气体不断地集聚，桶内压力会不断上升，当压力上升到一定值（如 0.5MPa 可调）时，脱气阀自动打开开始排气到日用柜，排气后柜内压力会下降，当下降到一定压力（如 0.45MPa）时脱气阀将自动关闭。

5) 燃油循环泵（增压泵）—保证燃油供给压力，防止燃油汽化。通常也采用两台三螺杆泵，互为备用，压力控制为 $0.9 \sim 1.0 \mathrm{MPa}$。

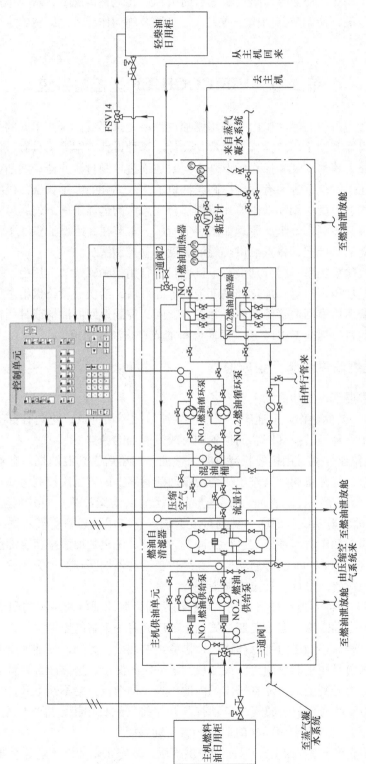

图 6-7 主机燃油供油单元及其控制系统组成原理图

6）燃油加热器—加热燃料油，保证黏度满足要求。设置两台加热面积相同的壳管式加热器，可单独或并联工作。通常加热器采用蒸气作加热源，根据柴油机雾化的要求，把燃料油的黏度控制在 9~12cst 范围内。此外，有的系统选用电动加热器或两者同时采用。

有的主机燃油供油系统不仅装有燃油加热器，同时还装有燃油冷却器，装燃油冷却器的目的是当主机需要较长时间使用低硫船用柴油时用来增加柴油的黏度，以满足主机喷油器对燃油喷射黏度的要求。

二、主机燃油供油单元自动控制系统的组成和综合控制

为了保证为船舶提供动力的柴油机稳定工作，并发挥出最大的效率，就必须有一个最佳的燃油供应系统，而具有自清滤器、自动黏度控制和对燃油进行增压功能的燃油供油单元就可以满足这一要求。燃油供油单元由一个处理系统组成，这个系统可以确保在日用油柜和主机燃油喷射系统之间提供一个适当的黏度（或温度），利用增压泵可以为燃油供油系统提供需要的系统压力，在这个过程中还对燃油进行严格的过滤。

在燃油供油单元自动控制系统中，对由 CPU 为核心的控制单元来说，其输入信号和输出信号是比较多的。这些信号能准确地控制和监视供油单元的运行参数和状态，同时也能控制供油单元的各种操作。

1. 输入信号

（1）模拟量输入信号

1）黏度传感器：在燃油加热器出口管路上装有黏度传感器，用来检测加温后的燃油黏度，燃油的黏度经变送器转换成 4~20mA 信号送到控制单元，正常运行期间这个信号作为黏度控制系统的测量值，同时控制单元将这个值与设定的黏度上、下限报警值进行比较，如果越限，将会触发相应的警报系统发出报警。

2）温度传感器：在燃油加热器出口管路上装有温度传感器，温度传感器检测到的温度信号经变送器转换成 4~20mA 电流信号送到控制单元，当系统工作在温度控制模式时作为测量信号。控制单元还将这个值与当检测到的温度值与设定的温度上、下限报警值进行比较，当高于或低于所设定的对应报警值时，将会触发相应的警报系统发出报警。

3）阀杆位置传感器：蒸气调节阀上还装有阀杆的位置传感器，用来检测调节阀的实际位置，即调节阀的开度。这一 4~20mA 信号送到控制系统作为执行机构的反馈信号。

（2）开关量输入信号

1）三通阀的位置开关：用于燃料油和轻柴油之间转换的三通阀上装有位置开关，当阀芯转换到某一位置时，对应的位置开关将会被触发，DO 或 HFO 燃油种类的信号就会送至燃油黏度控制系统。

2）混油筒的液位开关：在混油桶侧面的中上部还装有浮子液位开关，用来检测桶内燃油的液位，当桶内液位低于此开关位置时，开关触点闭合，控制单元发出警报。这可能是桶内气体太多而没有及时排气或供油装置部分出现问题所致。

3）燃油管路上的压力开关：燃油供给泵和增压泵后的管路上分别装有压力开关，当油压低于正常值 0.15MPa（可调）时，触电动作，控制单元检测到燃油压力的信号后，一方面控制起动对应的备用泵投入工作，另一方面还控制警报器发出燃油压力低警报。

4）自清洗滤器两端的差压开关：检测自清洗滤器两端压差的差压开关 PDAH 通常有两

对动作值不同的触点，其中有较低压差（如0.038MPa）就动作的一对触点，是用来控制滤器进行自动清洗的。另一对有较高压差（如0.05MPa）才动作的触点，是用来送出滤器脏堵报警信号的。

2. 输出信号

1）调节器输出控制黏度模拟量信号：当系统运行在黏度控制模式时，调节器输出的控制信号，去控制调节阀的开度，调节进入加热器的蒸气流量，从而把燃油黏度控制在给定值上。

2）调节器输出控制温度模拟量信号：当系统运行在温度控制模式时，温度调节器输出的控制信号，去控制调节阀的开度，调节进入加热器的蒸气流量，从而把燃油温度控制在给定值上。

选择不同的模块配置可适用于不同功率柴油机的消耗及喷射黏度（10~24cSt）和对应的温度（135~150℃）。具有冗余设计的组合控制单元可确保系统正常稳定的运行，采用总线技术的微机控制系统能实现最佳的过程控制和监视。

在主机燃油供油单元自动控制系统中的核心控制部件是电子控制单元，所有控制所用的组件都是由电子控制单元控制和监视的。所有的控制条件和信息都被储存在控制单元里，并且都能被显示和随时打印。

具有PI功能的调节器根据输入的4~20mA模拟量的信号，通过电动调节阀，可以实现对燃油的黏度和温度控制，为此，系统里的PT100温度传感器的信号必须用变送器转换成4~20mA的电流。

为此，在加热器燃油出口装设黏度和温度传感器，根据测量的黏度和温度，由电动调节阀控制蒸气阀的流量，保证燃油黏度与设定的值相符或燃油温度与设定的值相符；也就是说有黏度控制模式和温度控制模式两种可供选择。

3）开关量输出信号：供到主机燃油喷射系统的燃油压力是由供油单元里的压力控制系统保证的，当燃油供给泵后管路里的压力下降到0.3MPa（可调）时，自动起动备用供给泵，待备用泵输出压力稳定后自动停止原先运行的供给泵；当燃油循环泵后管路里的压力下降到0.7MPa（可调）时，自动起动备用燃油循环泵，待备用泵输出压力稳定后自动停止原先运行的循环泵，以保证供到主机燃油喷射系统的燃油压力得到稳定。因篇幅所限，全自动反冲洗滤器控制系统请参考其他书籍。

三、VISCOCHIEF燃油黏度控制系统

VISCOCHIEF型系统是一种可用于船上的燃油黏度自动控制系统，其黏度传感器和调节器无论在结构上，还是在工作原理上都较以往用于船上的NAKAKIT-A、VAF等型燃油黏度控制系统有根本的改变。EVT-10C黏度传感器和VCU-160控制器均采用单片机作为核心器件。在系统中可采用SHS蒸气加热装置，也可采用EHS电加热装置或两者兼用。这种黏度控制系统在20世纪90年代造的船舶上广泛地采用。

1. 控制系统的组成、功能及特点

VISCOCHIEF燃油黏度自动控制系统如图6-8所示。

它主要由EVT-10C黏度传感器、PT100温度传感器、VCU-160控制器、SHS蒸气加热装置和EHS电加热装置等部分组成。

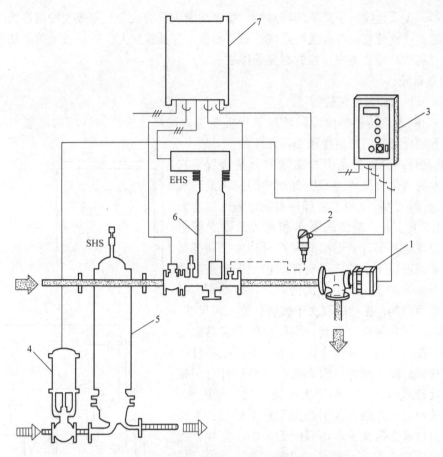

图6-8 VISCOCHIEF黏度自动控制系统组成图
1—EVT-10C黏度传感器 2—PT100温度传感器 3—VCU-160控制器 4—蒸气调节阀 5—SHS蒸气加热装置
6—EHS电加热装置 7—电源控制箱

黏度传感器和温度传感器分别检测燃油加热器出口燃油的黏度和温度,两者将黏度和温度值按比例转换成标准电流信号送到控制器。VCU-160型控制器是一种具有比例积分控制规律的全自动控制装置,可以对燃油黏度或温度进行定值控制,有柴油温度定值控制和重油黏度定值控制两种操作方式。系统既可以遥控又可以进行现场自动控制,必要时经转换也可手动控制。用数码显示器可以同时显示系统中燃油的黏度和温度值,另外也可显示参数设定值和故障种类。VISCOCHIEF黏度自动控制系统与常规的黏度控制系统相比较,具有如下主要特点:

1) VISCOCHIEF黏度自动控制系统利用改进后的温度传感器检测温度敏感性好,即对温度的变化响应速度快,该黏度传感器测量精度高,同时又采用了黏度和温度两种控制新方案,使用中参数自整定,大大提高了系统的动态控制精度,并提高了系统的稳定性。

2) 黏度传感器采用新的结构以后,没有运动部件(只有振动杆件),可在全流量下测量,不易堵塞,结构紧凑,重量轻,在主机燃用劣质高黏度燃油情况下仍具有较高的测量精度。

3) 由于该黏度控制系统采用了单片机,因此它具有完善的自检、控制、显示多种故障报警等功能,大大地提高了系统的可靠性。很多功能设置的改变是靠改变控制系统的某些参数来实现的,这就使它具有很强的适应性和灵活性,并具有与上位机进行通信的功能,是船舶动力装置实现分布式集中监控的必要条件之一。

2. 测量单元

(1) EVT-10C 黏度传感器

EVT-10C 黏度传感器由测黏计和单片机变送器两部分组成,其结构原理如图6-9所示。下面分别介绍它们的结构和工作原理。

1) 测黏计:测黏计是燃油黏度的测量装置,它把燃油黏度的变化转换成为感应电动势的变化量送到单片机变送器。测黏计的主要部件是振动杆1、动力线圈2、永久磁铁3、检测线圈4和永久磁铁5等组成。工作原理是基于流动燃油的黏性对其中振动杆振动幅度的衰减进行测量的。振动杆的强制振动是由动力线圈2和永久磁铁3产生并保持的,其振动频率是固定的。振动杆的自振频率取决于振动杆的几何尺寸。当设计的振动杆几何尺寸使其自振频率等于强制振动频率时,将发生共振。在这个振动频率上,振动杆的振动幅值最大。即给动力线圈2通有与振动杆自振频率相同的交流电流,则它将产生同频率的交变磁通。该交变磁通通过永久磁铁3引起振动杆1振动,振动杆的振动通过永久磁铁5在检测线圈4中产生变化磁通,该变化磁通在检测线圈中产生交变感应电动势。由于燃油具有黏性,燃油的摩擦阻力将会衰减振动杆振动的振幅,进而衰减感应电动势的幅值。黏度越大,这种衰减量就越大;反之,黏度越小,这种衰减量也越小。于是,检测线圈内感应电动势的下降值是与燃油的黏度成正比。振荡电路的共振频率,即动力线圈电源的频率在制造时已被调准,并把这个频率值储存在单片机系统6内。在工作期间,单片机随时对这个频率进行检查核对是否保持在特定范围内。传感器的校准是在工厂里用三种不同黏度(10cSt、20cSt、50cSt)专用高等级标准油样进行黏度值标定的,从测量线圈检测到毫伏信号作为毫伏输出曲线储存在单片机系统里。

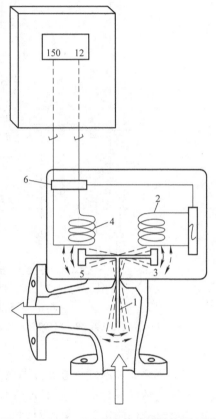

图6-9 EVT-10C 黏度传感器结构原理图
1—振动杆 2—动力线圈 3、5—永久磁铁
4—检测线圈 6—单片机系统

2) 单片机变送器:黏度传感器内的单片机变送器采用 Intel 公司 MCS-51 系列单片机 80C31 组成单片微型计算机变送系统,电路如图6-10所示。它把测量线圈产生的感应电动势经数据放大后送入精密电压—频率转换器 LM231,它输出的脉冲信号频率与输入电压严格成比例,实际上 LM231 是起模数转换器的作用。该脉冲信号送到 80C31 内部定时器 T_0,记录单位时间脉冲数,该数值就反映了燃油黏度的实际值。为了防止振动、温度、流量、压力和流速等外界因素的干扰,软件上采取了数字滤波等抗干扰措施,并进行数值标定。80C31

再把表示黏度值的数字量送入 AD7543BD 数模转换器转换成电压模拟量，经电压电流变换电路转换成标准 4~20mA 电流输出，其对应的黏度测量范围是 0~50cSt。

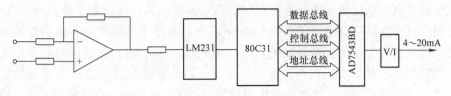

图 6-10　单片机变送器电路原理图

（2）PT100 温度传感器

PT100 是一种热电阻式温度传感器。这种传感器是利用金属材料电阻值随温度升高而增大，且在检测范围内它们之间保持良好线性关系的特性制造的。利用测量电桥把测温元件（金属丝）电阻值变化转换成电压信号，该电压信号与所检测的温度成比例。测量电阻 R_t 是测量电桥的一个桥臂，它是安装在所要检测的管路中，离测量电桥较远。为补偿环境温度变化所产生的测量误差，在实际测量电路中往往把"两线制"改为"三线制"。

PT100 温度传感器在结构上与以往使用的温度传感器有所不同，如图 6-11 所示。检测元件 1 直接插入被检测介质中，不用壳体防护，以避免热电阻与壳体之间的空气影响传热速度。为了防止更换或检修传感器时介质外逸，采用了特殊的弹簧囊结构。若要拆下传感器 7，应先松开锁紧螺帽 5，随后可旋出传感器。与此同时，止回帽 2 在弹簧 3 和燃油压力作用下，将导向管 4 下端口盖住，从而可防止管路 6 中燃油的逸出。这种改进后的温度传感器的热惯性很小，能够及时感受温度的变化。

3. VCU-160 黏度控制器

（1）控制方式和过程

VCU-160 黏度控制器用单片机 8031 可以同时监视、控制、显示燃油温度和黏度，它主要由 PI 温度调节器和 PI 黏度调节器组成。

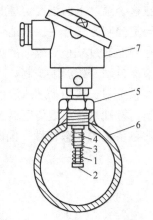

图 6-11　PT100 温度传感器结构管理图
1—检测元件　2—止回帽　3—弹簧
4—导向管　5—锁紧螺帽　6—管路　7—传感器

控制和显示所用的输入信号来自 EVT-10C 黏度传感器和 PT100 温度传感器，输出控制信号到蒸气加热装置的蒸气调节阀或电加热装置的接触器。可以对 DO（柴油）进行温度定值控制，对 HFO（重油）进行温度或黏度控制，两种控制方式在升温或降温过程中有升温速率的程序和降温黏度定值控制，另外设有手动控制蒸气调节阀调节方式。在各种工作方式下均有温度和黏度显示。

当把控制方式选择开关从停止转到 DO 位置（温度控制）时，开始对柴油进行加热，温度升高的速率是按事先设定的规律进行程序控制的，当温度达到设定的 DO 定值控制温度以下 3℃ 之内时，加温过程的程序控制结束，自动转入温度定值控制，此时黏度警报被自动关掉。

当把控制方式选择开关从停止或柴油位置转到 HFO 位置（黏度控制）时，升温过程与 DO 工作方式升温过程相同，只是当温度达到 HFO 设定温度以下 3℃ 之内时，自动转入黏度定值控制，同时闪亮的 DO 工作指示灯灭，HFO 工作指示灯亮。工作状态稳定后，改为对 HFO 进行温度或黏度的定值控制。当黏度被控制到给定值与测量值的绝对偏差在 0.5cSt 以内时，温度调节器开始以黏度设定值所对应的当时温度值作为温度给定值，对 HFO 进行温度定值控制，只要黏度保持绝对偏差在 0.5cSt 以内，温度调节器就一直输出控制信号，使系统温度保持在当时温度上。当黏度绝对偏差值超过 0.5cSt 时，黏度调节器开始工作，使其恢复到绝对偏差在 0.5cSt 以内时，温度调节器又以此时黏度所对应的温度为给定值进行温度定值控制。定值控制用的比例积分作用规律和程序控制功能均由软件程序来完成。控制过程曲线如图 6-12 所示。从曲线上可看出，某燃油黏度的给定值为 12cSt，当燃油实际黏度达 12cSt 时的温度是 130℃，根据前面所述可知，这时应为温度定值控制。随着主机用油品种或油质的变化，在时间 T_1 时燃油实际黏度已变化到 12.5cSt，黏度偏差已达 0.5cSt，黏度调节器开始工作，执行机构改为按黏度调节器输出的控制信号动作，使黏度逐渐向给定值方向恢复。当时间刚过 T_2 时，实际黏度虽然已回到 12.5cSt 以下，但是仍然是工作在黏度调节器状态。直到到达时间 T_3 时，此时的燃油温度为 134℃，温度调节器又以 134℃ 为温度给定值进行温度定值控制。此后，只要实际黏度值与给定值的绝对偏差不超过 0.5cSt 时，就一直保持在这个温度上的温度定值控制；若绝对偏差超过 0.5cSt 时，调节器将重复上述动作过程。当把控制方式开关从重油位置转到柴油位置时，系统将连续工作在柴油黏度定值控制方式，控制器通过减小对燃油的加热强度来保持黏度值，当温度下降到柴油温度设定值时，温度调节器自动开始温度控制。

在本系统中，采用黏度或温度定值控制是基于同一燃油温度的变化要比黏度的变化灵敏这一事实，特别是在温度传感器经改进后，检测温度很敏感的情况下，可大大提高系统的灵敏性，改善系统的动态特性，同时，两种定值控制可以互为备用，从而也可提高系统的可靠性。

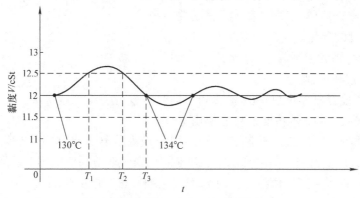

图 6-12　黏度控制过程曲线

（2）控制板电路

VCU–160 控制器的电路是制作在一块印制电路板上的。这块控制板装在主控制箱中，它由输入端输入黏度控制系统中各种模拟量和开关量信号，经 8031 单片机处理后，由输出端输出各种控制、显示和报警信号。这块电路板实际电路较为复杂，为了便于讲清楚它的工作原理，对该电路板的实际电路作了适当的简化，简化后的电路如图 6-13 所示。

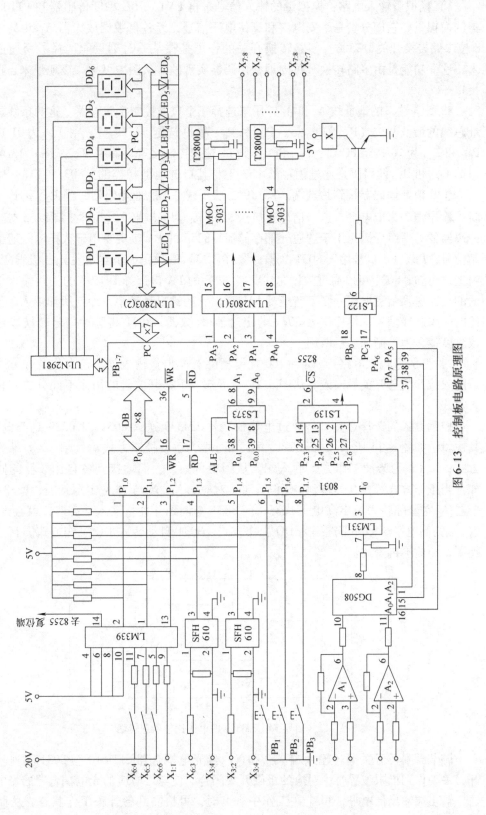

图 6-13 控制板电路原理图

1）模拟量输入电路：模拟量的输入信号来自 EVT-10C 黏度传感器和 PT100 温度传感器的模拟量。它们分别是毫安电流和毫伏电压信号，经各自数据放大器 A_1 和 A_2 放大后送入 8 位多路转换开关 DG508。多路转换开关的作用是在某一时刻只能选择一个通道的信号输入，这一功能是由多路转换开关内地址译码器实现的。从图中可见，该地址来自可编程并行接口 8255。

8255 选端口的地址线 A_1 和 A_0，用来选择三个口或控制字寄存器。这两条线通常接至地址总线的最低两位（$P_{0.1}$ 和 $P_{0.0}$）：$P_{0.1}$ 和 $P_{0.0}$ 为 00 选定 PA 口；$P_{0.1}$ 和 $P_{0.0}$ 为 01 选定 PB 口；$P_{0.1}$ 和 $P_{0.0}$ 为 10 选定 PC 口；$P_{0.1}$ 和 $P_{0.0}$ 为 11 选定控制字寄存器端口。从图 6-13 可见 8031 P_0 口的 $P_{0.0}$ 和 $P_{0.1}$ 两引脚是通过锁存器 LS373 与其口选地址相连的。8031 P_2 口的 $P_{2.3}\sim P_{2.6}$ 通过 LS139 地址译码器接到片选端。LS139 为双 2 线-4 地址译码器，当 $P_{2.3}$ 和 $P_{2.4}$ 输出为 00 时，输出端 2 为低电平，这一信号直接送 8255 接口片选端 $\overline{CS}$，此时接口 8255 被选通。地址译码器的另一组译码 4 用于选通外部存储器。8255 的 PA 口主要用于选择输入通道和输出控制信号，PB、PC 口被用于 8031 数据总线（P_0 口）和数码显示器及发光二极管之间的连接。由上述可知，8031 可以通过数据总线，经 8255 的 PA 口选择 DG508 的一路输入接通。被选通的一路送入精密电压-频率转换器 LM331，它的输出是频率，即与所加输入电压严格成正比的一串脉冲信号，然后送入 8031 的定时器/计数器，8031 将脉冲信号转换成对应的温度或黏度值，为控制和显示所用。

2）开关量输入电路：VCU-160 控制器除有模拟量输入外，还有像工作方式选择、调节阀限位开关等开关量输入。从图 6-13 中可知，根据开关量的用途不同分成三种不同的输入方式。

控制方式的选择开关量是通过电压比较器 LM339 送入 8031。LM339 是四电压比较器，其逻辑图如图 6-14 所示。在图 6-13 中，$X_{6:4}$ 端为手动控制方式输入端；$X_{6:5}$ 端为重油工作方式；$X_{6:6}$ 端为柴油工作方式输入端。从图中可知，它们均接到各自比较器的同相端。例如：当工作方式选择开关转到 DO 位置时，对应的 $X_{6:6}$ 端与 20V 电源接通，LS339 中电压比较器 A_3 立即翻转为输出高电平状态，当 8031 查询到开关量输入状态时，就会发现 P_1 口的 $P_{1.0}$ 端为高电平，即外部选择为 DO 工作方式，8031 自动转入 DO 工作方式。其他工作方式类同，在此不再赘述。

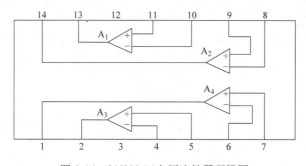

图 6-14 LM339 四电压比较器逻辑图

调节阀限位开关通过输入端 $X_{6:3}$ 和 $X_{3:2}$ 经光电耦合器 SFH610 与 8031 相连。当调节阀开、关动作到极限位置时，对应的极限开关闭合，使与之对应的光电耦合器的光电隔离管导通，输出端输出低电平，8031 在工作中查询时，可检测到各开关工作状态，从而给出相应的控制输出。

作为参数整定和功能选择用的带有机械防抖按钮开关（见图6-13的左侧）直接连到8031的P_1口。按钮PB_1是功能选择按钮，用于找到要调整的对应参数。表示参数种类的代码显示在数码显示器的左侧（见图6-13），参数设定值显示在右侧。PB_2和PB_3分别是增加和减少设定参数值按钮。另外，当"增加"和"减少"两个按钮同时压下时，参数将返回到原设定值。

3) 输出控制电路：控制电路主要是控制SHS蒸气加热装置的调节阀或EHS电加热装置的接触器，以达到控制燃油温度或黏度的目的。在本黏度控制系统中可以采用SHS蒸气加热装置，也可选用EHS电加热装置或两者被结合起来使用。在三种不同配置中，除只选用EHS电加热装置时没有手动控制方式外均有DO、FO和手动三种工作方式。采用SHS蒸气加热装置时比例积分调节器输出控制信号控制蒸气调节阀，以保持系统设定的温度或黏度，而在EHS电加热装置和SHS蒸气加热装置同时被采用时，系统刚投入使用期间用SHS蒸气加热装置，由增加或减少信号控制蒸气调节阀。当来自EVT-10C黏度传感器的信号指示系统需要更高温度且蒸气调节阀已全开时，VCU-160控制器输出控制信息使EHS电加热装置投入工作，以继续保持系统运行在设定的参数上。当加热功率需要减少时，首先减少电加热功率直至零后，如需再降低加热功率则自动关小蒸气调节阀。

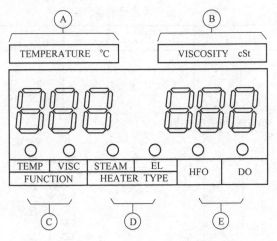

图6-15 显示面板布置辑图

VCU-160控制器中的8031单片机根据黏度或温度设定值其对应的实际测量值偏差，按比例积分作用规律输出控制信号，并转换成一系列脉冲信号，经8255接口（$PA_0 \sim PA_3$）和ULN2803（1）驱动器及光电隔离器MOC3031，去控制双向晶闸管T2800D的导通角，也就是控制驱动执行机构的伺服电动机。伺服电动机带动蒸气调节阀开、关或控制电加热装置的接触器控制燃油加热量（见图6-13中右下角标号$X_{7,4}$和$X_{7,8}$去蒸气调节阀，$X_{7,7}$和$X_{7,8}$去燃油电加热装置电源控制箱），从而达到维持系统温度或黏度恒定的目的。

4) 显示电路：由于本系统控制器采用了单片微型计算机，这不仅仅增强了系统的控制功能和灵活性，同时也为建立完善的显示功能提供了方便和可能性。它采用数码显示器和发光二极管来显示控制标参数、功能及工作状态等信息。显示电路是用来驱动数码显示器和发光二极管的。显示面板如图6-15所示。面板上A组三个数码显示器用来显示控制过程温度

(℃或℉)参数、警报种类或设定参数的代码；B 组三个数码显示器用来显示控制过程黏度 (cSt 或 cp) 参数、触发警报的现行参数值或参数设定值；C 组两个发光二极管可指示控制器被设定为是温度或黏度控制功能形式；D 组两个发光二极管用来指示系统中配置的加热器是 SHS 蒸气加热装置还是 EHS 电加热装置；E 组两个发光二极管用来指示系统现行的工作方式是 HFO 还是 DO。

完成上述显示功能的电路如图 6-13 右上侧所示。显示用的数码显示器是用 7 个笔划段显示数码，每一个笔划段为一个发光二极管，其结构如图 6-16 所示，共有 7 个笔划段控制信号，同时还有一个公共接地端以控制所显示的字形。当某一笔划段的控制信号为高电平且公共接地端接地时，则相应的笔划段才能发光。

七段用七位即用 8031P_0 口输出的 $D_7 \sim D_0$（其中 D_3 用于控制报警装置，且 8031 在送显示编码时这位始终为"0"）控制，因而数字和符号的显示编码见表 6-2。

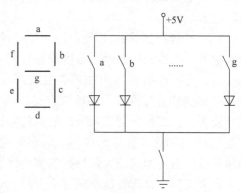

图 6-16 数码显示器原理图

表 6-2 数字和符号的显示编码

数符	$D_7(g)$	$D_6(f)$	$D_5(e)$	$D_4(d)$	D_3	$D_2(c)$	$D_1(b)$	$D_0(a)$	16 进制字符编码
0	0	1	1	1	0	1	1	1	77H
1	0	0	0	0	0	1	1	0	06H
2	1	0	1	1	0	0	1	1	B3H
3	1	0	0	1	0	1	1	1	97H
4	1	1	0	0	0	1	1	0	C6H
5	1	1	0	1	0	1	0	1	D5H
6	1	1	1	0	0	1	0	1	E5H
7	0	0	0	0	0	1	1	1	07H
8	1	1	1	1	0	1	1	1	F7H
9	1	1	0	0	0	1	1	1	C7H
A	1	1	1	0	0	1	1	1	E7H
P	1	1	1	0	0	0	1	1	E3H
C	0	1	1	1	0	0	0	1	71H
L	1	1	1	1	0	0	0	0	F0H
E	1	1	1	1	0	0	0	1	F1H
F	1	1	1	0	0	0	0	1	E1H

（说明：PB$_7$ PB$_6$ PB$_5$ PB$_4$ PB$_3$ PB$_2$ PB$_1$ PB$_0$
=0 不发报警信号
=0 DD$_1$ 对应段亮；=1 DD$_1$ 灭
=0 DD$_2$ 对应段亮；=1 DD$_2$ 灭
=0 DD$_3$ 对应段亮；=1 DD$_3$ 灭
=0 DD$_4$ 对应段亮；=1 DD$_4$ 灭
=0 DD$_5$ 对应段亮；=1 DD$_5$ 灭
=0 DD$_6$ 对应段亮；=1 DD$_6$ 灭
=0 对应二极管亮；=1 所有二极管灭）

从图 6-14 可见，8031 送出要显示的信息是通过 8255 的 PB、PC 口实现的，要显示的数、符的编码由数据总线 DB 送至 8255 的 PC 口（PC$_3$ 用于报警），然后经驱动器 ULN2803 (2) 供给大的驱动电流，连到所有显示器相应的笔划段。由于要显示的字符编码是同时连到所有显示器的，所以要使某一个显示器显示出数码，8031 还必须输出一个数位控制字，这一控制字 8031 是通过 P_0 口、数据总线、8255PB 口的 $PB_1 \sim PB_7$（其中一位 PB_7 用于上述 6 个发光二极管）送出的，数位控制字的格式为这一数位控制字由 ULN2981 锁存器锁存，以选择哪一个显示器工作。例如：要在最右边一位数码显示器 DD_6 显示一个数码 2，首先 8031 要按表 6-2 把这个数码转换成相应的字符编码 B3H，再输出给 8255 的 PC 端口，然后把控制这一个显示器的数位控制字 BEH 输出给 8255 的 PB 端口。

发光二极管的驱动，也是 8031 通过 8255 的 PB、PC 口实现的。8031 把要显示的信息转换成驱动码，然后通过 P_0 口、数据总线 DB 送至 8255 的 PC 口（$PC_0 \sim PC_2$、$PC_4 \sim PC_6$），驱动码的格式如图 6-17 所示。

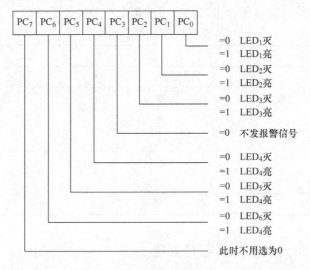

图 6-17 驱动码的格式

PC 口送出的驱动码经驱动锁存器 ULN2803（2）供给大的驱动电流，分别连到 6 个发光二极管。例如：若要把最左边的二极管 LED_1 点亮，8031 要输出给 8255PC 端口一个驱动码 01H，对应于该二极管的一位数码 D_0（$P_{0.0}$ 为 1，其余均为 0），然后把控制共阴极的控制字 7EH（参见数码显示器数位控制字）输出给 8255 的 PB 端口，它由 ULN2981 锁存器锁存，使对应的二极管发光。

由上述可见，数码显示器和发光二极管的显示都是一个动态显示过程，8031 要定时通过 8255 向数码显示器和发光二极管送要显示字符的字符编码和控制字，也就是说要定期扫描这些显示元件，扫描的周期以人的视觉分辨不出间断即可。

5）报警电路：VISCOCHIEF 黏度控制系统具有多种故障和参数越限报警功能，如：电源、PT100 信号、EVT–10C 信号、高温、低温、高黏、低黏等。当 8031 在检测或查询过程中发现故障时，通过 8255 接口 PB_0、PC_3 输出报警信号，经单稳态触发器 LS122 转换成脉冲信号，经三极管放大电路驱动继电器 X，使报警灯发出闪光信号和警报器发出断续声响报警。

4. 控制系统管理要点

1）在系统投入工作之前，应先检查燃油和加热系统有没有漏泄或损坏的情况，各阀件是否开关正确。把控制方式选择开关打到 OFF 位置，合上主电源（此时警报器将持续响 10s，并且数码显示器上同时显示"OFF"）。观察比较实际测量值与设定值有无异常情况。

一切正常后,启动低压燃油泵,然后根据燃油系统具体配置情况将控制方式开关转到 DO 或 HFO 位置进行温度或黏度定值控制。这时数码显示器上将显示出燃油温度和黏度的实际测量值,系统正式投入调节控制工作。

2）EVT-10C 黏度传感器的工作情况,可通过设在传感器上的电子元件箱内上边一块印制电路板上两个发光二极管（H_1 和 H_2）的状态来检查。工作状态表示细节参见表 6-3。在拆检黏度传感器时,注意不要碰撞或弄弯振动杆,否则将影响黏度值的准确测量。

3）为了人身和设备的安全,在检修时必须关掉电源。

4）在系统新安装后或工作条件改变时,应对系统运行的参数进行重新设定和修改,以适应新工作环境的需要,其具体设定和修改方法请参看有关说明书。

表 6-3 工作状态表示

原　因	H_1	H_2
正　常	灭	每隔 0.7s 闪一次
RAM, PROM, E^2PROM 故障	亮	单闪
模拟电路故障	亮	双闪
模拟量输出故障	灭	单闪
振荡电路故障	短闪	亮或双闪
共振频率偏移	灭	双闪
故障监视装置故障	亮	亮

四、燃油供油单元的故障诊断与处理

1）如果燃油供油单元黏度控制故障,通常应检查如下内容。

① 检查本地控制箱的控制开关位置是否正确。

② 检查本地控制面板上是否选择在黏度控制模式。

③ 检查控制箱的接线,并检查整个闭环系统是否正常。

④ 燃油供油单元的旁通阀是否关闭。

2）燃油黏度太低：原因通常是燃油系统中有空气,可通过旁通阀放气解决。

3）燃油黏度太高：原因通常是起动期间油温太低或黏度传感器的振动干受到黏污,需检查伴温管和加热器,如还不能解决此问题需解体检查传感器的黏污情况。

4）在正常运行期间,且在充分加热的情况下燃油仍然温度低：增加黏度控制器到加热阀的控制信号,如还不能解决这个问题需向厂家咨询。

5）黏度信号异常：①燃油系统中有空气,通过旁通阀放气。②黏度传感器无电源,检查电力,检查控制电路和动力电路的熔丝。③电流回路断路,检查 4~20mA 输出的电气线路。④黏度传感器故障,参看说明书或联系就近的服务工程师。

6）温度信号异常：①燃油系统中有空气,通过旁通阀放气。②温度传感器无电源,检查电力,检查控制电路和动力电路的熔丝。③电流回路断路,检查 4~20mA 输出的电气线路。④温度传感器故障,参看说明书或联系就近的服务工程师。

7）如出现滤器压差高报警：原因通常是由于自动清洗失效,需人工进行清洗。

8）如出现滤器压差低报警：原因通常是由于滤器的过滤网破损,需换新过滤元件。

9）如出现燃油单元供油压力低警报：原因通常是燃油黏度由于某种原因降低或增压油泵磨损，检查燃油黏度降低的原因，如还不能解决则需解体检查油泵的磨损情况。

第三节 燃油供油单元控制系统

Alfa Laval 公司生产的燃油供油单元 FCM，是新一代用于船上的燃油供给与自动控制系统，是专门为燃油系统的自动监视和燃油黏度控制而设计。控制系统中最核心的设备包括 EVT20 黏度传感器、PT100 温度传感器、EPC-50B 控制器、蒸气调节阀（或电加热供电单元）和燃油加热器，可实现燃油黏度或温度的自动控制；除此之外，系统还对供油泵、自动滤器、循环泵、"柴油-重油"自动转换实现全面的自动控制和监测。

其黏度传感器和控制器无论在结构上，还是在工作原理上都有根本的改变。EVT20 黏度传感器和 EPC-50B 控制器均用微型计算机取代了常规的变送器和控制器。在系统中可采用 SHS 蒸气加热器，也可采用 EHS 电加热器或两者兼用。柴油或重油经转换后，由 EPC-50B 控制器根据选择的加热器控制加热，并同时在线测量油温和黏度，由控制器根据选择的控制方式进行温度或黏度的自动控制。

一、燃油供油单元自动控制系统的组成及基本工作原理

燃油供油单元的组成原理如图 6-18 所示。总体上可以分为供油处理系统、燃油黏度或温度自动控制系统、油泵电机和滤器自动控制系统等部分。

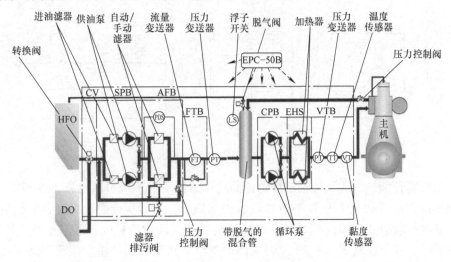

图 6-18 燃油供油单元的组成原理

VTB—黏度温度测量模块　EHS—电加热器　CPB—循环泵组合模块　EPC-50B—控制器单元
FTB—流量计模块　AFB—自动滤器模块　PDS—压差开关　SPB—供油泵模块　CV—重油/轻油切换阀

供油处理系统由重油日用柜、柴油日用柜、"柴油—重油"转换阀、燃油供给泵（供油泵）、燃油自动滤器、流量变送器、压力变送器、混合管（混油筒）、燃油循环泵、燃油回油管系等设备组成。燃油供给泵的压力由压力变送器 PT 检测，用于控制器分析判断供给泵的状态。供给泵的流量由流量变送器 FT 检测，用于控制器分析柴油机的耗油情况。在自动

滤器的前后装有压差开关 PDS，用于滤器脏堵报警的检测，当滤器进出口压差达到设定值时控制器发出报警。滤器排污电磁阀可执行滤器自动排污。脱气模块包括带脱气的混合管、浮子开关和脱气阀，用于供油与加热后从主机的回油混合，并使油气分离，当气体达到一定量时，浮子开关动作，控制系统控制脱气阀打开，将油路中的气体放回日用柜 HFO。循环泵 CPB 用于向柴油机提供需要的油压，可以通过压力变送器来检测。主机的回油通过压力控制阀和管系回送到混合管并进行脱气处理。

在燃油黏度或温度自动控制系统中，若采用电加热器 EHS，则由两个电加热供电单元分别对两个电加热器的燃油进行加热，一是提供足够的加热量，确保燃油能够得到加热，二是可以方便地控制加热速度的快慢，需要快速加热时，两个可同时满额工作；三是两个加热器可互为备用，保障了加热器的安全使用。若采用蒸气加热，也是由两个加热器组成，电加热 EHS 被蒸气加热器 SHS 代替。蒸气从外部引入，经过蒸气调节阀送到两个蒸气加热器，然后从本系统流出至热水井。由 EPC-50B 控制器通过继电器触点输出，控制伺服电动机 M 动作，从而改变蒸气调节阀 SRV 的阀门开度。另外，加热器还可选择使用热油作为加热源，控制方式与蒸气加热相同，也是用调节阀来控制加热量。有的系统配置两个不同类型的加热器，典型的配置是一个蒸气加热器和一个电加热器，即可方便控制加热，又能实现互为备用。在实际系统中除采用并联外，还常采用串联配置，常见的两个加热器配置方案如图 6-19 所示。

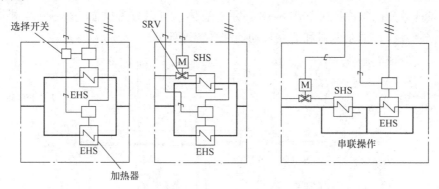

图 6-19 两个加热器的配置方案

无论采用哪种加热方式，燃油温度均由温度传感器 TT（PT100）检测，由 EPC-50B 控制器按照事前设定的 PI 控制规律调节加热器的加热量，从而实现燃油温度自动控制。如果系统选择黏度控制方式，不仅需要 EVT20 黏度传感器检测燃油黏度，还需要温度传感器 TT 检测燃油温度，并由控制器按照 PI 控制规律来调节加热器的加热量，实现燃油黏度自动控制。如果执行器件是蒸汽调节阀 SRV，则控制器给出"增加"或"减小"信号去控制伺服电动机动作，直到阀门开度检测信号（0~2kΩ 电阻信号）与输出要求一致；如果是电加热供电单元，则 EPC-50B 控制器输出最多 5 挡加热控制（根据加热器容量和控制输出挡位设定决定），由温度控制系统实现温度闭环控制。另外，控制器上配有手动/自动选择操作和手动加热量增加/减小（或加热挡位选择）操作，可以在需要时通过操作面板采用手动加热控制。控制系统除了燃油黏度或温度的自动控制以外，还能对"柴油—重油"转换阀进行自动控制，为保证转换正确可靠，实际回路中装有限位开关来检测转换阀的具体位置，并将检测信号送给控制器。

由油泵电机起动箱实现电机的起动、停止控制，每个起动箱对应一台电机，带电源开关、电流表和指示灯。还配有选择开关安装在本地操作面板上，用于选择 Manual – Stop – EPC – Remote，当选择 EPC 时，即油泵由 EPC – 50B 控制器自动控制，两套油泵之间互为备用，可实现备用油泵自动切换运行控制。另外，自动滤器也是由本地操作面板选择手动清洗 – 手动关 – 自动控制，当选择自动控制时，由 EPC – 50B 控制器根据设定时间和压差开关 PDS 来控制滤器的自动清洗。当油泵电机或自动滤器选择"Remote"时，则由 FCM 的远程（集控室）操作面板或微型计算机进行控制。

EPC – 50B 控制器是整个系统的核心单元，由主控制板、本地基本操作面板 OP 组成，如图 6-20 所示。另外，可根据需要选配 FCM 远程操作面板 OP，如图 6-21 所示。

EPC – 50B 控制器的主控制板与下节分油机控制中的 EPC – 50B 控制器硬件上是一样的，也是微型计算机（单片机）控制系统。但是，由于控制对象的不同，外围输入输出的不同，输出继电器扩展板和通信扩展板因需求不同也配置不同，所以配置的软件不同，故在本系统中用 EPC – 50B 控制器表示。另外，有 4 个不同级别的操作模块，分别为基本级、扩展级、高级扩展级和全自动级。基本级即本地操作面板，是基本配置，可实现"柴油 – 重油"转换控制、燃油加热控制、报警控制、油泵自动切换控制、自动滤器控制及 OP 上相关状态和测量值的信息显示等功能，其他级则扩展为可远程控制。

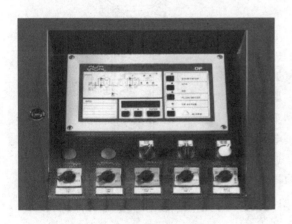

图 6-20　EPC – 50B 控制器

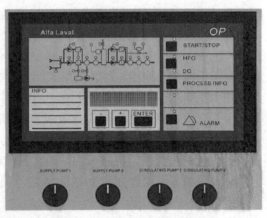

图 6-21　FCM 远程操作面板

EPC – 50B 控制器主要分为三个部分，一是电源，由滤波装置和多输出变压器实现；二是主控制板，安装在 EPC – 50B 控制器控制箱内；三是操作面板 OP。主控制板与操作面板通过异步串行通信实现数据交换。主控电路板接收安装在燃油供油单元 FCM 管路上的各种变送器和传感器信号，经分析和处理后，输出控制信号使各种阀件或电器动作，实现"柴油 – 重油"转换控制、燃油温度或黏度控制、报警控制、油泵自动切换控制、自动滤器控制等。同时，燃油供油单元 FCM 的运行状态也可通过在主控电路板通信接口与 OP 联系，由 OP 上的一系列发光二极管及信息显示窗进行指示，实现良好的人机交互。

EPC – 50B 控制器的操作面板 OP 采用单片机 P80C32 实现显示控制、按键输入处理和与主板信息交换等功能。结构上分为两块电路板，一块为单片机主板，包括 CPU、内存、字库存储器、通信接口和显示驱动模块等，另一块为专用信息显示控制器，显示需要的 LED 和字符。

操作面板右面有四个按钮和对应的状态指示灯，最上面的第一个是启动/停止按钮，第二个按钮是"柴油－重油"转换按钮，第三个按钮是过程信息按钮，第四个是报警复位按钮。

正面左上部是FCM基本状态及流程模拟图，当前基本状态可以完整显示。具体参数可以通过左侧下方的信息显示窗来显示，并可通过"＋""－"来翻看需要显示的参数值；在发生故障时，显示立即起动切换到显示当前最新故障内容；另外，还可用"Enter"翻看主要参数，配合"＋""－"可以实现参数的修改操作。

二、测粘计工作原理

FCM中燃油黏度控制系统采用EVT20黏度传感器，整体包含两部分内容组成，一是传感器本体部分，二是含控制和信号处理的电路板。本体装在燃油输送管道内，电路板安装在EPC－50B控制器主板上部。传感器本身由不锈钢制成，安装在油路中。传感器的探头及流管经过特富龙®表面特殊涂层。自带约5m长的信号电缆用于与电路板之间连接（即传感器与电路板间布线的最长距离约为5m）。

EVT20黏度传感器本体采用有专利的检测原理测量，工作原理是基于流动燃油的黏性对钟摆的旋转振动有阻尼作用。如图6-22所示，EVT20黏度传感器由一个钟摆1通过一个扭力管3附在底盘2上组成，两套压电元件4位于钟摆内部，一套驱动钟摆旋转振动，另一套作为两个检测传感器，均用来测量钟摆的振动，一个作为反馈信号来控制驱动用的压电元件，调节控制频率和幅值，以维持钟摆得以共振频率振动。另一个作为信号供系统采样计算黏度使用。振动压电元件的信号由控制板提供，电路板内的单片机CPU通过测量出该共振频率下两个压电元件振动信号间的特定相位偏差值，从而可获得一个表示燃油阻尼性质的值，而该阻尼与黏度的二次方根成比例。保护管5安装在钟摆周围，保护其不受机械损伤。在钟摆1内还内置

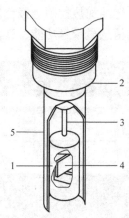

图6-22 EVT20黏度传感器结构原理图
1—钟摆 2—底盘 3—扭力管
4—压电元件 5—保护管

了一个PT100温度传感器（图上未画）用于检测钟摆内的温度，供微机校正和补偿黏度测量中由温度引起的误差。

为了产生钟摆振动，需要振动源提供给压电元件；为了检测钟摆振动情况，需要对振动进行测量；所以需要一块电路板来实现控制与检测。由于该EVT20黏度传感器是第三方产品，可以单独安装，有的系统单独做在一个金属控制盒内。在FCM系统中，将EVT20黏度传感器的电路板安装在EPC－50B控制器主控制板上，是两块单独的电路板叠放在EPC－50B控制器的主板上，其中下边一块为电源板，输入双路AC17V电源，通过整流滤波稳压后向黏度检测主板提供±15V和5V电源。该控制板与黏度传感器的连线包括两对线用于检测振动的压电元件，一对线用于压电元件的振动源，还有三根线用于PT100温度传感器，因此共需要用到电缆线中的9芯。电路板内采用单片机控制系统，检测转换响应时间小于

1min，将检测到的信号转换为4~20mA，则对应的黏度为0~50cSt，瞬时误差范围为±2%。由于黏度传感器及其电路板是第三方提供，所以系统采用简便的4~20mA信号实现传感器向EPC-50B控制器主控制微型计算机传送。黏度传感器内的PT100温度传感器除自身需要黏度校正使用外，还可通过本电路板转换，选择输出4~20mA供EPC-50B控制器使用。

黏度传感器的电路板上有一个数码LED显示，用于显示传感器的状态。EVT20黏度传感器电路板对诊断指示有规定，故障和错误用闪烁数字或文字显示在数码LED的第7段上（即数码管的中间一横）。根据故障、错误或警告的类型，黏度或温度输出将为0mA、4mA、20mA或输出保持正常（4~20mA与实际黏度对应）。如果没有故障、错误或警告，数码管用不闪烁的符号指示程序状态，如电源开用"-."，正在初始化硬件用"O."等，具体可参考黏度传感器的说明书。

电源打开后，数码管底部的小数点一直打开；当EVT20黏度传感器显示EEPROM时，小数点关闭；如果一个故障情况发生，通常EVT20黏度传感器电子设备将尝试重启单元直至确认故障。如果发生多个故障，则由于故障是按其重要性确定次序的，位于表格上部的故障有最高的优先级，这就意味着高级别的故障可以改写较低级别的故障。即该数码管只显示当前最重要的故障，表6-4是说明书中的部分重要的故障显示字符。

表6-4 黏度传感器电路板自检故障符号表

数码管显示	故障原因	传感器电路板尝试的反映
8.	5V电源故障，电源下降到4.65V下 微机内EPROM或PAL默认 微机注册测试失败 微机系统没有投入工作	监控系统复位
0.	栈溢出	自动复位
1.	外部输入/输出回路测试失败	自动复位
……	—	
9.	软件故障	自动复位
……	—	
d.	15V电源故障，电压下降低于13V	延迟后重试
……	—	

黏度传感器在正常使用中常出现传感器本身没有问题，而是系统环境或条件发生不良状态，导致测量出现极端情况。该情况传感器本身可能没有报警，但是送给EPC-50B控制器的信号出现失常。表6-5列出了常见故障现象、故障原因和处理方法，供参考。

表6-5 黏度传感器一般故障的解决方法

故障现象	故障原因	解决方法
黏度信号太低	空气夹杂在燃油系统	排气系统
黏度信号保持在最大值	起动期间燃油温度太低	检查燃油管保温措施/或燃油加热器
	由于没有足够的热量,系统正常操作期间燃油温度太低	增加黏度控制器的输出信号至换热器
无黏度信号	空气夹杂在燃油系统中	排出旁通阀系统
	EVT-20 没有电源	检查主电源 检查控制单元的熔丝/或电源开关,检查电接头的完整性
	电流接头损坏	检查 4~20mA 电线输出信号
	EVT-20 故障	联系最近的代表商修理,更换传感器

三、燃油黏度控制系统

在燃油供油单元 FCM 的自动控制系统中,采用黏度或温度定值控制是基于同一燃油温度的变化要比黏度的变化灵敏这一事实,特别是在温度传感器经改进后,检测温度很敏感的情况下,可大大提高系统的灵敏性,改善系统的动态特性,同时两种定值控制可以互为备用,从而也可以提高系统的可靠性。燃油黏度控制系统是由黏度传感器、温度传感器、EPC-50B 控制器和加热器构成。黏度传感器和温度传感器分别检测燃油加热器出口燃油的黏度和温度,两者将黏度和温度值按比例转换成标准电流和电压信号送到控制器。控制器内置具有比例积分(PI)控制规律的软件,可以对重油的黏度或温度进行定值控制,而对柴油只能进行温度定值控制。但在控制系统开始投入工作或换油切换过程,EPC-50B 控制器则根据燃油温升斜坡速率实现温度程序控制。系统除可现场自动控制外,还可选择遥控;在需要时,还可在本地经转换选择后,实现本地手动调节。信息显示窗可以显示系统中燃油的黏度、温度值或其他需要的测量值,另外也可显示参数值和故障信息。燃油黏度或温度控制系统就是一个典型的单参数反馈控制系统。

从 DO 转换到 HFO 并工作状态稳定后,EPC-50B 控制器对 HFO 进行温度或黏度的定值控制。当 HFO 模式且系统处在温度控制方式时,即 Pr19 = Temp,Pr30 作为温度设置点,此时的 Pr30 应为所需黏度对应的温度值。在从低温开始的加温过程中,系统控制加热量,实现按设定的温升参数 Fa30 来程序控制加热。当温度程序控制加热到设定 Pr30 减去 3℃ 的温度值后,系统开始温度定值控制。而当 HFO 模式且系统处在黏度控制方式时,即 Pr19 = Visc,Pr20 作为黏度设置点,而此时的 Pr30 应为所需黏度对应的温度值减去 2~4℃(一般设为 3℃),这样,在从低温开始的加温过程中,按温升参数加热到该 Pr30 后,系统自动转为黏度控制。所以 Pr20 与 Pr30 有对应关系,在换用不同的 HFO 时,一般要求黏度不改变,但要调整 Pr30 以适应黏度控制设定值 Pr20 的需要。

在燃油黏度定值控制过程中,系统根据黏度变化按控制器内 PI 调节参数进行自动控制。系统根据加热器的不同设置有两套 PI 调节参数,参数 Fa25、Fa26 为蒸汽或热油加热的比例带和积分时间,参数 Fa27、Fa28 为电加热的比例带和积分时间。如果调节过程出现振荡,则需要增加参数 Fa25 或 Fa27,Fa26 或 Fa28,但是这些参数的增加会使得系统反应变慢,消除静差能力减小。调试过程中应综合各种需要,整定到一个即稳定又反应较快的参数。一般出厂后调试工程师整定的参数应可靠保存,以备需要时恢复原始设定。如果调节过程中出现偏差过大,包括黏度和温度的偏差,系统都将给出报警信号。

黏度/温度调节系统的输出主要是控制 SHS 蒸气加热装置的调节阀或 EHS 电加热装置的接触器,以达到控制燃油温度或黏度的目的。采用 SHS 蒸气加热装置时比例积分调节器输出控制信号控制蒸气调节阀,以保持系统设定的温度或黏度。而在 EHS 电加热装置和 SHS 蒸气加热(或热油加热)装置同时被采用的系统中,系统以蒸气加热(或热油加热)为主,电加热装置为备用,即刚投入使用期间用 SHS 蒸气加热装置,由增加或减少信号控制蒸气调节阀;当来自 EPC – 50B 控制器的信号指示系统需要更高加热量且蒸气调节阀已全开时,控制器输出控制信号使 EHS 电加热装置投入工作,以继续保持系统运行在设定的参数上。当加热功率需要减少时,首先减少电加热功率直至零后,如需再降低加热功率则自动关小蒸气调节阀。

四、燃油供油单元的综合控制

系统除上述的黏度或温度定值控制外,还有 DO/HFO 的转换控制,燃油供油泵的运行/备用控制,燃油滤器的自动控制,回油的脱气自动控制,燃油循环泵的运行/备用控制及远程控制等功能,全部由 EPC – 50B 控制器来协调综合控制。

1. DO/HFO 的转换控制

作为燃油的转换控制,有两种不同的控制模式,即在 EPC – 50B 控制器上设置控制模式按钮:柴油控制模式 DO 和重油控制模式 HFO,相应的 EPC – 50B 控制器有两套设置和报警参数,并有相应的 LED 指示灯显示。在进行操作时,可能出现以下几个过程:

(1) DO 控制模式

当控制器接通柴油模式 DO 时,EPC – 50B 控制器自动选择为温度控制模式,燃油温度被监控。加热程序由柴油温升参数 Fa31 控制,温升斜坡允许燃油在设定的时间内被加热到设定的温度(如果 Fa31 = 0,斜坡函数被禁止,控制单元直接调节使用正常的设置点和报警限制等)。斜坡函数加温期间温度控制指示 LED 灯 "TT" 闪烁,当燃油温度在达到温度设置 Pr35 的 3℃内后,温升斜坡停止,正常温度控制运行。"TT" LED 灯稳定发亮。在此过程中应注意:

1) 在加热控制斜坡期间,低黏度和低温报警是无效的。

2) 在加热控制斜坡开始阶段,设置了一个最长的起动加热斜坡持续时间,从而确保它不能运行太长时间,如果起动斜坡超过了该最长时间,则报警启动。

(2) 从 OFF 到 HFO 或从 DO 到 HFO

当需要从 DO 转变到 HFO 时,操作步骤如下:

1) 按操作面板上右侧 DO/HFO 选择按钮。

2) 一个问题出现在信息显示屏上,'Change oil mode? + = yes, - = no'

3) 按 "+" 按钮开始转换。

4) 如果转换阀安装的是一个电动/气动转换阀,此阀将马上开始变换到 HFO。

当控制器接通 HFO 模式,或从 DO 转换为 HFO,燃油温度和黏度被监控和显示。加热运行程序由重油温升参数 Fa30 控制,温升斜坡允许燃油被加热到设定的温度。在设定的时间内，斜坡函数期间LED灯"VT"闪烁，如果是从DO转换为HFO，则"TT"LED稳定发亮，但如果从OFF开始就是HFO模式，则"TT"LED不发光。（如果Fa30=0，斜坡函数被禁止，控制器直接调节使用正常的设置点和报警限制等）。

一旦从DO转换为HFO，则EPC-50B控制器可检测到黏度增加，表明重油已经进入系统，那么重油将被开始加热。在加热升温斜坡期间，如果控制器检测到油黏度降低，则加热暂停。当温度已经低于重油温度设置值3℃时，控制器自动转到黏度调节控制。此时"TT"LED灯关闭，"VT"LED灯稳定发光，切换程序完成，黏度控制开始运行。在此切换过程中，应注意以下几点：

1）在起动斜坡加热期间，低黏度和低温报警是无效的。

2）在加热开始，即斜坡开始阶段，设置了一个最长的起动斜坡持续时间，从而确保它不能运行太长时间，如果起动斜坡超过了最长时间，则报警启动。

3）上述过程是从DO转换为HFO，反之亦然。燃油在50℃时黏度被显示在瞬时值列表中，这样就可以查看燃油表，可知在通常的参考温度50℃时，系统中有多少柴油转换为重油。

(3) HFO控制加热模式

HFO控制模式类型由参数Pr19决定，选择的类型由传感器LED，即操作面板流程图上的"VT"或"TT"指示出来。如果黏度传感器"VT"LED发亮，控制器处在黏度控制类型。如果温度传感器"TT"LED发亮，控制器处在温度控制类型。

(4) 从HFO转换为DO

当从重油转换为柴油，控制器将继续控制燃油黏度，同时降低重油-柴油混合温度来保持黏度值，此时"TT"LED闪烁，"VT"LED稳定发光。当温度达到柴油的设置值时，控制模式被自动转变为柴油模式（温度控制），然后"TT"LED变换为稳定发亮，"VT"LED关闭。

(5) HFO与DO间的自动转换

如果加热器发生故障，有可能自动转换到柴油，取决于低温限制值参数Fa14。在加热器故障时，油温低于Fa14并延时2min确认后，系统才能被设置为自动转换到柴油。推荐设置Fa14值低于低温报警限制，当设置的低温限制达到，转换倒数计时开始，靠近DO/HFO转换按钮的"DO"LED开始闪烁，一条信息在信息窗间断地出现，显示转换的时间。转换倒数计时器可以通过手动按DO/HFO按钮来中断。

在系统配置了电动或气动转换阀时，并且设置了参数Fa17为主机最大燃油消耗量（l/h），则在系统运行中，如出现燃油消耗量持续小于参数值Fa16（0~100%）2min后，系统会自动地进入转换DO的控制程序。由于换油过程仍保持燃油黏度控制，所以一旦出现需要加温状况，系统再次回到DO到HFO的工况中，即保持加热到设定温度后，新一轮的黏度控制开始。

如果系统安装了电动切换阀，即切换阀的开度可以通过电动伺服机构来控制，则新的燃油可以被逐渐地引进系统中，通过调节参数设置转换阀从DO到HFO的时间，或从HFO到DO的转换时间。

2. 燃油供油泵的运行/备用控制（燃油循环泵的运行/备用控制相同）

在EPC-50B控制器操作面板上有油泵工作模式选择开关，用于选择Manual-Stop-

EPC – Remote。当选择 EPC 时，即油泵由 EPC – 50B 控制器自动控制，EPC – 50B 控制器根据内部参数 Pr1 来选择燃油输送泵的控制方式，Pr1 = 1（2）表示 1 号运行，2 号备用；2（1）表示 2 号运行，1 号备用；1 表示 1 号运行，2 号停止；2 表示 2 号运行，1 号停止。同理，Pr2 用于选择燃油循环泵的控制模式。备用机组起动取决于相应的压力开关和运行机组的状态，如 Pr11 为燃油输送泵的出口压力下限制，当压力低于该压力时，并经过延时时间 Fa9 确认后，备用泵自动切换工作。或运行机组故障后，备用机组自动起动。运行或故障状态在面板上相应的 LED 指示灯显示出来，并在信息窗提供相应的报警。

当设备断电后重新送电后，并经过参数 Fa11 延时后，EPC – 50B 控制器能够按时间间隔（约 1s），并根据参数 Fa10 设置依次起动各油泵、滤器、加热器和自动控制系统，起动运行的油泵是停电前的运行机组。但是，如果 EPC – 50B 控制器正常，而发生油泵等动力电源断电后的再次恢复，EPC – 50B 控制器认为原设备有故障存在，将控制备用机组自动运行。

3. 燃油滤器的自动控制

假如滤器脏、堵，燃油供油泵起动将会困难，所以即使 EPC – 50B 控制器处于停止状态，滤器也应保持在自动运行模式；但是在 EPC – 50B 控制器停止时，放残阀不能自动工作。在供油泵停止后，可以手动定期运行滤器，手动定期放残。

控制系统根据燃油滤器的选择开关控制滤器冲洗，选择位置有 MAN – STOP – AUTO 三档，当选择为自动时，滤器间隔性地自动进行反冲洗，而压差开关 PDS 只起到滤器脏堵报警的检测作用。自动放残还取决于系统设定的时间间隔 Fa21，放残时间由参数 Fa22 决定。如果选择手动，则自动无效，需要定期手动冲洗，并需要时刻注意滤器的压差。

4. 脱气自动控制

混合管内将主机的回油和供油泵送来的油混合，油中混入的空气会因比重轻而上升到上部，所以需要定时控制脱气阀，将空气放回日用柜（因还混有高温油）。如果上部浮子开关检测到液位低，表示混合管内空气过多，系统控制脱气阀打开，但如果 120s 后仍然在脱气，则给出报警。

5. 远程控制

除本地基本控制级外，系统还可选配扩展级、高级扩展级和全自动级。扩展级是基本级中的操作控制和有关指示功能远传到控制室，但是没有基本级上的流程图和信息显示窗。使用时需要本地选择开关转至"Remote"（远程），实现的功能有状态指示、燃油自动转换、系统起停控制、油泵手动起停控制和报警指示；但是不能在远程站实现报警复位和油泵自动切换控制，也没有信息显示窗和操作按键。一旦出现故障或油泵停止，需要到 EPC – 50B 控制器现场实现报警复位或油泵切换处理，所以扩展级与系统的连线是一般的控制电缆。高级扩展级等于是本地操作面板移到了远程，在本地面板上选择好"Remote"（远程）即可将功能全部移交远程站，包括各油泵工作模式的选择控制和信息窗内容的显示和操作。显然，除需要控制电缆线连接外，还需要串行通信（RS485 通信）电缆联系。当然，要实现油泵自动远控，需要电机起动模式选择开关处于"Remote"控制。如果选用全自动级的远程操作，则通过现场总线（可在 EPC – 50B 控制器主机板上选 Profibus DP、Modbus RTU 或工业以太网）将控制器 EPC – 50B 控制器的总线接口与远程计算机直接相连，再在计算机内配置相应的通信和应用软件即可实现远程全功能操作。本地控制 EPC – 50B 控制器即成为整个分布式控制系统的一个通信节点，向上位机提供所需要的信息，并接受上位机的控制。此时远程设备与控制系统的连线就是一根通信线，不再需要控制电缆了。

五、燃油供油单元的操作与管理

1. 系统投入工作之前的操作

应先检查燃油和加热系统是否有漏泄或损坏的情况，各阀件是否开关正确；将控制方式选择开关打到 OFF 位置，合上主电源，观察 EPC-50B 控制器主板和黏度检测电路板指示是否正常；观察比较测量值与实际值有无异常情况；手动检测各电磁阀或电动切换阀是否正常、灵活。准备确认后，启动燃油供给泵，然后根据燃油系统具体配置情况将控制模式切换到 DO 或 HFO 位置，使用参数 Pr19 选择温度或黏度定值控制。这时可通过信息显示窗显示出燃油温度或黏度的实际测量值，系统正式投入调节控制工作。

2. 维护 EVT20 黏度传感器须知

EVT20 黏度传感器的工作情况，可通过设在 EVT20 黏度传感器电路板上的数码管显示内容来检查。清洗 EVT20 黏度传感器时应特别小心，防止个人受伤和损坏传感器。首先要切断通过 EVT20 黏度传感器的供油，切断控制箱电源，尽可能地排出和排空管系中燃油。把 EVT20 黏度传感器从罩壳上拆除后，再拿下 EVT20 黏度传感器，旋出两套固定保护管的螺钉，以拆下保护管，最后用一块干净的软布清洁钟摆。应小心钟摆不要被机械力损坏或弯曲，更不要用研磨材料，如砂纸、锉刀等来清洁钟摆头。

3. 新安装的系统和工作条件改变时应注意的问题

在系统新安装后或工作条件改变时，应对系统运行的参数进行重新设定和修改，以适应新的需要。对于不同的燃油需要调整一些参数设置，尤其是重油特性相差较大时，对应的参数设置也应相应改变，以期获得最佳调节效果。当重油改变时，必须改变的参数如下：

1）密度参数 Pr23：对不同密度的重油调整密度参数，可获得更为精确的黏度测量。

2）重油温度设置点参数 Pr30：新更换的燃油需要加热到不同的温度，从而得到相同的黏度。该温度值用于黏度智能调节过程的控制。

3）HFO 低温限制值 Pr32：HFO 加热温度控制不能低于该限制值。

除此之外，还需要根据油品的不同，有针对性地设置有关加热速率、加热温度、比例带和积分时间等参数。

4. 系统故障处理

报警系统是为了确保一个安全的黏度控制系统而设计的。所有报警都显示在操作员面板屏幕上，大部分有发光二极管补充（LEDs）。报警按发生的次序显示。FCM 燃油控制系统中有两种类型的报警：

1）报警显示在 EPC-50B 控制器上，由普通报警输出特征输出"Axx"。例如：A40 表示黏度-高。

2）仅给出警告在 EPC-50B 控制器上，显示"Wxx"，例如：W75 表示转换控制模式（Pr19），传感器失灵。

在发生了多个故障情况下，需要读取历史报警列表，但 EPC-50B 控制器中的 CPU 只存储了最后的 32 次报警。通过按"ENTER"键，即可进入该故障有关信息的显示，通过按"+"来翻看，每个故障的具体内容有：

报警号：如 1 号报警是最新发生的报警，2 号是上次发生的报警……；

报警时间：从报警发生后计时，小时、分钟；

报警编码：用 Axx 或 Wxx 表示，具体含义参考说明书；

复位时间：故障发生到报警复位的时间，如果 = 0，则表示刚一发生故障就被复位了，也就是第一个复位的故障。

具体操作和分油机控制中的 EPC – 50B 控制器类似，指示故障采用编码形式表示，主要故障见表 6-6，具体故障编号和故障原因及需要相应的处理措施参考说明书。

表 6-6 故障一览表

故障编码	故障说明	故障编码	故障说明
A40	黏度 – 高	A100	输入/输出通信 – 故障
A41	黏度 – 低	A101	OP 操作员面板通信 – 故障
A42	黏度传感器 VT – 故障	A102	OPr 通信 – 故障
A50	温度 – 高（xxx℃）	A110	输入/输出板 – 故障
A51	温度 – 低（xxx℃）	A111	OP 板 – 故障
A52	温度 – 慢反应	A112	OPr 板 – 故障
A53	温度传感器 TT – 故障	A113	加热器板 – 故障
A54	温度传感器 TT2 – 故障	A115	电脑通信板 – 故障
A70	三通阀 CV（DO）– 故障	A117	远程转变 HFO/DO – 故障
A71	三通阀 CV（HFO）– 故障	A118	参数 xx.xx – 没有规定
A80	转换到 DO 模式 – 温度 – 低	W49	黏度传感器 VT – 失效
A81	检测到无油转换	W58	温度传感器 TT – 失效
A82	调节阀 SRV – 没反应	W59	温度传感器 TT2 – 失效
A83	电加热器 – 故障	W75	转换控制模式（Pr19），传感器故障
A84	模拟输入 1 – 故障	W79	三通阀 CV – 失效
A87	电源故障	W116	IP 地址 – 错误（xxx.xxx.xxx.xxx）

5. 系统故障测试

由于采用了与 EPC – 50 分油机控制器是一样的控制器，所以故障测试功能和方法是类似的。可参照下节分油机控制系统的故障测试方法。在 FCM 燃油控制系统中，几乎所有的报警都可以在 EPC 运行中测试。有些情况下，EPC 必须处于 AUTO 模式。而系统的管理也要求经常性地对有关传感器、线路、执行部件、控制系统等进行有针对性的测试。同样需要注意的是在测试中，如果改变参数来触发一次报警，在正式操作前应该复位到原来的值。具体测试的测试动作、试验后的报警情况以及报警延时都可以在说明书中找到，如为测试"A 42"– 黏度传感器 VT – 故障，可以断开接线端子 X5:5。但如果系统原来处于黏度控制中，则会引起系统的故障和动作反映。所以在做该试验前，最好将控制模式选择为温度控制模式，即设置 Pr19 = Temp，Pr30 作为温度设置点，设置 Pr30 值达到要求黏度时的温度，而报警延时为参数 Fa8。这样可以在试验黏度传感器时，不影响系统的温度自动控制。

第七章

分油机自动控制系统

大型船舶主机的燃料大多数为渣油,其所含的水分和杂质等成分势必降低燃油雾化质量,影响主机的燃烧、船舶自身营运安全及营运成本。为了满足要求,这些船舶上都配备主机燃油分油;同时主机和其他的一些辅机需用滑油进行润滑,而在滑油用久之后,里面也会含有杂质和水分,需用设备除去,所以船舶上还应配备滑油的分油机。

第一节 FOPX 型分油机控制系统

FOPX 型分油机是 ALFA – LAVAL 公司生产的可控部分排渣型分油机,其特点是待分油连续进入分油机,在排渣期间也不切断进油。每次排渣时其排渣口仅打开 0.1s,排出量是分离片外边缘与壳体之间容积的 70%。该分油机可净化在 15℃时密度为 $1010kg/m^3$ 的重质燃油,而在净化不同密度的燃油时,不受低密度的限制,取消了比重环,这给使用和操作带来较大的方便。该分油机的控制和监视系统采用 WT200 型水分传感器和以 8031 单片机为核心的 EPC – 400 装置。本节重点介绍 FOPX 型分油机自动控制系统的基本工作原理。

一、FOPX 型分油机的基本工作原理

FOPX 型分油机由于控制系统不同,可部分排渣,也可全部排渣。部分排渣的 FOPX 型分油机的结构原理如图 7-1 所示。

在 FOPX 型分油机中,设有两个固定的向心泵 U 和 T,它们分别把分离出来的净油和水从 R 口和 S 口排出。所谓向心泵实际上就是扩压盘,它是把高速运动的液流速度能转变为压力能。待分油从 Q 口连续进分油机,并经分离盘上的垂直孔进入每个分离片,水分和渣质被离心力甩向分离盘的外侧,净油被推向分离盘的内侧。在排水口管路 S 上装有一个排水电磁阀;在净油出口管路 R 上装有一台 WT200 型的水分传感器,它能精确地检测净油中的含水量。当分离出来的水很少时,其油水界面在分离盘外侧较远,这时排水电磁阀关闭,封住排水口 S 不向外排水。净油经向心泵 U 扩压,连续由出油口 R 排出。其净油中基本不含水分或含水量极少。随着分离过程的进行,油水分界面不断向里移动,水分传感器感受到净油中含水量的增加。当油水分界面移动到接近分离盘外侧表面时,净油中含水量增加到一个触发值。这个触发值送到 EPC – 400 型控制单元,由该单元决定或者是打开排水电磁阀,经向心泵 T 扩压由 S 管口向外排水,或者是打开一次排渣口 I,排出分离盘外侧容积的 70%。这时水分传感器所检测到的净油中含水量会迅速下降。向心泵 T 下面有 4 个小孔,当排水电磁阀关闭时,向心泵 T 排出的液体从这些小孔流出,形成一个循环以防止此处温度过高。

当待分油中含水量极少时,从上次排渣算起又已达到最大排渣时间时,而油水分界面离

分离盘外侧较远，即净油中基本不含水。为了减少排渣时油的损失，在排渣前进置换水，使油水分界面向里移动，当该界面接近分离盘外侧表面时再打开排渣口进行排渣。

FOPX 型分油机在正常分油期间，滑动底盘 K 靠它下面高速旋转的工作水所产生的动压头托起，密封排渣口 I。为了补偿工作水由于蒸发和泄漏的损失，经电磁阀 MV16（见图 7-1）由 P_2 管断续供水，其工作水面维持在 Z 孔附近，这时 P_1 管断水。当需要排渣时，电磁阀 MV15 控制的 P_1 管和电磁阀 MV16 控制的 P_2 管同时进水，开启室 Y_1 充满水。该水的压头足以克服弹簧 O 的张力使滑动圈 L 下落，打开泄水阀 X，滑动底盘 K 下面的工作水经水孔进入开启室 Y_1。开启室 Y_1 中水经数个垂直孔大量进入腔室 Y_2，少量水从喷嘴 M_1 和 M_2 泄放。由于滑动底盘下面的工作水泄放出去，水的动压头消失，滑动底盘 K 下落，打开排渣口 I 排渣，当滑动圈 L 和定量环 N 之间的开启室 Y_2 充满水时，开启室 Y_1 和 Y_2，即滑动圈 L 上、下空间压力相等。在弹簧 O 的作用下，滑动圈 L 上移复位，泄放阀 X。大量的水经垂直孔进入滑动底盘 K 下面的空间，其工作水面迅速达到 Z 孔附近，再次把滑动底盘 K 托起密封排渣口 I。排渣口密封后，电磁阀 MV15 断电，P_1 管停止进水，滑动圈 L 上下腔室 Y_1 和 Y_2 中的水经泄水喷嘴 M_1 和 M_2 泄放，P_2 连续进水一段时间后恢复间断进水（一直连续进水亦可，滑动底盘下面的工作水只能维持在 Z 孔附近，不会再向里移动。否则，会经 P_2 管倒流回高置水箱）。在整个排渣过程中，P_1 管进操作水的时间为 3s，而滑动底盘下落，即排渣

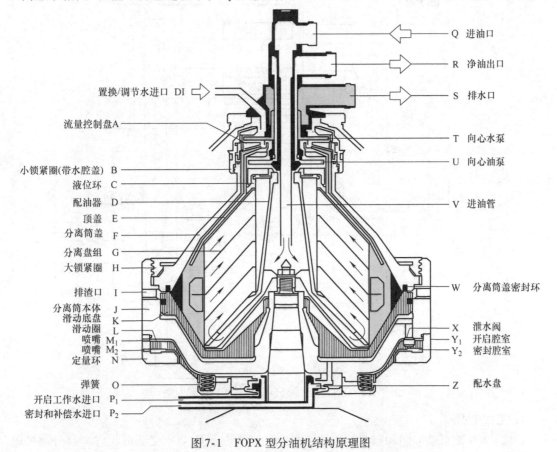

图 7-1　FOPX 型分油机结构原理图

I 打开的时间仅为 0.1s，这个时间足以使分油机分离盘外侧的 70% 容量从排渣口排出。排渣口 I 打开的时间与排渣口排出的容量与定量环 N 表面凹槽的大小有关。凹槽越大，容水量越多，使水充满密封腔室 Y_2 所需时间越长，则排渣口打开的时间也就越长，即从排渣口排出的容量要多于 70%。不过定量环表面凹槽的大小是不能调的。实际所用的定量环凹槽大小就是保证在一次排渣中，排渣口仅打开 0.1s 左右。由于排渣口打开时间很短，每次排渣排出的容量仅是分油机里容量的一部分，故称为部分排渣分油机，且在排渣时不必切断进油。

二、FOPX 型分油机的控制系统

在 FOPX 型分油机中，组成其控制系统的重要设备是 EPC-400 型自动控制和监视装置，它接收装在分油机进油管路上和净油出口管路上的传感器信号。对这些信号进行分析并加以处理，由输出端输出各种信息，对分油机进行控制，同时分油机的运行状态也通过在 EPC-400 型装置上的发光二极管的亮灭以及数字显示窗的数字进行指示。FOPX 型分油机自动控制系统组成原理如图 7-2 所示。

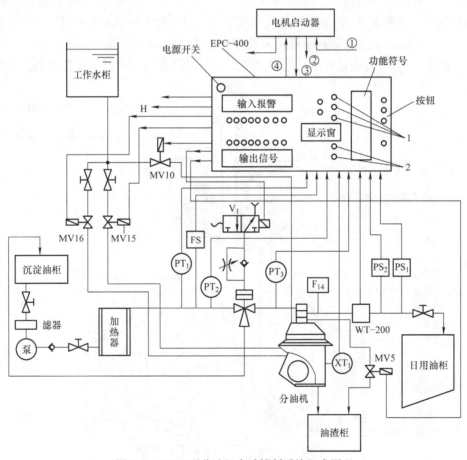

图 7-2 FOPX 型分油机自动控制系统组成原理

1. 工作电源

EPC-400 型自动控制和监视装置控制单元的工作电源是 48V 交流电，它来自分油机电机启动器。启动器经接线端①接 220V 交流主电源，作为控制起动分油机的电源。分油机投入工作时，首先按启动器上的启动按钮，一方面起动分油机电机，另一方面使启动器中的继电器 K_5 通电，经变压器由接线端③输出 48V 交流电向 EPC-400 型控制单元供电。在 EPC-400 型控制单元内部，经变压器输出 24V 交流电，再经整流、滤波和稳压，得到 +20V、±12V 和 +5V 直流电源。+20V 直流电压作为 WT200 型水分传感器的工作电源，+12V 和 +5V 电源电压作为 EPC-400 型单元两块印制电路板的工作电源。接通 EPC-400 型控制单元面板上的电源开关，就接通了两块印制电路板的电源。分油机系统出现故障需要停止分油机工作时，EPC-400 型控制单元经接线端④输出一个停止信号，使继电器 K_3 通电，切断分油机电源。

2. 输入信号

对 EPC-400 型控制单元来说，控制燃油温度的信号来自温度开关 PT_1 和 PT_2、温度传感器 PT_3，它们装在待分油进分油机的管路上。其中 PT_1 是具有高油温报警功能的温度传感器。分油机正常运行时，PT_1 检测燃油温度的实际值，当燃油温度高于上限值时，其报警开关闭合，EPC-400 型控制单元输入燃油高温信号，控制发出报警并切断加热器电源。PT_2 是低油温监视开关，当加热器出口的燃油温度低于下限值时，PT_2 开关闭合，EPC-400 型控制单元输入低油温信号，控制发出报警并接通加热器电源。温度传感器 PT_3 也是检测待分油实际温度的，这个温度信号有两个用途，其一是作为加热器温度控制系统 PI 调节器的温度测量值；其二是送至 EPC-400 型控制单元，当发生油温上下限报警时，可由数码显示器显示油温的实际值。FS 是低流量开关，用于监视供油系统进油量。若供油系统有故障，如滤器堵塞、管路泄漏、泵浦损坏等都会引起进油量降低，低到下限值时，低流量开关 FS 闭合，EPC-400 型控制单元接收到该信号后发出低流量报警。正常时 PT_1、PT_2 和 FS 都处于断开状态。在净油出口管路上装有流量表 F_{14}，随时指示分油机净化出燃油的数量。

在净油出口管路上装有两个压力开关 PS_1 和 PS_2，PS_1 是高压开关，PS_2 是低压开关，净油出口压力正常时两个开关均处于断开状态。当分油机发生跑油等故障现象时，净油出口压力降低，PS_1 开关闭合，EPC-400 型控制单元收到这个信号后，发出分油机故障报警并停止分油机工作，因此 PS_1 实际上是监视分油机故障的开关。PS_2 提供排渣口是否打开的反馈信号。当分油机需要排渣时，EPC-400 型控制单元发出排渣信号使活动底盘下落打开排渣口，分离盘外侧空间的水和渣滓立即从排渣口排出，这时净油出口压力会迅速下降，PS_2 开关闭合，EPC-400 型控制单元接收到这个信号后知道排渣口已经打开、排渣程序正在执行。如果 EPC-400 控制单元发出排渣信号后没有收到排渣口打开（PS_2 闭合）信号，说明分油机不能排渣。这时 EPC-400 型控制单元撤销排渣信号，数秒后第二次发出排渣信号，如果仍收不到排渣口打开信号，EPC-400 型控制单元最终确定该分油机不能排渣，发出不能排渣的报警并停止分油机工作。EPC-400 型控制单元发两次排渣信号的作用是防止误动作和误报警。

在净油出口管路上装有 WT200 型水分传感器，该传感器能连续检测净油中的含水量。EPC-400 型控制单元根据水分传感器检测的净油中含水量来控制分油机进行排水和排渣操作，WT200 型水分传感器的结构如图 7-3 所示。

水分传感器由两根彼此绝缘的同心管组成，形成一个圆筒形电容器，净油全部从两个圆筒形电容器的中间流过。EPC-400 型控制单元提供的 20V 直流电源经水分传感器内部的振荡单元转换为频率较高的交流电流流过圆筒形电容器，其大小正比于电容器的介电常数。纯矿物油的介电常数只有 2~4，而水的介电常数高达 80，即使净油中含水量只有微量的增加，由于电容器介电常数的增加，流过电容器的电流也会增大。因此，当振荡单元输出一个固定频率的交流电时，流过电容器电流的大小与净油中含水量成正比。此信号经带屏蔽的电缆线送回到 EPC-400 型控制单元。WT200 型水分传感器的检测精确度比较高，一般可达 ±0.05%。水分传感器中有一块检验电路板，用来监视振荡器的工作是否正常，EPC-400 型控制单元每 6 s 检测一次这个信号，如果振荡器工作不正常，EPC-400 型控制单元发出报警并停止当前所执行的程序。WT200 型水分传感器的量程在 100～400 单位之间，如果 WT200 型水分传感器输出值大于 400 或小于

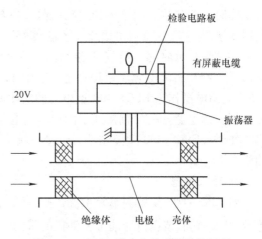

图 7-3 WT200 型水分传感器结构原理

100，说明 WT200 型水分传感器有故障，系统将发出 WT200 型水分传感器故障报警信号。

XT_1 是装在排渣口的液体温度传感器，需要用空气冷却。在正常分油期间，排渣口没有液体流出，XT_1 传感器应检测到低温值。如果在此期间检测到温度值升高，说明排渣口密封不严，有液体流出，则 EPC-400 型控制单元面板上相应的红色发光二极管闪光报警。在排渣期间，XT_1 应检测到高温信号，如果没有检测到高温信号，说明排渣口没有打开。在旧式的控制装置中，用这个信号作为排渣的反馈信号，但因为易出故障，在新的控制装置中采用 PS_2 低压开关作为排渣的反馈信号，而不用 XT_1 温度传感器。在新的控制装置中 XT_1 温度传感器仍被保留，用以检测在正常分油期间排渣口是否被牢牢地密封。

在 EPC-400 型控制单元面板的右面有 4 个按钮。最上面的是加热器按钮，按此按钮接通加热器电源，对待分油进行加热，待分油在分油机外面打循环。第二个按钮是程序启动/停止按钮。第三个按钮是手动排渣按钮，按一次该按钮，分油机执行一次排渣程序。第四个按钮是报警复位按钮。当系统出现故障时，EPC-400 型控制单元可能发出停止分油机工作或停止程序运行信号，其红色总报警（发光二极管闪光），待故障排除后须按此复位按钮才能消除故障记忆，并使程序恢复到启动前的状态。

3. 输出信号

EPC-400 型控制单元的输出信号包括控制分油机操作的各种电磁阀，显示控制系统状态的指示灯及由 5 位数码显示器所组成的显示窗。

电磁阀 V_1 用于控制待分油进分油机，正常分油（包括正常排水和排渣）时，V_1 通电，压缩空气把三通活塞阀打开，被加热的燃油不断进入分油机。当分油机发生故障或停止分油机工作时，电磁阀 V_1 断电，切断燃油进分油机的通路，燃油经加热器在分油机外面打循环。电磁阀 MV16 用来控制补偿水和密封水。分油机在正常分油期间，该阀断续通电打开，经管 P_2（见图 7-1）向活动底盘下面的工作水空间进补偿水，保证活动底盘托起，牢牢关闭排渣口。当需要排渣时，EPC-400 型控制单元输出的控制信号使操作水电磁阀 MV15 及电磁阀 MV16 均通电打开 3s，排渣口打开 0.1s 后自动关闭，进行一次排渣。电磁阀 MV15 打开 3s 后断电关闭，电磁阀 MV16 连续打开一段时间后，又恢复断续通电状态。电磁阀 MV5 是排水电磁阀，需要排水时 EPC-400 型控制单元输出一个信号使该电磁阀通电打开约 20s，进

行一次排水。在正常分油期间或在排渣期间电磁阀 MV5 均断电关闭。

待分油进分油机前必须进行加热，以保证分油机的分离效果，加热器可选择电加热器和蒸气加热器。选用电加热器时，按下 EPC-400 型控制单元面板上的加热器启动按钮后，由 EPC-400 型控制单元 H 端向加热器提供 48V 交流电源；选用蒸气加热器时，H 端是 24V 交流电源，同时温度自动控制系统投入工作。

在 EPC-400 型控制单元的控制面板上有一系列发光二极管和数字显示窗口。发光二极管 1 中的三个发光二极管分别指示加热器工作（绿色）、程序运行（绿色）、程序停止（黄色）。在发光二极管 2 中，上面是不排渣报警指示（红色），下面是总报警指示（红色）。左边两排发光二极管，上排是各种输入信号的报警指示（红色），下面是正常输出信号指示（绿色）。显示窗有 5 位数字显示器，在运行期间，左边两位显示净油中含水量的触发范围值，它是触发范围的百分数。如果触发范围达到或超过 100%，则显示"——"。右边三位显示距下次排渣的最大时间。在参数设定和调整过程中，四个按钮及数字显示器也有其他用途。

4. 系统控制过程

系统投入工作时，首先要按启动器上的启动按钮，启动分油机电机，然后按下加热器启动按钮，开始对待分油进行加热，同时温度自动控制系统投入工作。待分油机电机稳定运行一段时间后，按一次程序启动/停止按钮，EPC-400 型控制单元从初始化程序开始执行。首先它监视待分油温度，当油温达到正常温度值时，EPC-400 型控制单元将对分油机进行密封排渣口、待分油进分油机、排水和排渣等操作。表 7-1 列出了 FOPX 型分油机在 EPC-400 型控制单元控制下启动、运行、排渣和停止程序的时刻表。

当分油机工作时，待分油连续进入分油机，净化后的油从净油出口排出，分离出的泥渣和水集聚在分离筒周围。刚开始分油时，油水分界面远离分离盘外侧，净油中含水量极低，仅是在油中的乳化水，EPC-400 型控制单元把这个含水量存在读写存储器 RAM 中，作为净油含水量的参考值。随着分油过程的进行，油水分界面不断向里移动，当分离出来的水接近分离盘时，一些水滴开始同净油排出，净油中水分的少量增加立刻被装在净油出口的水分传感器检测到。当净油中含水量达到 350 单位（相当于净油中含水量占 0.2%）时就达到了触发值，EPC-400 型单元控制分油机进行一次排水或打开排渣口进行一次排渣。

表 7-1 程序时刻表

FOPX ALCAP		STOP	RUN				STOP			
		准备	T1 启动程序		T2 排渣间隔时间	D1		T2	D2 停止程序		准备
电磁阀 继电器	作用功能	TD	T1A	T1B		T4	T5	T3	T4	T11	
	固定时间	15		30		3	D	15	3	180	
	可调时间						PS2				
MV1	待分油进分油						15				
MV10	置换水										
MV15	开启水										
MV16	补偿水和密封水										
K5	启动器										
HEATER	加热器										

净油中含水量达到触发值时是进行排水还是打开排渣口进行一次排渣，取决于从上一次排渣后到本次达到触发值的间隔时间。在 EPC-400 型控制单元中设定了一个最短排渣间隔时间为 10min 和一个最长排渣间隔时间为 63min（可调）。如果待分油中水量较多，在上次排渣后的 10min 之内，净油中的含水量就达到触发值，则 EPC-400 型控制单元发出一个控制信号使排水电磁阀 MV5 通电打开向外排水，该过程如图 7-4 中曲线 2 所示。

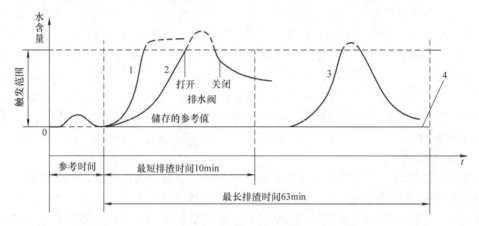

图 7-4　油中含水量不同的排水和排渣情况

随着排水的进行，油水分界面不断外移，净油中的含水量迅速下降，一般排水阀打开 20s 后关闭。如果待分油中含水量较少，净油中含水量达到触发值时距上次排渣超过 10min 但不到 63min，EPC-400 型控制单元将输出控制信号使电磁阀 MV15 和 MV16 同时通电打开，进行一次排渣程序，该过程如图 7-4 中的曲线 3 所示。此时，由于分离盘外侧有足够的水量，所以排渣前不用进行置换水。如果待分油中含水量极少，从上次排渣算起到 63min 时，油水分界面仍在分离盘外侧一段距离，净油中含水量仍没有达到触发值，这时 EPC-400 型控制单元也控制进行一次排渣，以防止分离筒内泥渣过度积累。为了尽可能地减少燃油损失和有利于排渣，在排渣前，EPC-400 型控制单元先输出一个控制信号使电磁阀 MV10 通电打开，向分油机内注入置换水，油水分界面逐渐向里移动，大约 20s 净油中含水量达到触发值，EPC-400 型控制单元将输出信号使电磁阀 MV15 和 MV16 同时通电打开，进行一次排渣程序，该过程如图 7-4 中的曲线 4 所示。如果待分油中含有大量的水，距上次排渣后较短的时间内净油中含水量就达到触发值，且排水阀打开 120s 后净油中含水量仍未能下降到低于触发值，这时 EPC-400 型控制单元关闭排水阀进行一次排渣。若排渣后净油中的含水量又较快地增至触发值，且打开排水阀 120s 后净油中含水量还不能下降到触发值以下，EPC-400 型控制单元再进行一次排渣后停止待分油进入分油机，停止分油机工作发出声光报警。该过程如图 7-4 曲线 1 所示。如果待分油太"干"，从待分油进分油机或从上次排渣算起，在 10min 之内净油中水含量仍不足 280 单位，为了提高分离效果，也要向分油机进行置换水。

三、FOPX 型分油机的控制单元电路

FOPX 型部分排渣分油机的控制和监视功能是由 EPC-400 型控制单元实现的。该装置由两块印制电路板组成，装在一个控制箱中。每块印制电路板的核心部件均采用 8031 单片

机，两块印制电路板上的 8031 单片机采用串行通信的方式。8031 单片机内部没有只读存储器 ROM，其读写存储器 RAM 也只有 128 个字节。因此，在本系统中，8031 单片机需要外接存储器。

1. 主控板电路原理

主控板是对 FOPX 型分油机进行控制、监视、显示和报警的主要印制电路板，它由输入端输入分油机系统中各种开关量和模拟量信号，经 8031 单片机处理后，由输出端输出各种控制、显示和报警信号。简化后的主控板电路原理如图 7-5 所示。

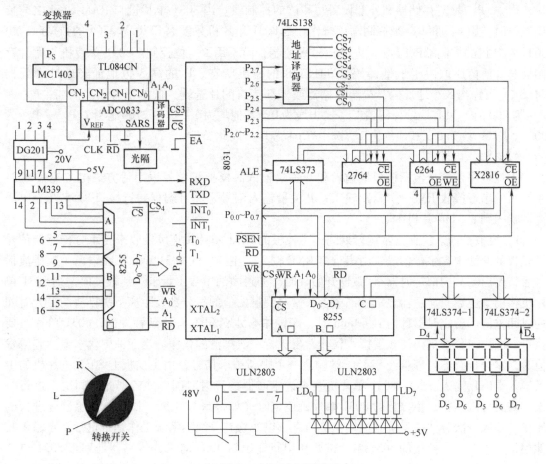

图 7-5　主控板电路原理

（1）存储器扩展电路

在主控板中，8031 单片机外接存储器包括：只读存储器 EPROM 芯片 2764 和读写存储器 RAM 芯片 6264，它们的存储容量都是 8K，访问其所有的存储单元需要 13 位地址；EEPROM 芯片 X2816 的存储容量是 2K，访问其所有的存储单元需要 11 位地址。8031 单片机的 P_0 口是三态双向地址/数据总线口，分时传送低 8 位地址码和 8 位数据。当 8031 单片机控制端 ALE 输出高电平信号时，锁存器 74LS373 三态门打开，P_0 口输出的低 8 位地址经锁存器分别送至存储器 2764、6264 和 X2816 的 $A_0 \sim A_7$ 端。当 8031 单片机控制端 ALE 输出低电平时，锁存器 74LS373 锁存地址低 8 位；此时，P_0 口为数据的输入/输出口。P_2 口仅作为地址总线接口，输出地址总线的高 8 位地址，其中 $P_{2.0}$~$P_{2.2}$ 位分别接在 2764、6264 和 X2816 的 A_8~A_{10} 端，$P_{2.3}$ 和 $P_{2.4}$ 位接在 2764 和 6264 的 A_{11} 和 A_{12} 端，最高 3 位 $P_{2.5}$、$P_{2.6}$ 和 $P_{2.7}$ 经直接送至地址译码器 74LS138。这样，用 A_0~A_{10} 的 11 位地址可访问 X2816 中的任意存储单元，用 A_0~A_{12} 的 13 位地址可访问 2764 和 6264 所有的存储单元。P_3 口是双功能口，当定义为第一功能时，作为数据的输入输出口；当定义为第二功能时，P_3 口各位有不同的功能。在本电路中，P_3 口定义为第二功能口，各位功能为 $P_{3.0}$、$P_{3.1}$ 为 8031 单片机的串行输入和串行输出口；$P_{3.2}$、$P_{3.3}$ 为外部中断 $\overline{INT_0}$ 和 $\overline{INT_1}$ 输入口；$P_{3.4}$、$P_{3.5}$ 为定时器/计数器外部脉冲输入口；$P_{3.6}$、$P_{3.7}$ 是对存储器和外部设备写和读的控制线。当 8031 单片机与 RAM 6264 之间传递数据时，用 $P_{3.6}$ 和 $P_{3.7}$ 来控制写读操作。当 8031 单片机只读取 EPROM 2764 的数据时，由 8031 单片机的控制端 $\overline{PSEN}$ 发低电平信号来控制，而不用 $P_{3.7}$ 位控制。8031 单片机与哪片存储器芯片通信还取决于地址译码器 74LS138 的输出状态。P_2 的高 3 位地址经地址译码器 74LS138 可译出 8 个地址码，接至存储器或外部接口的片选端，低电平有效。例如，$P_{2.7}$~$P_{2.5}$ 为 000 时，只有地址译码器 CS_0 输出线为 0，其他均为 1，选中 2764 芯片；$P_{2.7}$~$P_{2.5}$ 为 001 时，CS_1 线为 0，其他均为 1，选中 6264 芯片；以此类推。

（2）输入电路

主控板输入信号包括模拟量输入和开关量输入。模拟量信号以串行方式由主控板 8031 单片机的串行接收 RXD（$P_{3.0}$）输入；开关量输入信号是经可编程并行接口 8255 及光电隔离器输入到 8031 单片机中。

1）模拟量输入：在正常运行期间，主控板的 8031 单片机连续接收来自水分传感器信号处理板的净油中含水量信号，由串行口 RXD 输入。主控板的 8031 单片机在输出一次排渣信号后，要启动其内部定时器/计数器开始计时。如果净油中含水量未达到触发值，则 8031 单片机将由 5 位数码显示器显示净油中含水量达到触发值的百分数及距离下次排渣的最大时间的时间差值。若定时器计时到 63min 时，净油中含水量仍没有达到触发值，8031 单片机要执行一次先向分油机内注入置换水操作，再进行一次排渣的程序。当净油中含水量达到触发值时，水分传感器处理板经 8255 ①端输出一个中断请求信号，由主控板上 8031 单片机的中断输入端 $\overline{INT_0}$ 输入。此时 8031 单片机要查询定时器的计时时间，并依据此时间决定进行一次排渣或排水操作。主控板的 8031 单片机还定时（如每 6s）中断一次水分传感器处理板的输出，输入一次分油机系统其他模拟量信息，以便检查分油机系统工作是否正常。在输入其他模拟量以前，主控板的 8031 单片机要从串行输出口 TXD 向水分传感器处理板 8031 单片机发送一个指令信息，暂时中断两个 8031 单片机之间的通信，当主控板 8031 单片机检测一遍其他模拟量后，再恢复两个 8031 单片机之间的通信。图 7-5 中的 TL084CN 芯片是四运算放大器，可同时放大 4 个模拟量，每个模拟量是双端输入，放大后单端输出。其中输入端 1 和 2 分别接入分油机的进分油机管路上的温度传感器 PT_3 和 PT_1。主控板 8031 单片机输入这两个温度实际值后相比较，如果这两个温度相差较大，说明温度传感器有故障，发出温度传感器故障报警。温度传感器 PT_1 兼用于高温报警。输入端 3 接液体传感器，它是接在排渣口用空气冷却的热敏电阻式温度传感器，在正常运行期间分油机的排渣口是密封的，没有液体流过该传感器，它送出一个低温信号。如果排渣口密封不严，有液体流过该传感器，则液体传感器会送出一个温度升高信号，这时主控板将输出排渣口封闭不严的报警信号。以上 3 个温度信号都经输入回路转变成与温度变化成比例的电压信号送至 TL084CN 的输入端。输入端4接基准电压发生器 MC1403 的输出端。MC1403 是高精度基准低电压发生器，它的输出稳定在 2.5V，作为模/数转换器 ADC0833 的参考电压 V_{REF}。该电压值还经电压变换器变换成与温度传感器输出相一致的电压级别，如果该值正常，在数字显示窗中右边 3 位应显示 205 ± 10，如果显示在 195～215 范围之外，主控板将发出报警，指示 MC1403 有故障。TL084CN 的 1、2、3 和 4 输入信号经放大后分别由 CN_0、CN_1、CN_2 和 CN_3 端输出到 A/D 转换器。ADC0833 A/D 转换器是带有 4 通道多路开关的 8 位串行输出的 A/D 转换器。$\overline{CS}$ 为片选端，也就是 A/D 转换器的起动脉冲端，低电平有效。D_1 和 D_0 端接 8031 单片机输出的低 8 位地址码的 A_1 和 A_0，由它们决定闭合哪一个模拟量开关进行 A/D 转换。例如 A_1A_0 为 00 且 $\overline{CS}$ 端为 0 信号，选择 CN_0 通道，对 CN_0 通道输入的电压值进行 A/D 转换；当 A_1A_0 变为 01；对 CN_1 通道的模拟量进行 A/D 转换，依次转换完 4 个通道模拟量值。A/D 转换器 ADC0833 是把模拟量（电压信号）转变成具有 10 位二进数，由 SARS 端串行输出。其中有一位起始位，低电平有效，接着是由低位到高位 8 位二进制数，最后一位是停止位，高电平有效。该 10 位数据经光电隔离器由 8031 单片机的串行接收口 RXD 输入，当接收到停止位后，把地址码 A_1A_0 自动加 1，准备接受下一个通道的数字量。8031 单片机每接收一个模拟量所转换成的数字量都要与存储器中的该量的设定值相比较，看是否越限，若越限则发出声光报警。

2）开关量输入：输入的开关量是接在可编程并行接口 8255（图 7-5 左边部分）的 A 口和 B 口，由三总线进入 8031 单片机。图中 DG201 是带驱动器的模拟开关，驱动器电源为 +20V，它的输入是接控制箱前面板的 4 个按钮，其中接线端 1 接 1 号按钮，即加热器启动/停止按钮，接线端 2 接程序启动/停止按钮，接线端 3 接手动排渣按钮，接线端 4 接报警复位按钮。按下按钮时，分别送出高电平信号至四电压比较器 LM339 同相端（反相端 8、10、6、4 接 +5V 电压），再从 LM339 的输出端 14、2、1、13 输出高电平。启动分油机电机后，按主控板上的启动按钮，接通两块印制电路板的工作电源，使两块印制电路板的 8031 单片机程序初始化。然后按下按钮 1 为加热器提供电源，开始对分油机的待分油进行加热。再按按钮 2 使 8031 单片机从初始化程序开始运行。这时首先监视待分油的温度，当温度达到正常值时，开始向分油机进密封水和补偿水、进待分油等正常分油的操作。在分油机正常运行期间，按一下 3 号按钮，分油机就执行一次排渣程序，如果分油机有故障或某些参数越限都会发出声光报警，这时主控板或者停止程序的运行，或者停止分油机的工作。待故障处理后必须按 4 号报警复位按钮，解除对程序运行的封锁，使程序正常运行。应注意的是，由于主控板 8031 单片机是定时（如 3s）检查一次开关量的输入状态，因此按这些按钮的时间要长一点，否则 8031 单片机可能检测不到。这 4 个按钮除前述功能外，在对参数测试和调整中另有用途，这方面内容将在后续介绍。

8255 A 口中的接线端 5、6 和 7 分别接转换开关的 R 端、L 端和 P 端，在主控板上有一个转换开关，它有三个位置 L 位、R 位和 P 位。L 位是就地控制监视位，即在控制面板上控制和监视分油机的运行；R 位是远距离控制监视位，如在集中控制室控制和监视分油机的运行。在这两个位置中，8031 单片机的运行程序是相同的，只是操作地点不同。P 位是测试调整位，当转换开关转到 P 位时，8031 单片机要终止执行当前程序而转入测试调整程序，这时采用前述的 4 个按钮（第二功能）对所设定的参数进行测试和调整。

在 8255 B 口接的开关量中，接线端 9、10、11 和 12 分别接待分油进口管路上的低流量开关 FS、低油温开关 PT_2、净油出口管路上的高压开关 PS_1 和低压开关 PS_2，以上开关位置如图 7-2 所示。接线端 13 接电源故障开关，接线端 14 接额外报警开关，如工作水箱无水或气源中断等。接线端 15、16 是备用开关量输入端，根据用户要求需要检查的项目可接在这两个检测端。如有的用户要求在分油机本体上装一个检测分油机振动开关，如果分油机在运行期间产生异常振动，该开关闭合，其信息送至 EPC-400 型装置，一方面发出声光报警，同时应停止分油机的工作。

输入接口 8255 片选 $\overline{CS}$ 端接地址译码器输出端 CS_4，低电平有效。用地址码 A_1A_0 来选择 8255 的 A 口、B 口、C 口或控制命令字寄存器。由于 A 口和 B 口只作为输入口使用且是工作于方式 0，因此在程序初始化时，8031 单片机应向该 8255 的控制命令字寄存器写一个命令字 9BH。

3) 输出电路：8031 单片机要向外界输出信息时，是通过输出接口芯片 8255（见图 7-5 下部）进行的。8031 单片机通过总线读写 8255，由 A_1A_0 两位选定是由 A 口、B 口或 C 口输出。由于该接口芯片 8255 的各口均接成输出方式且工作方式为 0，因此在程序初始化时，8031 单片机就把一个常数 80H 写入 8255 的控制命令字寄存器。

8255 A 口输出的数据经 ULN2803 驱动器控制 8 个继电器通断电，当驱动器的输入端输入高电平时其相对应的输出控制继电器通电，其常开触点闭合，送出 48V 交流电压信号。其中 0 号和 1 号继电器分别控制开启水电磁阀 MV15 和补偿水与密封水电磁阀 MV16。当需要排渣时 0 号和 1 号继电器同时通电 3s，打开一次排渣口。排渣后 0 号继电器断电，关闭开启水电磁阀，1 号继电器继续通电 30s，以后每 5min 通电 3s，通过电磁阀 MV16 断续向分油机进补偿水，这两个继电器均并接一个绿色发光二极管，发光二极管亮表示相应的电磁阀打开。2 号继电器是控制加热器是否接通电源的。如果 8031 单片机执行运行程序（转换开关转至 L 位和 R 位）时，按控制箱上 1 号按钮，2 号继电器通电接通加热器电源，对待分油进行加热。如果待分油在达到高油温报警值或有加热器故障信号时，2 号继电器断电，切除加热器对待分油加热。在 2 号继电器通路上并接一个绿色发光二极管，该发光二极管亮表示加热器在工作。3 号继电器控制待分油进分油机的电磁阀 V_1。分油机在正常运行期间，3 号继电器通电，电磁阀 V_1 右路通（见图 7-2），气源的气压信号把三通活塞阀压下切断待分油在分油机外面打循环的通路而使待分油进入分油机。当分油机系统出现故障时，3 号继电器断电，电磁阀 V_1 左路通，三通活塞阀复位，切断待分油进分油机而在分油机外面打循环。待分油进分油机时，与 3 号继电器并接的绿色发光二极管亮。4 号继电器是控制置换水电磁阀 MV10，从待分油进分油机或从上次排渣算起，在 10min 之内净油中含水量仍不足 280 单位，说明待分油太"干"，为提高分离效果 4 号继电器要通电打开置换水电磁阀 MV10 向分油机进置换水。从上次排渣算起，达到最大排渣时间净油中含水量仍未达到触发值，则在排渣前 4 号继电器通电，打开置换水电磁阀，向分油机内进置换水以减少排渣时油的损失。在进置换水时，与 4 号继电器并接的绿色发光二极管亮。5 号继电器控制排水电磁阀 MV5，当需要打开排水电磁阀使分油机向外排水时，5 号继电器通电，与之并接的绿色发光二极管亮。6 号继电器是总报警输出继电器，当分油机运行出现故障时，该继电器通电向报警总回路送出一个报警信号，在机舱或控制室发出声光报警，同时与 6 号继电器并接的红色报警发光二极管（见图 7-1 中控制面板上的发光二极管 2 中的下面一个，该报警信号经脉冲调制器再接到发光二极管）闪亮。在正常运行期间 6 号继电器断电，红色发光二极管灭。7 号继电器是控制停止分油机电机工作的继电器，如果分油机系统出现严重故障或有应急停止分油机工作信号时，该继电器通电，并经图 7-2 接线④送至电机起动箱，切断分油机电机电源，停止其工作。

8255B 口输出的数据经驱动器 ULN2803 分别接 $LD_0 \sim LD_7$，8 个红色报警发光二极管。LD_0 是加热器故障报警，实际上是高油温报警；LD_1 是待分油低油温报警；LD_2 是待分油进分油机的低流量报警；LD_3 是液体传感器检测到高温信号报警，实际上是排渣口密封不严报警；LD_4 是不能排渣报警。为醒目起见，在图 7-2 中控制箱面板上发光二极管 2 中上面一个红色发光二极管闪亮；LD_5 是跑油报警，当发生跑油时净油出口压力降低，压力开关 PS_1 闭合，此红色发光二极管亮；LD_6 是电源故障或电源频率太高报警；LD_7 是程序故障报警，这一路是由两块印制电路板自检功能输出的报警信号，具体报警内容，可由 5 位数字显示器来显示。

8255 的 C 口是数字显示输出口，$PC_7 \sim PC_5$ 位和 $PC_3 \sim PC_0$ 送至锁存器 74LS374 - 1 和 74LS374 - 2，用 PC_4（即 D_4），D_4 位来片选这两个锁存器。$D_4 = 1$，$C_7 \sim PC_5$ 位和 $PC_3 \sim PC_0$ 锁存在 74LS374 - 1；$D_4 = 0$，$C_7 \sim PC_5$ 位和 $PC_3 \sim PC_0$ 锁存在 74LS374 - 2。来自 8031 单片机的 $D_5 \sim D_7$ 是每个数码 7 个笔划段的公共接地端，低电平有效。如 $C_7 \sim PC_5$ 位和 $PC_3 \sim PC_0$ 是锁存在 74LS374 - 1，当 $D_5 = 0$，$D_6 = 1$ 时，左边第一个数码的 7 个笔划段中的相应笔划段亮，显示一个数字；当 $D_5 = 1$，$D_6 = 0$ 时，左边第二个数码显示一个数字。显然显示左边两位的数字与 D_7 位无关，锁存在 74LS374 - 2 中的数和 $D_5 \sim D_7$ 位状态决定右边 3 个数码之一显示数字，显然这 5 个数字是分别显示的，但由于人们的视觉差，看上去是同时显示的。分油机在正常运行期间，显示窗左边两位显示净油中含水量达到触发值的百分数，右边三位显示以最大排渣计算到下一次排渣的时间。若分油机在运行期间出现某一故障，则 B 口中接的某一发光二极管与 A 口中 6 号继电器并接的总报警发光二极管同时闪光；显示窗中 5 位数字也在闪光，其中左边两位显示故障代码，右边三位显示故障的数字或内容。

2. 水分传感器信号处理板电路原理

水分传感器信号处理板由 8031 单片机芯片、外接存储器 RAM 芯片 6116 和 EPROM 芯片 2764 以及各种输入/输出接口组成，主要有三个作用：一是检测和处理来自水分传感器的信号，并经串行输出接口 TXD 实时送至主控电路板上 8031 单片机的串行输入口 RXD，并在净油中含水量达到触发值时，将向主控电路板发出一个中断请求信号；二是监视水分传感器工作是否正常；三是监视电源电压和频率是否正常。水分传感器信号处理电路板的电路原理如图 7-6 所示。

1）存储器扩展电路：在水分传感器处理电路板中，8031 单片机外接一片 RAM 芯片 6116 和一片 EPROM 芯片 2764。6116 的容量是 2K，访问其所有的存储单元需要 11 位地址；2764 的容量是 8K，访问其所有的存储单元需要 13 位地址。8031 单片机与外部存储器和接口的通信原理与主控电路板相同，此处不再赘述。

2）信号的输入与输出：图 7-6 中接线端 19 - 2 和 19 - 4 接入的是与净油中含水量成比例变化的交流信号，经放大、整流和滤波后变为直流电压信号，这个信号再经双运算放大器 LM1458 放大后，变成 0 ~ 10V 范围内变化的与净油中含水量成正比的直流电压信号。水分传感器输出的另一组信号是振荡器的振荡脉冲信号，这个信号频率是固定的，经接线端 19 - 3 和 19 - 1 接至第一级运算放大器，放大后经频率—电压转换器转换成直流电压信号，再经 LM1458 放大，输出的电压信号与脉冲信号的频率成比例。LM1458 输出的模拟量电压均接在多路转换开关 DG508 的输入端。DG508 有 8 个输入通道（本电路中只使用两个输入通道），但在同一时刻只能选择一个通道的模拟量电压输出，由来自 8255 的 A 口的地址码 $A_2 \sim A_0$ 进行选择。DG508 输出的模拟量电压送至精密电压—频率转换器 LM331，LM331 输出的脉冲信号的频率大小与输入的电压值成正比例，并由 8031 单片机内部的定时器/计数器 T_0 计算脉冲数，同时起动内部定时器 T_1 进行计时。LM331 在电路中实际上是起着模/数转换器的作用。LM331 把净油中含水量的直流电压信号转换成不同频率的脉冲信号送至 8031 单片机的 T_0 口，8031 单片机 T_0 口每秒钟接收的脉冲数就是净油中含水量的单位数。例如，T_0 口每秒接收 350 个脉冲，即净油中含水量为 350 单位，恰好达到触发值。水分传感器信号处

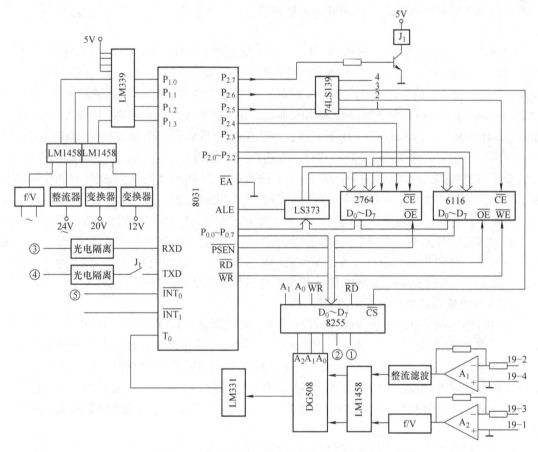

图 7-6　水分传感器信号处理电路板的电路原理

理板上的 8031 单片机经串行输出口 TXD 把净油中含水量信息送至主控电路板上 8031 单片机的串行输入口 RXD。当净油中含水量达到触发值时，水分传感器信号处理板上的 8031 单片机经 P_0 口输出一个信号并经 8255 的①端输出一个中断请求，送至主控电路板上 8031 单片机的中断输入端 $\overline{INT_0}$。8031 单片机得到这个中断请求信号后，根据距上次排渣的时间，决定进行一次排渣或排水操作。水分传感器处理电路板上的 8031 单片机还要定时地检查水分传感器中振荡器的振荡频率是否正常，此时，DG508 输出代表振荡器振荡频率的脉冲信号。如果这个信号不正常，要报告给主控电路板的 8031 单片机，以便进行报警和显示。

水分传感器信号处理板除监视水分传感器的工作以外，还要监视交流电源频率是否过

高,交流电源 24V 交流电压是否正常,20V 和 12V 直流电压是否正常,其原理如图 7-6 左边部分所示。这些信号均成比例地转换成直流电压信号送至四电压比较器 LM339, LM339 的输出接到 8031 单片机的数据口 $P_{1.0} \sim P_{1.3}$。当 8031 单片机检测到有任何故障时,都要从 P_0 口输出一个信息并经 8255 的②端输出一个中断请求信号,该信号送至主控电路板上 8031 单片机的中断输入端 $\overline{INT_1}$。8031 单片机得到这个中断请求信息后,将经串行输出口 TXD 输出一个指令信息送至水分传感器信号处理板上 8031 单片机的串行输入口 RXD,要求报告其故障内容。水分传感器信号处理板上 8031 单片机串行输出口 TXD 的输出信息不再是净油中含水量的数据,而是故障内容的指令信息,这些信息有:净油中含水量超过 400 个单位或不足 100 个单位,即传感器有故障;水分传感器中振荡器输出交流电频率不正常;交直流电压不正常和外接存储器芯片有故障。

当主控板的 8031 单片机从串行口 RXD 输入接在主控电路板上的其他模拟量信息时,为了防止两种输入信号的相互干扰,水分传感器信号处理板要暂时放弃串行口 TXD 对外的输出。8031 单片机在输入该电路板上的模拟量之前,要从地址译码器输出端 7 送出一个中断请求信号。该信号经水分传感器处理板的接线端⑤送至水分传感器电路板上 8031 单片机的中断输入端 $\overline{INT_0}$。8031 单片机得到这个中断请求信息后,将使 $P_{2.7}$ 变为 "0" 信号,继电器 J 断电,常开触点 J_1 断开,放弃串行口 TXD 对外的输出。当中断请求撤销,即 $\overline{INT_0}$ 变为高电平信号时,$P_{2.7}$ 变为 "1" 信号,且中断服务程序完成,单片机 $P_{2.7}$ 为 1 信号,NPN 型晶体管 T 导通,使继电器 J 通电,触点 J_1 闭合,恢复向主控板的 8031 单片机报告净油中含水量的信息。

四、FOPX 型分油机的运行状态监视和参数调整

FOPX 型分油机是在 EPC – 400 型装置中预先编制好的程序和已设定的参数下运行的。使用者可利用 5 位数字显示窗来监视分油机的运行状态,同时可利用控制箱面板上的 4 个按钮和数字显示窗来测试和调整有关运行参数。

1. 在运行中测试有关参数

在控制箱面板上 4 号按钮(最下面的一个按钮)是报警复位按钮,如果分油机在运行期间发生故障报警,则相应的红色发光二极管和总报警发光二极管闪烁,同时显示窗中显示报警内容的数字也在闪烁。故障排除后必须按报警复位按钮才能使程序初始化,使运行程序重新开始,或者撤销中断让程序继续运行。如果在同一时间同时发生几个报警,数字显示窗会按报警先后次序显示报警的内容。按一次报警复位按钮,复位第一个报警,显示窗显示第二个报警的内容,于是轮机人员就会清楚有几个故障需要修复。

在 FOPX 型分油机的正常运行状态下,通过按报警复位按钮,显示窗可显示 4 项实际运行的参数值。第一次按报警复位按钮,显示窗左边两位显示参数代码 "1C",表示待分油进口管路上温度控制传感器输出的温度值,右边 3 位显示实际温度值,如 1C98 表示控制温度传感器所检测到的燃油实际温度为 98℃。第二次按报警复位按钮,显示器左边两位显示 "2C",它是高温报警传感器所检测到的燃油温度实际值,如 2C95,表示该传感器检测燃油温度实际值为 95℃。如果这两个温度传感器检测到的实际燃油温度相差超过 3℃,则 EPC – 400 型分油机会发出声光报警,并切断待分油进分油机的通路,中断程序的运行。第三次按报警复位按钮,显示窗左边两位显示 "3h",表示分油机运行的总时间,右面 3 位所显示的

数字要乘 10，如 3h72 说明分油机已运行了 720h。第四次按报警复位按钮，显示窗左面两位显示"4"，右边三位显示净油中含水量的单位数而不是百分数，如 4280 表示现在净油中含水量是 280 个单位。

2. 报警代码

FOPX 型分油机在运行期间如果发生故障报警，则在显示窗中将会显示出报警的具体项目。其中左面两位显示 AX（X = 1，2……9）表示故障的类别，右边的数字指示具体故障的内容。根据报警代码，可从说明书中查得对应的故障信息。

A_1 是通信故障报警，当 EPC-400 型分油机与主计算机联网或几台 EPC-400 型分油机联网使用时，它们之间通信不正常将在显示器上显示 A_1。如果该 EPC-400 型分油机单机运行，一般不会发生 A_1 类型的报警。

A_2 是单片机处理器故障报警，其中 A_{2-1} 为 8031 单片机内部 RAM 故障、A_{2-2} 为外部 RAM 故障、A_{2-3} 为 EEPROM 故障、A_{2-4} 为 EPROM 故障、A_{2-5} 为 RLP 转换开关位置错误、A_{2-6} 为 A/D 转换器故障、A_{2-7} 为温度和水分传感器标定错误。

A_3 是程序编制方式时间太长，它是指两块印制电路板中 8031 单片机与存储器及各种接口之间传递信息时间太长，这会影响程序的正常运行，将发出显示 A_3 的报警。

A_4 是电源故障报警，其中 A_{4-1} 为停电、A_{4-2} 为电源频率太高（+5%）。

A_5 是分油机起动时间超过最长起动时间故障报警。

A_6 是控制温度传感器和高温报警传感器所检测到的燃油温度值之差超过 30℃ 报警。

A_7 是分油机系统故障报警，其中 A_{7-1} 为水分传感器输出值 >400、A_{7-2} 为水分传感器输出值 <100、A_{7-4} 为排水阀开度不够、A_{7-5} 为记忆单元故障、A_{7-6} 为液体传感器温度报警、A_{7-7} 为水分传感器工作不正常、A_{7-8} 为两次发出打开排渣口指令时，排渣口仍未打开、A_{7-10} 为置换水系统工作不正常。

对分油机预先设定的参数包括安装参数和过程参数。安装参数是不可调的，这些参数是存在 EPROM 中；过程参数是可调的，它存在 EEPROM 中，管理人员可利用 1、2 和 3 号按钮来测试安装参数和过程参数，并可调整过程参数。不过在参数测试和调整前，应将主控板上的选择开关转至"P"位，直到显示窗右边三位数字显示"pro"，方可利用三个按钮进行测试和调整。其具体步骤请参看有关说明书，此处不再赘述。

第二节　S 型分油机控制系统

FOPX 型分油机采用部分排渣法，其特点是待分油连续进分油机，在排渣期间也不切断进油；每次排渣时，其排渣口短暂打开，排出量一般是分离片外边缘与壳体之间容积的 70%。更新换代后的 S 型分油机常用作燃油净油单元，其特点是待分油在分油设定时间内可连续进油、分油，期间短暂打开排水口排水并保持持续分油。由于出口中的净油主要通过水分传感器检测其含水量，不再使用比重环，在净化不同密度的燃油时，由水分传感器来判断油中水分是否过多，分油机中的油水分界面是否内移，从而判断是否需要一次排水控制。分油期间，如果净油口水分传感器测到的水分超标时，则分油机控制一次排水，其排出时间可设定；如果一次排水后，水分含量仍较高，则可连续再来一次排水操作；最多可连续进行 5 次排水操作。在设定的分油时间到后，控制系统先用置换水将分离筒内的油全部挤出干净

第七章 分油机自动控制系统

后,再通过排渣口的打开进行一次彻底的排渣操作,并准备下次分油;如果是结束操作,则分油机保持无油停机,在下次分油时,分油机将净筒起动运行。另外,正式分油前,EPC-50 控制器可以实现待分油温度定值控制,根据待分油的设定温度进行加热控制,并在温度满足要求后才开始分油程序控制。控制系统中的重要部件是水分传感器,型号为 MT50,其电路板将水分信号转换为 4~20mA 信号送给以单片机为核心的 EPC-50 控制器。本节将重点介绍 S 型分油机自动控制系统的基本工作原理。

一、分油机的组成及基本工作原理

S 型分油机的分离筒由一台电机通过平皮带动力传输部件和立轴驱动。电机驱动装置配有一个摩擦联轴器,以避免过载。分离筒为盘式,由水力驱动排渣。

S 型分油机的结构原理如图 7-7 所示,分油机进出油管结构由原来的双向心泵(下部一个为净油排出,上部一个将分离出的水排出),改为下部有一个具有向心功能的固定的向心泵 12(Parting Disc),它能把分离出来的净油从出口 2 排出。上部使用向心管 4(Parting

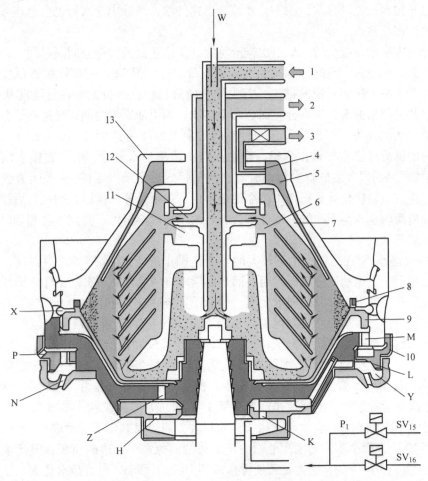

图 7-7 S 型分油机的结构原理图

1—进油口 2—净油出口 3—出水口 4—向心管 5—水腔 6—分配器孔 7—顶盘
8—密封环 9—活动排渣底盘 10—操作滑环 11—分离油腔 12—向心泵 13—分离筒盖

tube）能把分离出来的水从出水口3排出。向心管是活动的，在支撑臂及弹簧的作用下将其向外张开，使其保持与水腔内的水界面接触，需要时可把水腔内水向外泵出。实际上不管是向心泵还是向心管，都是把高速旋转的液体流动能转变成位能（压力能），这种改进使能耗降至最低。待分油从进油口1连续进入分油机，经旋转分离叠片组外边缘上的垂直缺口进入分离叠片组，油经分离叠片之间形成的通道上升，油在上升的过程中继续被分离，水分和渣质被离心力甩向分离叠片的外侧，净油被推向分离叠片的内侧，当净油向内离开分离叠片后，流过分配器油孔进入油腔，通过向心泵12扩压，油被泵出油腔，在净油出口2所接的管路上装手动背压调节阀和一台MT50型水分传感器，它能精确地检测净油中的含水量。当分离出来的水很少时，说明油水分离面在分离叠片外侧较远处，这时装在排水出水口3管路上的排水电磁阀关闭，封住出水口3不向外排水，这是正常分油过程。随着分离过程的进行，油水分界面不断地向里移动，水分传感器会感受到净油中含水量的增大。当油水分界面移动到接近分离叠片外边缘时，净油中的含水量会增加到一个触发值。这个触发值将被送到EPC-50控制器，由该装置决定是打开排水电磁阀向外排水，还是打开排渣口X进行一次排渣。如打开排水电磁阀排水，油水分界面会迅速外移，净油中含水量也会迅速减少，当降低到一定值时停止排水。

当待分油中含水量极少时，从上次排渣算起，又已达到最大排渣间隔时间，而油水分界面仍离分离盘外侧较远，此时尽管净油中基本不含水分，但EPC-50控制器也要进行一次排渣操作。为了减少排渣时油的损失，首先停止向分油机供待分油，在排渣前从水管的W口供置换水并关闭出油阀，油水分界面会向里移动。为了使更多的油在排渣前从分油机内被赶出，以减少油的损失，当出油口压力传感器检测到的压力达到0.5bar时，打开出油阀，待分离筒内的待分油已全部被水置换，净油出口中检测到水分时，或当置换水供给到量时（置换水的体积是根据分油机首次起动时对水流量标定后自动设定的），关闭置换水，打开排渣口进行排渣，以防止排渣操作中将净油也排出。如果是停机排渣，则在此后控制分油机停机时，分离筒内基本是干净的，确保不会有燃油粘连内部器件；并在下次起动时，使得分油机净筒轻载起动。

S型分油机分离筒在结构上也有较大的改变，操作滑环10取消了托顶弹簧，活动排渣底盘9不再利用上下运动使分离筒封闭，而是靠活动排渣底盘9下部的工作水形成的压力使活动排渣底盘9下部平面部分的向上变形，使活动排渣底盘9外边缘向上移动与分离筒盖上的密封环8紧密接合，从而使分离筒的排渣口X密封。分离筒盖的锁紧由以前的锁紧螺母改为锁紧环。在正常分油期间，为了补偿工作水由于蒸发和漏泄造成的缺失，由管P_2断续供水（见图7-1），使其工作水面维持在Z孔附近（少量多余的工作水会经喷嘴P泻出），这时P_1断水，使滑动底盘下部仍充满工作水，保持足够的向上推力，以确保分离筒密封，此时的工作水称为补偿水。当需要排渣时，管P_1大量进水，持续约3s，水面向里移，经K孔进入开启室Y，当Y室充满水后（由于进水量较大而喷嘴P来不及泄放），水压分别作用到操作滑环10上下两个不同的面积上，由于上边的面积大于下边的面积，因此水压会对操作滑环10产生一个向下的作用力，致使操作滑环10向下移动，打开泄水孔M，活动排渣底盘9下面的工作水通过泄水孔M经喷嘴P和泄水孔N泄出。由于活动排渣底盘9下面的工作水泄放出去，作用到活动排渣底盘9下面工作水的动压头消失，这样活动排渣底盘9下部平面部分是由具有记忆功能的特殊材料制成的，因此这时恢复常态使外边缘向下移动，打开排渣口 X 进行排渣。此时的工作水 P_1 成为开启水。这样操作滑环 10 上面的水会很快泄完，而作用到操作滑环 10 的下面，孔 N 径向以外的水泄不掉，仍留在开启室 Y，而且会对操作滑环 10 产生一个向上的推力，使操作滑环 10 上移，从而封闭泄水孔 M，然后管 P_2 连续进工作水，水经 H 和 Z 孔进入活动排渣底盘 9 下部，工作水形成的压力使活动排渣底盘 9 下部平面部分的向上变形，从而使外边缘上移，活动排渣底盘 9 的外边缘上部与分离筒盖上的密封环 8 再次紧密接合封住排渣口 X。此时的工作水 P_2 称为密封水。管 P_2 连续进水一段时间后恢复断续进补偿水。

二、EPC-50 分油机自动控制系统

1. 分油机自动控制系统的组成

分油机自动控制系统的组成原理如图 7-8 所示。它由 EPC-50 控制器、电机起动箱、工作水阀组、控制气动执行阀的电磁阀组、分油机和油路等组成。

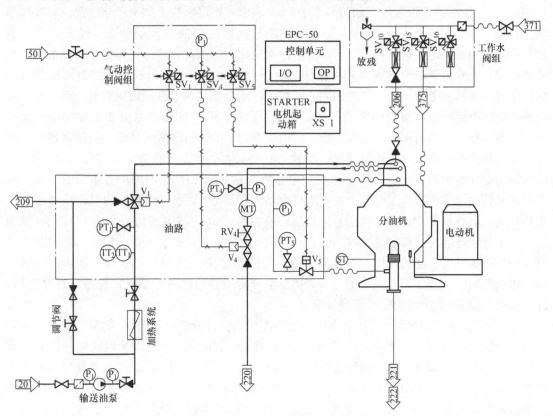

图 7-8　分油机自动控制系统的组成原理图

系统分为燃油回路、工作水回路、气动回路、分油机、电机起动箱和 EPC-50 控制器，如果系统自带电加热器，还会配有电加热控制器。燃油回路中有加热系统（Heating System）、温度传感器（TT_1、TT_2）、压力传感器（PT_1）和待分油控制阀 V_1，分油机的出口还配有净油出口阀 V_4，排水出口阀 V_5。工作水回路包括置换水（有的称冲洗水）电磁阀 SV_{10}、开启水电磁阀 SV_{15}、补偿水或密封水电磁阀 SV_{16}、S 型分油机的 SV_{15} 和 SV_{16} 输出同

一根水管，由于控制水量的不同，实现的作用也不同；在 P 型分油机中 SV_{15} 和 SV_{16} 是两根水管作用在分油机不同的进水部位，实现开启和关闭的作用。气动回路包括控制待分油阀的电磁阀 SV_1、控制净油出口电磁阀 SV_4 和排水管电磁阀 SV_5。分油机和待分油循环输送泵可由 EPC-50 控制器上的起停按钮控制运转或停止。分油机全速运行后，EPC-50 型控制器开始控制分油过程，包括控制待分油控制阀 V_1、净油出口阀 V_4 和排水阀 V_5、各工作水电磁阀等，实现密封、分油、排渣、保护停止等控制。根据自动控制的分析方法，将 EPC-50 控制器构成的控制系统分为以下几个部分。

（1）主要的输入信号装置

在该控制系统中，输入信号和输出信号是比较多的。这些信号能够准确地监视分油机的工作状态，同时也能控制分油机的各种操作。

1) MT50 型水分传感器：在净油出口管路上装有 MT50 型水分传感器，它能随时检测净油中的含水量，EPC-50 控制器根据净油中含水量来判断是否超设定值。另外，还可判断 MT50 型水分传感器是否故障，如信号小于 4mA 表示传感器断线，如果水分过低，可以判净油出口油中有空气；如果水分过高，可以判断分油机内部油和水的状态，经延时后，由 EPC-50 控制器决定是打开排渣口还是开启排水电磁阀。因此，水分传感器是监控系统中很重要的原件，是由圆筒形电容器和由振荡器电路及信号调理电路组成的电路板两部分所组成。电容器实际上是两个彼此绝缘的同心圆筒，净油全部从两个圆筒形电容器中间流过，在内外圆筒的电极间电容量与油中的水分成比例。EPC-50 控制器为水分变送器提供直流电源，它使水分变送器内部的振荡器工作，产生频率为 1MHz 的振荡信号源。当振荡器产生固定频率及幅值的交流电信号后，流过电容器中的电流大小就完全取决于电容器的介电常数。纯矿物油的介电常数只有 2~4，而水的介电常数高达 80。因此，净油中含水量的增加，由于介电常数的增大使其流过电容器的电流也会增大。MT50 型水分传感器的电路板通过交流电桥检测该电容量的变化，并将信号处理后转换为 4~20mA 的电流信号送给 EPC-50 控制器。该水分变送器检测精度是比较高的，一般精度可达 ±0.05%。同时，EPC-50 控制器可判断该电路板和传感器的好坏，如果有故障，则需要更换。在 EPC-50 控制器中可以通过调整参数来取消该传感器功能，取消 MT50 型水分传感器功能后分油机将按特定程序运行，并且每隔 24 小时系统将会发出警报提醒。

2) 待分油压力传感器 PT_1：装在燃油加热器出口，待分油控制阀 V_1 前端，用于检测循环输送泵的出口压力是否建立，是否可以进行后续的分油操作控制以及判断加热器是否有油，是否可以进行加热控制。传感器采用扩散硅，内置信号调理电路，二线制输出给 EPC-50 控制器的信号为 4~20mA，所以 EPC-50 控制器可以判断该传感器是否有断线故障，并且可以根据信号的大小判断是否断流（过低压力）或管路堵塞（压力过高）。

3) 待分油温度传感器 TT_1 和 TT_2：TT_1 和 TT_2 采用 PT100 温度传感器，属于热电阻式温度传感器。这种传感器是利用金属材料电阻值随温度升高而增大，且在检测范围内它们之间保持良好线性关系的特性制造的。利用测量电桥把测温元件（金属丝）电阻值变化转换成电压信号，该电信号与所检测的温度成比例。测量电阻 R_t 是测量电桥的一个桥臂，它是安装在所要检测的管路中，离测量电桥较远。为补偿环境温度变化所产生的测量误差，在实际测量电路中往往把"两线制"接法改为"三线制"。

PT100 温度传感器外形如图 7-9 所示，在结构上与以往使用的温度传感器有所不同。检测元件1直接插入被检测介质中，不用壳体防护，以避免热电阻与壳体之间的空气影响传热速度。为了防止更换或检修传感器时介质外逸，采用了特殊的弹簧囊结构。若要拆下传感器7，应先松开锁紧螺帽5，随后可旋出传感器。与此同时，止回帽2在弹簧3和燃油压力作用下，将导向管4下端口盖住，从而可防止管路6中燃油的逸出。这种改进后的温度传感器的热惯性很小，能够及时感受温度的变化。

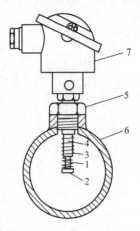

在正常运行期间，它检测燃油温度实际值，当油温超过设定上下限值时，控制器发出油温超限报警。另外，控制器能够检测温度传感器的状态，可以判断传感器是否有短路或断线故障。两个信号各有用途：一是送至 EPC-50 控制器，由其中的燃油加热油温控制系统，作为温度偏差 PI 调节器的反馈信号，实现对燃油温度进行比例积分控制，把油温控制在给定值上；二是送至 EPC-50 控制器作为逻辑控制使用，除由数字显示窗显示待分油温度外，当发生油温上下限报警时，还可实现报警和保护控制。

图 7-9　PT100 温度传感器结构原理图
1—检测元件　2—止回帽
3—弹簧　4—导向管
5—锁紧螺帽　6—管路
7—传感器

4）净油出口压力传感器 PT_4：检测原理同 PT_1，也可检测传感器本身是否故障。装于分油机净油出口处，检测出口背压。当出现超限时，需要调整相关分油等状态，甚至需要检测分油机内部。不同时间段出现的超限还需要注意油路或水路的状态。

5）排水压力传感器 PT_5：检测原理同 PT_1，也可检测传感器本身是否故障。装于分油机排水出口处，检测出口压力。当出现超限时，可以判断分离盘是否正确到位，并用于控制和监视排水阀 V_5 的动作。

6）分油机速度传感器 ST（Speed Transmitter）：采用磁脉冲式检测分油机的旋转速度，二线制送到 EPC-50 控制器，通过电流检测，EPC-50 控制器可以判断出该传感器是否处于故障或断线状态。如果传感器故障，一时又没有备件，可以通过修改 EPC-50 控制器内部参数取消该传感器功能，但是，这时的分油机全自动模式也进不去了。该传感器在 P 系列分油机中可以不用。

速度传感器用来检测分油机的转速，安装位置如图 7-10 所示。如转速发生下列情况之一，分油机应按一定的模式自动停止，同时发出相应的警报。

① 转速超过设定的分油机最高转速；

② 转速低于设定的分油机最低转速；

③ 转速控制系统经常检查速度传感器检测到的脉冲情况，一旦检测异常；

④ 分油机起动时在设定的时间内，转速达不到设定的转速范围。

7）分油机振动传感器 VT（Vibration Transmitter）：这是一个可选项，该三线制传感器将信号送给 EPC-50 控制器。一旦发现振动过大，控制器给出一个故障停止信号，控制分油机停止。另外，由 EPC-50 控制器可以判断传感器的好坏，如果传感器故障，一时又没有备件，可以通过修改 EPC-50 控制器内部参数取消该传感器功能，但这时不能实现分油机的全自动模式了。

安装在分离筒的立轴旁径向位置的振动传感器（可选择）如图 7-10 所示。振动传感器

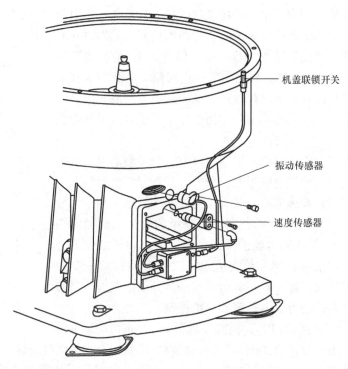

图 7-10 速度传感器、振动传感器和分油机盖的联锁开关的安装位置图

用来监测分油机立轴的原始位置和运行状态,从而可监测分油机任何异常的不平衡状况。振动报警级别设置了两个报警级别,如振动超过第一级别应发出警报,振动超过第二级别,分油机按安全停止模式自动停止,因为大量振动会缩短轴承的预期寿命,因此振动应予以消除后方可起动。

8) 分油机盖的联锁开关(Cover Interlocking Switch):分油机盖的联锁开关(可选择)用来检测分油机盖安装是否正确,其安装位置如图 7-10 所示。在盖被关闭的后给控制系统送出信号,控制系统关闭此联锁回路,这样才允许起动分油机。

(2) 输出信号装置

在控制系统中,EPC-50 控制器输出的信号有:控制对分油机操作的各种电磁阀,显示分油机控制系统状态的指示灯及由显示器所组成的信息显示窗。

1) 工作水阀组:所有的电磁阀均采用 24V 交流供电,电磁阀 SV_{16} 是用于控制进分油机补偿水和密封水的。在分油机排渣口密封期间,EPC-50 控制器输出的信号将使电磁阀 SV_{16} 断续通电,工作水经管 375 断续进分油机,把滑动底盘托起,并使滑动圈下面的工作水维持在泄水孔附近。电磁阀 SV_{15} 是用于控制开启水的。当需要排渣时,EPC-50 控制器将使电磁阀 SV_{15} 通电打开 3s,由管 375 向分油机进开启水,滑动底盘的外边缘向下移动,打开排渣口进行排渣。在排渣口密封期间,电磁阀 SV_{15} 保持断电。电磁阀 SV_{10} 是用于控制进分油机置换水,与待分油进入分油机是同一个进口,在需要排渣前,常通入冲洗水挤出分离筒内已分离的净油,确保排渣或排水操作时,不会将净油也排出。上述三个水阀组成一个整体阀组,当电磁阀通电时,电磁阀上带有旋转指示表示阀体动作,便于观察。其中进水口一个,SV_{10} 出水口一个,SV_{16} 和 SV_{15} 的出口合在一起。

2）气动控制阀组：电磁阀 SV_1 是进油电磁阀，当控制该阀动作时，通过该阀，控制空气经节流控制后，送到供油阀 V_1，控制 V_1 缓慢地打开供油。电磁阀 SV_4 是净油电磁阀，当控制该阀动作时，通过该阀，控制空气控制出油阀 V_4 关闭，在该阀断电或没有控制空气时，出油阀是保持打开状态。电磁阀 SV_5 是排水电磁阀，通电后控制空气经过该阀驱动排水阀 V_5。随着分油机正常分油的进行，分油机内油水分界面将不断内移。当需要向外排水时，EPC-50 控制器将使电磁阀 SV_5 通电打开，向外排一次水。上述三个电磁阀构成一个阀组整体，控制空气为阀组的进口，三个出口分别接到对应的阀上。

3）温度控制输出：EPC-50 控制器对待分油的温度也有控制信号输出，可以根据蒸气加热、电加热或热油加热方式来输出相应的控制信号，如果是蒸气加热或热油方式，EPC-50 控制器通过伺服机构控制加热介质阀门的开度来调节加热量；如果是配套的电加热，则需加装与电加热配套的电源单元，由 EPC-50 控制器输出相应的控制信号到电源单元实现温度控制。

当待分油温度在正常范围内且没有发生使分油机停止工作的故障信号时，EPC-50 控制器一直输出一个信号使电磁阀 SV_1 通电，控制空气进入阀 V_1 的动作气缸，使三通活塞阀接通在待分油进分油机状态，切断在分油机外面打循环的回路。当分油机发生故障或停止分油机工作时，电磁阀 SV_1 断电，三通活塞阀动作气缸的控制空气从阀 SV_1 放掉，将切断待分油进分油机的通路，使待分油回沉淀柜。

4）报警及继电器控制输出：除温度控制采用继电器控制伺服电动机改变阀门开度外，EPC-50 控制器还提供多种用途的继电器触点输出，包括循环泵电机和分油机电机的停止控制，系统配置需要的触点输出，远程状态显示和报警用的触点输出等。

(3) EPC-50 控制器的组成

在 S 型分油机中，组成其控制系统的重要设备是 EPC-50 控制器。主要分为三个部分，一是电源，由滤波装置和多输出变压器实现；二是主控制板，安装在 EPC-50 控制器控制箱内；三是操作面板（OP），主控制板与显示操作板通过异步串行通信实现数据交换。主控电路板接收装在分油机待分油管路上和净油出口管路上的各种传感器信号，经分析和处理后，由输出端输出控制各种阀件或电器对分油机进行操作，同时分油机的运行状态也可通过在主控电路板通信接口与 OP 联系，由 OP 上的一系列发光二极管及信息显示窗进行指示，实现良好的人机交互。

1）操作面板 OP：如图 7-11 所示，EPC-50 控制器的操作面板 OP 继承了其传统的布置特点，其右面有四个按钮和对应的状态指示灯。最上面的是加热器按钮，按此按钮将接通加热器电源，对待分油进行加热，待分油在分油机外面打循环。第二个按钮是程序启动/停止按钮，按一次该按钮，EPC-50 控制器运行预定的程序，程序运行（绿色）LED 亮，它首先监视待分油的温度，当加热器把待分油加热到正常温度值时，开始对分油机进行分油、排水、排渣等操作的正常程序的运行；再按一下停止分油程序，停止程序工作，其指示灯（黄色）点亮。第三个按钮是手动排渣按钮，按一次该按钮对分油机执行一次排渣程序。第四个也是最下面的按钮是报警复位按钮，当分油机和控制系统出现故障时，对应的总报警指示（红色）点亮，EPC-50 控制器将输出停止分油机工作或停止程序运行信号。待故障排除后，须按此复位按钮才能撤销故障信号，并使程序恢复到启动前的状态。其中第四个 LED 灯是操作面板激活指示灯，表示当前显示控制器有效工作。

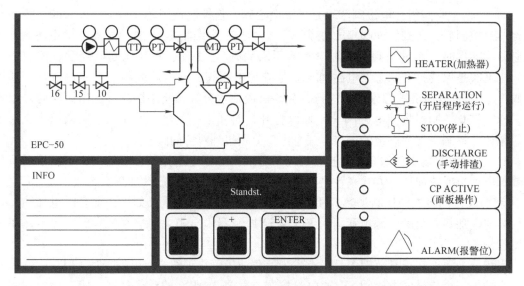

图 7-11　EPC-50 控制器操作面板布置图

正面左上部是分油机基本状态及分油流程模拟图，当前基本状态可以完整显示。具体参数可以通过左侧下方的一条信息显示窗（Standst）来显示，并可通过"＋""－"翻看需要显示的参数值；在发生故障时，显示立即起动切换到显示当前最新故障内容；另外，还可用"Enter"翻看主要参数，配合"＋""－"可以实现参数的修改操作。

OP 操作面板采用单片机 P80C32 实现显示控制，按键输入处理和与主板信息交换等功能。结构上分为两块电路板，一个为单片机主板，包括 CPU、内存、字库存储器、通信接口和显示驱动模块等，一个为专用信息显示控制器，显示需要的 LED 和字符。

2）EPC-50 控制器的控制板：

EPC-50 控制器的控制板位于控制箱内，由主板和扩展继电器输出板组成，主板分为电源、CPU 模块、开关量输入、模拟量输入、开关量输出、通信模块及扩展输出用总线接口。其中 CPU 模块采用金属外壳封装，内部使用 5V 单一电源，内含 CPU、RAM、EPROM、晶振及总线接口等器件，实现一个小型化微机系统，配以外围接口电路，构成 EPC-50 控制器的控制核心。开关量输入采用光耦输入，外围电源采用单独隔离的直流电源；主板上配有多路外围开关量输入，继电器输出；模拟量输入配有多路差分输入信号源，其中有两路 PT100 温度传感器配以相应的信号处理电路作为其模拟量输入的一部分；主板还配有高速开关量输入电路，并通过 CPU 内的高速计数来测量分油机的转速；为实现与外围设备的通信，主板上配有内置双路的专用异步通信模块，其中一路通过 MAX232 转换为 RS232 通信与操作面板 OP 进行通信，交换信息。如果主板内参数选择为现场总线，则可选择另一个异步通信通道为 PROFIBUS 或 MODIBUS，并需要另外配有相应 PROFIBUS 扩展板或 MODIBUS 扩展板，通信扩展板内含相关通信软件，从而可实现现场总线通信。如果需要，可以根据需要定制工业以太网、Device Net 或 CAN 总线接口。

3）电源：EPC-50 控制器的工作电源来自分油机起动箱。起动箱通过变压器给出220V 交流主电源作为 EPC-50 控制器的工作主电源。电源开关、滤波器、变压器在控制箱内控制板的旁边。要使分油机投入工作，首先要按起动箱上的循环输送泵启动按钮，等压力建立后,再按下分油机电机启动按钮,EPC-50控制器内部变压器输出24V、10V、8V、12V×2和18V交流电,经整流稳压输出需要的直流电源,作为主控电路板和传感器信号处理电路板、信号调理器或变送器的工作电源。接通EPC-50控制器内部电源开关,就接通了主控制板和操作面板的电源。

4) EPC-50控制器和电机起动箱

作为控制分油系统的EPC-50控制器,除EPC-50控制器操作面板外,还配有循环输送泵和分油机的起动和停止按钮,应急停止按钮,分油机运行模式选择开关及相关指示灯,其中分油机模式开关分为自动、手动和CIP方式,其中自动是由远程OP面板操作分油机系统运行,手动控制是指在本控制箱上实现系统运行控制,CIP是清洗分油机时使用的模式。

电机启动箱门上装有一个主电源开关、一只分油机电动机电流表。起动箱内布置的是分油机及供油泵的起动电路。

2. EPC-50控制器分油机控制系统的控制过程

(1) 待分油的温度控制

为了保证分油机的分离效果,必须对待分油进行加热。加热器可选用电加热器,也可选用蒸汽加热器或热油加热。在EPC-50控制器主板上有个加热器板选件来控制待分油的温度,传感器TT_2作为温度控制的反馈信号,TT_1作为温度报警和保护的信号;作为反馈控制的传感器配合EPC-50控制器实现温度的自动控制,其中EPC-50控制器通过加热器板输出"加"或"减"两个继电器触点,去控制伺服电动机调节阀门的开度,从而控制加热量;同时可通过电位器检测开度位置;即PT100、EPC-50控制器和温度调节阀构成了一个温度自动控制系统;其PI调节参数在EPC-50控制器中,可以根据实际情况予以调整。当选用电加热器时,由EPC-50控制器将温度设定信号送给电加热器电源单元(POWER UNIT)控制加热,电加热器电源单元单独配有检测加热待分油温度的PT100传感器,用于电加热器过热保护,即由PT100、EPC-50、POWER UNIT和电加热器构成温度控制系统。而EPC-50控制器配有的温度传感器TT_1和TT_2起到检测温度的作用,确保加热在正常的工作范围内。当待分油温度在正常范围内,且没有发生使分油机停止工作的故障信号时,EPC-50控制器根据时序控制要求,使电磁阀SV_1通电,控制气压源(压力为0.5~0.7MPa)通过SV_1和一个节流阀后控制三通活塞阀V_1缓慢打开,使待分油无冲击进油。当分油机发生故障或停止分油机工作时,电磁阀SV_1断电,三通活塞阀V_1将切断进油通路,使待分油在分油机外面通过循环泵循环并保持加热。

(2) 分油机的时序控制

刚开始投入工作时,应先按加热器按钮,开始将待分油进行加热,同时确认温度自动控制系统投入工作。当确认温度上升后,按一次程序启动/停止按钮,EPC-50控制器从初始化程序开始执行,首先它监视待分油温度,当油温达到正常温度值时,EPC-50控制器将对分油机进行密封排渣口、设备自检、分油、间断排水、排渣等操作。EPC-50控制器增加了对设备状态的自检功能,可以根据被控制阀件的动作及相应参数变化的检测,智能地判断设备的故障,或对操作时序自动做适当地调校,以适应工况的变化。操作程序流程如图7-12和图7-13所示。

程序运行开始时,EPC-50控制器首先确认是否有过拆解保养或更换器件工作,如果通过面板操作确认进行修理后,EPC-50控制器会在按下"分油"后进入"校准启动"程序,

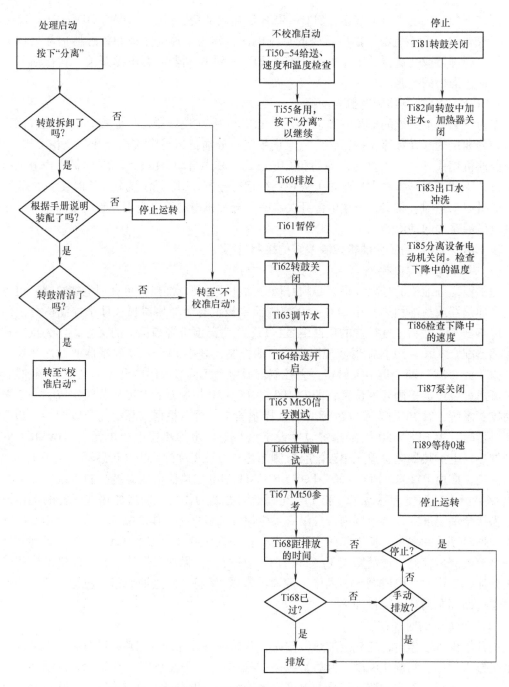

图 7-12 处理程序、不校准启动控制程序和停止控制程序

在确认输送泵运转、分油机电机运转、温度控制、开机一次排渣操作、分油机空筒后，首先自动进行一次置换水的水流量计算，程序是密封操作 Ti58、置换水的水流量校准 Ti59、排渣口打开控制 Ti56、工作水排水时间 Ti57。Ti59 的最大值为 170s，如果在此时间内没有压力响应，则说明有泄漏或无水进入，无法建立压力，系统发出警报；而如果通过建立压力的时间，可计算出置换水（SV_{10}）进水的流量。依据该水流量计算，EPC-50 控制器还计算出

第七章 分油机自动控制系统

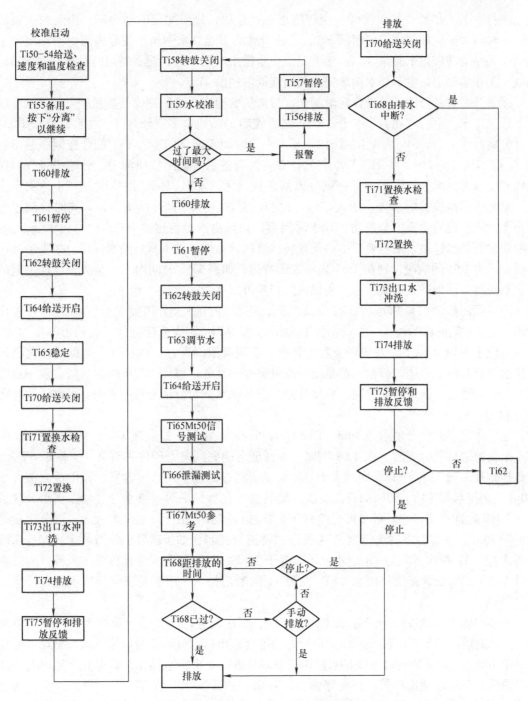

图 7-13 校准启动控制程序和排渣控制程序

Ti63 的设置时间（应小于 120s），以便向分离筒中加注正确的调节水量，以便排渣后，在进行分油前，使分离筒内注满水。当选择了分离设备的规格时，与分离筒相关的数据被激活。Ti63 的预设值仅用于启动，在计算后，会自动为 Ti63 设置正确的值。该段时间主要为校准置换水量，可称"校准"。水流量校准之后，"校准启动"和"不校准启动"就一样了。系统先进行一次"排渣"操作 Ti60，用于防止在断电后，排渣间隔时间中断，引起两次排放之间的时间大于排放间隔设定时间 Pr1，并在滑动圈下建立水弹簧，使分离筒内滑动圈向上运动，关闭滑动底盘下腔排水口；接着是工作水排水时间 Ti61，设置时间的长短应确保滑动底盘、工作室和定量室工作水泻放完，其功能同前述的 Ti57。

接着开始准备分油。分油设定时间到，排渣后的程序也是回到此处。程序先控制滑动底盘下进工作水，进行"密封"操作 Ti62；之后控制 SV_{10} 加水实施分离筒"注水"操作 Ti63。

分离筒注水后，SV_1 控制供油阀 V_1 开一小段时间 Ti64 和 Ti65，SV_4 配合控制净油出口阀 V_4 在 Ti64（约60s）关闭，Ti65 打开。Ti64 时有进油，但出口净油关，分油机将分离筒内侧和出油管内原来的注水全部挤到分离筒外侧，所以此时应保证出口压力 PT4 达到设定值，水分传感器检测的水分小于设定值，说明已置换。Ti65 打开净油出口，同时检测水分仍小于设定，说明置换完全成功。Ti64 时间后，如果由水分传感器 MT50 检测到水分偏大，说明前次置换水过多，则需要减小一次置换水量的计算值，供下次置换水使用。如果出油口中没有压力 PT4 的响应，则在 Ti64 内将发出警报；如果 Ti65 时间内水分很大，同样引起故障，系统将自动地进入排放程序。所以该段程序可以称为"置换"程序。

为了保证系统的可靠运行，在分油之前，还要进行一次分离筒是否泄漏的检查程序 Ti66，在该时间内供油阀 V_1 关、净油出口阀 V_4 关，PT4 压力应能稳住，波动值不应过大，如压力低于 1.0bar 以下，系统将会发出警报，说明有泄漏存在。确认没有泄漏后，重新开始供油并打开净油口进行分油，但是出口流量突变，水分传感器 MT50 的检测值需要一点时间（Ti67）稳定，即在该段时间，保持分油，不考虑水分对分油进程的影响。可称该段时间为"检漏"程序。

之后才是正式的分油过程 Ti68。Ti68 的时间与 Pr1 相同。如果对其中一个进行更改，则另一个会随之自动地更改。在 Ti68 期间，为保证滑动底盘向上压住密封条，工作水 SV_{16} 会间断地打开，每5s打开1s。同时水传感器监视清洁过的油中的水分含量，如果检测值大于 100pF，则排水阀（V_5）短时间打开一次，然后会在几秒钟内再检查水分含量。当水分含量低于 70pF 时排水将停止。最多可连续打开 5 次进行排水。在打开超过 5 次后，水分含量仍未低于 70pF，系统程序将跳转至 Ti74 进行"排渣"控制，如排渣后水分仍未低于 70，系统将再次打开 V_5 排水，5 次排水后水分仍未低于 70pF，系统将进入停止程序并报警。所以在该过程中，SV_{16} 断续提供补偿水，SV_5 控制 V_5 间断地排水。由于是正常分油主过程，所以称"分油"。

分油时间 Ti68 到后，或手动按了排渣按钮，程序先进入"关油"程序 Ti70（关闭供油阀 V_1），此后由于没有进油，所以出口压力会下降；出口水分可能会增加，如果出现水分检测高于 100pF，则需要进行一次排水操作，最多可进行 5 次排水操作，确保分离筒内的净油尽量排完。确认净油出口管内还是净油后，开始"进置换水"程序 Ti71：供油关，关闭净油出口阀 V_4，开 SV_{10} 置换水，出口压力 PT4 应增加至少 0.5bar，如果没有压力反馈，则发出警报；如增加到了，则停止 Ti71 计时，说明冲置换阀 SV_{10} 正常。接着是"冲洗"程序 Ti72：供油关，打开净油出口阀 V_4，开 SV_{10} 冲洗水，将分离筒内和出口的进油全部排出，冲洗时间受前述水流量校准限制，即不能进太多的水，防止水冲出到净油去；之后，仅有排水阀 V_5 打开进行管路的"冲洗"操作 Ti73；整个过程可称为"冲洗"程序。

完成"冲洗"后，再打开开启水 SV_{15} 进行一次"排渣"操作 Ti74；排渣后进行工作水的排水操作 Ti75。"排渣"程序中，分离筒的转速应该会下降，但如果"排渣"后分离筒速度下降小于参数 Fa 设定转速，则发出排渣反馈故障警报。正常"排渣"后，EPC – 50 控制器根据有关置换水的参数是否人为修改过来确定程序是进入水流量校准 Ti59 进行参数校正还是准备再次分油，直接进入分离筒"密封"操作 Ti62。至 Ti75 后，系统完成一个工作循环。

如果发生故障或手动停止操作，则从"关油"程序 Ti70 开始到"排渣"操作 Ti75 后，程序再次自动进入"密封"程序 Ti81；"冲洗"程序 Ti82、Ti83，Ti82 后停止加热温度控制；Ti83 后停止分油机程序至结束。

3. EPC – 50 控制器的面板操作与参数调整

EPC – 50 控制器的操作需要面板指示灯"OP ACTIVE"点亮后才能进行，该灯表明操作面板 OP 与主控制器已建立好通信联系。在循环泵和分油机的电机起动后，分油操作就可在本地控制面板上操作或通过远程通信操作。在操作和参数修改过程中，用到最多的是" + "" – "和"Enter"三个键，其中"Enter"键用于显示参数序号与内容切换、确认、进入或退出参数表、接受或储存参数值等。" + "" – "用于翻看参数序号或修改参数使用，状态显示时，可以翻看到一直需要观察的参数。

在正常运行过程中，显示当前工况和当前工况进行到的时间。当报警发生时，报警信息显示在显示窗口左侧，系统准备排渣，而到下次排渣前的时间将显示在显示窗口的右侧。正常情况下，可通过" + "键来切换显示内容，如显示"TT_1 98℃"。系统中所有模拟量传感器的测量值都可以显示。

系统设有三种参数类型：安装参数（Inxx）、工艺参数（Prxx）和工厂设置参数（Faxx），分油时序用时间参数（分离开始、排渣、停止）列在"工厂设置参数"下，但称为"Tixx"。不同类型参数可以通过同时按"Enter"和" + "来切换。安装参数必须在初次启动之前且先于工艺参数进行设置。这些参数极少需要重新调整。如果要存储新的参数值，则需要浏览整个列表，并在列表结尾处确认。工艺参数可以按所需（即使在运行过程中）轻松调整，以满足运行条件的变化（如两次排渣之间的时间、油温以及报警点）。工厂设置参数可以根据实际运行过程中状态的变化来进行调整，尤其是有关分油时序的时间参数。其中"启动"对应的计时器为 50 ~ 59；"分油"对应的计时器为 60 ~ 69；"排放"对应的计时器为 70 ~ 79；"停止"对应的计时器为 80 ~ 89。参数的修改可通过按"Enter"进入。具体面板的操作和参数的修改可参考设备说明书。

水分传感器值会受温度变化影响，可以根据待分油的不同使用不同的参数对其进行补偿。具体操作步骤如下：

① 记下传感器值，注意若要进行此测试，传感器值必须稳定，并确认油中无水，无气。
② 在正常稳定运行温度下，将温度降低 10℃。
③ 在稳定的新温度下，读出温度和传感器值。

例如：当温度下降了 10℃时，传感器测量值变化了 + 1（如从 82.6 到 83.6），则由于传感器值增大了，实际值未变，必须通过将 Fa34（对应 HFO）设置为负数进行补偿。具体值为 $Fa34 = (1.0 \times 10)/10℃ = -1.0$。

由于控制系统的程序大多依赖水分传感器，所以该传感器非常重要。如果该传感器故障，但又要分油操作，可以应急设置参数 Pr4 从"On"调整为"Stb"，即进入分油备用控制工况，此后 MT-50 型水分传感器功能禁用。但程序每 15min 进行一次"排渣"，而 Pr1 分油时间设定无效；并且排渣过程不加冲洗水和置换水，即只实现简单的分油和排渣操作。

4. EPC-50 控制器中的报警控制与功能测试

EPC-50 控制器在运行中如果发生故障报警，相应的总报警发光二极管和有关状态指示灯闪亮，同时在显示及操作控制板（OP）中的信息窗中将会显示完整的故障名称。故障复位需要消除故障后按"ALARM"按键才能复位。如果有多个故障，则当前显示为最新故障，为读取存储的警报列表，可以按"Enter"键后用"+""-"键翻看，中间可用"Enter"键查看故障号、发生故障处于当前多长时间之前，故障名称和对应的参数设置值，以及故障发生后的复位时间。最后可再"Enter"键用回到正常显示。显示窗口中显示的内容及对应的含义如下：

Alarm no. 5　　　　　　　　　（5 号警报）警报编号。
0：13　　　　　　　　　　　　此警报在 13 分钟前发出。
Feed pressure low　　　　　　（进油压力低）警报类型。
P1 60　　　　　　　　　　　　参数 Pr 1 设为 60min。
00：02：13　　　　　　　　　2 分 13 秒后复位了该警报。

有些故障可以通过人为地干预或通过设置 EPC-50 控制器中对应的参数进行测试，如传感器断线故障、电源故障、油温过高和分离盘速度过低等。需要注意的是，任何参数为了试验而修改参数后，当测试结束，开始正式工作前，需要恢复该参数原始数据。表 7-2 列出了几个报警测试示例，具体其他方面的测试可参考说明书中的"功能测试"。表中出现的 Pr16、Fa10 等为 EPC-50 控制器的设置参数，即可以通过修改其内部参数，使之偏离正常值，在实际参数正常情况下模拟发生故障报警。

表 7-2　报警测试示例

警报消息	注释	故障 LED	试验前状态	试验方法	端子	试验结果
POWER FAILURE	电源故障	—	启动	运行期间关闭/开启电源	—	—
Feed pressure PT1 - HIGH	待分油压力 PT_1 - 高	PT_1	启动	减少限制（Pr14）	—	—
Feed pressure PT1 - LOW	待分油压力 PT_1 - 低	PT_1	启动	增加限制（Pr15）	—	V_1 关
Feed pressure sensor PT1 - ERROR	待分油压力传感器 PT_1 - 错误	PT_1	启动	断开传感器的连接	X5:4	—
Oil feed - TEMPERATURE HIGH	供油 - 油温较高	TT	启动	减少限制（Pr16/Pr19）	—	V_1 关加热关
Oil feed - TEMPERATURE LOW	供油 - 油温较低	TT	启动	增加限制（Pr17/Pr20）或降低 Ti 53	—	V_1 关
Temperature alarm sensor - ERROR	温度报警传感器 - 错误	TT	启动	断开传感器的连接	X5:2	V_1 关加热关
Bowl speed - HIGH	分离盘速度 - 快	—	分离	减少限制（Fa10）	—	停止序列
Bowl speed - LOW	分离盘速度 - 慢	—	分离	增加限制（Fa11）	—	停止序列
Bowl speed sensor - ERROR	分离盘速度传感器 - 错误	—	停止	在断开传感器的情况下启动分离设备	X6:1	—

三、分油机控制系统的操作与管理

1. 分油机手动起动与停止

① 检查分油机的电源是否正常，油底壳的油位是否正常，进出油管路的阀是否处于正常的位置。

② 若以上都正常，起动分油机燃油供给泵，将蒸气加热阀打开。从操作面板上开启加热器。

③ 待温度达到要求以后，要起动分油机，先按 SEPARATION/STOP（分离）按钮激活 EPC-50 控制器，显示窗口中将滚动出现几个问题，必须先回答这些问题才能起动分离设备。回答问题后起动分油机，待分油机的转速达到全速及油温超过低温报警设定值以后，EPC-50 控制器将自动进入分油启动程序直到分油机正常分油。

④ 观察分油机供油以后工作是否正常，有无异常的振动或是噪声。通过 EPC-50 控制器上的显示数据，判断分油机的状态，如果一切都正常，说明分油机开始正常的工作。

⑤ 如果中间发生故障或需要停止分油时，可通过按下"SEPARATION/STOP"按钮，实现停止控制。分离设备停止序列对应的黄色 LED 将开始闪烁。启动排渣，排渣完成后，停止序列 LED 将变为稳定的黄色，而分离系统运行对应的绿色 LED 将熄灭。显示 Stop（停止）。如果加热器由 EPC 50 控制器控制，它将自动关闭。当供油温度开始下降时，进油泵将自动停止。当分离设备完全停止运转时，将显示"Standst."（停止运转）。

2. 控制系统在使用中的注意事项

起动分油机前需检查分油机运转方向是否正确。检查有无异常的振动，在起动之初当分油机通过临界转速时会有振动，这都属于正常现象，在使用中应逐渐了解振动的表现和规律。如果分油机在正常的工作中有异常的振动，那么就要立即停止分油机，查找分油机振动的原因，在未找到故障的原因之前不能起动分油机。若是起动，因为分油机内部的高速旋转，严重时会造成分油机部件的损坏甚至伤人。在分油机刚起动时，起动电流会比分油机正常工作时的电流大很多，但是随着分油机转速的升高分油机的电流会逐渐地降低并维持在一个稳定的数值上。如果分油机的工作电流维持在较高的数值上不变，这说明分油机跑油，这种情况必要时应停止分油机进行检查。分油机正常工作以后应检查供油流量是否正常，调节出口压力为 2.0bar。注意在没有完全停止之前不能进行拆卸工作，因为其内部高速旋转时会有伤人的危险。

在对分油机控制系统的日常使用和巡班检查时，应经常检查电源是否正常，应急操作是否有效；定期检查各种传感器，检查相关的工作水、控制空气及电磁阀。定期检查分离筒的状况。如果油渣空间中的硬油渣量不十分明显，则排渣间隔可以适当延长。但排渣间隔太长会使油渣不均匀地积聚在分离筒内，将引起分油机振动。在运行中，应注意水分传感器的变化规律，注意电机起动时转速变化情况，包括振动情况。特别是应注意跑油检测信号是否完好，排渣通道是否淤塞等。对控制板和显示板应定期检查，防止受潮或有关电线脱落等。

3. 故障处理

当分油机系统出现故障时，首先应考虑故障对整个供油系统的影响。如果到了不能克服的状态，则需要考虑应急措施。故障可以分为传感器故障，参数越限，状态故障设备故障等几类，具体可通过说明书中的"Alarm and Fault Finding"查找原因和找到解决措施。

如果分油机因故障报警,那么在分油机的 EPC-50 控制器的控制单元上,相应的警报指示灯就会发出红光,并不停地闪烁,机舱内同时伴有警报的汽笛声。这时,首先确认警报,按下警报确认按钮,把汽笛和报警灯停掉。然后根据分油机的警报去查找原因,待把故障排除以后,再按一下警报确认按钮。若是故障已经解除,则分油机就可以继续工作。分油机的警报有很多种,而每一个警报的原因有很多,因此解决分油机报警时一定要细心观察,除说明书确认的原因外,有时还需要根据分油机故障时的外在表现来判断故障的原因。例如排渣失败可能原因是没有工作水或工作水很少,也可能是开启水阀 SV_{15} 的问题,所以应先检查供水系统,如果确定工作水系统没有问题,那么问题就可能是分油机内部的机械故障。因为一般情况下,分油机的故障无非是控制系统和机械故障两个部分。其中机械故障一般都是由于分油机长期工作,没有及时保养,以致内部脏污,从而导致了机械的故障。分油机最常见的跑油故障(Oil leaking from bowl)原因及处理如下:

① 补偿水供应系统中的滤网被堵塞,处理措施是清洁该滤网;
② 补偿水系统中没有水,检查补偿水系统并确保任何供应阀均处于开启状态。
③ 供应阀与分离设备之间的软管安装不正确。
④ 水分传感器测量误差偏大,造成控制系统频繁进行排渣动作。
⑤ 滑动圈中的堵头有缺陷,造成密封不严,应更换堵头。
⑥ 开启水管的供应阀 SV_{15} 出现泄漏情况或相应的控制回路故障,造成排渣口打开,应及时校正该泄漏情况或检查该阀的控制线路。

第八章

船舶锅炉自动控制系统

锅炉是船舶动力装置中最早实现自动控制的设备之一。它包括水位自动控制、燃烧（即蒸汽压力）自动控制、锅炉点火及燃烧时序控制和自动安全保护等。

第一节 辅锅炉的组成及分类

一、辅锅炉的组成及分类

锅炉是通过燃烧把燃料的化学能转化成动能，使锅炉内的水变成蒸汽或热水的设备。在蒸汽动力装置中，锅炉产生的高温高压过热蒸汽用来驱动主蒸汽轮机，以推动船舶前进，这种锅炉称为主锅炉。在柴油机动力装置的船舶上，锅炉产生的饱和蒸汽仅用于加热燃油、滑油及满足船员日常生活的需要或驱动蒸汽辅机，这种锅炉称为辅锅炉。在柴油机为主机的干货船上，一般装设有一台压力为 0.5~1.0MPa 的饱和蒸汽机，蒸发量为 0.4~2.5t/h 的辅锅炉。在以柴油机为主机的油船上，因为加热货油泵和驱动货油泵等蒸汽辅机以及清洗货油舱等，需要大量的蒸汽，所以一般装设两台辅锅炉，蒸发量常在 20t/h。在大型柴油机客船上，一般也装设两台辅锅炉以满足日常生活所需的大量蒸汽，且可以防止一台辅锅炉损坏时而影响船员和旅客的日常生活。

因此，柴油机货船辅锅炉对水位和蒸汽压力波动要求不严格，一般采用双位控制；而对于主锅炉，它所产生的蒸发量大，蒸汽压力高，对水位和蒸汽压力的变化要求严格，不允许有较大的波动，一般采用带有积分作用调节器的定值控制系统。

按照锅炉的构造可分为烟管（火管）锅炉和水管锅炉两大类。烟管锅炉是指燃油燃烧所产生的高温烟气在受热面管内流动，而管外是水的锅炉。烟管锅炉按管子的布置形式又可分为立式烟管锅炉和卧式烟管锅炉两种。水管锅炉是指在受热面管内流动的是水或汽水混合物，而高温烟气在管外流动的锅炉。

二、辅锅炉的结构

1. 立式烟管锅炉

立式烟管锅炉的结构如图 8-1 所示。根据型号的不同，其蒸发量一般为 1.0~4.5t/h，最大工作气压为 1.7MPa。

此锅炉整体结构为一个直立的圆筒形锅壳 1，其顶部和底部均为椭圆形封头 2，在锅壳中的下部设有由钢板压成的球形炉胆 3，炉胆顶部靠后有圆形出烟口 4，与上面的燃烧室 5 相通。在燃烧室与烟箱 12 之间设有管板 6 和 7，两管板之间装有数百个水平烟管 8，烟管与管板可以通过扩接或焊接相连。锅壳内部分成两个互相隔绝的空间，炉胆和烟管里面是烟气，外面是水。

设在炉前的电动油泵 9 通过燃烧器 10 的喷油嘴向炉胆内喷油，同时由鼓风机 11 经风门将空气送入炉内助燃。油被点燃后，在炉胆内燃烧，高温火焰与烟气中的热量主要通过辐射方式经炉胆壁传给炉水。未燃烧完的油和烟气经出烟口 4 向上流至燃烧室 5 继续燃烧。然后顺烟管 8 流至烟箱，最后从烟囱排入大气。烟气在烟管中的流速越高和扰动越强烈，对管壁的对流放热能力就越强，因此在烟管中常设有加强烟气扰动的长条螺旋片。由上述可见烟管锅炉中的炉胆 3，燃烧室 5 和烟管 8 都是蒸发受热面。

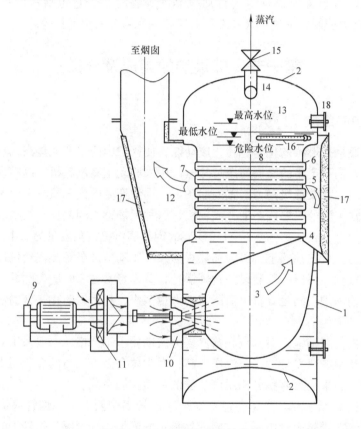

图 8-1 立式烟管锅炉的结构图

1—锅壳 2—封头 3—炉胆 4—出烟口 5—燃烧室 6—后管板 7—前管板 8—烟管
9—电动油泵 10—燃烧器 11—鼓风机 12—烟箱 13—汽空间 14—集气管
15—停气阀 16—内给水管 17—检查门 18—人孔门

2. D 型水管锅炉

D 型水管锅炉的结构如图 8-2 所示。其本体由汽包（又称上锅筒）、水筒（又称下锅筒）、联箱、炉膛、水冷壁、蒸发管束（又称沸水管束）、燃烧器、过热器、经济器及空气预热器（位于经济器后面的烟道中，图中未示出），实际使用中过热器、经济器和空气预热器可选择安装）等部件组成。

（1）炉膛、炉墙

炉膛是燃油燃烧的场所，它的作用是提供足够的空间，使燃油得以充分燃烧。烟气在 D

型锅炉炉膛内的理论燃烧温度可达到1700℃左右。烟气离开炉膛后流到蒸发管束中。炉墙将锅炉的各种受热面包围以形成炉膛和烟管,它们起隔热和密封作用。对不同的部位和不同工作条件的炉墙,其性能和结构的要求也不同。烟气温度在900℃以上的炉膛和高温部分的烟道,要求其能耐高温和抵抗灰渣侵蚀,并要有很好的隔热性能;为了防止外界空气漏入炉膛或烟气漏至炉舱,还应保持气密。

(2) 水冷壁、沸水管、下降管

水冷壁是垂直布置在炉膛壁面上的密集管排,组成水循环回路的上升管。它是锅炉的主要辐射受热面,吸收的辐射热约占全部受热面传递热量的1/3;同时还起到保护炉墙不致过热烧坏的作用。

沸水管是连接上、下锅筒的管束,也称蒸发管束,布置在炉膛出口侧。除前排受火焰直接照射的可属辐射换热面外,后

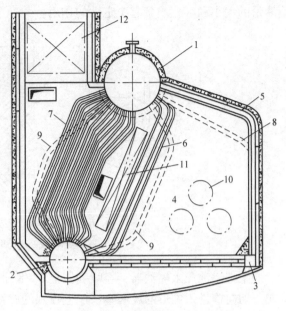

图 8-2　D 型水管锅炉的结构图
1—汽包　2—水筒　3—联箱　4—炉膛
5—水冷壁　6、7—蒸发管束　8—联箱供水管
9—水筒给水管　10—燃烧器　11—过热器
12—经济器

面的沸水管束与烟气的换热方式主要是对流。沸水管束受热面积所占比例虽然较大,但平均蒸发率较低。汽包与联箱和水筒之间还有不受热的各自独立的联箱供水管8、水筒给水管9,作为自然水循环的下降管。

(3) 尾部受热面

在 D 型水管锅炉烟道的后面,有的在蒸发受热面之后安装经济器,使锅炉效率得以提高。但由于安装了尾部受热面,使锅炉的尺寸、造价增加,管理工作也增加,所以一般只用于蒸发量大、蒸汽参数较大的大中型锅炉。

三、燃烧器

燃烧器是将燃油喷射雾化并与空气良好混合燃烧的装置,主要由喷油器、配风器及电点火器等部件组成。

1. 喷油器

燃油是通过喷油器(俗称油枪)喷进炉内的。喷油器有两个作用:一是控制喷入炉内燃油的数量,二是将燃油雾化,保证在炉膛内的燃烧质量。喷油器将油雾化成的细小油滴,并使油雾以一定的旋转速度从喷油嘴的喷孔中喷入炉内,形成有一定锥角的空心圆锥,其圆锥的顶角称为雾化角。雾化角应稍大于经配风器出口空气流的扩张角,使供入的油雾能与空气均匀混合;同时雾化角也应与喷火口配合恰当,过大油雾会喷在喷火口上产生结碳,过小则从油雾锥体外漏入的空气不能与油雾很好地混合。常用的喷油器有以下几种:

(1) 压力式喷油器

压力式喷油器的喷嘴如图8-3所示。它由喷嘴体1、雾化片2和喷嘴帽3组成,喷嘴对

喷油量的大小和雾化质量起决定性的作用。

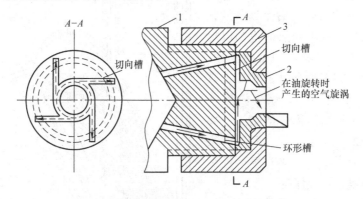

图 8-3 压力式喷油器的喷嘴
1—喷嘴体 2—雾化片 3—喷嘴帽

油泵把燃油压入喷油器，经喷嘴体上 6~8 个通孔达到前端面的环形槽，然后沿雾化片的四条切向槽进入锥形的旋涡室，产生强烈的旋转。随着旋转半径的不断缩小，切向速度迅速增加，在中心处形成低压，将喷孔外的气体吸入，成为中央有气体的旋涡，最后油从前端喷孔喷出，呈空心圆锥形。油旋转越强烈，则雾化角越大。油从喷油器喷出后，由于油流本身的紊流脉动以及与空气的相互撞击，雾化形成细小的油滴。船舶对蒸汽的需要量会有很大的变化，变化幅度可从 10% 到 100%，为了避免燃油系统频繁启停点火，要求喷油器的喷油量也能随之改变。

（2）回油式喷油器

回油式喷油器是由压力式喷油器改进而成的。如图 8-4 所示为有集中回油孔和分散回油孔的回油式喷油器的喷嘴，它由喷嘴帽 1、雾化片 2 和旋流片 3（相当于压力式的雾化片）、分油嘴 4、回油管 5 和中间的进油管 6 组成。

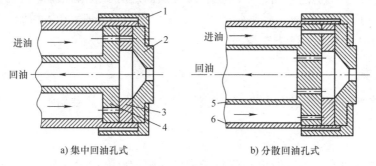

a) 集中回油孔式　　　　b) 分散回油孔式

图 8-4 回油式喷油器的喷嘴
1—喷嘴帽 2—雾化片 3—旋流片 4—分油嘴 5—回油管 6—进油管

工作时，供油压力在任何负荷下基本上保持不变，使送进喷油器的油量也大致不变。但是燃油由旋流片的切向槽流至漩涡室后，一部分油从分油嘴中部的回油管经回油阀被引回油柜，实际喷入炉内的燃油仅为剩余那部分。

回油式喷油器的雾化原理和压力式喷油器相同。随着回油阀开度加大，回油压力变低，则回油量增加，喷油量减少；但是因进油量几乎不变，油在切向槽内的速度也不变，故喷油量虽然变了,但油的旋转速度不变,不影响油的雾化质量。

(3) 蒸气式喷油器

蒸气式喷油器的 Y 形喷油嘴如图 8-5 所示,工作时压力为 $0.6 \sim 1.0$ MPa 的蒸气从气孔 8 中高速喷出,被加压至 $0.5 \sim 2.0$ MPa 的燃油从油孔 7 中流出时被"吹"碎。单个喷油器最大喷油量可达 10t/h,船舶锅炉通常所用的为 $1.0 \sim 1.5$ t/h,油压一般为 $0.5 \sim 2.0$ MPa。冷炉点火时可用压缩空气代替蒸气帮助雾化。

这种喷油器结构简单,雾化质量好,平均雾化粒度可达 $50 \mu m$。喷油量改变时,不影响雾化质量和雾化角,调节比可达 20。缺点是要耗气,工作时噪声较大。

(4) 转杯式喷油器

图 8-6 是采用转杯式喷油器的燃烧器结构简图。电动机 5 通过传动装置 6 带动中央轴 2 高速旋转,转速为 $3000 \sim 6000$ r/min 或更高。燃油靠重力流入装在中央轴上的圆锥形转杯中,在中央轴上还装有雾化风机的叶轮 3。它排出的雾化风(一次风)从转杯的外缘吹出。转杯有几种不同的锥度,可控制火炬的形状,以适应不同炉膛轮廓的要求。燃油在离心力的作用下在杯的内壁形成油膜,并沿转杯内壁向炉膛方向甩出,油膜被一次风撕碎成雾状。保证燃烧的二次风另有风机供给。雾化燃油的一次风量占全部风量的 $15\% \sim 20\%$,可由风门 7 调节。

这种喷油器在我国远洋船舶的辅锅炉中很常见。其优点是调节方便(只需改变进油量),减少油量则转杯内油膜变薄,雾化更好,调节比可达 20 以上;油不通过喷孔之类狭窄流道,对杂质不敏感,即使燃油温度为 $30 \sim 40$℃,同样可得到良好的雾化效果,所需油压也低。其缺点是结构比较复杂,价格较高。

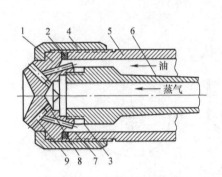

图 8-5 蒸气式喷油器的喷嘴
1—喷嘴体 2、3—垫片 4—喷嘴帽 5—外管 6—内管
7—油孔 8—气孔 9—混合孔

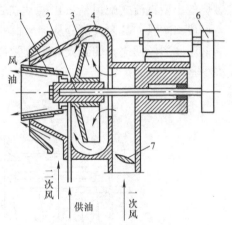

图 8-6 转杯式喷油器的燃烧器
1—转杯 2—中央轴 3—雾化风机的叶轮
4—外壳 5—电动机 6—传动装置 7—风门

2. 配风器

配风器的作用是分配一次风和二次风的风量,创造条件使助燃空气与油雾充分混合,促使油雾迅速汽化和受热分解,以利于稳定和充分的燃烧。配风器根据二次风旋转与否可分为旋流式和直流式(或称平流式)。直流式配风器结构简单,阻力小,便于提高二次风的轴向

风速,风速提高后所需风压仍与旋流式配风器相近。

(1) 旋流式配风器

叶片固定型旋流式配风器的结构图如图8-7所示。这种配风器的特点是二次风经固定的斜向叶片1旋转供入,少量的一次风则是经挡风罩3上的风孔供入。用拉杆7移动挡风罩的轴向位置则可调节一次风的风量。旋流式配风器也可设计成叶片可调式,其二次风经可调叶片切向旋转供入,调节叶片角度改变通流面积即可改变二次风量。而一次风则是经固定叶片轴向旋转供入的。

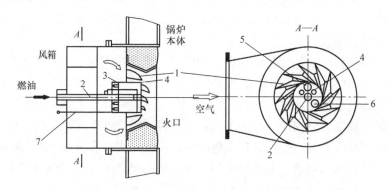

图8-7 叶片固定型旋流式配风器的结构图

1—斜向叶片 2—喷油嘴管架 3—挡风罩 4—电点火器 5—火焰感受器 6—看火口(人工点火孔) 7—拉杆

(2) 直流式配风器

直流式配风器的二次风不加旋转直接送入燃烧室,图8-8示出有两个喷油嘴,可实现二次燃烧的小型直流式配风器。由通风机送入风道的空气,少部分从挡风板7中央的圆孔吹出,形成一次风;其余大部分从挡风板外缘与调风器之间的缝隙吹出,形成二次风。挡风板后的低压区形成回流,使着火前沿位置合适。有的挡风板上也适当开有小孔和径向的缝隙,允许少量空气漏入。

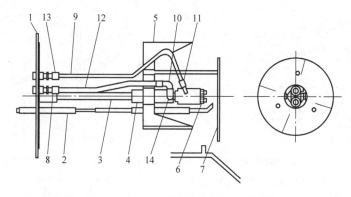

图8-8 小型直流式配风器的结构图

1—燃烧器端板 2—点火电极 3—漏油管 4—喷油器 5—整流格栅 6—喷油嘴 7—挡风板 8、13—直通接头 9—高压供油管 10、11—L形接头 12—循环油管 14—接头

3. 电点火器

电点火器是一个电火花发生器,其结构如图8-9所示。它是由两根耐热铬镁金属丝电极

组成的，两电极端部距离 3.5~4mm。电压越高或铬镁丝直径越细，则两电极的间距越大。由点火变压器供给 5000~10000V 的高压电，电极间隙处便产生电火花，即能将油点燃。电极顶端伸至喷油器前方稍偏离中心 2~4mm，应防止油雾喷到电极上，同时也应防止电火花跳到喷油器和挡风罩上。

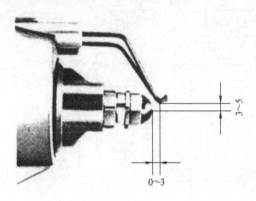 

图 8-9　电点火器的结构图

第二节　辅锅炉水位的自动控制

船舶辅锅炉水位的自动控制主要是控制给水量，保持锅炉的正常水位，使进入锅炉的给水量等于锅炉的蒸发量，以适应锅炉负荷的变化。

一、双位式水位自动控制

所谓双位式水位自动控制是指锅炉水位的控制允许在上下限之间波动，即当水位达到上限水位时，自动停止给水泵工作，中断锅炉供水；当水位降到下限水位时，自动启动给水泵向锅炉供水，锅炉水位逐渐升高，因此锅炉的工作水位不会稳定在某一水位值上。

双位控制的辅锅炉水位检测元件常用浮子式和电极式，图 8-10 为电极式双位水位自动控制系统的原理图。图中电极室水位反映了锅炉实际水位。由于炉水有一定的盐分，所以它是导电的。电极室中的电极 1、2 分别控制允许的上、下限水位，电极 3 用于危险低水位报警。1Z 和 2Z 是二极管桥式整流电路。当水位下降到允许的下限水位以下时，电极 1、2 均露出水面。1Z 断路，继电器 3JY 断电，常闭触点 $3JY_1$ 闭合，接触器 1CJ 通电动作，其常开触头 $1CJ_1$~$1CJ_3$ 闭合，起动电动机并带动给水泵向锅炉供水，水位会不断升高。由于继电器 3JY 的常开触点 $3JY_2$ 已经断开，所以当水位超过电极 2 时，1Z 仍然断路，水泵继续向锅炉供水。当水位升高到上限水位时，电极 1 接触水面使二极管桥式整流电路 1Z 构成交流电通路，继电器 3JY 通电，常闭触点 $3JY_1$ 断开，接触器 1CJ 断电，停止向锅炉供水，水位会逐渐下降。由于继电器 3JY 的常开触点 $3JY_2$ 已闭合，因此继电器 3JY 不会因电极 1 露出水面而断电，即不会马上起动给水泵向锅炉供水。只有水位降到电极 2 露出水面时，继电器 3JY 断电，水泵才开始向锅炉供水。显然，调整电极 1、2 的位置可调整锅炉的允许上、下限水位。一般来说，在允许波动的范围内，电极 1 和 2 之间的距离不要调整得太小，否则给水泵电动机起停频繁,影响使用寿命。如果给水系统发生故障,水位会一直降低,当水位下降到电极3露出水面时,2Z断路,继电器4JY断电,发出声光报警。

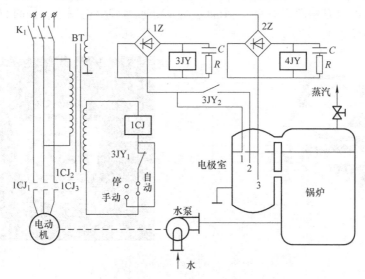

图 8-10 电极式双位水位自动控制系统原理图

一般辅锅炉都装有两个电极室,一个工作,另一个备用。电极室由于长期使用,其中水的纯度会提高,电极及电极室壳体会结水垢,使电极室的导电性能降低。因此,电极室要定期放水和清洗。清洗前转用备用电极室,然后关掉电极室与锅炉气和水空间相通的截止阀,再打开电极室底部的放水阀放掉电极室中的水。这时可拔出电极,打开电极室的上盖,清洗电极室壳体上的水垢,并检查电极与壳体之间的绝缘是否良好。如果绝缘不好,应更换绝缘材料。电极室装复后,打开与锅炉气和水空间相通的截止阀,电极室的水位与锅炉的实际水位一致。

二、双冲量水位自动控制

1. 锅炉水位控制的特点

锅炉燃烧产生蒸汽,锅炉的负荷变化就是蒸汽流量的变化。锅炉负荷高即蒸汽用量大,此时应增加燃烧强度,加大给水量;而当锅炉负荷低,即蒸汽用量小,此时应降低燃烧强度,减少给水量。

锅炉在运行期间,炉水受热形成汽泡蒸发,脱离受热面升起而进入锅炉的蒸汽空间,水面下的蒸汽总量与锅炉的蒸发量和气压有关,蒸发量越大,气压越低,水面下的蒸汽总容积就越大,最高可达全部水容积的 15% ~ 20%。因此,当锅炉稳定工况时,水位与水面下蒸汽容积有关;而当锅炉过渡工况时,水位除受蒸发量和给水量影响外,还与水面下蒸汽容积的变化有关,尤其是在负荷突然变化时,水位的变动主要取决于水面下蒸汽总容积的变化。这是因为锅炉在运行时,炉水温度接近于锅炉压力下的饱和蒸汽温度,处于临界状态(1atm⊖下,水温为100℃,蒸汽温度为100℃)。假如蒸汽流量突然增大(负荷增大),而炉

⊖ 1atm = 101.325kPa。

膛中的燃烧强度来不及增加，锅炉蒸汽压力就会降低，蒸汽的饱和温度也随之下降，这样会使水面下蒸汽比容增大；另一方面，由于这时锅炉水变成过热水，将产生更多汽泡，这都使水面下蒸汽总容积增大。由于这种自蒸发现象，尽管给水量小于蒸发量，水位却虚假地上升；反之，当锅炉负荷突然减小时，尽管给水量大于蒸发量，水位却会虚假地下降。这种情况称为"假水位"。

2. 双冲量给水在水位自动控制系统中的作用

仅以锅炉水位变化作为输入信号的水位调节器，称为单冲量水位调节器。它是连续给水自动控制系统中最简单、最基本的一种形式。在蒸汽压力较高、负荷变动较大、炉水容积相对小的情况下，只用单冲量水位控制会在短时间内加大蒸汽流量与给水量之间的差值，会使水位波动较大。为了减小水位波动，克服虚假水位现象，在质量要求较高的水位控制系统中，往往采用双冲量水位调节器，即水位调节器的输入信号除了有水位变化信号以外，还有一个蒸汽流量变化的信号。

双冲量水位控制系统原理图如图 8-11 所示。图中的水位调节器 6 接收两个输入信号，一个是锅炉水位压差信号 5，另一个是蒸汽流量压 4。蒸汽流量压差信号 4 是利用孔板 3 前后蒸汽压力差正比于蒸汽流量的原理而获得的。当锅炉负荷压差时，水位调节器 6 以水位变化信号作为主冲量输入信号，而把蒸汽流量信号作为补充冲量输入信号，调节器的输出信号作用于给水调节器 7，从而改变进入锅炉的给水量，以适应负荷的需要。在锅炉负荷变化的短期内，蒸汽流量压差信号 4 能使给水量与蒸汽量同方向变化，因此可抵消或减小由于虚假水位现象带来的误动作，使水位调节器 6 一开始就朝着正确的方向移动，从而克服虚假水位的影响，改善水位的控制品质。

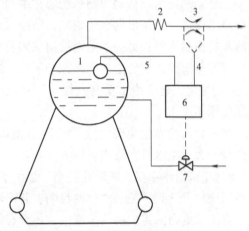

图 8-11　双冲量水位控制系统原理图
1—锅炉汽水筒　2—加热器　3—孔板
4—蒸汽流量压差信号　5—水位压差信号
6—水位调节器　7—给水调节器

在某些要求更高的锅炉水位控制系统中，采用能根据锅炉水位变化、蒸汽流量变化和给水量流量变化进行控制的三冲量水位调节器。

三、双回路水位自动控制

油轮辅锅炉由于蒸发量比较大，气压比较高，它要求水位能稳定在给定值上，防止水位有较大的波动，常采用如图 8-12 所示的带有积分作用的双回路水位控制系统。

在锅炉给水系统中，蒸汽泵把水从热水井抽出来，经给水调节阀打进锅炉。给水量的大小往往是通过控制给水调节阀的开度来实现的。通过调节阀的给水量 G 与调节阀的流通面积 F 和调节阀前后压差 ΔP 有关，它们之间的关系是

$$G = \mu F \sqrt{\Delta P}$$

式中，μ 为流量系数，调节阀选定之后，它便是一个常数。

从上式可知，若 Δp 基本不变，则 G 与 F 是比例关系。这样，问题似乎归结为只要改变流通面积（阀门开度）F，就可得到与之成比例的给水量 G，而与蒸汽阀开度无关。但是，对于蒸汽泵来说，如果蒸汽阀开度不变，则泵机转速不变，水泵排量亦不变。此时，无论给水阀开大或关小，进入锅炉的给水量不变，改变的只会是给水阀前后的压差。这样就产生了事与愿违的结果：希望改变的（给水量）不变，不希望改变的（压差 Δp）却偏偏改变。其原因是：仅靠改变给水阀开度，达不到控制水量的目的。

于是，锅炉水位自动控制系统通常由两个控制回路组成：一个是根据水位偏差调节给水阀开度的水位控制回路；另一个是根据给水阀前后压差来调节蒸汽阀开度的给水压差控制回路，以维持 Δp 的恒定，这样给水量就直接与给水阀的开度成比例了。

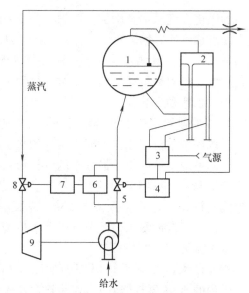

图 8-12 双回路水位控制系统工作原理图
1—锅炉　2—参考水位　3、6—差压变送器
4—水位比例积分调节器　5—给水调节阀
7—比例积分调节器　8—蒸汽调节阀
9—汽轮机给水泵机组

当锅炉负荷发生突变时（设负荷增大），蒸汽流量变大，给水量和蒸汽量同方向变化，开大了给水调节阀 5，同时也开大了蒸汽调节阀 8，使汽轮机给水泵机组 9 转速提高，加大了排水量，使给水阀两端压差 Δp 保持恒定，给水量得以增加，达到了控制水位的目的。若锅炉负荷突然降低，则工作过程与之相反。

在要求更高的锅炉水位控制中，还设有给水温度控制，如果给水系统用除氧器代替给水加热器，则还要有除氧器压力和水位控制。

第三节　辅锅炉蒸汽压力的自动控制

在燃烧自动控制系统中，锅炉的蒸汽压力是被控量，它根据气压的高低自动改变进入炉膛的喷油量和送风量，维持锅炉的气压恒定或在允许的范围内波动。

对货轮辅锅炉燃烧自动控制系统的要求是简单、可靠，但对锅炉运行的经济性要求不是很严格。因此，大多数这样的辅锅炉采用气压的双位控制，少数采用比例控制，并保证锅炉在不同的负荷下，其送风量能基本上适应喷油量的要求。在油轮辅锅炉中，要求气压稳定，同时运行的经济性要求比较高，这样锅炉在不同的负荷下，必须保证一个最佳的风油比。

一、蒸汽压力的双位控制

在燃烧的双位控制系统中，锅炉的气压不能稳定在某一个值上，而是在允许的范围内波动。其中最简单的控制方案是在蒸汽管路上安装一个压力检测开关。当蒸汽压力上升到允许的上限值时，压力检测开关断开，切除油泵和风机的工作，停止向炉膛喷油和送风，即自动停炉；当蒸汽压力下降到允许的下限值时，压力检测开关闭合，自动起动油泵和风机，即自动起动锅炉进行点火燃烧，实现锅炉蒸汽压力的双位控制。

这种控制方案虽然简单，但是由于锅炉起停频繁，对运行不利，所以很少采用。在绝大多数燃烧双位控制中，在蒸汽管路上装有两个压力检测开关，它们动作的整定值不同。

如图 8-13 所示，当蒸汽压力下降到允许的下限值 p_1 时，两个压力检测开关都闭合，控制系统自动起动风门电动机使风门开得很大，它的同轴所带动的回油阀关得最小（这是采用一个油头工作的情况，对采用两个油头工作的锅炉是打开两个供油电磁阀，使两油头同时喷油），这时喷油量和送风量都是最大的，即锅炉进行所谓的"高火燃烧"。

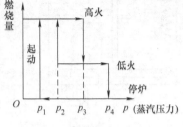

图 8-13　燃烧双位控制过程原理图

当蒸汽压力上升到正常的上限值 p_3 时，一个压力开关闭合，另一个压力开关断开，再次起动风门电动机使风门关得最小，它同轴带动的回油阀开得最大（或者关闭一个燃油电磁阀，使一个油头喷油工作），这时喷油量和送风量都是最小的，即锅炉进行所谓的"低火燃烧"。

当锅炉负荷变化时，蒸汽压力就在允许的下限值 p_2 和正常的上限值 p_3 之间波动，但是锅炉燃烧过程保持低火稳定燃烧。如锅炉负载增加，使蒸汽压力下降，当蒸汽压力下降到低于设定压力 p_2 时，高火压力监测开关闭合，自动再次进入"高火燃烧"。

当锅炉的负荷很小时，在"低火燃烧"情况下，蒸汽压力仍然会继续升高，此时蒸汽压力升高到高压保护值 p_4 时，两个压力开关均断开，自动停炉。而停炉后，当蒸汽压力下降到允许的下限值 p_1 时，两个压力检测开关都闭合，需按复位按钮后，控制系统才可以重新起动锅炉。

二、蒸汽压力的比例控制

在有些辅锅炉的燃烧控制系统中，采用压力比例调节器和电动比例操作器组成一个比例控制系统，其工作原理框图如图 8-14 所示。其中图 8-14a 为蒸汽压力比例调节器的结构原理图，气压的变化会使发讯划针 2 沿着电位器滑动，改变电阻 R_1 和 R_2 的比值，于是 A 点的电位就与气压信号成比例。扭动调整螺钉 6，改变给定弹簧 5 的预紧力可调整气压的给定值。图 8-14b 图是电动比例操作器的工作框图。

当锅炉的燃烧强度适应负荷要求时，气压稳定在某一值上。发讯划针 2 位置不变，由风门电机带动的反馈划针的位置也不变。这时平衡杠杆 1 平衡，其条件是 $R_1R_4 = R_2R_3$。当气压升高时，发讯划针 2 左移，R_1 减小、R_2 增大，破坏了电桥的平衡，使电桥输出一个上负下正的不平衡电压信号 $U_入$，经放大器放大后触发反转晶闸管交流开关使其导通，电动机 M 反转，关小风门开大回油阀以减小锅炉的燃烧强度使气压降低。与此同时电动机 M 同轴带动反馈凸轮 14 转动，并推动发讯划针向左移动使 R_3 减小，R_4 增大。当反馈划针移动到使 $R_1R_4 = R_2R_3$ 时，电桥又处于一个新的平衡。这时 $U_入 = 0$，电动机 M 停转，锅炉的蒸汽压力控制达到新的平衡状态。当气压降低时（负荷增大），发讯划针 2 右移，电桥输出的不平衡电压信号 $U_入$ 的极性上正下负，经放大后触发正转晶闸管交流开关 12 导通，电动机 M 正转，开大风门关小回油阀使锅炉气压上升。同时发讯划针向右移动，直到 $R_1R_4 = R_2R_3$ 时，控制系统又达到新的平衡。

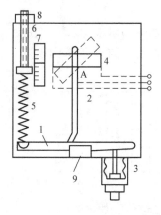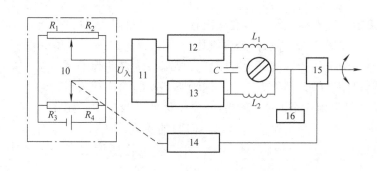

a) 蒸汽压力比例调节器的结构原理图　　　　　b) 电动比例操作器的工作框图

图 8-14　蒸汽压力比例控制系统工作原理框图

1—平衡杠杆　2—发讯划针　3—波纹管　4—电位器　5—给定弹簧　6—调整螺钉　7—给定值表度
8—锁紧螺母　9—点　10—平衡电桥　11—差动放大器　12—正转晶闸管交流开关　13—反转晶闸管交流开关
14—反馈凸轮　15—减速装置　16—制动装置

三、蒸汽压力的定值控制

在油轮辅锅炉蒸汽压力自动控制系统中，蒸汽压力是被控量，并要求锅炉在不同的负荷下，气压都稳定在给定值上，蒸汽压力的串级控制系统框图如图 8-15 所示。

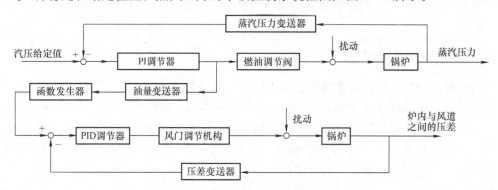

图 8-15　蒸汽压力的串级控制系统框图

由图 8-15 中可见，蒸汽压力的串级控制系统由两个控制回路组成。其中一个回路是根据蒸汽压力的偏差值经比例积分的蒸汽压力调节器（称主调节器）来控制燃油调节阀的开度，即改变向炉膛的喷油量。喷油量改变时必须同时改变进炉膛的送风量（空气量可用风道与炉内之间的压差来表示），为了保证燃油完全燃烧并得到较高的经济性，对应某一喷油量要有一个最佳的送风量（最佳的空气压力）与之相匹配，即对应某一喷油量，要求有一个最佳的风油比。经试验测定，喷油量 F_0 与空气压力 p_B 之间的最佳关系如图 8-16 所示，其空气压力 p_B 与喷油量 F_0 之间近似二次方关系。蒸汽压力控制系统的第二个控制回路是根据喷油量对空气压力进行控制的回路。在这个回路中，空气压力的给定值是随喷油量而变化的。燃油量变送器输出的气压信号代表了喷油量，函数发生器输出一个代表该喷油量下最佳空气量的气压信号。该信号作为空气量控制回路的给定值。送入炉膛的实际空气量是用风道与炉内的压差来反映。经差压变送器输出一个代表送入锅炉空气量实际值的气压信号与给定值相比较得到空气量的偏差信号，经比例积分微分的空气量调节器控制风门调整机构以改变向炉膛的送风量。

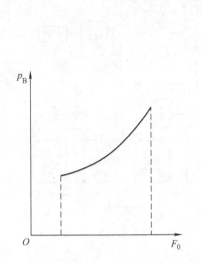

图 8-16　喷油量与空气压力的关系曲线

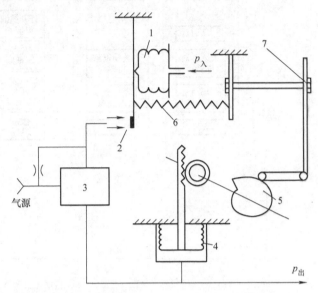

图 8-17　函数发生器结构原理图
1—测量波纹管　2—喷嘴挡板　3—气动功率放大器
4—反馈气室和反馈波纹管　5—反馈凸轮
6—调零弹簧　7—量程调整螺钉

函数发生器是使送风量与喷油量近似二次方关系。其结构原理如图 8-17 所示，代表喷油量实际值的气压信号 $p_入$，送入测量波纹管 1，若喷油量增大，挡板靠近喷嘴，喷嘴背压升高，经气动功率放大器 3 使输出气压信号 $p_出$ 增大，通过风门调节机构增加向锅炉的送风量，同时增加的 $p_出$ 送入反馈气室，压缩反馈波纹管使反馈杆上移。于是反馈凸轮 5 顺时针转动，通过反馈杆件及调零弹簧限制挡板继续靠近喷嘴。函数发生器 $p_出$ 与 $p_入$ 之间的函数关系是由反馈凸轮 5 的外形轮廓实现的，即 $p_入$ 不同其反馈强度也不同。

第四节　辅锅炉燃烧时序的自动控制

辅锅炉燃烧时序程序控制是指给锅炉一个起动信号后，能按时序的先后自动进行预扫风、预点火、喷油点火，点火成功后对锅炉进行预热，接着转入正常燃烧的负荷控制阶段，同时对锅炉的运行进行一系列的安全保护。

辅锅炉燃烧时序控制框图如图 8-18 所示。按下锅炉起动按钮后，自动起动燃烧油泵和鼓风机，关闭燃油电磁阀使燃油在锅炉外面循环，此时风门开得最大，以大风量进行预扫风，防止锅炉内残存的油气在点火时发生"冷爆"。预扫风的时间根据锅炉的结构形式不同而异，一般是 20~60s。达到预扫风的时间自动关小风门，同时点火电极给出电火花进行预点火，时间为 3s 左右。然后打开燃油电磁阀，或开大回油阀，或让一个油头喷油工作，即以小风量和少喷油进行点火。点火成功后维持一段时间低火燃烧即进入正常的负荷控制阶段。在预定的时间若点火不成功，或风机失压，或中间熄火等现象发生，会自动停炉，待故障排除后按复位按钮方能重新起动锅炉。

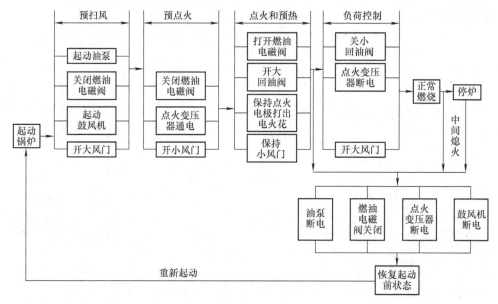

图 8-18 辅锅炉燃烧时序控制框图

燃烧时序程序控制的主要元件

为了实现辅锅炉燃烧时序控制，必须要有一些控制元件，其中包括信号发讯器、时序控制元件及火焰感受器等。

1. 信号发讯器

信号发讯器是发出各种控制信号的元件，其中包括手动信号发讯器和自动信号发讯器。

手动信号发讯器如起动和停炉信号按钮，转换或选择开关等，它们的结构和工作原理简单，这里不多介绍。自动信号发讯器如压力自动开关、温度自动开关等，它们的结构类型很多，YT-1226型压力调节器实际上就是一个压力开关，其结构原理请参见第二章第二节。

2. 时序控制元件

时序控制元件是辅锅炉燃烧时序程序控制的核心部分。它根据起动信号发讯器送来的电信号，自动接通和切断电路，或根据规定的时间来接通或断开电路，用以预扫风、预点火、点火及转入正常燃烧等一系列时序动作。时序控制器主要有两大类，即有触点和无触点时序控制器。有触点的时序控制器有多回路时间继电器和凸轮式时序控制器。

图 8-19 示出多回路时间继电器结构原理图。它主要是利用标度盘上爪形块的运动来控制相应的微动开关动作，从而控制时序电路工作。当控制线圈 5 通电时，离合器啮合，同步电动机带动标度盘 11 转动。标度盘的爪形块将按预先规定的时间顺序使相应的微动开关闭合或断开，控制有关电路。当标度盘转过 360° 时，最后一个标度盘的爪形块切断同步电动机的电源，使其停转。按下停炉按钮或锅炉在运行时出现的故障自动停炉时，控制线圈 5 断路，离合器脱开，在复位弹簧 13 的作用下标度盘回零。松开锁紧螺母 14 可单独转动每个标度

盘，调整相应的微动开关闭合或断开时间以满足时序动作的要求，调整好后再把螺母 14 锁紧。

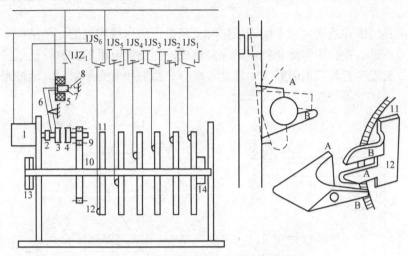

图 8-19　多回路时间继电器结构原理图

1—同步电动机　2—传动轴　3、4—离合器　5—控制线圈　6—杠杆　7—铁心　8—拉力弹簧
9、10—减速齿轮　11—标度盘　12—爪形块　13—复位弹簧　14—锁紧螺母

无触点时序控制器是利用 RC 延时环节来实现的，通常把 RC 的充放电回路加在晶体管的基极电路中，利用晶体管的开关特性，继电器通电动作或断电释放，如图 8-20a、图 8-20b 所示。图 8-20a 为单管延时释放电路。开关 K 闭合时，电容 C 被旁路，晶体管立即导通，继电器 K 通电动作。当 K 断开时，电源向电容充电，在一段时间内经晶体管基极的充电电流较大，晶体管导通，继电器 K 保持通电。随着电容的充电，电容的两端电压不断升高，充电电流不断减小，晶体管集电极电流减小，经 t 秒延时后继电器 K 释放。图 8-20b 是继电器延时通电电路。当开关 K 闭合时，电容 C 被旁路，晶体管立即截止，继电器立即断电释放。当 K 断开时，电源向电容充电，开始充电时充电电流较大，晶体管基极电流近似为零。以后随着电容 C 两端电压的升高，晶体管基极电流不断增大，经 t 秒延时后基极电流增加到使晶体管导通，继电器通电动作。

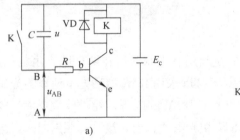
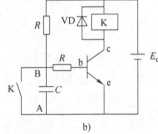

图 8-20　晶体管延时开关电路

3. 火焰感受器

火焰感受器用来监视炉膛内有无火焰。当点火失败或在持续燃烧期间熄火时，为避免再向炉内喷油引起事故，要求立即关闭燃油电磁阀停止供油，并发出声光报警。因此，锅炉装有火焰感受器来监视炉内的火焰。辅锅炉燃烧控制常用的火焰感受器有光敏电阻、光电池和

紫外线灯管等。

（1）光敏电阻

光敏电阻是由涂在透明底板上的光敏层和金属电极引出线构成的，其结构如图 8-21a 所示。光敏层是由铊、镉、铅等硫化物或硒化物制成的。光敏电阻的主要特征是接受光照射时其电阻很小，无光照射时其电阻较大。因此，在有光照射和无光照射时，流过光敏电阻的电流相差很大，其伏安特性如图 8-21b 所示。

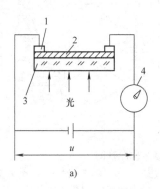 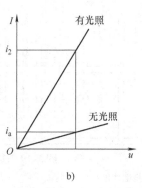

图 8-21 光敏电阻及其特性

1—金属电板 2—光敏层 3—透明底板 4—电流表

为了防止光敏电阻接受高温炉墙所辐射的可见光和红外线，造成光敏电阻作用延迟或误动作，在安装时应避免高温炉墙的辐射射线直接照在光敏电阻上。此外，光敏电阻不能承受高温，否则会影响使用寿命。因此，光敏电阻火焰感受器（见图 8-22）装有散热片并利用空气进行冷却，磨砂玻璃可阻挡红外线的透入。

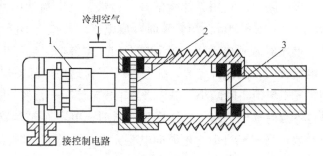

图 8-22 光敏电阻火焰感受器

1—光敏电阻 2—磨砂玻璃 3—耐热玻璃

（2）光电池

光电池实际上是一种半导体材料，它是利用有光照射后在两极间产生电压原理工作的。光电池控制电路图如图 8-23 所示。其中图 8-23a 采用 RAR 型硒光电池作为光敏元件，当它接受光照射的时候，正、负极之间将会产生小于 1V 的电压，经磁放大器 MV 放大之后足以激励继电器 FR 动作。图 8-23b 采用 2CR11 型光电池，当它接受光照射时，光电池两极间将产生 0.5V 的电压，经晶体管放大后足以使继电器 K 通电动作。

光电池使用寿命长，而且它的光谱敏感度范围仅限于可见光而不包括紫外线，这对监视炉膛的火焰是非常合适的，因此近年来使用越来越多。

（3）紫外线检测装置

紫外线检测装置的结构如图 8-24 所示。管泡是用能透过紫外线的石英玻璃制成的，泡

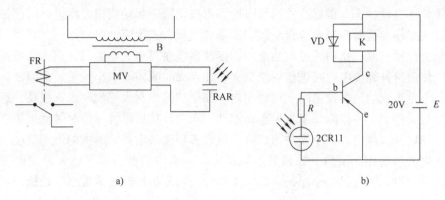

图 8-23 光电池控制电路原理图

内充以惰性气体,两个电极对称放置。当阴极接收到足够数量的紫外线时,就有光电子发射出来。在外电场的作用下,光电子加速运动使惰性气体电离,紫外线管导通;若无光照射,紫外线管截止。紫外线管的优点是不受高温炉壁辐射的影响,它的特性较光敏电阻好,且在交、直流控制电路中均可使用,但是需提供 100～200V 的工作电源以产生外电场。

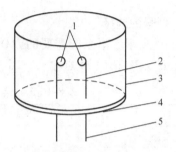

图 8-24 紫外线检测装置结构示意图
1—电极 2、5—引脚 3—石英玻璃泡 4—基座

第五节 辅锅炉燃烧时序的 PLC 控制

在 PLC 控制的辅锅炉控制系统中,各种现场信息,如气压的高/低、水位的高/低、燃油加热的通/断、炉膛火焰的有/无、系统的手动/自动控制方式等信号,通过输入单元输入到 PLC;PLC 扫描执行用户程序,并根据程序运行结果,通过输出单元输出各种控制信息指挥继电器和其他执行机构动作或控制指示灯进行显示和报警等。采用 PLC 的辅锅炉控制系统,其控制功能是通过软件来完成的,这样不仅可以大大地简化硬件电路,提高系统运行的可靠性,维护方便,而且只要简单修改 PLC 程序就可以适用不同型号的船舶锅炉。

目前,西门子公司生产的 PLC 在船舶中得到广泛的应用,下面将以西门子 S7 - 200 系列 PLC 为例,介绍辅锅炉燃烧时序的 PLC 控制。

一、系统控制要求

辅锅炉的水位控制采用电极式双位控制;锅炉气压在正常负荷时采用压力比例调节器—电动比例操作器的比例控制,在低负荷时采用双位控制;火焰监视采用光电池传感器;有风压低、蒸汽压力高、危险低水位等安全保护装置;有手/自动转换和应急手动操作功能。

锅炉起动前,先合上电源总开关;若锅炉水位在危险低水位以下,则要向锅炉补足水,否则锅炉不能起动;把"自动/手动"转换开关转到"自动"位置,使燃油系统的温度、压力控制系统处于自动状态;做好这些工作以后,可按动锅炉起动按钮,则燃烧时序控制系统开始自动投入工作。这时控制系统自动起动油泵和风机,关闭燃油电磁阀,并将风门开得最大以大风量进行预扫风;预扫风过程结束后,控制系统会自动关小风门,点火变压器通电进行预点火;然后打开燃油电磁阀进行供油点火,在点火时间内要求小风量、少喷油;光电池用来监视点火是否成功,在设定的点火时间内,如果炉膛内有火焰说明点火成功,否则说明点火失败,自动停炉,待故障修复后再重新起动;点火成功后维持一段时间低火燃烧对锅炉进行预热,然后开大风门,关小回油阀,以大风量多喷油来增强炉膛内的燃烧强度,使锅炉进入正常燃烧的负荷控制阶段。如果发生风机失压、水位太低、中间熄火、点火失败等现象,会自动停炉对锅炉进行安全保护。待故障排除后按复位按钮才能重新起动锅炉。

二、系统方案设计

1. CPU 型号的选择

根据控制的要求,本系统需要的 I/O 点和定时器的符号定义与地址见表 8-1。西门子 S7-200 PLC 的 CPU 选用 24 点输入、16 点输出的 CPU 226。

表 8-1 I/O 点和定时器的符号、地址表

序号	符号	地址	注释	序号	符号	地址	注释
1	水泵停止	I0.0	转换开关	23	点火手动	I2.6	按钮
2	水泵自动	I0.1	转换开关	24	光电池	I2.7	控制触点
3	水泵手动	I0.2		25	水泵	Q0.0	输出继电器
4	停炉	I0.3	按钮	26	风机	Q0.1	输出继电器
5	起动	I0.4	按钮	27	油泵	Q0.2	输出继电器
6	燃烧停止	I0.5	转换开关	28	点火变压器	Q0.3	输出继电器
7	燃烧自动	I0.6		29	回油风量调节	Q0.4	输出继电器
8	燃烧手动	I0.7		30	压力比例调节	Q0.5	输出继电器
9	风压低保护	I1.0	输入触点	31	燃油电磁阀	Q0.6	输出继电器
10	蒸汽超压保护	I1.1	输入触点	32	熄火保护手动复位	Q0.7	输出继电器
11	危险低水位保护	I1.2	输入触点	33	水泵运行指示	Q1.0	输出继电器
12	高水位	I1.3	输入触点	34	风机运行指示	Q1.1	输出继电器
13	低水位	I1.4	输入触点	35	油泵运行指示	Q1.2	输出继电器
14	水泵热保护	I1.5	输入触点	36	熄火指示	Q1.3	输出继电器
15	风机热保护	I1.6	输入触点	37	危险低水位指示	Q1.4	输出继电器
16	油泵热保护	I1.7	输入触点	38	报警器	Q1.5	输出继电器
17	风机停止	I2.0	转换开关	39	定时器1	T33	通电延时,7s
18	风机自动	I2.1		40	定时器2	T34	通电延时,46s
19	风机手动	I2.2		41	定时器3	T35	通电延时,40s
20	油泵停止	I2.3	转换开关	42	定时器4	T36	通电延时,44s
21	油泵自动	I2.4		43	定时器5	T97	通电延时,43s
22	油泵手动	I2.5		44	定时器6	T98	通电延时,40s

2. 接线图及梯形图

由 CPU226 组成的辅锅炉燃烧时序控制系统的接线图如图 8-25 所示，其控制系统的梯形图如图 8-26 和图 8-27 所示。

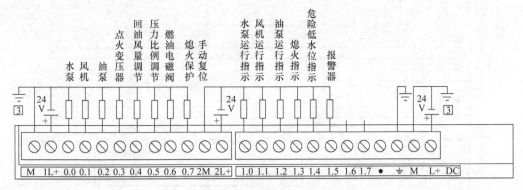

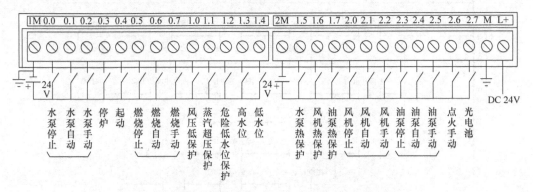

图 8-25 辅锅炉燃烧时序 PLC 控制系统接线图

三、辅锅炉燃烧时序的 PLC 控制过程

其控制过程如下：

1. 起动前的准备

1）合上总电源开关，控制电路接通电源。

2）若炉内水位低于危险低水位，I1.2 断开，M8.0 不工作，锅炉无法自动起动。此时应将给水泵旋钮放在"手动"位置，I0.2 闭合，Q0.0 闭合，起动水泵向炉内供水，当水位上升到正常水位后，水泵旋钮放在"停"位置，水泵停止工作。

本控制系统的锅炉水位采用电极式双位控制，当锅炉水位高于设定的高水位值时，I1.3 接通，M7.0 有电，其常闭触点断开，Q0.0 失电，水泵停止运行；此时 M7.0 的常开触点闭合，由于低水位 I1.4 闭合，当水位回落到高水位值以下时，M7.0 保持接通状态不变，水泵继续停止运行。当水位低于设定的低水位值时，I1.4 断开，M7.0 失电，使 M7.0 的常开触点闭合，Q0.0 得电，水泵开始运行；此时 M7.0 的常开触点断开，当水位上升到低水位值以上时，M7.0 保持断开状态不变，水泵继续运行。如此反复，锅炉水位在两个水位设定值之间不断变化，实现水位的双位控制。

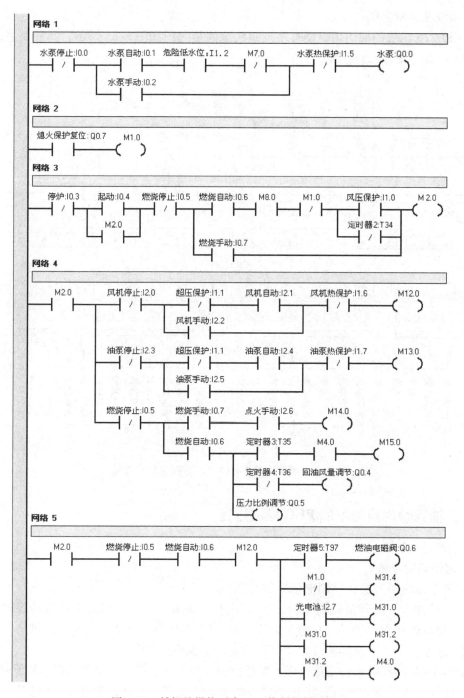

图 8-26 辅锅炉燃烧时序 PLC 控制的梯形图 1

3）将燃烧控制旋钮和风机旋钮转到"手动"位置，I0.7 和 I2.2 闭合；油泵转换开关转到"停"位置，I2.3 断开；然后按下起动按钮 I0.4，M2.0 通电，于是 M2.0 触点闭合自锁，M12.0 通电，Q0.1 得电，起动风机进行预扫风，手动进行预扫风 1min 后，再按停止按钮 I0.3，使风机停止工作。

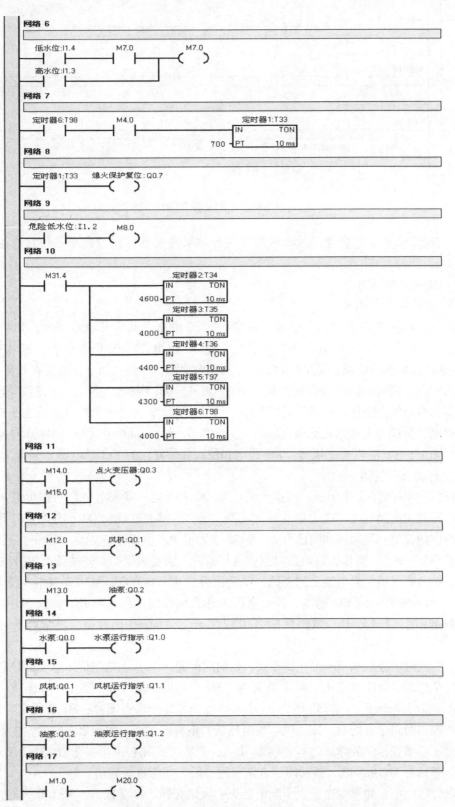

图 8-27 辅锅炉燃烧时序 PLC 控制的梯形图 2

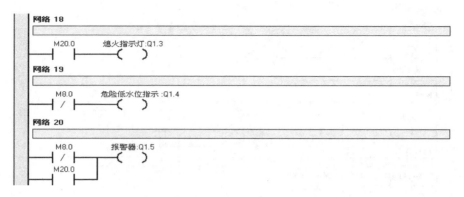

图 8-27　辅锅炉燃烧时序 PLC 控制的梯形图 2（续）

4）将给水泵开关、燃烧开关、风机开关和油泵开关都转到"自动"位置，准备自动起动。

2. 燃烧的时序控制

（1）预扫风

当按下起动按钮 I0.4 时，由于水位正常，M8.0 有电，其常开触点闭合；T34 没有电，其常闭触点闭合，M2.0 有电，M12.0 有电，Q0.1 得电，风机开始运转；M13.0 有电，Q0.2 得电，油泵开始运转。但此时燃油电磁阀无电关闭，燃油从油泵排出后在管路中循环，不能进入炉内，风机对炉膛进行预扫风。由于 Q0.4、Q0.5 得电，压力比例调节器 YBD 发讯电位器的滑动触点动作，逐渐把风门关小，回油阀开大，为点火做好准备。由于在 40s 之前尚未点火，所以光电池感受不到火焰的光照，I2.7 断开，M31.0 无电，M4.0 有电，相应的 M4.0 触点闭合，为点火变压器 Q0.3 通电和熄火保护复位的 T33 通电做好准备。

（2）自动点火控制

在预扫风 40s 后，T35 闭合，使点火变压器 Q0.3 通电，点火电极之间产生电火花进行预点火；同时 T98 闭合使 T33 通电。3s 后，T97 闭合，燃油电磁阀 Q0.6 有电，打开油泵到喷油器的供油管路。但因回油阀已开大，故喷油量很少。由于 T33 通电，它要在通电 7s 后才能将其 Q0.7 闭合。所以，这时只对点火进行监视，为熄火保护做好准备。如果在 7s 内点火成功，炉内有火焰，光电池受到光照，I2.7 闭合，M31.0 有电，M31.2 有电，使 M4.0 失电，M4.0 触点断开，使 T33 断电，其触点因未达到闭合时间继续断开，维持 M1.0 为断电状态。到 46s 时，T34 断开，风压保护 I1.0 已闭合，使 M2.0 仍有电。正常点火时序控制结束。

如果点火时序控制从 40s 时开始点火，延时时间超过 7s，光电池仍未感受到炉膛火焰的照射，I2.7 断开，M31.0 失电，M31.2 失电，M4.0 得电，使 M4.0 触点一直保持闭合，当 T33 达到设定时间 7s 后，使 T33 闭合，Q0.7 得电，其常开触点闭合，M1.0 得电，使 M2.0 失电，将控制回路电源切断。使风机、油泵停转，电磁阀关闭，发出报警信号。在第一次点火失败时，必须在排除故障后进行再次起动。首先将熄火保护继电器触点 Q0.7 手动复位，使其断开。只有 M1.0 断电，其常闭触点恢复闭合后，才能重新起动。

在燃烧过程中，如果中途熄火，光电池失去火焰光照，I2.7 断开。M31.0 失电，M31.2 失电，M4.0 得电，使 M4.0 触点闭合，M15.0 得电，点火变压器 Q0.3 通电，重新进行点火；同时，开始7s计时，对点火时间进行监视。若在7s内点火成功，即转入正常燃烧；若仍未点燃，则同点火失败情况一样，使锅炉停止燃烧，并发出熄火声光报警信号。也就是在中途熄火后，自动点火一次，如不成功，停炉并发出报警。

3. 气压自动控制

在点火时序控制过程中，点火44s后，Q0.4失电，使压力比例调节器YBD的滑动触点和电动比例操作器DBC的滑动触点动作，由于此时锅炉是低压起动，所以YBD滑动触点移到低压端，电动比例操作器DBC的滑动点也向低压端跟踪，使风门开大，回油阀关小（喷油量加大），锅炉进入正常比例燃烧自动控制。

当气压上升到控制气压的下限值时，如果气压再升高，则相应地关小风门和减少喷油量，维持正常负荷的气压比例控制。当锅炉的负荷低于30%，风油量已调到最小。气压达到控制气压的上限值时，比例控制失去作用，气压转入双位控制。即达到超压保护继电器的整定上限值，I1.1断开，M12.0、M13.0都失电，风机和油泵停止工作，此时为正常熄炉，不发出报警信号。当锅炉的气压又降低到控制气压的下限值时，I1.1又重新闭合，M12.0、M13.0都通电，风机和油泵重新起动，开始自动点火控制，使锅炉重新燃烧。因此，锅炉在低负荷运行时，气压的比例控制作用不大，燃烧接近双位控制。

4. 安全保护

该系统的安全保护有危险低水位和风压过低自动熄炉保护。锅炉在运行中，当水位下降到危险低水位时，最低的一根电极脱离水面，I1.2断开，M8.0断电，使M2.0断电，切断整个控制程序，使锅炉自动熄火停炉。当风压过低时，风压保护继电器触点I1.0断开，使M2.0断电，锅炉自动熄火停炉。

5. 停炉

停炉时，可手按停止按钮I0.3，使M2.0断电，燃烧系统停止工作。当水位降到低于危险低水位时，应将水泵开关放在"手动"位置，向锅炉供水，直到水位达到正常水位时，再将水泵开关放在"停止"位置上。切断总电源开关，并将燃烧开关置于"手动"位置，风机、油泵开关放在"停止"位置上。

6. 手动操作

当锅炉某些自动控制设备出现故障（如多回路时间继电器故障、压力比例调节器或电动比例操作器失灵等），难以立即修复时，可改为手动操作。在手动操作之前，应做好以下准备工作：检查锅炉水、油、电的供给情况是否正常；自动控制箱上的各个转换开关是否处于点火前的准备位置；锅炉水位应高于最低水位；将燃油电磁阀置于常开状态，而手动速关阀置于关闭状态；将燃烧转换开关置于手动位置，风机和油泵转换开关置于停止位置；将风油配比机构与电动比例操作器DBC脱开，把风门和油门调到小火燃烧位置；合上总电源开关QS。

手动操作具体步骤：

1）按下起动按钮I0.4接通控制电路；

2）将风机转换开关转到手动位置，风机投入运行，进行预扫风；

3）预扫风后，把油泵转换开关转到手动位置，油泵起动，建立起油压；

4）按下点火按钮I2.6，点火变压器通电，点火电极产生电火花，打开燃油管路上的速关阀，向炉膛内喷油进行点火；

5）从观火孔看到火焰时，放开按钮 I2.6，终止点火变压器工作；

6）点火成功后，调整风油配比机构，使炉内燃烧和锅炉负荷相适应；

7）如果手动点火失败，应立即关闭速关阀，停止向炉膛内喷油，并进行后扫风，待查明原因并排除故障后，再重新点火。

第六节 辅锅炉的安全保护及故障诊断

一、辅锅炉的报警和安全保护系统

在辅锅炉运行过程中，为了达到安全、可靠、无人值班的目的，除了对锅炉水位与蒸汽压力采用自动控制外，还必须对各种危险工况采取安全保护措施。在设置安全保护系统后，一旦在锅炉点火、升汽或运行中产生异常情况，如出现危险低水位、气压超限、点火失败、风压过低等情况，则相应的感受元件就能检测故障产生的原因，迫使锅炉自动熄火、进行后扫风，然后停风机和油泵，并发出声光报警信号。以免发生各种事故，导致锅炉及各种设备的损坏甚至伤及人身安全。对于不同类型的锅炉，主要有以下几种安全保护环节：

1）危险（极限）低水位由液位开关检测；

2）蒸汽压力过高由压力开关检测；

3）点火失败、异常熄火由火焰传感器检测；

4）燃油压力过低由油路压力继电器检测；

5）燃油温度过高或过低由温度开关检测；

6）电动机过载由热继电器检测。

二、船舶辅锅炉控制系统的故障诊断与排除

1. 水位控制系统的常见故障与分析

（1）锅炉不能自动给水

锅炉不能自动给水的故障分析和处理方法是：

1）如果是电极式水位控制系统如图 8-10 所示，进行操作如下。

① 先将手动/自动转换开关打到手动位置，观察是否手动给水；

② 若手动仍不能给水，则应检查电源、变压器、转换开关、接触器 1CJ、给水泵电动机及相应的接线柱等；

③ 若手动能正常给水，则先判断是转换开关自动位失效断开，还是 $3JY_1$ 触点断开；

④ 若是转换开关失效，则应修理转换开关触点或更换开关；

⑤ 若是 $3JY_1$ 触点断开，则需判断是机械故障，还是继电器 3JY 有电断开；

⑥ 若是机械故障断开，则需更换继电器 3JY，若是继电器 3JY 有电断开，有可能是电极 2 绝缘不好，或是电极 2 与电极室相接触，此时需修理或更换电极。

2）如果是浮子式水位控制系统，则可能是浮子卡死，应拆开浮子开关进行检查修理。

3）如果是参考水位罐式水位控制系统，常见故障是差压变送器或是相应的压力继电器故障失效，应重新调整、维修或更换。

在进行差压变送器的零点、量程调整时应注意：与差压变送器信号管上相连接的平衡阀

应先打开，装在差压变送器高低压信号管的两个截止阀必须全部关闭，此时差压变送器输入信号为零，零点调整完毕，输出压力应为 0.02MPa。然后再打开高低压信号管上的两个截止阀，最后关闭平衡阀，进行量程调整，输出压力应为 0.1MPa。

（2）危险（极限）低水位保护失效

危险（极限）低水位保护失效的故障分析和处理方法是：

1）如果是电极式水位控制系统，首先判断继电器 4JY 触点是正常断开还是故障断开；若继电器 4JY 正常有电，则说明电极 3 故障，应予处理，否则应更换继电器 4JY。

2）如果是浮子式水位控制系统，则有可能是浮子卡死，应拆开浮子开关进行检查修理。

3）如果是参考水位罐式水位控制系统，常见故障是差压变送器或是相应的压力继电器故障失效，应重新调整、维修或更换。

2. 时序控制系统的常见故障及其分析

（1）锅炉点火失败

锅炉点火失败故障可能是由电路或油路两个方面原因引起的。电路方面原因如下：

1）首先检查点火火花。将点火电极棒从炉内抽出，按启动按钮，观察点火电极是否有电火花，如果有电火花，则应检查点火变压器及其控制回路是否存在开路等故障。

2）如果点火变压器及其控制回路均正常，则应检查电极及其引线的对地绝缘和相互间绝缘，检查其绝缘套管是否损坏，检查电极是否被油泥黏结，表面是否结炭，电极间隙是否过大或过小，电极与喷油嘴端部位置是否合适等。

3）如果有点火火花而不能点燃，则应检查油头电磁阀是否动作。

4）如油头电磁阀不动作，首先用万用表检查电磁阀线圈是否有工作电压，若有则说明电磁阀本身故障，应予以更换；

5）若电磁阀线圈没有工作电压，则应检查控制电路，重点检查油压继电器是否动作、油压是否建立、油温是否过低、油温继电器是否失效。

6）若油压、油温均正常，则需进一步检查相应的电气控制电路。

油路方面原因：可以先将喷油嘴抽出，检查油嘴是否喷油。经常造成点火失败的原因是油嘴堵塞、管路堵塞、燃油压力不足。另外，燃油温度过低、黏度大，造成喷油困难、雾化不好，也会点火失败。

（2）锅炉不能自动起动

锅炉不能自动起动的故障分析和处理方法是：

1）首先将操纵方式切换到手动，如果手动也不能起动，则按"锅炉点火失败"故障进行处理。

2）如果手动能起动，则说明故障出在时序控制器或是外围电气元件上（压力、温度、液位继电器等），应先重点检查与时序控制开关有关的各外围电气元件、各安全保护元件是否动作。

3）然后按下自动启动按钮，检查风机、油泵是否运行，检查带动凸轮轴的电动机（对有触点时序控制器而言）是否转动，轴上所带的各微动开关是否有动作异常现象。

4）检查各相关接线柱的连接情况。

（3）锅炉点火燃烧后运行期间突然熄火

锅炉点火燃烧后运行期间突然熄火的故障分析和处理方法是：

1）检查火焰传感器本身是否老化、感光窗是否被油灰沾污，然后进一步检查火焰监视电路是否有元件损坏、火焰传感器是否接线断开等。

2）对于风油比例控制的锅炉，当锅炉蒸汽压力与设定值偏差较小时，应减小风门和油门，来维持气压和气温，如果比例操作器失去控制仍以大风量大油门燃烧，则很快使气压升高而自动熄火停炉，另外风门机械拉杆调整不当也常会使锅炉熄火，例如比例操作器给出小油门时却给出大风门。

3）检查自动保护用的外围传感器是否故障。

4）检查燃油电磁阀线圈是否烧坏。

5）检查时序控制是否故障。

3. 蒸汽压力控制系统的常见故障及其分析

（1）比例控制系统故障

比例控制系统的锅炉在燃烧时，气压和气温不能自动维持正常值，波动比较大的主要原因一般是由于风油比例调节器工作不正常，处理方法是：

1）检查压力比例调节器的整定值是否变化，其本身工作是否正常，运动部件是否被卡死，它所带动的电位器的滑动触点是否接触良好。

2）检查电动比例操作器、伺服电动机工作是否正常，其控制电路各部件是否有损坏，它所带动的反馈电位器的滑动触点是否接触良好。

3）检查回油调节阀是否卡死，风油挡板连接螺钉是否松脱。

（2）锅炉点火过于频繁

锅炉点火过于频繁故障的主要原因一般是压力继电器或电动比例操作器造成的。

1）对于双位控制系统，压力继电器的上下限偏差太小，会使锅炉点火过于频繁。

2）对于比例控制系统，如果电动比例操作器不能随蒸汽压力的变化而自动调节风油比例时，经常会使锅炉点火过于频繁。

（3）锅炉不能按原先的设定值点火、熄火

锅炉不能按原先的设定值点火、熄火的主要原因是：压力继电器上、下限值调整出现偏离或是比例控制系统参数调整不当。

第九章 船舶伙食冷库控制系统

每艘船都设有伙食冷库，以储存船员日常生活中食用的蔬菜、肉类等食品。现代船舶的伙食冷库制冷装置都已实现自动控制。它能根据冷库温度，冷却水温度等条件的变化，自动控制制冷机工作及调整制冷工况，以保证制冷装置运行的安全性、可靠性和经济性。

第一节 伙食冷库系统的基本组成及工作原理

伙食冷库系统的组成简图如图9-1所示，制冷装置主要由制冷压缩机、冷凝器、热力膨胀阀、蒸发器等部件组成。而主要自动控制元件包括热力膨胀阀、高压继电器、低压继电器、温度继电器、电磁阀、蒸发压力调节阀和水量调节阀等。

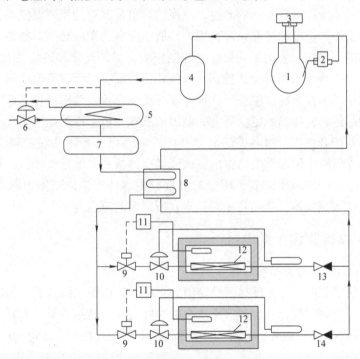

图9-1 伙食冷库系统组成简图
1—制冷压缩机 2—油压差继电器 3—高低压继电器 4—油分离器 5—冷凝器 6—水量调节阀 7—储液器
8—回热器 9—电磁阀 10—热力膨胀阀 11—温度继电器 12—蒸发器 13—止回阀 14—蒸发压力调节阀

伙食冷库的自动控制系统主要有温度自动控制系统和制冷剂的循环使用系统（它是一个压力自动控制系统）组成。上述温度和压力控制的两个系统通过制冷剂相互联系。当温度控制系统工作时，制冷剂的循环使用工作系统也随之开始工作。

系统的基本工作原理如下：由温度继电器 11 检测冷库的温度变化，当冷库温度上升至设定温度上限值时，温度继电器的开关闭合，通过控制电路使电磁阀 9 线圈通电，阀门打开，储液器 7 的液态制冷剂通过回热器 8 和电磁阀 9 后，经热力膨胀阀节流进入低压的蒸发器里汽化，吸收热量使冷库温度下降，同时制冷压缩机 1 的吸气压力升高，当上升至低压继电器设定值的上限时，其开关接通，压缩机自动起动，蒸发后的低温低压气态冷剂被压缩机从蒸发器中抽出加以压缩，使其压力、温度均升高，而后经冷凝器 5 冷却成液体，储存在储液器 7 中，以便重复使用；当冷库温度下降至设定温度下限值时，温度继电器开关切断，电磁阀失电关闭，制冷剂停止进入蒸发器。供液电磁阀关闭后，压缩机的吸气压力越来越低，当吸气压力降至设定值下限值时，低压继电器开关切断，使压缩机自动停车，从而使冷库温度控制在所要求的范围之内。

第二节　伙食冷库温度控制系统

一、温度控制系统的基本原理

冷藏不同食品的冷库需要不同的库温，冷库的热负荷又可能使库温变动。为了保证冷藏食品的质量，要求冷库温度保持在设定范围内，所以库温变动时必须对制冷装置的工作进行自动调节。库温的自动控制依据不同的温度控制精度，采用与之相适应的控制方案。目前，在库温控制系统中，普遍采用双位式控制，双位式调节器实际上就是温度继电器。

温度继电器是用来控制冷库温度的一种控制开关。在单机单库场合，可用温度继电器直接控制压缩机的起停，使库温稳定在所需的范围内。在单机多库的制冷装置中，温度继电器一般和供液电磁阀配合使用，对各库的温度进行控制（也有各库并联控制压缩机的）当库温上升到上限温度值时，温度继电器将电磁阀线圈电路接通，电磁阀开启，制冷剂进入冷库蒸发器而蒸发降温；当库温下降到下限值时温度继电器将电磁阀线圈电路切断，电磁阀关闭，制冷剂停止进入蒸发器，从而将库温稳定在所要求的范围内。

二、WT－1226 型温度继电器

WT－1226 型温度继电器结构原理如图 9-2 所示。

当感温包 1 所感受的冷库温度达到整定值的下限时，由于主调弹簧 8 的拉力矩大于波纹管 3 所产生的顶力矩，使杠杆 4 绕刀口支点 5 顺时针转动，通过摇臂 7 和跳簧片 9，使触点 10 与 12 断开，关闭供液电磁阀。此时因止动螺钉 21 已触及底板，$\Delta S_2 = 0$；于是杠杆 4 不能继续顺时针方向转动而呈水平状态，螺钉 6 与弹簧座 20 则相互脱开，因 $\Delta S_1 > 0$，所以幅差弹簧 19 对杠杆 4 的转动不起作用。随着库温的升高，作用于波纹管上的压力也相应加大，于是克服主弹簧的拉力，使杠杆 4 逆时针方向转动一个角度 ϕ_1，此时螺钉 6 碰在弹簧座 20 上，即 $\Delta S_1 = 0$。若继续转动杠杆，就必须克服主弹簧的拉力和幅差弹簧的张力。当库温升至整定值的上限时，杠杆将转到 ϕ_2 角度上，杠杆 4 就通过跳簧片 9 将动触点 10 由静触点 11 转至静触点 12，接通电路使供液电磁阀开启，制冷剂重新进入蒸发器。

从温度继电器动作过程中，我们可以看到，在降温控制中以下部件起了很大作用。

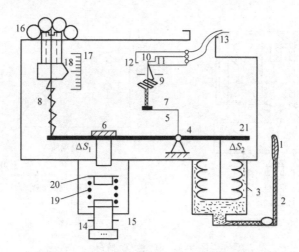

图 9-2 WT-1226 型温度继电器结构原理图

1—感温包 2—传压管 3—波纹管 4—杠杆 5—刀口支点 6—螺钉 7—摇臂 8—主调弹簧
9—跳簧片 10—动触点 11、12—静触点 13—出线孔 14—幅差调节螺钉 15—幅差标尺
16—主调螺杆 17—主标尺 18—指针 19—幅差弹簧 20—弹簧座 21—止动螺钉

1. 主调弹簧

主调弹簧压力的大小决定了温度继电器设定的温度下限值,其数值大小可以从主标尺 17 上反映出来。当幅差弹簧张力不变时,调节主调弹簧,则设定温度上限将随下限一起改变。

2. 幅差弹簧

幅差弹簧的压力大小决定了幅差的大小（设定温度上限和下限的差值称为幅差）。转动幅差调节螺钉 14,改变幅差弹簧的压力就能获得不同的幅差范围。当主调弹簧张力不变时,调节幅差弹簧只能改变设定温度上限。以菜库为例:若要求库温为 3~5℃,我们就把主调弹簧调到 3℃,幅差范围调至 2℃,则当库温下降至 3℃时,温度继电器触点断开,电路被切断,电磁阀关闭,停止向库房供液;当库温回升至 5℃时,温度继电器触点闭合,电路接通,电磁阀开启,恢复向库房供液进行降温。

3. 感温包

感温包应放在能正确反映冷库内空气平均温度的地方。不应过于接近冷库壁面或冷却盘管,不应置于冷库门口或热货处。在吹风冷却的冷藏库中,感温包一般接近于回风口。

三、电子膨胀阀

电子膨胀阀按驱动方式可分为电磁式和电动式两类。

电磁式膨胀阀的结构如图 9-3a 所示。电磁线圈 7 通电前,针阀 3 处于全开位置;通电后,磁性材料制成的柱塞 6 受电磁力吸引,克服柱塞弹簧 5 的张力升高,与柱塞 6 成一体的针阀 3 开度变小。改变线圈的控制电压（电流）可以调节针阀的开度,在阀前后压差既定时流量即接近线性变化,流量特性如图 9-3b 所示。电磁式膨胀阀结构简单,响应快,但工作时始终需要提供控制电压。

电动式膨胀阀的结构图及流量特性如图 9-4 所示。它是用脉冲电动机（步进电动机）

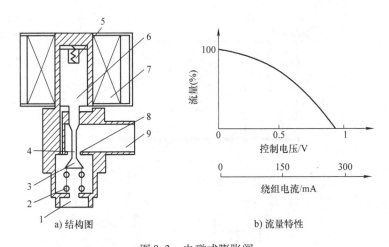

图 9-3 电磁式膨胀阀

1—出口 2—弹簧 3—针阀 4—阀杆 5—柱塞弹簧 6—柱塞 7—电磁线圈 8—阀座 9—入口

驱动,在电动机定子绕组 5 上施加正、反序列的脉冲电压指令即可驱动转子 4 正、反向转动,调节阀杆 3 上、下移动,改变针阀 2 的开度。

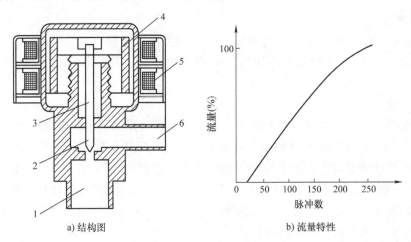

图 9-4 电动式膨胀阀

1—入口 2—针阀 3—阀杆 4—转子 5—绕组 6—出口

图 9-5 所示为电子膨胀阀用于蒸发器制冷剂供液量调节的系统原理图。传感器、电子调节器、执行器(膨胀阀)分别是独立的,通过导线连接,以标准电量传递信号,对流量实施自动控制。图 9-5a 所示为在蒸发器出口设压力传感器 P 和温度传感器 T,所测信号输入电子调节器而求得制冷剂在蒸发器出口的过热度,使之与所设定的过热度相比较,根据两者之差向执行器输出调节信号。图 9-5b 则分别在蒸发器的进、出口各设温度传感器 T_2、T_1,以 T_1 与 T_2 的度数之差近似代表制冷剂在蒸发器出口的过热度。后一种方式只使用温度传感器,比前者简单,但由内平衡式热力膨胀阀的工作原理可知,只有在两测点间制冷剂压降所导致的饱和温度降不太大时才比较准确。

电子膨胀阀相对热力膨胀阀有明显的优点。主要是:①流量调节可以不受冷凝压力和供

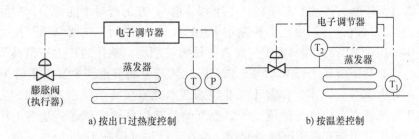

图 9-5 电子膨胀阀流量调节的系统原理图

液过冷度变化的影响。②动作迅速，调节精准，热负荷变化激烈也能避免振荡，因此允许将出口过热度调至很小（2℃甚至更低），而且可以实现比例积分调节，使过热度变化量为零，从而提高了蒸发器的利用率。③流量特性的线性范围很宽，适用很大的制冷量范围，也适用各种蒸发温度。④电动式还允许制冷剂双向流动，可直接用于热泵工况和热气除霜。

第三节　压缩机控制系统

一、压缩机的能量自动调节

压缩机能量调节实际就是调节制冷压缩机排送制冷剂的流量，从而改变其制冷量，使之与制冷装置的热负荷保持平衡。如果没有能量调节装置，当蒸发器的热负荷变化比较大时，蒸发压力会变化较大。当热负荷减小、蒸发压力降低时，不仅运行的经济性会降低，而且当蒸发压力降到低压继电器设定下限值时，会引起压缩机停车，停车后，压力会逐渐升高；当升高到低压继电器设定上限值时，压缩机再次起动，由此增加了压缩机起停频率。能量调节装置还可以起到卸载起动的作用，压缩机满载起动其起动力矩较大，容易引起电动机过载，既增大电网负载的波动，又容易引起电动机损坏。若选用容量大的电动机来工作，则又降低运行效率。压缩机能量调节方法比较多，多数可由压缩机自身机构来实现，也可以用压缩机电动机变速的方法。

在压缩机工作缸数和转速不变的情况下，外界热负荷的变化必然引起蒸发压力的变化，热负荷增大时，蒸发压力相应增高；热负荷减小时，蒸发压力也相应降低。一般来说，如果没有其他因素影响，吸气压力近似等于蒸发压力，因此可以根据吸气压力的变化情况来调整制冷压缩机的能量，使之与外界热负荷匹配。

1. 压力继电器—电磁阀能量调节

根据吸气压力来调节压缩机能量的方式比较多，目前在船舶中使用较多的是采用压力继电器—电磁阀能量调节方式。根据吸气压力的变化，去控制相应的电磁阀动作，以实现加载或卸载。一般而言，电磁阀通电动作后加载，失电复位后卸载。

图9-6是8缸压缩机采用压力继电器—电磁阀式能量调节的原理图。下面以此为例分析能量调节的原理。压缩机每两个气缸为一组，由一套卸载机构控制，卸载油缸内的活塞驱动气缸外侧的拉杆。其动作原理是：当气缸通压力油时推动活塞驱动拉杆，压下吸气阀片，该组气缸工作；当油缸泄油时，则吸气阀片由弹簧自动顶开，不起开、闭作用，成为空行程，该组气缸卸载。图9-6中仅示出推动卸载气缸的油缸，其余部分省略。

该压缩机有两组气缸为基本工作缸（Ⅰ组和Ⅱ组），在运行时不能调节；中间两组（Ⅲ组和Ⅳ组）为调节气缸，分别由压力控制器P3/4和P4/4控制，这两只吸气压力控制器的差动值为0.04~0.05MPa。其中P4/4为高负荷压力控制器，其接通压力按最高蒸发压力调定，两只压力控制器定值压力差0.01~0.02MPa，其能量调节范围8缸工作时为100%，6缸为75%，4缸为50%。基本工作缸Ⅰ、Ⅱ组卸载油缸直接与油泵出口相通，当压缩机刚起动时，油压尚未建立，油缸无油压，气缸吸气阀片被弹簧顶杆顶起，基本工作缸也被卸载，因此压缩机能处于全卸载工况轻载起动。经几十秒钟（限在1min以内）后，滑油压力建立，基本工作缸便投入工作。当热负荷大于4缸工作的制冷量时，吸气压力上升，超过P3/4的接通压力为0.26MPa，使P3/4接通，将电磁阀1DF吸上，压力油通过a孔，经c孔流入Ⅲ组气缸的卸载压力油缸，使Ⅲ组气缸投入运行，工作于75%工况。若由于负荷大，吸气压力仍然继续上升至0.28MPa，使P4/4压力控制器也接通，电磁阀2DF被吸上，压力油从a孔经1DF下部，孔e，孔b流入Ⅳ组气缸的卸载压力油缸，使Ⅳ组气缸也投入工作，此时压缩机100%全负荷运行。若负荷下降，吸气压力跌至0.23MPa，则P4/4断开，电磁阀2DF失电关闭（见图9-6所示位置），则Ⅳ气缸断油泄压，油缸活塞被弹簧顶回，油缸中油经孔b、g与d流回曲轴箱，Ⅳ组气缸卸载，又恢复75%负荷运行。

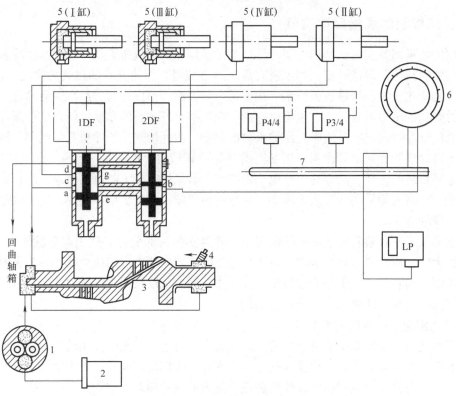

图9-6 压力继电器—电磁阀式能量调节的原理图
1—油泵 2—滤油器 3—曲轴 4—手动调节机构 5—卸载油缸 6—油压差表 7—吸气管
1DF、2DF—电磁阀 P3/4、P4/4—压力继电器 LP—低压继电器

若4缸工作时，吸气压力因负荷下降而跌至0.2MPa（表压），则低压继电器LP动作，将压缩机停车。停车后压力回升到0.24MPa，则LP接通，压缩机又自动起动以4缸50%工

况运行。若吸气压力又逐步提高，则可依靠 P3/4、P4/4 和相应的电磁阀，使压缩机增缸至 75% 与 100% 工况运行。

如需把 8 缸压缩机调节范围增加至 25% 这一档（共 100%、75%、50%、25% 四档），可由三个电磁阀用三个压力控制器分别控制。

2. 压缩机电动机变速调节

用电动机变速调节来达到压缩机能量调节的目的，效率最高，若电动机可以实现无级调速，则能在一定范围内实现连续能量调节的效果。目前，电动机调速使用最广泛的是变频调速和选用电磁式滑差电动机（可在 10%～100% 范围内连续调速）。但目前使用面尚不大，主要原因是初始投资较高。

二、高低压继电器

高、低压继电器也称为压力开关，在制冷机控制系统中用于起动和停止压缩机的电动机，以保持制冷装置在规定的工作压力范围内工作。目前，在船舶中普遍采用高低压组合继电器控制高压和低压。也有分别用单体的压力继电器分别控制高压和低压。高压继电器检测的是压缩机的排气压力，低压继电器检测的是压缩机的吸气压力。

检测排气压力（高压）主要是起到一个保护的目的。它是为了防止因冷凝器断水或水量供应严重不足，或者由于起动时排气管路的阀门未打开，或者制冷剂灌注过多，或者因系统中不凝性气体过多等原因造成排气压力急剧上升而产生事故。为此使用压力继电器控制排气压力，一旦排气压力超过设定值时，继电器立即切断压缩机电动机的电源，使压缩机停车。

检测吸气压力（低压）主要用以控制压缩机的起动和停止。在冷库温度已经达到设定值使供液电磁阀关闭后，若压缩机继续运行，则会使吸气压力越来越低，于是就会产生两个不良后果：一是由于吸气压力很低，蒸发温度也很低，运行经济性降低，还会使储存食品的干耗增大；二是如果装置低压侧有泄漏的话，则会引起大量空气渗入系统，从而造成压缩机排气压力和排气温度升高，功耗增大，产冷量降低，有时在膨胀阀处还会产生"冰塞"现象。因此压缩机的吸气压力必须加以控制，使它保持在一定值以上工作。在船舶伙食冷库制冷机装置中一般直接用控制吸气压力的办法来控制压缩机的停车和开车，实现库温控制。

图 9-7 是日本 DNS-D606 型高低压继电器的示意图。该元件内含两组开关，一组用于低压控制和保护；另一组用于高压控制和保护。高压开关设有手动复位机构。当压缩机吸入压力升高时，通过低压波纹管 13 使角杆 15 沿顺时针方向偏转，压缩主调弹簧 10，这时幅差弹簧 11 因空心框下端被钩住，不妨碍角杆 15，故不起作用。当压力升高到低压设定值上限时，角杆 15 的右端压动微动开关，这时动触点 1 即会在跳簧 17 的作用下迅速地由静触点 5 跳向静触点 2，使有关控制电路接通，压缩机运转。当吸入压力降低时，角杆 15 在主调弹簧 10 作用下逆时针偏转，触及幅差弹簧 11 下端的框架，要继续偏转必须克服幅差弹簧 11 的拉力，当吸入压力降到设定下限时，动触点 1 由静触点 2 跳向静触点 5，切断压缩机控制电路，使压缩机停机。当压缩机的排气压力高于高压设定限值时，通过高压波纹管 14 使角杆 16 沿逆时针方向偏转，使动触点 3 由静触点 6 跳向静触点 4，同时自锁，切断电路，使压缩机停转；在排气压力恢复正常后，按复位按钮解除接触自锁，角杆 16 顺时针方向偏转，断开静触点 4，接通静触点 6，压缩机才可以重新起动。

高低压继电器设定值的调整：旋转幅差调节螺钉 8 可以调整低压下限设定值；旋转高压调节螺钉 9 可调整高压上限压力设定值。

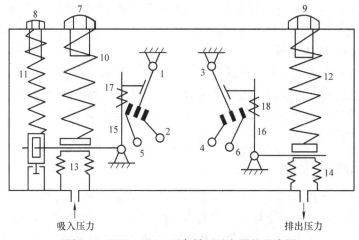

图 9-7　DNS – D606 型高低压继电器的示意图

1、3—动触点　2、4、5、6—静触点　7—低压主调螺钉　8—幅差调节螺钉　9—高压调节螺钉
10—主调弹簧　11—幅差弹簧　12—高压调节弹簧　13—低压波纹管　14—高压波纹管　15、16—角杆　17、18—跳簧

三、油压差和冷却水压力保护环节

制冷压缩机在运行过程中，运动摩擦面需要有一定压力的润滑油进行润滑和冷却。为了保证压缩机的安全运行，采用压力润滑时，当油泵排压与曲轴箱压力（即吸气压力）之差至某一定值时，应发出信号，使压缩机停止运行。

油压差保护环节采用压差继电器来实现，其系统安装图如图 9-8 所示。它的两个感压元件接在油泵出口端与吸入端（压缩机曲轴箱），检测的是两者之间的压力差值。

目前，国内外用于压缩机油压保护的是自身带延时装置的压差继电器。在国内船舶中采用比较多的是 JC3.5 型油压差继电器，国外则广泛采用 MP55 型油压差继电器，两者结构与动作原理相似，图 9-9 示出 MP55 型油压差继电器，A、B 是时间延迟触点，C、D 是滑油压差触点。

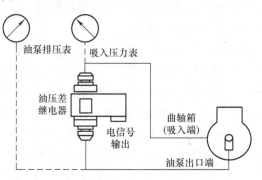

图 9-8　油压差保护环节的系统安装图

JC3.5 型油压差继电器的工作原理如图 9-10 所示。高压波纹管 2 接滑油泵出口端，低压波纹管 1 接曲轴箱，其压力差值所产生的力由主弹簧 16 平衡。刚起动时，由于滑油压差未建立，开关 K、YJ 接通，使加热器 5 投入工作，此时正常工作灯 14 不亮。如果压缩机状态正常，应在双金属片动作前建立正常油压差，使压差值大于设定值，角形杠杆 15 处于实线位置，将开关 K 与 DZ 接通，由压缩机电路的 a 点经 K、DZ 再回到 b，使正常工作灯 14 亮；由 a 点经交流接触器线圈 13、开关 SB、X、K_{SX}、SX 再回到 b 点，因为热继电器 11、高低压继电器 20 均处于正常闭合状态，故压缩机电动机接触器 C 接通，压缩机正常运转。

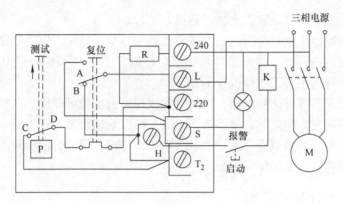

图 9-9 MP55 型油压差继电器

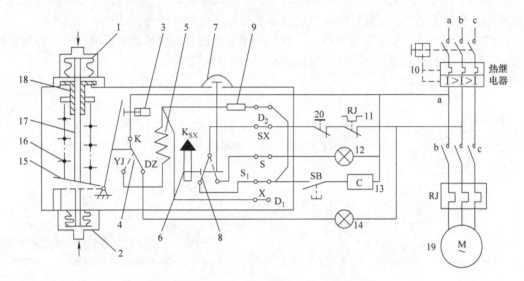

图 9-10 JC3.5 型油压差继电器工作原理图

1—低压波纹管 2—高压波纹管 3—试验按钮 4—压力差开关 5—加热器 6—双金属片 7—手动复位按钮 8—延时开关 9—降压电阻 10—电源开关 11—热继电器 12—故障信号灯 13—接触器线圈 14—正常工作灯 15—杠杆 16—主弹簧 17—顶杆 18—压差调节螺钉 19—压缩机电动机 20—高低压继电器

当压差小于设定值时,杠杆 15 逆时针偏转(处于虚线位置)开关 K 与 YJ 接通,正常信号灯熄灭,电流由 a 点经 K、YJ、加热器 5、D_1、X、K_{SX}、SX 再回到 b,此时压缩机仍能运转,但电热器接通电后发热,加热双金属片,经过约 60s 后,当双金属片向右侧弯曲程度逐渐增大,直至能推动延时开关 K_{SX} 与 S_1 接通,从而切断了交流接触器线圈 13 与加热器 5 的电源、交流接触器脱开,压缩机停止运转,而故障信号灯 12 亮,同时加热器停止加热。

在因油压差低于设定值使压缩机停车后,虽已停止对双金属片加热,但它在推动延时开关时,其端部已被自锁机构钩住,冷却后也不能弹回,故不能自动复位再次起动压缩机,只有待故障排除后,按动手动复位按钮 7,使 K_{SX} 回复到与 X 接通的位置,使交流接触器线圈通电,才能再起动压缩机。

应注意的是:压差继电器电路中必须有延时机构。若无延时机构,则在压缩机刚起动时,因油压小于设定值(正常油压建立一般不超过 40s),压差继电器的开关 K_{SX} 会立即切断压缩机电动机的电源,造成压缩机无法起动投入工作。

在压缩机起动时,在延时时间以内,虽然已经加热双金属片,但因弯曲不足,延时开关尚未动作,故压缩机在运转,故障信号灯不亮,但因开关已经脱离触点 DZ 而未和触点 YJ 相接触,所以短时间内正常工作灯也会不亮。

在压差继电器正面装有试验按钮,供随时测试延时机构的可靠性。在制冷压缩机正常运转过程中,将按钮向左方向推动,并保持 60s 以上模拟油压消失,强迫开关 K 合到与 YJ 接通,使加热器 5 通电,加热双金属片,如在推动试验按钮时间内能切断电源而使压缩机停车,则说明延时机构能正常工作。

四、冷却水压力保护环节

若要制冷装置正常工作,希望冷却水处于一个比较稳定的工作范围。冷却水压力过高会导致压缩机功耗值增大,而且还容易引起设备破损;而冷却水压力过低,效果也不好。

冷却水压力保护环节主要有两种:一种是利用压力控制的水量调节系统,另一种是利用温度控制的水量调节系统,其工作原理如图 9-11 和图 9-12 所示。

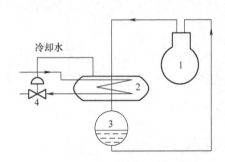

图 9-11 压力控制的水量调节系统

1—压缩机 2—冷凝器 3—储液罐 4—调节阀

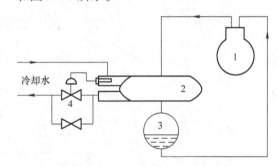

图 9-12 温度控制的水量调节系统

1—压缩机 2—冷凝器 3—储液罐 4—调节阀

五、融霜控制

在制冷过程中,蒸发器的管外壁温度低于 0℃ 时,空气中的蒸汽就会在其表面结霜(主要是鱼、肉库,有时菜库也结霜)。由于霜层的导热系数低,蒸发器结霜后就会大大地削弱它的吸热能力,从而导致蒸发压力和蒸发温度的降低,装置的制冷量减少,经济性下降;此外,对空气冷却器来说,如霜层较厚,还会使管外肋片间的通道堵塞,通风量减少,甚至难以正常工作。因此,在蒸发器上结有一定厚度的霜层后(一般建议 3mm 时),就必须及时进行融霜。融霜按热源不同分为淋水冲霜、电热融霜和热气融霜。目前,船舶制冷装置越来越普遍采用的是电热融霜。电热融霜有手动和自动两种方式。自动融霜有采用固定时间间隔方式和传感器检测融霜方式。

第十章

船舶货物冷藏控制系统

第一节 概述

冷藏冷冻类产品，由于其要求所处的环境通常为低温、低湿而得名；该类产品的供应链称为冷链。近年来冷链物流得到迅速发展，这是确保冷藏冷冻类产品从生产、贮藏、运输、销售到消费前的各个环节中始终处于规定的低温环境下，以保证其品质的一项系统工程。冷链物流是随着科技进步、制冷及控制技术的发展而发展起来的，是以冷冻工艺学为基础、以制冷技术为手段的低温物流过程。

在冷链物流中用于制造低温、低湿环境的设备，称为冷链设备，具体包括低温冷库、常温冷库、低温冰箱、普通冰箱、冷藏车、冷藏集装箱、疫苗运输车等设备。船舶货物冷藏装置，应用最广泛的是冷藏集装箱，而其自动控制系统是船舶货运自动化的重要设备。

当前，应用冷藏集装箱进行冷链货运已相当普遍。所谓冷藏集装箱，是专为运输要求保持一定温度的新鲜水果、蔬菜、鱼、肉等食品而进行特殊设计的集装箱，相当于一个单间的组装式冷库。有的冷藏集装箱只有风冷冷凝器，只能放在甲板上；而有的同时串联有水冷冷凝器，可放于货舱内。总之，船舶冷藏集装箱有以下特点：

1）船舶冷藏装置多为多蒸发器系统，其蒸发器远离压缩机；而冷藏箱多为单蒸发器系统，其蒸发器离压缩机很近。所以，冷藏箱具有设备少、结构紧凑、制冷量小的特点。

2）船舶伙食冷库所藏食品品种固定，调温要求也固定，而冷藏箱所运货物的品种随机性很大，箱内温度的调节也因所运货物的不同而不同。如运输鲜对虾时，要求 $-20℃$；运输鲜荔枝时，要求 $+3℃$ 等。因此，冷藏箱要有很宽的调温范围，一般可保持箱温 $-30 \sim +25℃$。通常情况下，冷藏集装箱的温度控制分为冷却、冷冻和加热三档。

3）冷藏箱所运货物贵重，要有很高的调温精度，这就要求冷藏箱具有便于操作的温度给定值设定机构，以便管理人员根据所装货物的要求，设定箱内温度。

4）冷藏箱要采用更多的能量调节、温度调节措施，如压缩机间歇工作、制冷剂热气旁通、制冷流量调节、电加热、卸缸调载、蒸发器/冷凝器风机变速及其运行风机台数管理、温控传感器及调节器的应用等，以此提高装置的制冷效果，改善调温精度，满足各种货物运输的需要。

5）为了便于管理和维修，冷藏箱控制系统一般设有温度自动记录、工况自动转换、运行安全保护、故障预报显示和故障自诊断能力，全部电气设备都具有防风、防水和抗震能力。

6）冷藏箱的运行必须绝对安全、可靠，装置允许的工作环境温度变化范围大，在 $-30 \sim +65℃$ 环境中能正常工作。

第二节 冷藏集装箱控制系统

冷藏集装箱的控制系统可大致分为三大类：
1) 以机械式调节器为核心的机械-继电器式控制系统；
2) 以电子控制器为核心的电子-继电器式控制系统；
3) 以微处理器为核心的具有一定通信功能的微型计算机温度控制系统。

一、控制系统的组成

图 10-1 所示为开利（Carrier）公司 40ft（1ft = 0.3048m）冷藏集装箱的制冷及其控制系统。该制冷系统装有一台 Carrier-06DR 半封闭式 6 缸压缩机，制冷剂为 R134a，滑油使用 ROE-SW20。其控制系统由微型计算机 Micro-Link2 控制，由计算机操作板、计算机显示器和计算机温控器组成。正常工作时，能自动地进行冷却、停机保温、加热、融霜、除湿等控制，使冷藏箱保持所需要的温度。温度控制精度为制冷工况±0.2℃；加热工况 -0.5 ~ +0.2℃。

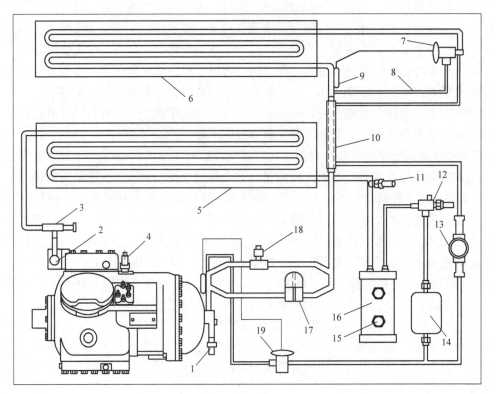

图 10-1 开利冷藏集装箱制冷及其控制系统

1—吸入截止阀 2—排出截止阀 3—排出压力截止阀 4—低压侧安全阀 5—风冷冷凝器 6—蒸发器 7—热力膨胀阀 8—外平衡管 9—感温包 10—热交换器 11—高压侧安全阀 12—手动截止阀 13—示液镜 14—过滤-干燥器 15—液位镜 16—贮液器兼辅助水冷凝器 17—回气电磁阀 18—蒸发压力调节阀 19—喷液热力膨胀阀

二、运转控制方式

1. 制冷工况

压缩机排出的高温、高压的冷剂气体经排出截止阀 2 进入压力调节阀，该阀最小开启压力为 0.5MPa，停机时该阀自动关闭，防止系统中制冷剂流回压缩机。然后进入风冷冷凝器 5，在冷凝器中，制冷剂气体被冷却和液化，被液化的冷剂经过高压侧安全阀 11 进入贮液器（兼作水冷凝器，以备气温太高在有冷却水的地方使用），再经手动截止阀 12 进入过滤 – 干燥器（当箱温特别高时，热力膨胀阀 7 全开仍不足以维持蒸发器出口过热度在合适范围时，喷液热力膨胀阀 19 自动开启向吸气管喷入少量制冷剂液体，以免压缩机吸气过热和排温过高），制冷剂液体再经示液镜 13、热交换器 10、热力膨胀阀 7 进入蒸发器 6。在此，制冷剂吸收箱内的热量而不断气化，同时使箱内温度下降，当它离开蒸发器 6 时已呈过热状态，最后经热交换器 10、蒸发压力调节阀 18（在冷藏箱设定温度低于 – 10℃ 或设定温度高于 – 10℃ 的降温工况时回气电磁阀 17 有可能开启，以增加制冷量）进入压缩机的吸气端。

2. 加热工况

该系统采用电加热融霜，融霜温度传感器装在蒸发器上部，其融霜起停间隔时间由微机控制，也可进行手动融霜。

3. 安全保护功能

开利冷藏箱电气控制原理图如图 10-2 所示（此图为实际原理图，为保持和原图一致、元器件数字均为平排），参照此图说明系统的安全保护功能。

1）电流过载：如果总电流过载，则断路器 CB1 或 CB2 跳闸；若控制电路电流过载，则熔丝 F3 熔断；若计算机电流过载，则熔丝 F1 和 F2 熔断。

2）电动机过热保护：若冷凝风机电动机过热，则其内部保护开关 IP – CM 断开，停止其工作；若压缩机电动机过热，则其内部保护开关 IP – CP 断开，停止其工作；若蒸发风机电动机过热，则其内部保护开关 IP – EM 断开，停止其工作。当温度恢复正常时，内部保护开关自动复位，设备重新工作。

3）加热器过热保护：加热器在加热时，如果达到了设定温度而 TH 没有断开，那么加热器的温度会继续升高。当达到 54.5℃ 时，加热中止温控器 HTT 断开停止加热。

4）制冷剂低压保护：当制冷剂压力异常低时，低压安全释放阀会动作。

5）制冷剂高压保护：当制冷剂压力异常高时，制冷剂高压安全开关 HPS 断开，停止压缩机的工作；若此开关没有起作用，高压安全释放阀会动作。

三、工作原理及自控元件

参照图 10-2，下面分析开利冷藏箱中自动化原件及控制电路的工作原理：

1. 起动

将电源选择开关 VS 打到相应的位置（460V/230V），合上断路器 CB1 或 CB2，接通电源，一方面经变压器 TR 给控制电路供电；另一方面给主电路供电。若将机组开关 ST 闭合，制冷机组起动并开始温度控制。

2. 温度控制

（1）设定温度高于 – 10℃

1）冷却：在运转开始时，供风温度传感器 STS 把检测到的温度信号送给微型计算机

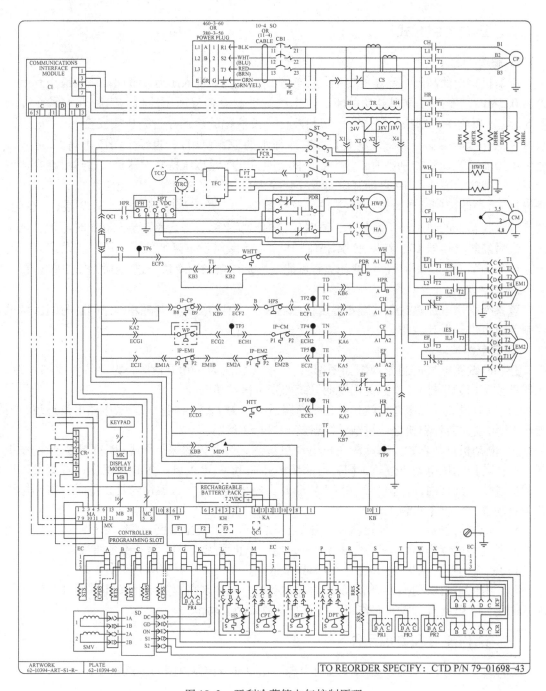

图 10-2 开利冷藏箱电气控制原理

Micro - Link2，如果供风温度高于设定温度，则微型计算机将使继电器触点 TC、TS、TN、TE 闭合。TC 闭合，电流经过熔断器 F3、计算机连接点 KA2，一路经压缩机电动机内保护器 IP-CP、制冷剂高压安全开关 HPS、触点 TC 使压缩机电动机接触器 C 通电吸合（同时，经过 KA7、RM（B）使制冷指示灯 CL 亮），其主触点闭合使压缩机电动机 CP 接通三相电源起动运转，而计算机将发出指令使蒸发压力调节阀 SMV 打开，制冷开始；另一路接到计算机连接点 KB10。

TS 闭合使回气电磁阀 SSV 开启，以增加制冷量（但为了限制压缩机的制冷量及工作电流，只有在环境温度低于 10℃ 或蒸发器回风温度低于 1.67℃ 时该电磁阀才有可能被开启）。

TN 闭合，电流经过水压开关 WP（可选择）、冷凝风机电动机内保护器 IP – CM、触点 TN 使冷凝风机电动机接触器 CF 通电吸合，其主触点闭合使冷凝风机电动机 CM 接通电源起动运转。

TE 闭合，电流经过蒸发风机电动机内保护器 IP – EM1、IP – EM2、触点 TE 使蒸发风机电动机接触器 EF 通电吸合，其主触点闭合使蒸发风机电动机 EM1、EM2 接通电源高速运转。

当箱内供风温度达到设定温度范围时，电磁继电器触点 TI 闭合使范围指示灯 IRL 亮；TS 断开，SSV 断电关闭；蒸发压力调节阀 SMV 的开度关到最小。

当供风温度低于设定温度 0.2℃ 时，继电器触点 TC、TN 断开，停掉压缩机和冷凝风机，制冷指示灯 CL 熄灭，蒸发风机继续运行，系统进入保温状态。

2）加热：当控制温度降至低于设定温度 0.5℃ 时，电磁继电器触点 TH、TE 闭合。

TH 闭合，电流经过加热中止温控器 HTT、触点 TH 使加热继电器 HR 通电，其主触点闭合使加热器通电加热，从而升高集装箱内空气的温度。

TE 闭合，电流经过蒸发风机电动机内保护器 IP – EM1、IP – EM2、触点 TE 使蒸发风机电动机接触器 EF 通电吸合，其主触点闭合使蒸发风机电动机 EM1、EM2 接通电源高速运转，以使空气在集装箱内循环。

当温度升到低于设定温度 0.2℃ 时，TH 断开停止加热，蒸发风机继续运行，系统又进入保温状态。

3）除湿：除湿时，机组既进行冷却又通电加热，是上面两种情况的组合。

（2）设定温度低于 – 10℃

在运转开始时，回风温度传感器 RTS 把检测到的温度信号送给微型计算机 Micro – Link2，如果回风温度高于设定温度，则计算机将使电磁继电器触点 TC、TN、TE、TS 闭合。以下情况同压缩机冷却工作时一样。只是 SSV 和 SMV 是全开的，以增加制冷量。蒸发风机做低速运行。

当回风温度低于设定温度 0.2℃ 时，继电器触点 TC、TN 断开，停掉压缩机和冷凝风机，制冷指示灯 CL 熄灭，范围指示灯 IRL 亮，蒸发风机继续运行，系统进入保温状态。

当回风温度升到高于设定温度 0.2℃ 及提供足够停机时间时，继电器触点 TC、TN 闭合，使压缩机和冷凝风机重新起动制冷，制冷指示灯 CL 亮。

（3）融霜

符合融霜条件时可进行手动或自动融霜。

当系统开始自动融霜时，电磁继电器触点 TH、DR 闭合。

TH 闭合，电流经过加热中止温控器 HTT、触点 TH 使加热继电器 HR 通电，其主触点闭合使加热器通电加热。

DR 闭合使融霜指示灯 DL 亮。同时范围指示灯 IRL 亮。此时，压缩机、冷凝风机、蒸发风机停止工作。

当盘管温度达到 30℃ 时，融霜中止温控器 DTS 将温度信号送给计算机，它将发出指令中止融霜，系统又恢复了其正常的工作状态。

当手动融霜时，只要闭合手动融霜开关 MDS，计算机将发出指令进行融霜，以下同自动融霜时一样。

第三节　自动控制系统的操作、维护及故障处理

冷藏箱刚刚上船时，需及时进行外观检查，看箱子是否有破损；插电之后检查冷箱设定温度是否正常，冷剂液位是否正常，系统是否运转正常，并检查各项参数（如供、回风温度，压缩机进、出口压力等）。

平时航行中，一般都是通过冷箱监控系统检测冷箱的运转状况，如果有报警或者实际温度偏差太大，则需及时检查该冷藏箱是否发生故障。

出现故障后可以根据故障代码查找设备说明书，并依此检查可能出现故障的部件，必要时更换备件。

下面是几个故障案例分析：

1）故障现象：某冷藏箱（设定温度 -18℃）从德国运往埃及的期间，在航行四天的时候发现其实际温度比设定温度高 5℃，没有任何警报。

故障分析：通过检查，压缩机运转正常，冷凝器风扇一直工作，冷箱的供回风温差才 1℃，将高低压表接入压缩机进出口，发现压缩机进口压力为 0.6bar⊖，出口压力为 5.6bar，怀疑是制冷剂不足，补充制冷剂以后进口压力为 0.1bar，出口压力为 11.2bar，供回风温差达到 5℃，实际温度降到设定温度，系统恢复正常。

2）故障现象：某冷藏箱在航行期间突然断电。

故障分析：打开其控制箱门，发现空气断路器跳电。合上空气断路器，系统起动自检，当压缩机接触器闭合时，空气断路器又跳电；检查接触器，未发现异常；打开变频器的保护盖，发现变频器主板烧毁。更换新的变频器，重新起动，系统工作正常。

3）故障现象：某冷藏箱系统停止工作，同时出现报警代码 E109（经查，为压缩机吸口压力低故障）。

故障分析：将压力表接入压缩机进口，重新起动系统，压缩机运转后，发现压缩机吸口压力确实过低；打开外盖检查，发现电子膨胀阀结冰严重，怀疑是膨胀阀结冰卡死。将膨胀阀线圈拆下，清除冰块，吹干膨胀阀，密封好膨胀阀与线圈，重新供电后可明显听到膨胀阀工作的声音，压缩机压力恢复正常，系统运转正常。

4）故障现象：航行期间，某冷藏箱停止工作，同时发出警报（压缩机高压保护）。

故障分析：将高压表接入压缩机出口，使压缩机运转，发现压缩机出口压力过高；检查中发现干燥器的进出口有明显的温差，怀疑是干燥器堵塞，将干燥器进口的阀关闭，重新起动压缩机，10s 后关闭电源，拆下旧的干燥器，重新更换一个干燥器，打开干燥器前的阀，

⊖　1bar = 0.1MPa。

检查是否有泄漏，确认装好以后，合上电源，系统运转后，压缩机压力恢复正常，系统工作正常。

5）故障现象：某冷藏箱在船期间系统停止运转，同时发出故障报警（冷凝器电动机安全保护）。

故障分析：拆下冷凝器风扇罩后，发现冷凝器电动机非常烫，用万用表测量发现冷凝器电动机烧坏。将新的电动机装上，系统运转正常。

在故障排查中，应尽快地确认其属于机械故障还是电气故障。大部分冷藏箱故障都有故障代码，一般的排故过程也都是根据说明书上的故障代码相关内容去进行分析、检查和修理。

第十一章 船舶中央空调控制系统

船舶航行于各个海域，环境和自然条件变化比较大，为了能在舱室内创造适宜的人工气候，以便为船上人员提供舒适的工作和生活环境，因此现代船舶大多设有空气调节装置。

空气调节装置的主要任务是使舱室内具有适宜的空气温度、湿度、清新程度和气流速度，同时还要使室温分布均匀并限制噪声。

第一节 船舶中央空调的基本原理

图 11-1 是中央空调装置系统结构图。通常空调装置都是由夏季空调和冬季空调组成的，因此空调装置主要包括两大部分，一部分是将空气进行冷却，形成"冷风"，以适应热天的要求；另一部分是将空气进行加热，形成"热风"，以适应冷天的要求。

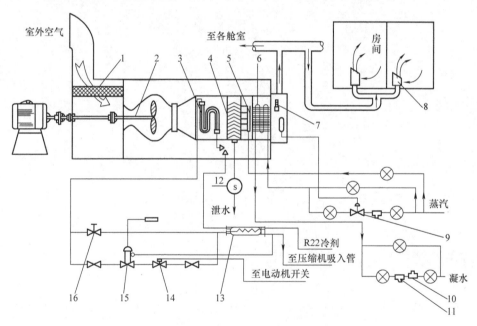

图 11-1 中央空调装置的系统结构图

1—滤尘器 2—通风机 3—冷却器 4—除水器 5—喷湿器 6—加热器 7—温度计 8—诱导管 9—温度调节器 10—阻汽器 11—凝水滤器 12—视流器 13—过滤器 14—电磁阀 15—热力膨胀阀 16—手动膨胀阀

一、冷风的形成

高压制冷剂由积储器出来先进入过冷器，在过冷器中进一步受到冷却，以提高制冷效率。然后经电磁阀进入热力膨胀阀节流降压，进入冷却器的盘管中，在管内蒸发吸热后再进入过冷器冷却，然后送至压缩机。电磁阀线圈和空压机电动机的磁力启动器的常开辅助触点串联。当空压机电动机工作时，电磁阀通电开启；空压机停止运行时，电磁阀关闭。

因此，这样可以在空压机停止工作时，避免大量液态冷剂进入蒸发器，从而使空压机起动时不会产生冲缸现象。室外空气经风管进入风箱，先经空气滤尘器清除空气中的尘埃。滤尘可使用纱布、粗孔泡沫塑料或金属网等，再经通风机将空气送入冷却器。冷却器是由多组外面包有散热片的盘管所组成，管内有制冷剂流过，制冷剂氟利昂12的蒸发温度为5~7℃，制冷剂从管内流过时可将管外流过的空气冷却到16℃左右，经管路通道送至房间，从而维持空调回风口温度在27~29℃的合适范围内。

二、热风的形成

在冷天时，室外空气温度很低，经滤尘后，由通风机吸入，在流经加热器时被加热（通常由蒸汽加热）。为提高换热量，加热器盘管外表面具有散热片。一般来讲，加热后空气温度在40℃左右，40℃左右的热风送至房间，即可维持房间温度在18~21℃的合适范围。

除用蒸汽加热空气外，也可采用热水或电加热器来加热冷空气。空气经过加热以后，比较干燥，因此常用喷一些蒸汽的方法以增加空气的湿度。

第二节 温度调节的基本方案

船舶空调装置的自动调节主要包括降温工况的温度调节和采暖工况的温度、湿度调节。过去曾采用过的高速送风系统风压较高，为避免同一风管上所装的各布风器各自启闭时影响风管风压，干扰其他舱室送风，曾采用过送风静压自动调节。现在船舶多采用中速送风，风压不高，相互干扰并不明显，一般无需静压调节。

一、降温工况的自动调节

降温工况用空气冷却器对空调送风进行冷却、除湿，当送风进入舱室后，按舱室的热湿比升温增湿，吸收热负荷和湿负荷，使室内保持合适的空气参数。

降温工况时空调装置的热负荷受外界气候条件的影响较大，为了保持空调舱室合适的温度，必须进行相应的自动调节。这种调节根据空气冷却器是采用直接蒸发式还是间接冷却式而不同。前者是将制冷剂的蒸发温度控制在一定范围内；后者则是控制流经空气冷却器的载冷剂的流量。显然，这样并不能完全阻止送风温度随外界空气温、湿度的增减而升降，故舱室内的温度也会因送风温度和显热负荷的增减而升降，然而降温工况这种室温的浮动是合乎要求的。

1. 直接蒸发式空气冷却器的温度调节

采用直接蒸发式空气冷却的空调制冷装置，一般都采用带能量调节的制冷压缩机与热力膨胀阀相配合，调节制冷剂流量，使蒸发压力，蒸发温度保持在一定范围内。

鉴于每个热力膨胀阀适用的制冷量范围有限，故有些热负荷变动较大的空调制冷装置一个空气冷却器配了两组电磁阀和膨胀阀，必要时切换使用。

现在新造船舶的空调装置已有采用电子膨胀阀的，其适用的制冷量范围大得多，因此只需用一个膨胀阀即可与能量可调的制冷压缩机匹配，与大范围变化的制冷量相适应。

为了避免室内温度太低，大多数空调装置还采用控制回风（或典型舱室）温度的温度控制器和供液电磁阀对制冷装置进行双位调节，如图11-2a所示。当代表舱室平均温度的回风（或典型舱室）温度太低时，温度控制器4就自动关闭供液电磁阀2，于是制冷装置停止工作。也有的装置为减少压缩机起停次数，将蒸发器分为两组，各自设有供液电磁阀和膨胀阀，如图11-2b所示。其中一组感受新风温度的温度控制器控制，当天气不太热和外界气温不是很高时，该温度控制器断电，关闭其控制的供液电磁阀，蒸发器工作面积相对减小（压缩机能量自动调低），装置制冷量显著减少，以适应热负荷较低时的工作需要，只有当室温仍继续下降并达到调定的下限时，才由感受回风或舱室温度的温度控制器切断剩下的另一组蒸发盘管的供液电磁阀，压缩机随之因蒸发压力降低而停车。

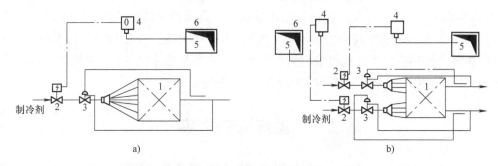

图 11-2 降温工况舱室温度的自动调节系统图

1—蒸发器　2—供液电磁阀　3—膨胀阀　4—温度控制器　5—感温包　6—舱室

2. 间接冷却式空气冷却器的温度调节

间接冷却式空气冷却器一般常根据回风或典型舱室温度自动调节载冷剂流量，从而调节空气冷却器的换热量，以控制空调舱室温度。它既可以采用比例调节，也可以采用双位调节。根据回风或舱室温度进行自动调节滞后时间长，动态偏差较大。也可以将感温元件放在空调器的分配室内，控制送风温度，但这显然不宜使用双位调节。

图 11-3 示出根据回风温度调节调节载冷剂流量的几种方案。其中图 11-3a 为比例调节；图 11-3b 为双位调节；图 11-3c 是将冷却器分为两组，只对其中的一组进行双位调节。

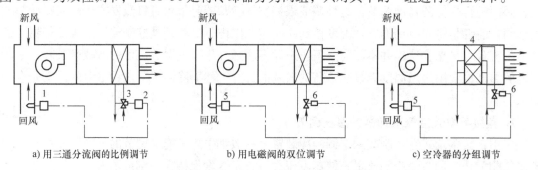

a) 用三通分流阀的比例调节　　　b) 用电磁阀的双位调节　　　c) 空冷器的分组调节

图 11-3 间接冷却式空气冷却器载冷剂流量调节系统图

1—温度传感器　2—比例式温度调节器　3—三通分流器　4—间接式空气冷却器　5—温度控制器　6—电磁阀

二、采暖工况的温度自动调节

1. 调节方案

（1）控制送风温度

通过控制送风温度来调节舱室温度滞后时间较短，测温点离调节阀较近，可采用比较简单的直接作用式温度调节器，这是空调系统常用的调节方法，有单脉冲信号和双脉冲信号两种。图 11-3a 所示为单脉冲信号送风温度调节系统。感受送风温度的感温元件 1 放在空调器出口的分配室内，将信号送到温度调节器 2。当室外新风温度变化时，送风温度也随之变化，于是调节器根据送风温度与调节器设定值的偏差发出信号，对加热工质流量调节阀的开度进行比例调节，使送风温度大致稳定。但是，外界气候变化还会使舱室显热负荷变化。仅控制送风温度不变，室温仍会产生较大的波动，所以又推出了双脉冲温度调节方案。图 11-4b 所示为双脉冲信号送风温度调节方案，它有两个感温元件 5 和 1，分别感受新风温度和送风温度，两个信号同时送入温度调节器 2，综合后再输出调节信号，操纵流量调节阀。这种系统在室外气温降低时相应提高送风温度；室外气温升高时相应降低送风温度，可使室温变动减小，甚至保持不变。室外温度的变化是导致室内温度变化的主要扰动量，在此扰动出现而室温尚未变化时就预先做出调节，成为前馈调节。实验表明，前馈调节能使调节的动态偏差减小，调节过程的时间缩短，调节的动态质量指标得到改善。舒适性空调对温度控制的精度要求并不很高，采用比例调节即可满足要求。

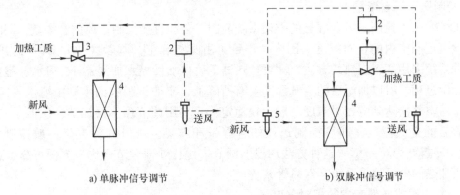

a) 单脉冲信号调节   b) 双脉冲信号调节

图 11-4 间接冷却式空气冷却器载冷剂流量调节系统图

1—送风湿度传感器 2—温度调节器 3—流量调节阀 4—空气加湿器 5—新风温度传感器

（2）控制典型舱室的温度或回风温度

若采用单脉冲信号调节控制送风温度，则在外界气温变化时室温变化仍可能较大。而将感温元件直接放在所选的典型舱室内，又不一定能使其他舱室都满意；而且测量点往往离调节阀较远，不便于采用直接作用式调节器。因此，有回风的集中式空调装置可将感温元件置于回风口，用回风温度代表各舱室温度的平均值。这种调节方案的调节滞后时间较长，动态偏差也较大；但是舒适性空调的要求不高，在采用单脉冲调节时仍不失为一种可行方案，它可以采用直接作用式调节器。控制舱室温度或回风温度一般多采用比例调节。

2. 直接作用式温度调节器

直接作用式温度、调节器以温包为感温元件，热惯性较大；但其结构简单，管理方便，故在舒适性空调的自动调节中获得广泛应用。

空调加热装置的温度调节器常采用充注甘油之类的液体温包。它利用液体受热膨胀的特性，将温包感受的温度信号转变为压力信号。液体温包的容积都做得较大，于是，毛细管和调节器本体中的液体相对就少得多，从而可减少输出压力受温包以外温度的影响。

三、采暖工况的湿度自动调节

人对相对湿度不十分敏感，采暖工况可根据送风温度手动调节加湿阀的开度来控制送风相对湿度，即能大致控制舱室的相对湿度。加湿管路常设有与风机联锁启闭的电磁阀。即使采用自动调节，精度也无需太高。调节方案有以下三种：

1. 控制送风的相对湿度

图 11-5a 示出控制送风湿度的比例调节系统简图。感湿元件 1 放置在空调器出口的分配室内，用以感受送风的相对湿度，然后将信号送至比例式湿度调节器 2。当送风的相对湿度高于或低于调定值时，调节器会使加湿蒸汽调节阀 3 相应关小或开大，开度变化与送风湿度的偏差值成比例，使送风的相对湿度控制在一定范围内。

这种方案只要根据送风温度选取合适的相对湿度调定值，即可大致调定送风的含湿量。只要送风量和舱室的湿负荷不变，就可以控制室内空气的含湿量，并在室温变化不大时保持室内相对湿度合适。不过如果舱室的湿负荷变化较大，则室内的相对湿度仍会产生较大的变化。显然，控制送风湿度的方法不能采用双位调节，一般都采用比例调节。

2. 控制送风的含湿量

图 11-5b 示出控制送风含湿量的空调系统简图。若能直接控制送风的含湿量，同时控制室温，就可控制室内的相对湿度。因为含湿量可由露点确定，所以这种方案即可为露点调节。这种系统采用两级加热的方法，即可预热器 7 后再加设喷水加湿器 4，喷水加湿器是一个等焓加湿过程，所以加湿后的空气温度会有所降低，未能被吸收的水则由泄水管路泄走。喷水加湿后空气能达到的相对湿度一般比较稳定，只要用调节预热器加热介质流量的方法，控制加湿后的空气温度，即可控制送风的含湿量和露点。送风的含湿量一般控制为 6～6.3g/kg，即露点为 6～7℃。这种方法用温度调节来代替湿度调节，比较方便可靠，适用于采用两级加热的分区再热系统和双风管系统。

3. 控制回风或典型舱室的相对湿度

图 11-5c 示出控制回风或典型舱室相对湿度的双位调节系统的简图。当双位式湿度调节器收到感湿元件送出的湿度信号，表明回风或典型舱室的湿度已经降到要求范围的下限时，调节器即会发出调节信号，使加湿电磁阀开启，舱室内湿度随之增加；而当感湿元件感受的湿度达到上限时，调节器又会使电磁阀关闭，于是舱室内湿度开始下降。这种方案大多采用双位调节，将室内空气湿度控制在 30%～50% 即可。

四、湿度传感器的原理及特点

1. 电容式湿度传感器

电容式湿度传感器精度较高（3.5%），体积小，量程宽（10%～95%），反应快，湿性能稳定，使用寿命长，几乎无需维护，被认为是当今最理想的测量相对湿度的方法，但价格较贵，适用温度为 0～50℃。

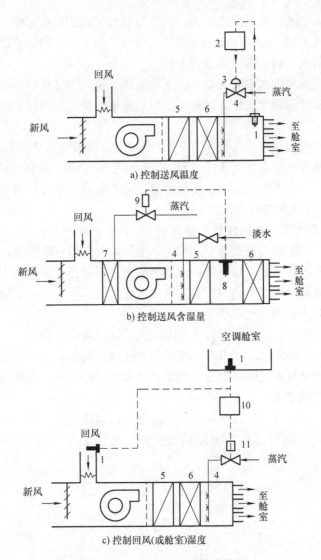

图 11-5 湿度自动调节系统简图

1—感湿元件　2—比例式湿度调节器　3—加湿蒸汽调节阀　4—喷水加湿器　5—冷却器　6—加热器　7—预热器
8—温包　9—直接作用式温度调节器　10—双位式湿度调节器　11—加湿电磁阀

电容式湿度传感器是一对金箔制的平板电极，薄到允许水蒸气通过。极间介质是有吸、放湿特性的聚合物薄膜，其含水量随空气的相对湿度而变。当极间介质的含水量改变时，平板电容器的电容量会产生很大的变化，由检测电路转换成可反映相对湿度大小的 0~10V 的直流电压，经电路转换后对加湿阀进行双位或者比例控制。

2. 电阻式湿度传感器

电阻式湿度传感器是利用氯化锂等金属盐在相对湿度变化时吸湿量改变，引起电阻值改变的原理工作的。氯化锂双位式电动湿度传感器，其感湿元件是一个绝缘的圆柱体，表面平行缠有两根互不接触的银丝，外涂一层含氯化锂的涂料。当空气相对湿度变化时，氯化锂涂料的含水量随之改变，使其导电性改变，通过元件的电流即成比例地发生变化。此电信号经晶体管放大器放大后,去控制调湿电磁阀。当空气相对湿度达到调定值时,信号控制器触点断开,则电磁阀断电关闭,停止向空调器喷湿;当相对湿度低于调定值的1%时,信号控制器触点闭合,则电磁阀开启,蒸汽加湿器工作。

氯化锂的电阻值除与含水量有关以外,还与温度有关。湿度传感器上设有可改变晶体管放大器中电位器电阻值的调节旋钮,可按照当时的环境温度,根据厂家提供的湿温关系曲线设置。

氯化锂感湿元件反应快,精度很高($\pm 1.5\%$内)。最高安全使用温度是55℃,温度过高则氯化锂溶液会蒸发。其每种测头的量程较窄,应按照空调的要求选用。使用直流电源会使氯化锂溶液电解,所以不能用万用表测量其感湿元件电阻。用久后氯化锂涂料会脏污或者剥落,所以感湿元件需要定期清洁和更换。

3. 毛发(或尼龙薄膜)式湿度传感器

这种传感器是采用脱脂毛发或者尼龙作为感湿元件,它们有许多微孔,在空气相对湿度变化时微孔的吸湿能力会改变,引起其弹性壁面形变,所以在一定拉力作用下长度会随湿度的升降而增减。反映相对湿度大小的位移信号可转变为电动传感器的电信号,也可通过喷嘴挡板机构转化为气动传感器的气压信号。

毛发或者尼龙薄膜的电动传感器简单价廉,无需特别维护,量程(尼龙为30%~80%,毛发式为20%~96%)和精度($\pm 5\%$)能满足舒适性空调的要求;但其灵敏度差,而且毛发与尼龙薄膜用久后容易发生塑性形变与老化,会影响测量精度,故零值和终值常需调整。

4. 干湿球式湿度传感器

这种传感器是利用干湿球的温差反映相对湿度,其湿感温元件采用温包或热电阻。但它需要经常保持湿感温元件外面所套的湿纱布浸水、清洁和通风,维护较麻烦,船上较少采用。

第十二章

船舶阀门遥控及液舱遥测系统

根据国际规范的要求和船舶自动化程度的提高，采用先进自动化技术的船舶阀门遥控及液舱遥测系统已经在各类型新造船舶中得到广泛应用。阀门遥控系统主要用于监控船舶压载水系统、舱底水系统以及货油装卸系统等管路上的遥控阀门状态，而液舱遥测系统则主要用于监测船舶各压载舱、淡水舱液位以及船舶吃水状态。对于新造液货船舶，包括原油船、成品油船、化学品船等，为了达到密闭装卸的要求，液舱遥测系统不仅需要监测液舱内的液位，还要随时监测舱内的温度、气体压力、液货密度、重量等参数，以确保船舶装卸与航行的安全和液货质量。

阀门遥控系统的阀门驱动方式一般有电动、液压和气动三种。在机舱舱底、管隧等潮湿环境和油船上的危险区域，一般不采用电动方式。气动装置结构简单、造价低，即使漏泄也不污染环境，可以利用船上压缩空气系统的气源，比较适用于中小型船舶。但是，由于气源压力有限，驱动器体积较大，气动遥控阀工作时有冲击性，难以保持中间开度，空气中的水分会造成气动元件锈蚀。根据船舶建造规范，油船油舱内不能使用气动驱动器，因此，目前船舶阀门遥控系统主要采用液压方式。

液舱遥测系统根据船舶液舱传感器采集到的电信号，以满足所有液舱参数的测量要求。目前，用于液位测量的方法主要有压力传感器式和雷达式。为了减少安装于液舱中传感器的数量，可以根据需要选用集测量温度、压力以及液位等参数于一体的多功能传感器构成完整的液舱遥测系统。

第一节 阀门遥控系统的组成及基本工作原理

一、阀门液压集中控制系统

阀门液压集中控制系统一般由液压泵站、电磁换向阀组、控制箱、液压执行机构、阀位指示器等部分组成，如图 12-1 所示。由于该类型控制系统中所有阀门的开闭均由液压泵站提供的液压油实现，采用集中控制，无论几个阀门需要开闭，都需要起动液压泵，控制管路长而且复杂，容易漏泄造成污染，如果泵站出现故障，整个系统将无法工作。对于离泵站较远的阀门由于管路中存在较大的压力损失，不利于阀门的开闭。

阀门遥控液压原理如图 12-2 所示。在泵站中通常装有气囊式蓄能器，与单向阀、压力继电器构成保压回路，以补充系统的内泄漏，并且在液压泵出现故障时作为应急油源。

操作人员通过控制电磁换向阀，进而改变进入液压执行机构液压油流动的方向，达到控制阀门开闭的目的。当电磁阀两端电磁铁均断电，阀芯处在中位时，液压锁可将液压执行机构两端油路无泄漏封闭，锁住阀门。

在阀位指示器上装有两个微动开关,当阀门处在全开或者全闭位置时,阀位指示器上的摆动杆压合相应的微动开关,使电液控制箱上的阀门状态指示灯亮。

结合 PLC 技术、单片机技术以及工业组网技术,对于电磁换向阀的控制方式,可以通过继电器、单片机、PLC,甚至计算机监控站进行,阀门状态也可以在监控计算机上得到体现。随着自动化技术的发展,用 PLC 控制电磁换向阀越来越普遍。

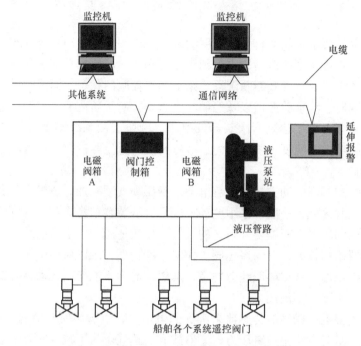

图 12-1　阀门液压集中控制系统组成示意图

二、阀门电液分散控制系统

阀门电液分散控制系统是目前应用最为广泛的新型阀门控制系统。系统一般由上层控制设备(包括工控机、PLC、MIMIC 控制面板)、独立的电液驱动头、阀门等组成。上层控制设备发出控制指令,控制电液驱动头中的电机或者电磁阀,进而改变液压油流进液压执行机构的流向,达到阀门开闭的目的。同时,阀位指示器将阀门的实际状态反馈至上层控制设备,通过指示灯显示阀位状态。

电液驱动头将电机、液压泵、控制附件等集成在一起,组成小型的独立电液驱动头,装在每个遥控阀门上,由电信号直接控制电机正反转或者电磁阀通位来控制阀门的开关。

电液驱动头主要由以下四个模块组成:

1)动力模块:动力模块包括微型电机、微型径向柱塞泵、溢流阀、单向阀、油箱。微型电机可以选择单向工作或者正反转工作的,对于单向工作的,在系统中增设换向电磁阀,用于改变液压油流向,正反转工作的电机则可以省去换向阀,而通过改变电机正反转实现油流向的改变。液压泵主要有径向柱塞式变量泵以及定量泵,变量泵可以调节液压油流量,进而改变阀门启闭的时间。油箱为全封闭式,溢流阀和单向阀组可以保证管路在油泵停止工作时也充满油液。

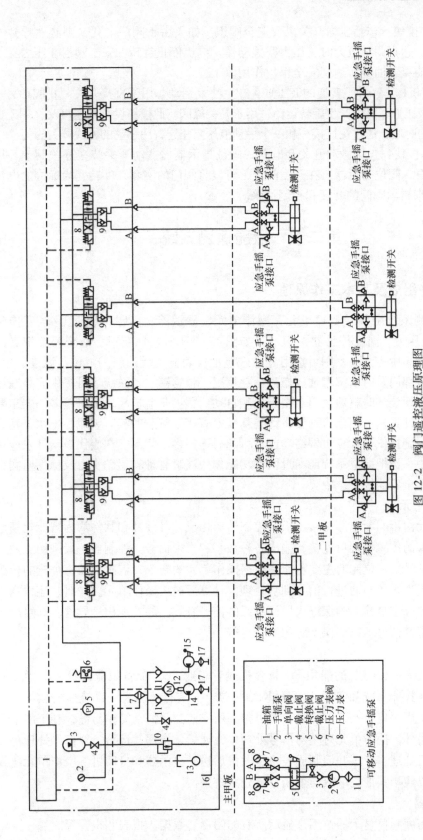

图12-2 阀门遥控液压原理图

1—控制箱 2—压力表 3—储能器 4—截止阀 5—压力传感器 6—压力继电器 7、17—滤器 8—电磁阀 9、11—单向阀 10—溢流阀 12—电动机 13—液位继电器 14—油泵 15—应急手摇泵 16—油箱

2)安全保护模块：包括压力开关以及安全阀组。如果由于阀门卡死，则必然导致开关阀门时压力升高，达到调定压力时，压力开关动作，电机停止运转。安全阀组在压力异常升高时开启，压力油直通油箱，达到安全保护作用。

3)液压执行机构：一种是普通的液压缸，产生往复运动，用于直接开关截止阀；另一种是齿轮和齿条的液压缸，可以产生旋转运动，用于开关蝶阀。此模块设有快速接头，用于电液控制器不能工作的时候，通过快速接头和一个手动液压泵相连，用手动的方式开关阀门。

4)阀位指示模块：包括微动开关和电流式阀位指示器。微动开关装在开关阀上，用于在到位时停止油泵，阀位指示器装在开度阀上，可以将阀门的实际开度转变为标准的电流信号4~20mA，用来指示阀门的开度和控制油泵。

第二节 液舱遥测系统

一、系统的组成及基本工作原理

一般液舱遥测系统由信号处理单元、操作单元、显示器、打印机、压力/温度传感器（或者雷达式加上压力、温度传感器）组成，如图12-3所示。现在很多液货船要把燃油舱的信息传送至机舱集中控制台，则可选用分散式显示仪表显示燃油舱的液位、温度、重量、容积等，便于轮机部门及时了解燃油舱燃油消耗情况。根据要求，系统还可提供安装在甲板上的就地指示器以便装卸时就地读出。由于船舶自动化程度日益提高，越采越多的船东要求在驾驶室配置终端计算机，使当班驾驶员能在驾驶室直接了解船的实时装载、吃水、稳性等各种状态，因此系统提供了计算机网络功能，可随时连接多个终端。在当代最新开发应用的全船自动化系统中，也把测量系统能通过网络功能作为液货管理和船舶受力及稳性监测计算机子系统，加入到全船监控系统中。

1. 信号处理单元

信号处理单元由不间断电源、接口板及控制器等构成。其硬件和软件均为智能化模块设计，能与不同类型的传感器接口连接，输出各种数字和模拟信号。控制器一般采用工业用单片机或者PLC。信号处理单元的主要功能是根据操作单元的指令，依次扫描每个舱的传感器信号，通过接口板进入控制器进行信号判别处理，计算后送入操作单元。同时，还根据采得的信号，对传感器标定自检，确保送入操作单元的信号有效。如发现信号异常，则给出传感器或电缆异常的报警信号，以确保系统的安全运行。

2. 操作单元

通常操作单元为一台特制的船用PC兼容机或者工业PC，配备工业键盘、鼠标和显示器。基于Windows操作系统和TCP/IP局域网络协议，安装有液舱遥测系统监控软件，人机界面采用层次化、模块化设计，切换界面可以得到所有监测数据，简单易懂，利于船上操作人员上机操作。另外，操作单元时刻与信号处理单元通信，指挥其运行，对信号处理单元送来的数据信号进行处理、计算并编制成表格、图像后送至显示器和打印机。操作单元还具备了网络功能，可以连接其他终端或与全船自动化系统联网。

3. 彩色显示器

显示器为高密度彩色显示器，用来显示所有的图形、数据、报表和报警等。

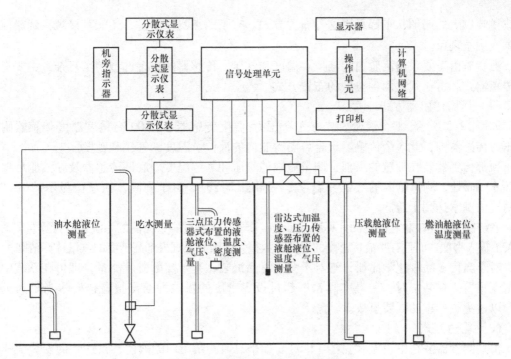

图 12-3 液舱遥测系统组成示意图

4. 打印机

打印机用来打印所需的数据、表格,尤其能打印各种配载方案,装卸货报表,以便归档保存。

5. 传感器

传感器是液舱遥测系统中最为基本的组成部分。根据测量参数以及测量区域的不同,传感器的选型以及布置都有所不同。测量区域及参数包括压载舱的液位,船舶吃水,船舶液货舱的液位、温度、压力等。

现在大部分船舶压载舱液位的测量都选择在压载舱底部安装一个压力传感器,而船舶吃水测量传感器则有三种安装方式,如图12-4所示,图 12-4a 为二点吃水测量,图 12-4b 为三点吃水测量,图 12-4c 为四点吃水测量。

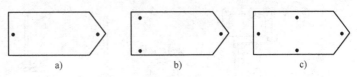

图 12-4 吃水测量传感器安装示意图

二点吃水测量即艏、艉吃水测量,能测出艏、艉吃水并算出纵倾。另外,需在系统内安装一个倾斜仪以测出船的横倾。艏吃水传感器一般装在艏尖舱内,或安装在隔离空舱或计程仪舱内。艉吃水传感器一般装在机舱后部,也有装载泵舱内的。对于型宽较小的船,如两万载重吨以下,这类布置是较多采用的。

三点吃水测量能测出艏、艉和左右吃水,并算出纵倾、横倾。艏吃水传感器安装在艏尖舱或隔离舱内、计程仪器舱内,后二点吃水传感器装在泵舱内,这类布置现在用得较少。

四点吃水测量能分别测出艏、艉和左右吃水并单独算出纵倾和横倾。艏、艉吃水传感器的安装位置与二点吃水测量的一样。左右吃水传感器分别安装在船中左右舷的压载舱内。二万载重吨以上的船舶几乎都采用这种布置方式。有了四点吃水测量，还能直接观察到船体的中拱或中垂现象。

液货舱由于要求监测舱内的液位、温度和气压，传感器的布置选型稍微复杂，主要有压力传感器式和雷达式这两种典型的布置方式。

（1）压力传感器方式

如图 12-3 所示，1 个液舱内装有 3 个压力/温度传感器，Pt100 高精度温度传感器附装在压力传感器内，此 3 个传感器组合可测得舱内的液位、温度、气压和密度。

顶部传感器装在液舱的顶部，测量舱内的气压和气体温度。底部传感器装在液舱后壁离底部 60mm 处，测量舱内的液位和温度。在船舶卸货时，由于艉倾，当液位显示"0"时，标明舱内基本达到干舱。

系统能测量密度也就能自动计算装载重量，而不像无密度测量功能的系统，在计算重量时必须人工输入密度，而且有些液货密度的温度系数很大，因此很难得到高精度的重量计算结果。

对于当代多品种化学品船，绝对不允许货品混装，有了实际密度测量，即可在系统中设有密度报警。在装货时，一旦实际密度超过设定密度的极限即给出报警，提醒当班人员核查，以避免更严重的混装事故。

（2）雷达方式

雷达测量器装在甲板上（见图 12-3）。如果只需测量舱内的液位，雷达式的安装工作要比压力传感式的简单。但现代液货船的船员不仅要知道液舱内的液位，还要知道温度和气压，因此除了雷达测量器外还要在舱内安装温度探头及其保护管和舱内气体压力传感器。雷达测量器需布置在离舱内的结构件如侧壁肋骨等尽量远的地方，以避免干扰波的影响，并在相应的舱底要留出约 1 米直径的平整面积，以确保雷达波能直接反射至雷达测量器。

二、传感器的安装

液舱传感器有多种形式的安装方式可供选择，有舱内安装、舱外安装、舱的顶部安装或者侧边安装，安装形式如图 12-5 所示。

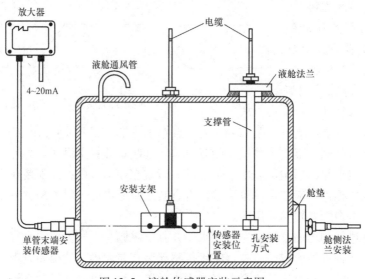

图 12-5　液舱传感器安装示意图

第三节 阀门遥控和液舱遥测系统的操作与管理

一、阀门液压集中控制系统的管理

液压元件及其管路是阀门液压集中控制系统最易出现故障的部分,由于控制管路长而且复杂,一般采用集中控制,若泵站出现故障,整个系统将无法正常工作,因此在管理中应该注意以下几点:

1)每次起动液压泵前,应检查油箱中的油位情况,注意油的颜色,黏度是否正常,检查阀门的开启和关闭情况是否正确,防止因阀门的误操作而损坏设备。

2)起动液压泵后:注意倾听声音是否正常,检查油压是否正常,系统是否存在漏油;通过观察滤器压差指示来判断滤器是否脏堵。

3)对于液压管路中的阀门应该注意操作方法,采用缓慢开、关阀门的方法,尽量减少液压冲击,从而保护液压管路。

4)注意控制液压油的污染,定期清洗滤器,补油时应对新油过滤后再加入油箱。

5)对于泵站中有蓄能器的,一般每半年检查一次蓄能器的气压,当压力不足时必须及时补气。

6)定期检查液压泵站,采用专门的油泵及清洗油对管路进行清洗,为了提高清洗质量,应注意以下几个问题:

① 管路清洗的条件。清洗管路时,应检查系统的气密性,清洗干净循环油柜并检验是否合格,对有关设备和较精密的元件可以采用临时跨接管进行串联,使清洗油在管内循环流通。

② 管路清洗泵及清洗油的选用。尽量不用原系统中的油泵作为清洗油泵,选用排量比系统中油泵大的清洗油泵进行清洗,使清洗油流速大于工作油流速。

③ 提高管路清洗效果的措施。为了使吸附在管路内壁的机械杂质能迅速脱落,清洗时可以用木手锤对管路间断地进行敲击,此外,清洗油最好能预先加热至 $45\sim60℃$,进而降低清洗油的黏度,改善流动状态,还可使杂质便于溶解在清洗油内。如果清洗管路中有换向阀串联工作,则应该经常操作换向阀,不断地改变管路中清洗油的流向,使清洗达到更好的效果。

二、阀门电液分散控制系统的管理要点

阀门电液分散控制系统采用分散控制,各控制单元彼此之间互不相连,一个控制单元的损坏不会影响其他控制单元的工作,克服了液压集中控制形式彼此互相影响的缺点,提高了可靠性。控制单元采用集成制造工艺,在管路系统中油液较少,基本不会漏泄,工作时油液形成闭式循环,与外界不接触,有效地防止了灰尘、污染物、空气、化学物质侵入系统,因此阀门电液分散控制系统中的液压部分基本上不需要日常保养,集成化的模块式结构使得单元互换性强,也使系统可维修性增强,当某一个控制单元发生故障时,可以十分方便地采用备件进行更换。在管理中只需加强电器部分的保养,防止电气设备浸水或者产生过电压而造成的损坏。

三、液舱遥测系统的操作与管理

各个传感器能否正常工作是液舱遥测系统获得实时数据的关键,因此对液舱遥测系统的管理中应该加强对传感器的管理。需要注意以下几方面的问题:

1) 经常调整各传感器的零点,使显示数据更加准确,每次调整零点后应进行备份,以防止信息丢失。

2) 各舱室在装入液体物质前应仔细检查各传感器的连接及密封情况,防止因密封不好造成传感器不能正常工作或损坏。

3) 对于上位监控机,应严格按照说明操作,不要随便按与系统无关的各功能键、组合控制键,虽然系统有很大的容错功能,但也有限度,乱操作有可能造成死机或不可预测的结果。

4) 应至少保证有一套系统软件的备份,一旦系统文件丢失或出现其他事故,可以尽快恢复。

5) 在进行其他维修工作时,应注意保护通信电缆,否则会造成严重的后果。

第十三章 船舶油水分离器控制系统

船舶舱底水混有各种油类、淤泥、杂质和其他沉淀物,这种污水如果不加以处理任意排放会使海洋、江河和港口等水域污染。近年来国际上对防污染的要求日益严格,国际海事组织规定,船舶排出舷外的水中,含油量不得超过15ppm。船舶污染会对海洋环境构成威胁,而采用机舱油水分离器不失为一种有效的方法。本章重点介绍油水分离器自动控制系统中的油分浓度检测原理及系统的工作原理。

第一节 油分浓度检测的工作原理

油水分离器的自动控制包括水中含油量检测、报警及净化后合乎标准的水排出舷外;分离出来的污油自动排放至污油柜。经油水分离器净化的水能否排出舷外,需要经过水中含油浓度检测器(简称油分浓度计)进行检测,随时指示水中含油浓度值。若浓度值超过规定的标准,控制系统发出声光报警,管理人员应检查系统的工作情况,并排除故障,直到水中含油浓度符合标准为止。

通常用光来检测水中含油浓度。它又分为混浊度法、红外线吸收法及利用光散射原理测定水中含油浓度等方法。

一、混浊度法

混浊度法是根据含油水的混浊程度即透光程度来反映水中含油程度。用混浊度法检测水中含油浓度的原理图如图13-1所示。它是由测量单元(如水源,检测器、光电元件和超声

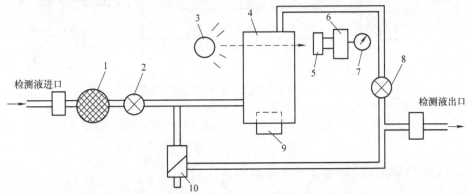

图13-1 用混浊度法检测水中含油浓度的原理图
1—滤器 2—电磁阀 3—恒定光源 4—检测器 5—光电元器件 6—转换器 7—指示仪表
8—电磁阀 9—超声波装置 10—恒压阀

装置)、转化电路和辅助单元组成。被检测的液体(经油水分离器净化后的水)经滤器1和电磁阀2送入检测器4内,在检测器内由超声波装置9使检测液乳化。在恒定光源3的照射下,光电元器件5的输出与被乳化的检测液的混浊程度(透光程度)有关,所以光电元件的输出经转换电路就给出了水中含油浓度。当浓度超过规定的上限值如15ppm时,发出报警信号。

二、红外线吸收法

红外线吸收法是根据油分与四氯化碳吸收各种波长红外线能力的不同来测定水中含油浓度。油分对于波长为3.4~3.5μm的红外线几乎可以全部吸收,而且对其他波长的红外线吸收很少。而四氯化碳则对各种波长的光几乎全不吸收。根据这一原理,在pH低于4的检测液中加入四氯化碳而后通过检测器,用吸收红外线的差异来反映水中含油浓度。

用红外线吸收法测量水中含油浓度原理图如图13-2所示。它由光源、比较单元、检测单元、放大单元及显示记录仪表等部分组成。来自红外线光源的红外线经回转板变成周期性的红外线,同时送入测量单元和基准单元。因为基准单元与红外线吸收无关,进入的红外线能全部送到检测器的基准室,而测量单元中送入配有四氯化碳溶剂的检测液,它吸收的红外线与检测液含油浓度有关。由于存在油分而减少了送到检测器测量室的红外线。金属电容上、下两室由于接受光照强度不同,两室内气体热膨胀不同,由此而引起的压力差将随检测液中含油浓度而变化,则压力差的变化将改变金属电容的电容值,经放大器放大后输出指示含油浓度的检测信号。当含油浓度超过规定的上限值,将发出声光报警。

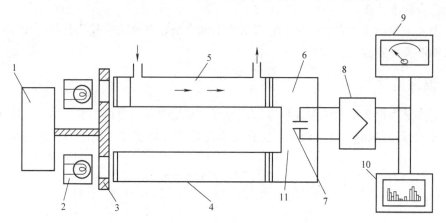

图13-2 红外线吸收法测量水中含油浓度原理图
1—电机 2—红外线光源 3—回转板 4—基准单元 5—测量单元
6—上气室 7—金属电容 8—放大器 9—显示仪表 10—记录仪 11—下气室

三、利用光散射原理测定水中含油浓度

利用光散射原理测定水中含油浓度的原理如图13-3所示。当水中没有油滴微粒时,入射光I_D能直接通过充满检测液的玻璃管使直射光I_D最强,而散射光I_S为零。当水中含有油滴微粒时,直射光I_D强度减弱而散射光I_S强度增加。I_S随油分浓度的增大而增加,但出现最大值后会随油分浓度的增大而减少。这是因为油分浓度太高时,过多的油滴反而会阻碍散射

光的透过。由图 13-3 可知，I_D 和 I_S 随含油浓度的变化是非线性的，而且含油浓度的检测范围也不大。为解决这个问题，可将两个信号相除，得到 I_S/I_D 的变化曲线。从图 13-3 上可见，I_S/I_D 随含油浓度变化的规律在较宽的测量范围内保持线性关系。

根据光散射原理制成的水中含油浓度检测器如图 13-4。它由传感器（包括散点光源、透镜组、玻璃管、光电池）、转换电路（包括散射光运算放大器和除法器）、浓度指示

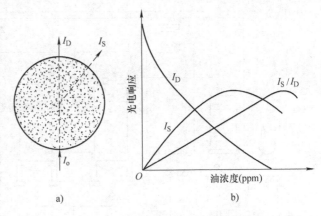

图 13-3 油滴微粒对光的散射效应

仪表和报警器等部分组成。点光源 1 通过透镜组 2 后变成平行光照射到玻璃管 3 上。玻璃管中流过经油水分离器净化了的水。当水中含有油滴微粒时，除有直射光照在光电池 4 上以外，还有散射光照在光电池 11 上。由于散射光较弱，经光电转换元件产生的电压比较小，需经过两级放大。在两级放大电路之间加有调零电路。直射光强度较大，经光电转化元件会产生较大的电压，所以只要一级放大就可以了。这两路反映光强的电信号送入除法器 6 相除后，其商就反映了水中含油的浓度并送至指示仪表。

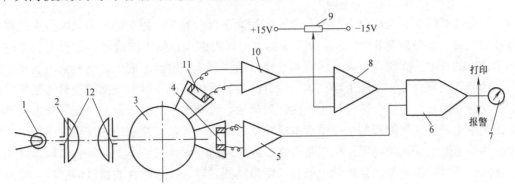

图 13-4 光散射法测油分浓度检测器的工作原理图

1—点光源　2—透镜组　3—玻璃管　4、11—光电池　5—直射光运算放大器　6—除法器
7—浓度指示仪表　8、10—散射光运算放大器　9—调零电路　12—光栅

第二节　油水分离器自动控制系统的工作原理

一、油水分离器自动控制系统的组成

油水分离器工作系统的组成如图 13-5 所示。该系统主要由油水分离器、舱底泵、污水贮存柜、废水驳运泵、废油柜及自动检测和控制等部分组成。

油水分离器多数以重力分离作为粗分离，以聚合及过滤吸附作为细分离。它由两个串联

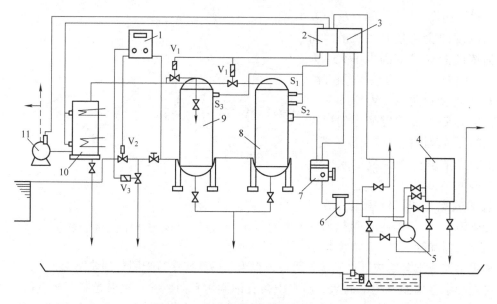

图 13-5 油水分离器工作系统原理图

1—排水油分监控器 2—自动排油控制箱 3—泵浦自动控制箱 4—污水贮存柜 5—舱底泵 6—滤器
7—专用泵 8—第一级分离筒 9—第二级分离筒 10—废油柜 11—废油驳运泵 V_1—排油控制阀
V_2—排水控制阀 V_3—回水控制阀 S_1、S_2、S_3—液位检测器

的圆柱形分离筒组成,筒内分别装有孔径不同的油滴聚合装置。污水用专用泵由污水贮存柜经滤器驳至第一级分离筒8,污水由分离筒的上部切向进入,粗大油滴依靠比重差上浮进入分离筒顶部的集油腔而与水分离。污水不断地沿油滴聚合装置自上而下,由外向内流动,使细小的油滴逐渐聚合成大油滴上浮。第一级分离后的污水由第一级分离筒的底部送至第二级分离筒9的油滴聚合装置。这种污水经两级处理后,可基本上除去油分,净化了的水从第二级分离筒排出舷外。集油箱的油位由双电极检测器检测,并自动控制把油排至污油柜。污油柜中的污油可送至焚烧炉的废油柜以备焚烧,或用泵浦经管系驳至岸上或接收船加以处理。

油水分离器排出舷外水含油量由油分浓度检测器测定。当水中含油超过标准时,检测器发出声光报警信号,同时关闭排水控制阀 V_2,停止向舷外排水;打开回水控制阀 V_3,使被处理的水回至舱底。舱底泵把舱底水驳至污水贮存柜暂存。为加强油和水的分离效果,污水贮存柜内常设有蒸汽式或电加热系统,把污水加热到40℃左右。如果需要岸上的设施或接收船处理时,可用舱底泵把该柜污水和舱底水全部排除。此外油水分离器还设有清水系统。在起动油水分离器时,先打开清水阀把清水引入分离筒,然后送进污水。当油水分离器工作时间较长,油水分离器可用清水工作一段时间,用以清洗两级分离筒及聚油装置。

二、油水分离器的自动排油控制原理

目前,排油常采用双电极式检测器或单极电容式检测器进行自动控制,这里只介绍双电极式检测器自动排油控制电路原理。

双电极式检测器自动排油控制电路原理图如图13-6所示。图中检测电极 S_1 和 S_2 分别置于油水分界面控制范围的上限和下限位置,分离筒本体接地。它根据油水溶液导电性质不同

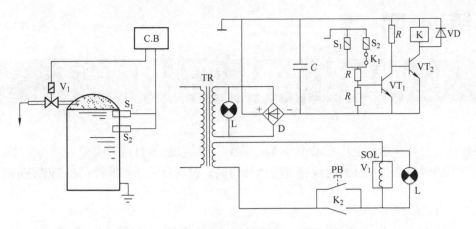

图 13-6 双电极式检测器自动排油控制电路原理图

来检测油水分界面的高低位置，以控制排油阀的开关动作。当油水分界面在高位时，电极 S_1 和 S_2 都浸于水溶液中，由于水含有酸、碱或盐分，是一种弱电解质溶液，能够导电。电极 S_1 和 S_2 对地均构成通路，故晶体管 VT_1 导通，VT_2 截止，继电器 K 断电不动作，电磁阀 V_1 断电关闭，不能进行排油。随着油水分离器不断工作，分离筒顶部集油腔中的油会逐渐增多，油水分界面不断下移，当油水分界面低于电极 S_1 时，S_1 浸在油中，油几乎是不导电的，所以 S_1 对地处于断路状态。但是，由于电极 S_2 仍在水溶液中，它对地仍为通路，且继电器 K 的常闭触头 K_1 是闭合的，所示晶体管 VT_1 仍是导通，VT_2 截止，电磁阀 V_1 仍然断电关闭不能排油。当油水分界面继续下降到电极 S_2 以下时，S_2 也处于油溶液中。这时电极 S_1 和 S_2 对地均为断路，晶体管 VT_1 截止，VT_2 导通，继电器 K 通电动作，其常闭触头 K_1 断开，常开触头 K_2 闭合，电磁阀 V_1 通电打开，开始向废油柜排油。

随着污油的排出，油水分界面又会逐渐上升。当油水分界面接触或超过电极 S_2 时，S_2 对地构成通路，但是由于 K_1 是断开的，所以 VT_1 保持截止，VT_2 保持导通状态，继续排油。直到油水分界面升高到电极 S_1 时，S_1 对地构成通路，使晶体管 VT_1 导通，VT_2 截止，继电器 K 断电，其常闭触头 K_1 闭合，常开触头 K_2 断开，电磁阀 V_1 断电关闭停止排油。如此重复上述动作。图中 PB 是应急排油按钮。在应急情况下（如自动排油系统发生故障）可手操此按钮使电磁阀 V_1 通电排油。

第十四章

船舶自清洗滤器控制系统

目前，在自动化船舶上广泛采用自清洗滤器。自清洗滤器有两种类型－空气反冲式和油反冲式。下面仅以空气反冲式滑油自清洗滤器为例，说明自清洗滤器及其控制电路的组成和工作原理。

第一节 空气反冲式系统的组成及基本工作原理

一、空气反冲式自清洗滤器的组成

空气反冲式自清洗滤器的结构原理如图 14-1 所示。该滤器由四个滤筒 1、一个旋转本体 5 及驱动电机 2 等部分组成，滤筒中装有滤网等滤清元件。

二、空气反冲式自清洗滤器的工作原理

在清洗时，由电机驱动旋转本体依次对准每个滤筒。在同一时间只有一个滤筒处于清洗状态，其他三只滤筒在进行正常的过滤工作。被清洗的滤筒由旋转本体切断进油通路。此时电磁阀 S_1 通电，控制活塞 9 上部空间通大气，下部空间通气源 P_0 经减压阀 4 送来的压缩空气，抬起控制活塞，打开控制阀 8 和排污阀 7。压缩空气进入冲洗滤筒，并从滤筒内向滤筒外冲洗，这与油的流动路线（从滤筒外向滤筒内）正好相反，故称空气反冲式自清洗滤器，被冲洗下来的污物经打开的排污阀 7 从排污口排出。大约冲洗 1min，电磁阀 S_1 断电下位通气源 P_0 经减压阀 3 送至控制活塞 9 的上部空间。由于活塞上面的受压面积大于下面的受压面积，使活塞向下的作用力大于向上的作用力，故把控制活塞 9 压下，关闭控制阀和排污阀，停止对该滤筒的清洗，然后起动电机 2 带动旋转本体 5 转动并对准下一个滤筒进行清洗。每当滤器进出口压差高于某值（如 0.09MPa）时开始清洗，当滤器进、出口压差低于某值（如 0.03MPa）时，电磁阀 S_1 不再通电，停止对滤筒的清洗。

三、自清洗滤器的自动控制电路

空气反冲式自清洗滤器的自动控制电路如图 14-2 所示。合上电源主开关 S，因延时继电器 K_T 还没有动作，其触点 $K_T(1～2)/7$ 断开，$K_T(1～3)/6$ 闭合，冲洗电磁阀 S_1 通电上路通，控制活塞 9 上部空间通大气，控制活塞下面的 0.3～0.4MPa 的压缩空气把控制活塞抬起，打开控制阀 8 和排污阀 7，对一个滤筒进行清洗。冲洗 1min 左右时间，继电器 K_T 已达到延时时间动作，其触点 $K_T(1～3)/6$ 断开，$K_T(1～2)/7$ 闭合。电磁阀 S_1 断电下位通，控制活塞 9 上部空间通气源经减压阀 3 输出的气压信号，把控制活塞压下，关闭控制阀 8 和排污阀 7，停止清洗。当滤器进出口压差 ΔP_1 大于某值时，其压力开关 $\Delta P_1/3$ 闭合，因 ΔP_2

第十四章 船舶自清洗滤器控制系统

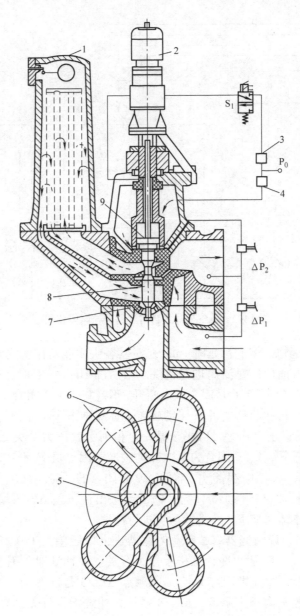

图 14-1 空气反冲式自清洗滤器结构原理
1、6—滤筒 2—电机 3、4—减压阀 5—旋转本体 7—排污阀 8—控制阀 9—控制活塞

是常闭的，所以接触器 $C_1/3$ 通电动作，触点 C_1 闭合，电机 M 转动，触点 $C_1/6$ 断开，在电机转动时，电磁阀 S_1 不能通电。电机 M 在转动时，凸轮开关 CS/5 闭合，继电器 $K_1/5$ 通电动作，其触点 $K_1/4$ 闭合使接触器 C_1 不会因触点 $K_T(1~2)/7$ 断开而断电，即保持电机继续转动。继电器 K_1 触点 $K_1/9$ 断开，时间继电器 K_T 断电其触点 $K_T(1~2)/7$ 立即断开，$K_T(1~3)/6$ 闭合，为冲洗做准备。当电机驱动旋转本体转到对准下一个滤筒时，凸轮开关 CS/5 断开，继电器 $K_1/5$ 几断电，其触点 $K_1/4$ 断开，接触器 $C_1/3$ 断电，触点 C_1 断开切断电机 M 电源而停止转动，接触器 C_1 触点 $C_1/6$ 闭合。此时虽因继电器 $K_1/5$ 断电其触点 $K_1/9$

— 275 —

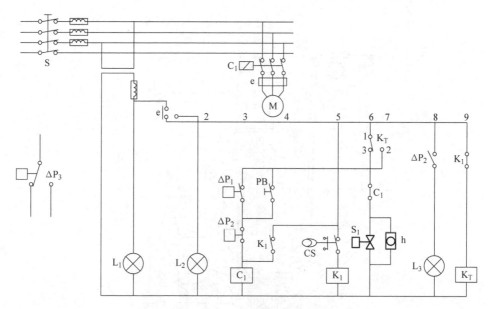

图 14-2 空气反冲式自清洗滤器控制电路图

闭合，时间继电器 K_T 通电，但它需延时 1min 左右其触头才能动作，故 $K_T(1\sim3)/6$ 继续保持闭合。所以电磁阀 S_1 通电，对滤筒进行清洗。当清洗 1min 左右时，达到时间继电器 K_T 的延时时间，其触点 $K_T(1\sim3)/6$ 从闭合状态断开，$K_T(1\sim2)/7$ 闭合，电磁阀 S_1 断电停止清洗，接触器 C_1 通电，再次起动电机 M 驱动旋转本体对准下一个滤筒进行冲洗。以后就重复上述动作，直到滤器进出口压差 ΔP_1 小于某一个值时，其压力开关 $\Delta P_1/3$ 断开。接触器 C_1 断电，电机 M 断电停转，$C_1/6$ 闭合为下次冲洗做准备因电机 M 不转，开关 CS/5 是断开的，继电器 $K_1/5$ 断电，触点 $K_1/4$ 断开，而 $K_1/9$ 是闭合的，时间继电器 K_T 通电，其触状态是 $K_T(1\sim3)/6$ 断开，$K_T(1\sim2)/7$ 闭合。故滤器进出口压差 ΔP_1 再增大到某个值时，电机 M 先转动带动旋转本体对准下一个滤筒后再进行冲洗。

如果清洗后无效果，说明滤器有故障，当滤器进出口压差大于 0.12MPa 时，报警触点 ΔP_3 闭合，发报警信号。ΔP_2 是冲洗状态指示压力开关。在冲洗时，因冲洗腔室内压力高，使压力开关 $\Delta P_2/8$ 闭合，冲洗指示灯 L_3 亮，而触点 $\Delta P_2/3$ 是断开的，当达到冲洗时间时，电磁阀 S_1 断电，冲洗腔室内压力降低，$\Delta P_2/8$ 断开，冲洗指示灯灭，表示某个滤筒冲洗完毕，同时，$\Delta P_2/3$ 闭合，为接触器 C_1 通电做准备。图中 PB 是手动冲洗按钮开关，用于手动清洗。h 为计时器，e 为热保护继电器，L_2 是故障指示灯。

第二节 油反冲式系统的组成及基本工作原理

一、油反冲式自清洗滤器的组成

油反冲式自清洗滤器结构原理图如图 14-3 所示。它的主要特点是利用滤过的油进行反向流动，达到冲洗的目的。它主要由驱动机构和滤清机构组成。

驱动机构的作用是转动冲洗控制阀。驱动机构可以用电动机驱动，也可以是液压执行机

第十四章 船舶自清洗滤器控制系统

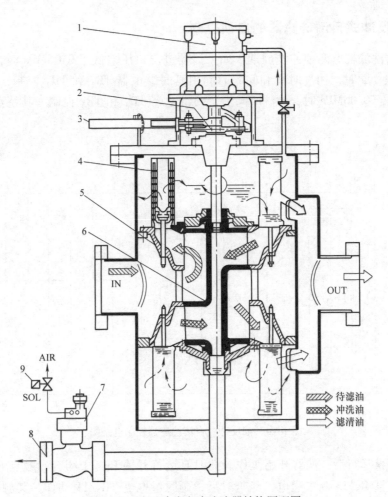

图 14-3 油反冲式自清洗滤器结构原理图
1—驱动机构控制阀 2—棘轮机构 3—手动清洗手柄 4—滤清元件 5—滤清壳体 6—反向冲洗控制阀
7—冲洗排油阀 8—冲洗排油流流量控制板 9—冲洗排油控制电磁阀

构。本例是采用液压执行机构，它利用被滤清过压力 0.2～0.3MPa 的油作为驱动动力。驱动机构输出轴摆动，通过棘轮机构 2 带动反向冲洗控制阀 6 间断地定向转动。也可以用手动清洗手柄 3 通过棘轮机构使之转动，进行手动操作清洗。

二、油反冲式自清洗滤器的工作原理

滤清元件共 26 个，分上下两组布置。待滤油从进油孔进入后，从反向冲洗控制阀 6 外部通过，分别进入滤清元件内部，并由内向外流出。被滤清的油进入上、下集油腔，经由相应通道从滤器出口排出。反向冲洗控制阀 6 对准的一组滤清元件与进油通道隔离，与冲洗排油通道相通，则集油腔的油就从这组滤清元件外部向内流入，从冲洗阀流向排油管。此时，反向流动的油把积存在滤清元件内侧的污垢冲掉，以达到冲洗的目的。当反向冲洗控制阀 6 转到对准另一组滤清元件时，就对另一组进行反向冲洗。

— 277 —

三、油反冲式自清洗滤器的自动控制

这种自清洗滤器有两种冲洗周期。如果滤器进出口压差低于 0.06MPa 时,则以较长的周期进行冲洗。此时,冲洗时间和间断时间由延时继电器 TR_1 和 TR_2 控制,如图 14-4 所示。当压差大于 0.06MPa 时,冲洗时间由延时继电器 TR_3 和 TR_4 控制,其特点是间断时间较短。

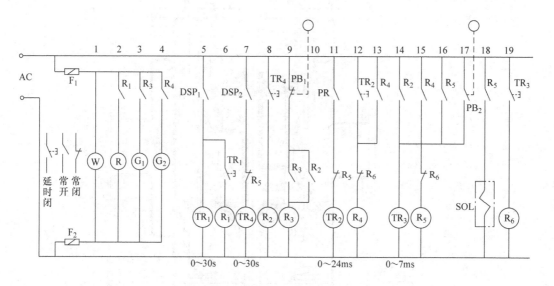

图 14-4 油反冲式自清洗滤器控制电路图

滑油循环泵运行后,滤器开始工作。此时泵运行开关 PR/11 闭合,触点 R_5/11 也是闭合的。因继电器 R_5/15 尚未通电,经延时后,延时继电器 TR_2/11 动作,其触点 TR_2/12 闭合;继电器 R_4/12 通电动作,其触点 R_4/15 闭合;继电器 R_5/15 通电动作,触点 R_5/18 闭合。这时冲洗排油电磁阀 SOL/18 通电打开冲洗排油阀,进行冲洗。延时继电器 TR_3/14 也通电,开始计时。冲洗时间达到后,触点 TR_3/19 闭合,继电器 R_6/19 通电动作,其常闭触点 R_6/12、R_6/15 均断开;继电器 R_4/12 和 R_5/15 都断电,触点 R_5/18 断开,冲洗排油电磁阀 SOL/18 断电关闭冲洗排油阀,停止冲洗。继电器 R_6/12、R_6/15 闭合,为再一次冲洗做准备。由于继电器 R_5/15 断电,常闭触点 R_5/11 闭合,延时继电器 TR_2 通电。当延时时间达到后,继电器 R_4 和 R_5 通电,再次进行清洗,延时继电器 TR_3/14 通电对冲洗时间进行计时。如此由延时继电器 TR_3 和 TR_2 控制滤器进行间断的冲洗,其冲洗的间断时间较长。

当进出口压差大于 0.06MPa 时,冲洗周期由延时继电器 TR_4 和 TR_3 控制,其周期较短。此时压差开关 DPS_2/7 闭合,延时继电器 TR_4/7 通电,达到延时时间后动作,其触点 TR_4/8 闭合。继电器 R_2/8 通电动作,其触点 R_2/4 闭合。继电器 R_5/15 通电动作,冲洗排油电磁阀 SOL/18 通电进行清洗,同时延时继电器 TR_3/14 通电,对清洗计时。在 R_5/15 通电时,其触点 R_5/7 断开。延时继电器 TR_4/7 断电,其触点 TR_4/8 立即断开。继电器 R_2/8 断电时,其触点 R_2/14 断开,但继电器 R_5/15 与 TR_3/4 仍保持通电。当冲洗时间达到后,延时继电器 TR_3/14 动作,其触点 TR_3/19 闭合,继电器 R_6/19 通电,其常闭触点断开,继电器 R_5/15

断电，停止冲洗，其触点 $R_5/7$ 闭合。延时继电器 $TR_4/7$ 达到延时时间后动作，其触点 $TR_4/8$ 闭合，再一次进行冲洗。如此循环动作，直到压差减小到使压差开关 DPS_2 断开，又恢复到由延时继电器 TR_2 和 TR_3 对冲洗进行周期较长的间断控制。

当滤器进出口压差大于 0.08MPa 时，压差开关 DPS_1 闭合，延时继电器 $TR_1/5$ 通电，经延时后其触点 $TR_1/6$ 闭合，继电器 $R_1/6$ 通电动作，其触点 $R_1/2$ 闭合，红灯亮。指示灯 G_1 是进行压差冲洗记忆的，表示有过压差冲洗过程。指示灯 G_2 表示正在冲洗。$PB_1/9$ 是压差冲洗记忆指示灯复位按钮。PB_2 为手动冲洗按钮。

第十五章

辅助机械的顺序控制

第一节 泵的自动切换控制

船舶电网失电后又复电时,为避免各种辅助机械同时起动造成电流冲击,致使发电机 ACB 再次跳闸,需要对各辅助机械进行分级顺序起动控制,按照在紧急状况下其重要性排好先后次序,并按其起动电流大小分组,然后按顺序逐级起动,每两级起动之间的时间间隔一般为 3~6s,这就是重要辅助机械的顺序控制(顺序起动)功能。

此外,为主、副机服务的燃油泵、滑油泵、冷却海、淡水泵等辅助机械,其重要性不言而喻,为工作可靠一般均设置两套机组:机组不仅能在机旁控制,也能在集控室进行遥控;且运行中当设备(泵)出现故障或非正常停止时,能实现备用泵的自动切换,即备用泵自动投入工作,之后原运行泵停止运行(未停止时)并发出声光报警信号,以保证主、副机等重要设备持续处于正常工作状态,这就是重要辅助机械的自动切换功能。

图 15-1 和图 15-2 为某轮 1、2 号主机海水泵的自动切换及顺序起动线路的主电路和控制电路,其工作原理分析如下:

一、泵的遥控手动控制

将电源开关 QS_1、QS_2 合闸,遥控-自动选择开关 SB_{11}、SA_{21} 置于遥控位置。对于 1 号泵,按下起动按钮 SB_{12},则继电器 KA_{10} 线圈通电,接触器 KM_1 线圈回路 KA_{10} 触点闭合,1 号泵电动机通电起动并运行,同时 KA_{10} 触点闭合自锁。在 1 号泵正常运行时,若按下停止按钮 SB_{11},则 KA_{10} 线圈断电,使接触器 KM_1 线圈失电,1 号泵停止运行。

2 号泵的手动控制与 1 号相同,且两台泵可以同时手动起停控制,实现双机运行。

二、泵的自动切换控制

1. 泵的正常起动过程

以 1 号泵为运行泵,2 号泵为备用泵为例,其自动控制过程说明如下:

准备状态(即两台泵都处于备用状态):将电源开关 QS_1、QS_2 合闸,遥控-自动选择开关 SA_{11}、SA_{21} 置于自动位置。1、2 号的运行-备用选择开关 SA_{12}、SA_{22} 均置于备用位置,此时对 1 号泵控制电路来说,其各主要

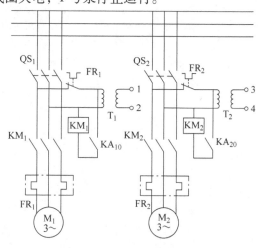

图 15-1 泵的自动切换主电路

控制电器工作情况分析为 13 支路 KM_1 辅助触点断开，时间继电器线圈 KT_{12} 不得电，其 11 支路触点断开，所以线圈 KA_{13} 不得电，其 6 支路常闭触点闭合，使线圈 KA_{11} 得电，从而使 2 号泵控制电路的 4 支路 KA_{11} 断开，因此 KA_{20} 线圈不得电，KM_2 线圈不得电；同样道理，2 号泵控制电路中，触点 KA_{21} 也断开，因此 KA_{10} 线圈不得电，KM_1 线圈也不得电。14 支路 KT_{11} 线圈得电，其 8 支路触点延时闭合；6 支路 KA_{13} 处于闭合状态，所以线圈 KA_{12} 也通电。因此，1 号泵控制电路中，线圈 KA_{11}、KA_{12}、KT_{11} 得电，而线圈 KA_{13}、KT_{12}、KA_{10}、KM_1 不得电。同理，2 号泵相应线圈工作状态与之类似，即 2 号泵控制电路中，线圈 KA_{21}、KA_{22}、KT_{21} 得电，而线圈 KA_{23}、KT_{22}、KA_{20}、KM_2 不得电。

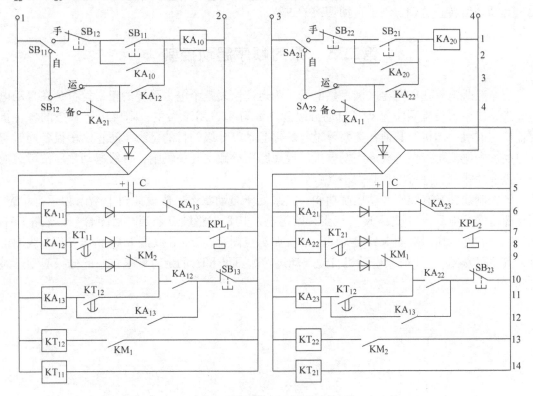

图 15-2　泵的自动切换控制电路

正常运行：若 1 号泵为运行泵，2 号泵为备用泵，则应将 SA_{21} 置于运行位置，SA_{22} 置于备用位置。对于 1 号泵有：3 支路 SA_{22} 和 KA_{12} 均闭合，所以 1 支路线圈 KA_{10} 得电，其电路中相应触点闭合，使 KM_1 线圈得电，从而接触器主触点闭合，1 号泵电动机起动并运转；同时 13 支路 KM_1 触点闭合，使线圈 KT_{12} 得电；其 11 支路触点延时闭合，使 11 支路线圈 KA_{13} 得电；其 6 支路 KA_{13} 常闭触点断开，但在此之前压力开关 KPL_1 已经闭合，从而保持 KA_{11}、KA_{12} 线圈有电。同理分析可知：2 号泵仍处于备用状态，其控制电路工作状态与前述备用时相比没有发生变化。

2. 运行泵失电压的自动切换控制

当运行泵故障失电压时备用泵的自动切入：当 1 号泵由于机械等故障原因造成失电压时，其压力开关 KPL_1 断开，使线圈 KA_{11} 失电；相应的 2 号泵控制电路中 4 支路 KA_{11} 触点闭合，2支路线圈KA_{20}得电，KM_2线圈得电，其主触点闭合，2号泵电动机起动并运转；同时1号泵控制电路中9支路KM_2触点断开，使8支路线圈KA_{12}失电，其3支路触点KA_{12}断开；1支路线圈KA_{10}因此失电，其主电路线圈KM_1失电，主触点断开，1号泵停止运转，并发出声、光报警。

3. 运行泵故障停机的自动切换控制

当运行泵由于热继电器动作等原因而故障停机时，备用泵同样可以自动起动。当1号泵热继电器动作，FR_1触点分断，1号的控制线路电源1–2失电；KA_{11}线圈失电，其在2号控制线路4支路的触点闭合，2支路线圈KA_{20}得电，KM_2线圈得电，其主触点闭合，2号泵电动机起动并运转，这就实现了自动切换的过程。

第二节 泵的顺序起动控制

当全船跳电，在电网再次恢复供电后，为迅速恢复整个电力系统的正常运行，在自动电力管理系统中可设置顺序起动（自动分级起动）环节，用于为主、副机运行服务的各种重要辅机与舵机、冰机及其他各类泵等设备的再起动，分级的目的是为了防止众多设备同时起动时的冲击电流可能会再次形成发电机假性短路而导致主开关跳闸，分级起动顺序按负载的相对重要性排列，并考虑负载大小进行分组。

该控制线路具有顺序起动控制功能：当泵处于自动状态，假设此时1号泵为运行状态，当全船电网复电后，14支路KT_{11}线圈开始得电，其8支路触点经延时后闭合；6支路KA_{13}处于闭合状态，所以线圈KA_{12}也通电；3支路触点闭合，2支路线圈KA_{10}得电，KM_1线圈得电，其主触点闭合，1号泵电动机自动起动运转。可见KT_{11}的延时就是该泵的分级起动延时时间。

参 考 文 献

[1] 马昭胜. 轮机自动化 [M]. 大连：大连海事大学出版社，2017.
[2] 林叶锦. 轮机自动化 [M]. 大连：大连海事大学出版社，2009.
[3] 林叶锦，徐善林. 船舶电气与自动化（船舶自动化）[M]. 大连：大连海事大学出版社，2012.
[4] 李世臣. 船舶动力装置 [M]. 大连：大连海事大学出版社，2012.
[5] 牛小兵. 船舶机舱自动化 [M]. 大连：大连海事大学出版社，2012.
[6] 王春芳，叶伟强，刘勇. 轮机自动化 [M]. 大连：大连海事大学出版社，2011.
[7] 邱赤东、高兴斌、安亮，等. 船舶机舱自动化 [M]. 大连：大连海事大学出版社，2020.
[8] 郑凤阁，李凯. 轮机自动化 [M]. 大连：大连海事大学出版社，1999.
[9] 初忠. 轮机自动化 [M]. 大连：大连海事大学出版社，2014.
[10] 张岩，胡秀芳. 传感器应用技术 [M]. 福州：福建科学技术出版社，2006.
[11] 徐善林. 轮机自动化 [M]. 北京：人民交通出版社，2001.
[12] 昝宪生. 轮机自动化 [M]. 大连：大连海事大学出版社，2007.
[13] 杨宁，赵玉刚. 集散控制系统及现场总线 [M]. 北京：北京航空航天大学出版社，2003.
[14] 李世臣. 船舶动力装置 [M]. 大连：大连海事大学出版社，1990.
[15] 丁元杰. 单片微机原理及应用 [M]. 北京：机械工业出版社，2004.
[16] 李士勇，李研. 智能控制 [M]. 北京：清华大学出版社，2021.
[17] 李杰仁，崔庆渝. 轮机自动化基础 [M]. 大连：大连海事大学出版社，1999.
[18] 廖常初. S7-200 PLC 编程及应用 [M]. 北京：机械工业出版社，2009.